SCHAHSADE'S TOCHTER

Das Buch

In Sattareh Farman-Farmaians Autobiographie spiegelt sich die Entwicklung Persiens bzw. des heutigen Iran von der Jahrhundertwende bis zum Heraufkommen Khomeinis auf faszinierende Weise wider. Sattareh Farman-Farmaian wurde um 1920 als 15. Kind des Gouverneurs, Politikers und hohen Militärs Abdol Hossein Mirza Farman-Farma in der Rosenstadt Shiraz geboren. Ihr Vater, der mit dem Titel »Schahsade« – Prinz – angesprochen wurde, gehörte durch Blutsbande und Heirat der reichen Qajar-Dynastie an, die damals den Thron innehatte. Nach der Übersiedelung nach Teheran, wo der Clan über ein riesiges, prächtiges Anwesen verfügte, verlebte Sattareh, genannt Satti, eine unbeschwerte und freie Kindheit. Sie besuchte die Amerikanische Schule für Mädchen, einige ihrer älteren Brüder studierten im Ausland. Nach der Machtübernahme durch Reza Khan, dem die Angehörigen der alten Nobilität ein Dorn im Auge waren, veränderte sich die Lage. Der Familienbesitz wurde nach und nach konfisziert. Nach Schahsades Tod 1939 konnte sich die Großfamilie nur schwer über Wasser halten. Satti verließ dann unter größten Schwierigkeiten ihr Land und ging in die USA, um zu studieren. Jahre später kehrte sie zurück nach Teheran, wo sie unter dem Schah-Regime als Vorkämpferin moderner Sozialarbeit und Familienplanung wirkte. Doch ihr Lebenswerk zerbrach unter dem Ansturm des neuen Fundamentalismus der Iranischen Revolution.

Die Autorinnen

Mit der Unterstützung von Dona Munker schrieb Sattareh Farman-Farmaian in einem Zeitraum von vier Jahren ihre Lebensgeschichte auf. Beide Autorinnen leben in den USA.

SATTAREH FARMAN-FARMAIAN
zusammen mit
DONA MUNKER

# SCHAHSADE'S TOCHTER

*Ein Frauenleben*

Aus dem Englischen von
Uta Angerer und Erna Tom

WILHELM HEYNE VERLAG
MÜNCHEN

HEYNE ALLGEMEINE REIHE
Nr. 01/9269

Titel der Originalausgabe:
DAUGHTER OF PERSIA:
A WOMAN'S JOURNEY FROM HER FATHER'S HAREM
THROUGH THE ISLAMIC REVOLUTION

Dieser Band erschien bereits
in der Sachbuch-Reihe mit der
Band-Nr. 19/2012.
8. Auflage
1. Auflage dieser Ausgabe

Redaktion: Gerhild Gerlich

Printed in Germany 1994
Umschlaggestaltung: Atelier Ingrid Schütz, München
Herstellung: H+G Lidl, München
Satz: Fotosatz Völkl, Puchheim
Druck und Verarbeitung: Presse-Druck Augsburg

ISBN 3-453-08399-7

# Inhalt

*Anmerkung zur Schreibweise*

Im vorliegenden Buch wurde die Schreibweise der persischen Namen und Begriffe der Phonetik der deutschen Sprache angepaßt, was nicht in allen Fällen befriedigend gelingen konnte.

Da die Autorin und ihre Enkelkinder in den USA leben, wurden ihre Eigennamen in der amerikanischen Schreibweise belassen.

# Einleitung

Ich lebe nun seit mehr als einem Jahrzehnt im Exil. Als ich in die Vereinigten Staaten kam, wurde ich von meinen amerikanischen Freunden mit Fragen bestürmt und von verschiedenen Gruppen und Organisationen gebeten, über die Ereignisse zu sprechen, die mein Land erschüttert hatten. Viele junge Iraner aus meiner Familie und auch andere, die nicht mit mir verwandt waren, sprachen mich an und sagten: »Bitte, setz dich zu uns und erzähl uns, was passiert ist. Warum sind wir hier? Warum können wir nicht in unserer Heimat leben?«

Dieses Buch ist meine Antwort auf solche Fragen. Mein Bericht über die weite Reise, die mein Land und ich unternahmen, als wir hineinstolperten in die moderne Welt, beginnt in einer Zeit, als mein bewundernswerter Vater Schahsade noch lebte. Er besaß durch seine hohe Geburt Macht und Privilegien, aber erst seine Tatkraft und Weitsicht machten ihn zu einer außergewöhnlichen Persönlichkeit seiner Zeit. Mit seiner fortschrittlichen Haltung hat er mein ganzes Leben geprägt. Wenn meine Erinnerungen zu einem besseren Verständnis zwischen meinen westlichen und meinen iranischen Freunden beitragen können, indem sie ihnen bewußt machen, wie wertvoll die reiche Vielfalt der menschlichen Kulturen ist, dann ist mir, glaube ich, etwas Wertvolles geglückt.

Was ich hier erzähle, erhebt keinen Anspruch auf Vollständigkeit. Die historischen Fakten über die Geschichte meines Landes haben Berufenere vor mir bereits dokumentiert, und ich biete auch nicht den objektiven Bericht eines Experten oder Journalisten. Dieses Buch enthält nicht mehr als die ganz persönlichen Erinnerungen einer Iranerin meiner Generation.

Seit ich denken kann, waren mir Taten stets wichtiger als Worte. Aber jetzt bleiben nur noch Worte. Ich widme daher diese Geschichte und diese Worte meiner Tochter Mitra, meinen Enkeln Kayvon und Juni und all den jungen Iranern, die wie sie im Ausland leben und ihre Eltern fragen: »Was habt ihr falsch gemacht, weil wir jetzt im Exil leben müssen und nicht in unsere Heimat zurückkehren können?« Was die Gegenwart angeht, waren es die Fehler meiner Generation, die diesen jungen Leuten ihr persisches Erbe geraubt haben. Sie sollen erfahren, was ich persönlich glaube, was wir falsch gemacht haben. Und sie sollen erfahren, woran ich mich noch erinnern kann.

Ich danke Joan Polevsky, Elizabeth Dawson, Morgan Walters und Jim Jordan herzlich dafür, daß sie mir zu diesem Unternehmen Mut gemacht haben.

*Sattareh Farman-Farmaian*
*Los Angeles, Januar 1992*

# I.
# In Schahsade's Reich

# 1. Brot und Salz

*Ich möchte in den Iran reisen, um meinen vielgepriesenen Vater zu sehen.*

Ferdousi
*Das Buch der Könige*

Wenn die Erinnerungen mich quälen, fällt mir zuallererst mein Vater ein. Er war schon über sechzig Jahre alt, als ich zur Welt kam, und ich kannte ihn nur als alten Mann – ein unerschrockener, alternder Löwe aus einer gestürzten Dynastie, gebeugt von den Leiden und Gebrechen seiner vielen Lebensjahre. Aber in der Welt, in der ich lebte, war er der unangefochtene Herrscher.

Geboren wurde ich in der vom Duft der Rosen erfüllten Stadt Schiras, der Hauptstadt jener alten Provinz Fars, die einst die Wiege des persischen Reiches gewesen war, einer Stadt, die berühmt ist für ihre Gärten, ihren Wein und ihre Dichter. Mein Vater, der dem Land sein Leben lang als Gouverneur und Militärkommandant diente, war während des Ersten Weltkrieges als Statthalter in diese Provinz geschickt worden. Ich war das fünfzehnte seiner sechsunddreißig Kinder und das dritte Kind meiner Mutter Masume, seiner dritten Ehefrau.

Zur Zeit meiner Geburt regierte im Iran noch die Qadscharen-Dynastie. Mein Vater, in politischer Hinsicht gemäßigt und ein eifriger Verfechter der neuen iranischen Verfassung, war nicht nur durch Blutsverwandtschaft, sondern auch durch Heirat mit dem Thron verbunden, denn seine erste Frau war eine Qadscharen-Prinzessin gewesen.

Auch im Alter sah er noch beinahe so aus wie als junger Mann: stattlich, männlich, gebieterisch und energisch. Er hatte ein ausdrucksvolles Kinn, einen dichten, weißen Schnurrbart und Augen, so durchdringend wie Falkenaugen und von hellem Grün, für einen Iraner eine sehr ungewöhnliche Augenfarbe. In der ganzen riesigen Familie des Herrschers war er einer der wohlhabendsten und mächtigsten

Männer. Obwohl er nicht großgewachsen war, zeigte er bis zum Ende seiner Tage die stolze Haltung eines Generals aus kaiserlichem Hause.

Meine Mutter war nicht von hoher Geburt, sondern stammte aus einer einfachen, frommen Familie aus der zentraliranischen Stadt Tafresch, die westlich der heiligen Stadt Qom am Rande der Wüste liegt. Sie wurde als erste Tochter des Haushofmeisters meines Vaters, meines liebevollen Großvaters, den wir Aghadschun nannten, kurz vor der Verfassungsrevolution und dem darauf folgenden schrecklichen Bürgerkrieg in Teheran geboren. Für meinen Vater war die Ehe mit ihr die dritte von den acht Ehen, die er im Laufe seines langen Lebens geschlossen hatte. Kurz nach dem Ende des Ersten Weltkrieges begab sich meine Mutter zu ihm nach Schiras, wo er Provinzgouverneur war und ich zwei Jahre später zur Welt kam.

Aber ich wuchs nicht in Schiras auf, sondern in Teheran, denn kurz bevor ich geboren wurde, stürzte im Februar 1921 die Qadscharen-Dynastie durch einen von den Briten unterstützten Staatsstreich. Dieser Putsch brachte Resa Chan an die Macht, der sich später Resa Pahlawi nannte. (Nach persischer Zeitrechnung fand der Umsturz, der die Herrschaft der Pahlawi-Dynastie zur Folge hatte, nicht 1921, sondern im Jahr 1299 statt.) Zu seinem Unglück hatte mein Vater zu dem Zeitpunkt, als die Truppen Resa Chans in Teheran einmarschierten, gerade seinen Dienst in Schiras beendet und war vor uns in die Hauptstadt zurückgekehrt. Er wurde zusammen mit zwei seiner einflußreichen älteren Söhne verhaftet und ins Gefängnis gesteckt, und drei lange Monate mußten unsere Mütter um das Schicksal ihres Ehemannes und um ihr eigenes bangen. Erst als Resa Chan sich zum Kriegsminister erklärt und dafür gesorgt hatte, daß niemand mehr stark genug war, sich ihm zu widersetzen, wurden mein Vater und seine Söhne freigelassen.

Da mein Vater genau wußte, daß Resa Chans Milde nur anhalten würde, solange er und seine Familie dem neuen Herrscher keine Schwierigkeiten machten, ordnete er den Rücktransport seines Harems in die Hauptstadt an und brachte seine jüngeren Frauen und uns Kinder in einem großzügigen Gebäudekomplex an der Chiaban-e Sepah unter. In diesem Stadtviertel, das die Gärten des Schahs genannt wurde, wohnten schon immer Minister, Diplomaten, Generäle und andere hohe Hofbeamte aus der Qadscharen-Dynastie. Von diesem neuen Palast aus, von dem er annahm, daß er der letzte Wohnsitz seines Lebens sein würde, widmete sich mein Vater ganz der Verwaltung der Ländereien und Dörfer, die ihm noch geblieben waren. Daneben kümmerte er sich um die Erziehung und Ausbildung seiner jüngeren Kinder. In diesem Palast verbrachte auch ich meine Kindheit, inmitten von herrlichen grünen Gärten, die wie blühende Teppiche im staubigen Schoß des Elbursgebirges lagen und die von den entthronten Qadscharen angelegt worden waren.

Niemals werde ich das wunderbare Zuhause meiner Kindheit vergessen, denn Paläste wie diesen gibt es im heutigen Iran nicht mehr. Auf diesem Gelände sorgte mein Vater für das Wohlergehen von mehr als tausend Menschen, deren Leben von seiner Gnade abhing: Frauen, Kinder und zahllose Diener, bezahlte Sekretäre, Handwerker und Arbeiter sowie viele treue ältere Gefolgsleute und alte Soldaten, die ihm in der Vergangenheit gedient hatten. Er allein war für den Schutz und die Versorgung all dieser Menschen und ihrer Familien verantwortlich.

Dies wurde immer mehr zu einer schweren Belastung für meinen Vater. Unter der Herrschaft Resa Chans gelangten seine älteren Söhne zwar wieder zu Einfluß und Ansehen, aber der neue Herrscher beschlagnahmte zum eigenen Gebrauch den Besitz von zahlreichen Adligen aus der Qadscharen-Dynastie. Niemand wußte, welche Pläne er mit meinem Vater und dessen Söhnen hatte.

Alle Qadscharen-Familien wußten, daß Resa Schah Pahlawis Geheimpolizei allgegenwärtig war. »Wenn ihr betet«, so wies uns meine Mutter an, »dann müßt ihr Gott immer bitten, daß er Schahsade hundertzehn Jahre alt werden läßt.« Damit wollte sie sagen: Betet, daß euer Vater ewig lebt, denn wenn er stirbt, dann sind wir und all diese Menschen hier nichts mehr wert. Nichts wert sein, das bedeutete, daß man niemanden hatte, von dem man beschützt wurde.

Trotzdem war der Palast meines Vaters für mich auch ein Ort von zauberhafter Schönheit und Ruhe. Den Mittelpunkt des Palastgeländes bildete ein großer, ovaler Park oder Garten, der von Pappeln eingefaßt war. Das gesamte Gebiet des Palastes, das sich über etwa achthundert Meter Länge erstreckte, war von einer drei Meter hohen Mauer umgeben. Zur Chiaban-e Sepah öffnete sich ein eisenbeschlagenes Holztor, das von uniformierten Posten bewacht wurde. Innerhalb der Mauer befanden sich das Haus meines Vaters und an dem kiesbestreuten Fahrweg um den Park, wie Steine an einer riesigen Halskette aufgereiht, die ummauerten Wohnbereiche seiner jüngeren Frauen. Direkt am Weg standen auch die Lagerhäuser, eine Zimmerei und sogar eine Garage. Der dunkelblaue Essex Sedan meines Vaters war eines von den wenigen Autos im Land. Es gab noch eine Schmiede, eine Molkerei, ein Badehaus, ein Gewächshaus und eine große Küche, in der jeden Tag das Essen für meinen Vater, seine Angestellten und seine Diener zubereitet wurde. Sein persischer Chefkoch überwachte die tägliche Zubereitung von Teigwaren, Gebäck und französischen Delikatessen, die für meinen Vater und seine persischen oder ausländischen Gäste bestimmt waren.

Die Wohnbereiche, in denen wir und unsere Mütter lebten, hießen ganz allgemein *andarun,* womit der »innere« Bereich oder auch Harem gemeint war; alles andere, einschließlich des Parks und der anderen Gebäude, nannte man *biruni.* In diesem »äußeren« oder öffentlichen Bereich lebte mein Vater, und hier war zugleich das Reich der Männer. Hier spiegelte sich die Welt außerhalb des Palastes wider, die ebenfalls ein Reich der Männer war.

Am nördlichsten Ende des großen Parks im *biruni* lag ein blau glitzerndes Wasserbecken, das mit hellen persischblauen Kacheln eingefaßt war und in dem während der langen heißen Jahreszeit eine Fontäne plätscherte. Daneben erstreckten sich Blumenbeete voller Rosen und Narzissen, die in ornamentartigen Mustern angepflanzt waren. Dort ging mein Vater in seiner erzwungenen Untätigkeit oft spazieren. Zuweilen plauderte er mit alten Freunden aus Politik und Diplomatie und mit Kameraden aus dem Militär, oder er trank im Schatten von Pinien, Zypressen, Pappeln und alten Platanen seinen Tee.

Nur vier von den acht Frauen, die mein Vater im Laufe seines langen Lebens geheiratet hatte, lebten mit uns im Palast: Neben meiner Mutter gab es noch Batul und Fateme, die mein Vater etwa um die gleiche Zeit geheiratet hatte wie meine Mutter und die auf der anderen Seite des Parks direkt gegenüber lebten. Um 1928 kam noch Hamdam dazu, die wir nicht oft sahen, weil sie am entgegengesetzten Ende des Parks wohnte. Die zweite Ehefrau meines Vaters, Tochter eines kurdischen Stammeshäuptlings, war schon vor langer Zeit gestorben, aber seine erste Frau, die Qadscharen-Prinzessin Essatdoule, die sehr viel älter war als die anderen, hatte einen eigenen Palast gleich neben unserem, wo sie zusammen mit vier von ihren erwachsenen Söhnen lebte. Zwei weitere Frauen, die mein Vater noch später im Leben geheiratet hatte, wohnten in eigenen Häusern anderswo in der Stadt. Die Frauen im Palast kümmerten sich um die Kinder der anderen Ehefrauen wie um ihre eigenen, und Batul und Fateme waren die besten Freundinnen meiner Mutter. Auch Prinzessin Essatdoule und ihre Söhne gehörten für uns zur Familie. Die Prinzessin mochte meine freundliche und einfühlsame Mutter sehr gern, und die beiden besuchten einander oft. Da Essatdoule schon lange von meinem Vater getrennt lebte, brauchte sie in ihrer Einsamkeit oft die trostbringende Anwesenheit meiner Mutter.

Mein Vater erlaubte unseren Müttern nur selten, den Palast zu verlassen, was auch so gut wie nie nötig war. Sowohl der *biruni* als auch der *andarun* waren Orte ständiger Aktivität. Den ganzen Tag ratterten Kutschen den Kiesweg entlang und brachten Besucherinnen unserer Mütter oder persische und ausländische Gäste oder Geschäftsfreunde meines Vaters. Männliche Bedienstete liefen hin und her, um Botschaften von meinem Vater in die Wohnbereiche seiner Ehefrauen oder von einer Frau zur anderen zu tragen oder Körbe mit Kohlen und Feuerholz herbeizuschleppen. Oft trieben sie Esel vor sich her, die mit Ziegeln für Reparaturen der Häuser und Höfe beladen waren oder mit Stoffballen für die Ehefrauen, die aus diesen die Kleider für uns und ihre Bediensteten nähten. Mein Vater hatte ihnen zu diesem Zweck Singer-Nähmaschinen gekauft. In ihren ummauerten Wohnbereichen, die streng bewacht wurden und zu denen Männer, abgesehen von engen Verwandten, keinen Zutritt hatten, herrschte ein ständiges Kommen und Gehen. Die Dienerinnen trugen hübsch bestickte Mieder, enganliegende Hosen, weit schwingende Röcke und blumige Kopftücher oder farbenfrohe *tschadors* (ein *tschador* ist ein Schleier, der den ganzen Körper umhüllt). Sie brachten Bettzeug oder Vorräte in die Lagerräume oder holten etwas von dort, bereiteten in den Küchen im Innenhof die Mahlzeiten zu, wuschen die Kleider draußen in gemauerten Becken und legten Kurkumawurzeln und andere Kräuter und Gewürze zum Trocknen aus.

So hat sich das Bild von einer lebhaften, beinahe ganz eigenständigen Welt hinter der Mauer in mein Herz eingegraben. Jeder fühlte sich mit jedem verbunden, denn in unserem kleinen Universum umfaßte der Begriff »Familie« nicht nur unseren Vater, die Mütter, Brüder, Schwestern und andere Verwandte, die in und um den Palast herum lebten, sondern auch alle anderen Menschen innerhalb dieser Mauern: Kinderfrauen, *lales* (die männlichen Diener), Köche, Waschleute, Träger, Verwalter, Sekretäre, verschiedene Handwerker, pensionierte Soldaten und alle anderen, die mein Vater unterhielt.

Da ich unter den zahlreichen Nachkommen meines Vaters in meiner Altersgruppe das einzige Mädchen war, hatte ich keine Spielgefährtinnen. Vom ersten Augenblick an war ich voller Energie, und obwohl meine streng religiöse Mutter sehr strikte Ansichten über das Benehmen von Mädchen hatte, war sie doch auch ein praktisch denkender Mensch. Damit ich nicht ohne Spielgefährten aufwachsen mußte und ihr nicht ständig am Rockzipfel hing, beschloß sie, mich aus dem *andarun* herauszulassen, damit ich mit meinen jüngeren

Brüdern und Halbbrüdern und den Söhnen der Diener im *biruni* spielen konnte. Das geschah allerdings unter dem wachsamen Auge meines *lale* Maschdi, der für das Pförtnerhaus meiner Mutter zuständig war.

Meine Mutter besiegelte mein zeitweiliges Schicksal als Junge auch noch dadurch, daß sie mir eine gelbe Filzhose nähte. Ständig war ich draußen, wo ich zusammen mit meinem nächstjüngeren Halbbruder Abol eine kleine Bande von Raufbolden anführte, mit aller Autorität, die einer älteren Schwester zur Verfügung steht. Ich brachte meine Brüder dazu, hinter mir her in die höchsten Äste der Platanen zu klettern, oder forderte sie zu Klettertouren an den Säulen der Häuser auf, wobei ich immer Wert darauf legte, schneller und tapferer zu sein als sie. Meine strenge Mutter versohlte mich immer wieder, wenn ich mit aufgeschlagenen Knien oder Ellbogen und zerrissenen Hosen nach Hause kam. Daß ich stets die Zähne zusammenbiß und die Tränen zurückhielt, machte sie nur noch wütender.

Meine Willensstärke ließ sie verzweifeln, denn persische Töchter haben demütig und zurückhaltend zu sein, und in meiner kantigen Art paßte ich überhaupt nicht in ihre weiche, runde Vorstellung von dem, wie ein richtiges Mädchen zu sein hat. Aber ich hielt mich nicht für besser oder schlechter als meine Brüder. Außerdem hatte ich jeden Tag das beste Beispiel für einen starken und entschiedenen Willen vor Augen. Bei meinen häufigen Spielen im *biruni* konnte ich zum höhergelegenen nördlichen Teil des Palastgrundes hinüberschauen, wo sich über dem Wasserbassin ein großes, braunes Ziegelgebäude mit einem Säulenvorbau erhob – ein imposantes Haus, das alle anderen überragte: das Haus meines Vaters, des *Schahsade.*

So nannte ihn jeder, und als Kind glaubte ich, das sei sein Name. Aber sein Geburtsname war Abdol Hossein. Schasade ist ein Titel und bedeutet »Sohn des Königs« oder »Prinz«. Vor dem Sturz der Qadscharen hieß mein Vater mit vollem Namen einschließlich aller Titel Abdol Hossein Mirsa Schahsade Hasrat Aqdas Vala Farman-Farma. Das bedeutet etwa: »Seine Hoheit, Prinz Abdol Hossein, der Berühmte und Erhabene, der größte aller Kommandanten«. Als Resa Schah in seinem Bemühen, den Iran in eine moderne, westliche Nation zu verwandeln, anordnete, daß jeder Iraner sich nach westlicher Art einen Nachnamen zulegen mußte, beschloß mein Vater, den letzten seiner Titel als Nachnamen zu verwenden. Er nannte sich daraufhin Abdol Hossein Mirsa Farman-Farma, und die übrige Familie erhielt den Namen »Farman-Farmaian«, was »zum größten aller Kommandanten gehörend« heißt.

Aber für mich war er einfach Schahsade, und sein Name bedeutete für mich sowohl »Vater« als auch »allmächtig«. Wie jedermann unterwarf ich mich seinen Regeln in Furcht, Ehrerbietung und distanzierter Bewunderung. Er war der Leitstern unseres geschäftigen Kosmos', den er durch seinen Willen zusammenhielt. Ich wußte, daß wir sogar unser Wasser, das in einem Wüstenland noch wertvoller ist als Gold, Schahsade zu verdanken hatten. Es sprudelte aus einer unterirdischen Wasserleitung aus Ton, die *qanat* genannt wurde, in unsere Wasserreservoirs. Schahsade hatte sie vor Jahren bauen lassen, um das Schmelzwasser aus dem Gebirge zunächst in seine Ländereien und dann weiter südwärts nach Teheran zu leiten. Dieses Aquädukt trug auch seinen Nachnamen. Es hieß das Farman-Farma-Qanat und führte das reinste und wohlschmeckendste Wasser der gesamten Stadt. Für mich war Schahsade wie das *qanat.* Er war die Quelle aller Weisheit, Gerechtigkeit und Menschlichkeit. Ich sehnte mich nach seiner Aufmerksamkeit und seinem Lob und hätte alles getan, um ihm zu gefallen.

Jeden Freitag, dem moslemischen Feiertag, marschierten wir mit unseren Müttern über den weißen Kiesweg zu dem großen Haus hinüber, um meinem Vater einen formellen Besuch abzustatten.

Unser wöchentlicher »Ausflug« zu Schahsade's Haus war ein großes Ereignis. Jeden Freitag duftete die Morgenluft, die aus dem darunterliegenden Garten durch mein Zimmerfenster heraufdrang, stärker als sonst nach Rosen, Narzissen und blühenden Granatapfelbäumen. Beim Frühstück unten im Eßzimmer am Ende der Eingangshalle trieb uns meine Mutter nervös zur Eile an, während sie Tee aus einem Messingsamowar ausschenkte und weißen Ziegenkäse, flaches Brot und Gläser mit gekochter Milch an mich, meine ältere Schwester und die jüngeren Kinder austeilte. In unseren schönsten Kleidern saßen wir auf dem Öltuch, das den Teppich schützen sollte.

Nachdem sie den Kleinsten noch einmal die Nasen geputzt und alle Hände inspiziert hatte, damit sich Schahsade nicht über Unsauberkeit beklagen konnte, sagte sie: »In Ordnung, Kinder, und nun laßt uns eurem Vater *salam* sagen.« Dann steckte sie sich ein Ende ihres hübschen weißen *tschador* zwischen die Zähne, um ihr Gesicht vor den Blicken der männlichen Bediensteten im *biruni* oder der Männer, die am Freitag meinen Vater besuchten, zu schützen, führte uns die Treppe hinunter und durch die Pforte in der niedrigen Außenmauer hinaus auf die Straße, die zu Schahsade's Haus führte.

Auf dem Weg durch den Park sah ich manchmal Bittsteller, die sich hier niedergelassen hatten, um von Schahsade, ihrem Grundherrn, eine Gunst zu erbitten. Es waren arme Pächter oder Dorfbewohner aus den winzigen Hütten auf den Ländereien, die mein Vater außerhalb von Teheran oder in fernen Provinzen besaß. »Die hier kommen aus Asadabad, wegen einer Blutfehde um Wasserrechte«, erklärte mir Maschdi, mein *lale,* oder: »Dieser alte Mann ist viele Tage gelaufen, um Schahsade zu berichten, daß ihm die Gendarmen, diese Diebe und Hundesöhne, seine einzige Kuh weggenommen haben.« Die Bittsteller, die ihre Zelte in einer Lichtung zwischen den Platanen und Pappeln aufgeschlagen hatten, wo auch ihre Tiere angepflockt waren, sprachen in Schahsade's Büroräumen vor und überreichten ihm ein paar Hühner – die zeremoniellen Gaben eines Pächters an den Gutsherren und ihr einziger Reichtum. Als Gegengeschenke gab ihnen mein Vater zahlreiche Nahrungsmittel, Kleider und Silbermünzen. Nachdem die Bauern ihre Bitten vorgebracht hatten, ließen sie sich wieder im Park nieder und warteten ab, bis Schahsade das entsprechende Problem geregelt hatte. Manchmal dauerte es Monate, bis er eine Lösung gefunden hatte. Dann schickte er entweder die Bittsteller mit einem seiner erfahrenen Beamten nach Hause, damit dieser sich um das Problem kümmerte, oder er führte mittels Unterhändler lange Verhandlungen über weite Entfernungen hinweg. In solchen Fällen hockten die Bittsteller oft wochenlang geduldig vor ihren Zelten, rauchten ihre Wasserpfeifen, plauderten und lachten inmitten ihrer Matratzen und Samowars unter den Bäumen am Wasserbassin.

Mich faszinierte das Leben der ganz normalen Menschen. Gutsherren wie mein Vater hatten eine beinahe uneingeschränkte Macht über diese Bauern. Doch trotz seiner Bemühungen um Gerechtigkeit waren sie oft, wie ich von Maschdi und meiner Mutter wußte, dem erbarmungslosen Druck gieriger Steuereintreiber, Stammesfürsten, Soldaten, Gendarmen und Banditen ausgesetzt, deren Habgier, Grausamkeit und Ungerechtigkeit sie jederzeit vernichten konnte. Wie unbarmherzig das Leben mit ihnen war, konnte man von ihren mageren, ausgezehrten Gesichtern ablesen. Oft rannte ich zu meiner Mutter und bettelte: »Dieser Mann sieht so alt und schwach aus, bitte gib ihm ganz viel zu essen!« Und ich war erst dann wieder froh, wenn Maschdi ihnen große Töpfe mit Fleisch und Reis brachte, die meine Mutter gekocht hatte. Ich war stolz darauf, daß Schahsade ihnen bei der Lösung ihrer Schwierigkeiten helfen würde und daß er dafür sorgte, daß ihnen Gerechtigkeit widerfuhr.

Sobald wir aber dann im Vorraum zu den Gemächern meines Vaters angelangt waren, vergaß ich vor Aufregung und Spannung alles andere. Falls Delroba, die schwarze Hausverwalterin meines Vaters, unseren Müttern mitteilte, daß Schahsade noch beim Frühstück war, seine Morgengebete sprach oder noch nicht bereit war, weil ihn in der Nacht davor seine Gicht geplagt hatte, trieben sich meine jüngeren Brüder und Halbbrüder und ich vor der offenen Tür seines großen Wohn- und Arbeitsraumes herum, um zu sehen, wann er fertig sein würde. Wenn dann der geeignete Augenblick kam, scheuchte meine Mutter uns alle hinein.

Ich besitze noch immer eine Fotografie, die um 1931 aufgenommen wurde, als ich etwa zehn Jahre alt war. Auf diesem Bild stehe ich auf einem wackligen viktorianischen Sofa in der zweiten Reihe, umgeben von zehn von meinen jüngeren Brüdern und Schwestern: ein dunkeläugiges kleines Mädchen mit olivfarbener Haut und einer geraden schwarzen Ponyfrisur, das ein weißes, warmes Baumwollkleid mit langen, engen Ärmeln trägt.

Obwohl mein Vater uns etwa alle zehn Tage besuchte, waren diese formellen Besuche in seinen Gemächern ganz besondere Ereignisse, wunderbar und zugleich beängstigend. Schahsade, der in seinem Leben mehrere politische Umbrüche mitgemacht hatte, hatte beschlossen, daß wir, seine jüngeren Kinder, eine solidere Lebensgrundlage erhalten sollten als die Politik für die Zeit, wenn er nicht mehr da war, um über unser Wohlergehen wachen zu können. Unnachgiebig verlangte er, daß wir lernten, auf eigenen Füßen zu stehen, und so wurden wir jeden Tag außer Freitag von morgens bis abends mit Lernen, Hausaufgaben und zusätzlichen Privatstunden in Mathematik, Persisch, Literatur und verschiedenen anderen Fächern auf Trab gehalten. Wie ein Gärtner, der seine Orchideen pflegt, kümmerte sich mein Vater um jeden einzelnen von uns. Und ebenso wie dieser erwartete er, daß jede seiner liebevoll gehegten Pflanzen für ihn das Beste gab.

So stellten wir uns jeden Freitag entsprechend unserem Alter vor Schahsade's großem europäischem Eßtisch auf, die Arme ehrerbietig über der Brust gekreuzt, damit unser Vater uns begutachten konnte. Er erkundigte sich nach unserer Arbeit in der Schule und ließ uns oft lange Passagen aus persischen Gedichten aufsagen, die er uns in der Woche zuvor aufgegeben hatte. Dabei saß er neben dem Tisch und stützte sich auf seinen Stock. Die Bandage, die er an seinem gichtigen Fuß trug, war in meinen Augen so groß wie eine Wassermelone, aber das änderte nichts an meiner Ehrerbietung und Furcht.

Ich stand stets zwischen meiner älteren Schwester Dschabare und meinem Bruder Abol, dem Sohn meiner Stiefmutter Batul. Respektvoll hielt ich meine Augen auf Schahsade's

Antlitz gerichtet, wie ich es gelernt hatte. Nachdem wir uns alle verbeugt hatten, stellte ich mich ganz aufrecht hin, um meine Nervosität zu verbergen, während sich mein Vater nun nach vorne lehnte und mit der Befragung begann. Er begann stets bei dem ältesten Kind. Obwohl er unsere älteren Brüder nach Europa geschickt hatte, lebten immer noch viele seiner Kinder im Palast, und jedes Jahr kamen neue hinzu. So waren wir stets mindestens ein Dutzend.

»Dschabi«, begann mein Vater.

Meine süße Schwester Dschabare, die vier Jahre älter war als ich, errötete jedesmal, wenn Schahsade sie ansprach.

»Deine Mutter berichtet mir«, sagte Schahsade, »daß Mademoiselle sich sehr lobend über dein Französisch geäußert hat.«

Dschabi hatte zusammen mit dreien von meinen älteren Halbschwestern eine unfreundlich dreinblickende Gouvernante namens Mademoiselle Dupuiche. Die vornehme und feinsinnige Sprache Frankreichs wurde im Iran beinahe ebenso hoch geschätzt wie das Persische, und die französische Kunst und Kultur hielt man für die überragendsten von ganz Europa. Meine Halbschwestern und Dschabi wurden auch in französischer und persischer Kochkunst unterrichtet, wofür Schahsade's temperamentvoller Küchenchef Asghar zuständig war. Außerdem lernten sie Malen und klassische persische Musik, letztere bei einem entfernten männlichen Verwandten, einem Armeeoffizier, der immer sein Schwert dabeihatte, wenn er kam, um seine Musikstunden zu geben. Dieser Unterricht ergänzte natürlich nur das, was persische Mädchen unserer Gesellschaftsklasse ohnehin in den *andaruns* ihrer Mütter über Nähen, Sticken, Haushaltsführung und Religion lernten. Wenn mein Vater es befahl, dann erhielten auch wir Mädchen zusätzlichen Unterricht in Lesen, Mathematik, Literatur, persischer Grammatik oder anderen akademischen Fächern. Außerdem mußten wir sechs Tage in der Woche in die Schule gehen. Ich besuchte Tarbiat, eine private Grundschule in der Nähe des Palastes, und Dschabi ging auf das Lycée Jeanne d'Arc, die französische Mädchenschule.

Damals waren etwa neunzig Prozent aller persischen Erwachsenen, und beinahe alle Frauen, Analphabeten. Aber mein Vater, der immer genau das tat, was er sich vorgenommen hatte, und sich von nichts und niemandem davon abbringen ließ, vertrat die höchst ungewöhnliche Ansicht, daß eine gute Erziehung Frauen zu besseren Ehefrauen machte. Aufgrund dieser Einstellung ließ er meine Mutter und seine anderen Ehefrauen Lesen und Schreiben lernen und schickte alle seine Töchter zur Schule, und sogar die Söhne und Töchter der Bediensteten, wenn er ihre Väter von dieser Notwendigkeit überzeugen konnte. Dschabi war eine ausgezeichnete Schülerin.

Obwohl wir Schwestern waren, unterschieden wir uns in einigen wesentlichen Punkten. Im Gegensatz zu mir war Dschabi ruhig, anmutig, unterwürfig und verkörperte alle Tugenden, die ein Perser für weiblich hält. Meine Mutter äußerte häufig den sehnlichen Wunsch, daß einige dieser Eigenschaften auch auf mich abfärbten.

Meine Schwester, noch immer rot im Gesicht, murmelte etwas, was eine Antwort auf Schahsade's Kompliment sein sollte.

»Gut, das freut mich zu hören«, sagte Schahsade.

»Eine moderne Gastgeberin muß perfekt Französisch sprechen. Aber achte darauf«, fügte er streng hinzu, »daß du deine Kochkunst nicht vernachlässigst, wenn du willst, daß ich einen Ehemann für dich finde.«

Nichts, was einer von uns tat, war für Schahsade gut genug, insbesondere, wenn es unsere Ausbildung betraf. Da ich sehr stolz war auf die Fähigkeiten meiner schönen Schwester, litt ich manchmal darunter, daß er niemals wirklich zufrieden war. Aber meine Schwester schien nicht verletzt zu sein. Sie nickte gehorsam. »*Qorban,* ja«, sagte sie. Um unseren Respekt zu zeigen, sprachen wir Schahsade niemals einfach mit *Agha,* »Herr«, an. Qorban ist ein beinahe unübersetzbarer Ausdruck, mit dem der Sprecher seine tiefe Ehrerbietung zeigt, und bedeutet etwa: »Du, für den ich mich aufopfere«.

»Satti« war als nächste an der Reihe. Mein eigentlicher Name ist *Sattareh,* aber da sich dieser Name für persische

Ohren etwas seltsam anhört, nennt mich gewöhnlich niemand so. Mein Vater erklärte, daß seine Töchter und Söhne keine Namen wie alle anderen haben sollten. Daher erhielten die Kinder unserer Mütter oft Namen, die etwas exzentrisch klangen. Im Persischen ist die normale Form meines Namens *Setare.* Das bedeutet »Stern« und ist ein gebräuchlicher Mädchenname. Aber in der Form, die Schahsade für mich gewählt hatte, mit einem »a« am Anfang statt dem »e«, bedeutet das Wort »Lineal«. Soweit ich weiß, hatte dieser Name keine besondere Bedeutung für ihn. Obwohl ich das Recht meines Vaters, mir jeden beliebigen Namen zu geben, nicht in Frage stellte, war ich dankbar, daß mich niemand in der Familie, und auch Schahsade nicht, je anders nannte als »Satti«.

»Satti.«

Tief beeindruckt von Schahsade's schneeweißem Schnurrbart und seiner militärischen Haltung, gab ich mir alle Mühe, seinem Blick nicht auszuweichen. Seine grünen Augen leuchteten wie die eines Falken. Dann hielt ich den Atem an, denn sein Tonfall hatte angedeutet, daß etwas nicht in Ordnung war.

Aber ich wagte kein Wort zu sagen, ehe er mir nicht eine direkte Frage gestellt hatte.

»Deine Wange ist schmutzig. Bist du denn am Montag nicht mit deiner Mutter und deinen Schwestern im Bad gewesen?«

Schahsade hatte sehr fortschrittliche und bestimmte Ansichten zu Themen wie moderne Hygiene, Ernährung und Gesundheit, und er nahm Sauberkeit sehr ernst. Mir stieg die Röte ins Gesicht, und voll Entsetzen wünschte ich mir, die blumenübersäten Wiesen auf dem Seidenteppich unter meinen Füßen würden sich auftun und mich wie bei einem Erdbeben verschlucken.

»Qorban, ja«, stammelte ich, »und ich habe mich auch heute morgen gewaschen ...«

Schahsade lächelte und tätschelte mir liebevoll die Wange. »Ist schon in Ordnung, du kleiner Taugenichts. Aber der Koran sagt: ›Gott liebt Frauen, die auf Sauberkeit achten.‹«

Jemand kicherte, und meine Mutter hinter uns kochte vor Wut. »Satti«, fuhr Schahsade fort, »du darfst uns jetzt das kurze Gedicht vortragen, das ich dir letzte Woche aufgegeben habe.«

Ich atmete nochmals tief durch. Vor kurzem hatte er mir bei einem seiner Besuche in unserem Haus eine Sammlung von Gedichten des großen Dichters Sadi mitgebracht. Anders als andere Väter in den alten Familien Teherans, die ihre Töchter mit französischen Kleidern und Edelsteinen überschütteten, schenkte Schahsade seinen Kindern nie etwas anderes als Bücher. Mir waren solche Geschenke auch sehr viel lieber als die Saphire und Diamantringe, die ich an wohlhabenderen Freundinnen oder Verwandten sah. Anders als mit der Sauberkeit hatte ich mit dem Lernen gar keine Schwierigkeiten und war in meiner Klasse immer die Beste. Ohne zu stottern trug ich das Gedicht vor:

»Menschen sind wie Teile eines Körpers,
geschaffen aus einer Substanz.
Wenn ein Glied Schmerzen hat und leidet,
können die anderen nicht in Ruhe und Frieden leben.
Wenn dich das Elend anderer gleichgültig läßt
und keine Sorgen in dir wachruft,
kannst du kein menschliches Wesen sein.«

Ich liebte Sadis Dichtung und ganz besonders diese Verse, die mich immer an die einfachen Menschen in unserem Palast erinnerten: die Bittsteller im Park oder die verkrüppelten alten Soldaten und die fast blinden Pensionäre, die den ganzen Tag unter den Bäumen saßen und die für uns Kinder, wenn wir vorbeikamen, immer eine zärtliche Geste und Süßigkeiten hatten.

»Sehr gut«, sagte Schahsade lobend, und ich war überglücklich, als ich eine kleine Münze bekam. »Wißt ihr, was das Gedicht bedeutet, das Satti gerade aufgesagt hat?« fuhr er fort, wobei er sich an alle wandte. »Es bedeutet, daß eine Nation aus einzelnen Individuen besteht, von denen jedes einzelne wichtig ist. Kein Land kann groß werden, ohne sich um das Wohlergehen des einzelnen Menschen zu bemühen.

Darum ist es euer *dein,* eure Pflicht, für den Fortschritt und das Wohlergehen anderer zu arbeiten, damit euer Land wieder zu einer großen Nation wird. Dafür müßt ihr lernen und ausgebildet werden. Jetzt seid ihr noch wie rohes Eisen. Um zum Schwert zu werden, muß das Eisen durch die Glut gehen, und eine Ausbildung ist diese Glut.«

Dann machte er weiter in der Reihe, verlangte weitere Gedichtvorträge, überreichte weitere Münzen, lobte und tadelte, während ich ihm voller Ehrfurcht zusah. Ich fand es schon erstaunlich, daß er sich all unsere Namen merken konnte. Aber noch mehr bewunderte ich ihn, weil er sich stets genau an die Berichte unserer Mütter über unsere schulischen Fortschritte erinnerte und immer wußte, was er uns am Freitag zuvor aufgegeben hatte.

Nachdem er mit jedem von uns gesprochen und die Wangen aller Babys getätschelt hatte, beendete Schahsade den Besuch mit der letzten Ermahnung dieses Vormittags. Damit wollte er uns noch einmal auf die Wichtigkeit einer Ausbildung hinweisen und unser *dein* bis zur Inspektion am nächsten Freitag fest in unseren Köpfen verankern. Gewöhnlich betonte er diese Ziele noch mit weiteren Zitaten. »Lernen«, sagte er in einer Anspielung auf Sadi, »macht die Herzen alter Männer wieder jung.« Oder, ebenfalls ein Zitat von Sadi: »Eine Nation wird schöner durch gebildete Menschen.«

Dann räusperte sich meine Mutter. »Qorban«, sagte sie, »bevor wir gehen, ich brauche in diesem Monat hundert Rial mehr. Die Winterschuhe der Kinder sind abgetragen, und Satti benötigt eine neue Schultasche – die alte von Dschabi ist gestern auseinandergefallen.«

Bei diesen Worten zogen sich Schahsade's schneeweiße Augenbrauen zusammen, während seine Augen gleichzeitig eisig glitzerten, und er runzelte die Stirn, was immer ein Zeichen seines Mißmuts war. Dann faßte er den Knauf seines Stocks fester und starrte vor sich hin, als habe er sie nicht gehört.

»Qorban«, sagte meine Mutter boshaft, »Sadi sagt auch: ›Schweigen ist gut, aber zur rechten Zeit reden ist besser.‹«

Aber trotz dieses berühmten Wortes wurde das Stirnrunzeln meines Vaters nur noch tiefer. Er antwortete noch immer nicht und griff statt dessen nach einem Silberteller, auf dem kleine weiße Bonbons für uns lagen. Damit gab er das Zeichen, daß der Besuch beendet war. Nachdem jeder von uns noch eine Umarmung oder einen Kuß empfangen und die Hand unseres Vaters geküßt hatte, marschierten wir hinaus. Draußen stießen wir uns heimlich mit den Ellbogen an und kicherten erleichtert.

## II.

Wenn Schahsade die Sonne war, um die unser Leben sich drehte, dann war meine Mutter der Mond, der die Gezeiten bestimmte. Ihre Größe und Autorität wurde nur von der seinen übertroffen. Wir Kinder sprachen sie so respektvoll wie möglich an, und auch untereinander nannten wir sie nicht *Maman-dschan,* »Mama«, sondern *Chanom,* was einfach »gnädige Frau« bedeutet.

Chanom hatte dunkle Augenbrauen und war sehr schön. Ihre außerordentlich weiche, olivfarbene Haut duftete immer nach Rosenwasser. Da sie sehr fromm war, teilte sie ihr dickes, hüftlanges schwarzes Haar nur in der Mitte, band es in einem vollen, schweren Knoten im Nacken zusammen und tat keinen Schritt in der Öffentlichkeit ohne ihren *tschador.* Sie hatte ein gewinnendes Lächeln und einen feinen Sinn für Humor. In ihren dunklen, schönen Augen, die das Ausdrucksvollste an ihr waren, blitzten die starken Gefühle, die sie vor der Welt verbergen wollte, wie Goldfische unter der Wasseroberfläche eines Teiches. Die Leute sagten bewundernd von ihr: »Masume-Chanom spricht immer mit ihren Augen.«

Ihr Leben war eine einzige mühevolle Plackerei. Nur in Schahsade's Haus gab es ein Telefon und elektrischen Strom, aber heißes Wasser oder gar eine Zentralheizung hatten wir nirgendwo. Das Kochen, Putzen, Nähen der Kleider für uns und die Dienerschaft und die Sorge für die Vorräte erforderten die ganze Kraft von Chanom, unserer sechs oder sieben Kinderfrauen, unserer Stiefmütter und der Dienerinnen jeden Tag vom Morgengebet bis zum Schlafengehen. Abgesehen von der Führung ihres großen Haushaltes war sie auch noch für die Molkerei des Palastes zuständig, mit deren Leitung mein Vater sie betraut hatte, weil er ihr außerordentliches Talent zur Haushaltsführung sehr hochschätzte. Da sie vor ihrer Heirat nähen gelernt hatte, mußte sie auch die gesamte Unterwäsche und die Schlafanzüge meines Vaters nähen. Außerdem ging sie täglich zu seinem Haus, um ihn zu rasieren oder ihm die Haare zu schneiden. Wie fast jede andere Iranerin im gebärfähigen Alter war sie gewöhnlich entweder schwanger, oder sie stillte gerade ein Neugeborenes. Zu der Zeit, als ich sechzehn war und sie etwa neununddreißig, hatte sie nicht nur mich und Dschabi, sondern auch meine Brüder Forugh, Ghafar und Raschid und meine Schwestern Homi, Sori und Chorschid, so daß wir zusammen mit meinem ältesten Bruder Sabbar, der in Paris studierte, neun Kinder waren.

Zwei Sorgen beschäftigten Chanom ständig. Eine davon war das Geld, denn seit 1921 hatte Schahsade einen großen Teil seines riesigen Vermögens verloren. Mehrere seiner jüngeren Söhne, die vor oder um den Staatsstreich herum geboren waren, ließ er wie meinen Bruder Sabbar in Europa studieren, um ihnen einerseits die europäische Erziehung zukommen zu lassen, die für einen persischen Adligen als unverzichtbar angesehen wurde, und sie andererseits außerhalb der Reichweite von Resa Schah zu halten, der sie sonst vielleicht als Geiseln genommen hätte. Nach und nach hatte Schahsade große Teile seiner Ländereien verkauft, um die Studien seiner älteren Söhne in Paris und London und die Kosten für den Unterhalt des Palastes bezahlen zu können, und nun konnte er es sich nicht leisten, auch noch die jüngsten Brüder nach Europa zu schicken. Auch wir anderen mußten uns einschränken, denn er konnte das luxuriöse Leben nicht mehr bezahlen, für das die persische Aristokratie drei Jahrtausende lang berühmt gewesen waren und das er selbst, auch wenn er sich so einfach kleidete und ernährte, wie es einem Soldaten zukam, sein Leben lang gewohnt gewesen war. Obwohl unsere Wohnhäuser komfortabel waren und unseren Ansprüchen vollkommen genügten, waren sie doch, verglichen mit Schahsade's Haus oder den Häusern von Essatdoules Söhnen, eher spartanisch. Außerdem beherrschte mein Vater die Kunst der sparsamen Haushaltsführung in bezug auf seine jüngeren Familien. Wir alle lebten in Gebäuden, die einander in Bau und Möblierung bis aufs Haar glichen: große, einfache, zweistöckige Häuser mit dikken Mauern, die nach Süden gerichtet waren, wie das bei den alten Persern üblich war, um die Wärme der Wintersonne einzufangen. Diese ließ Schahsade mit einfachen Holzbetten, Tischen und Truhen füllen, die der alte Usa-Ibrahim, der Tischler des Palastes, zusammenzimmerte.

Der Geiz meines Vaters trieb unsere Mütter oft fast zum Wahnsinn, denn so wie er für den gesamten Palast zuständig war, waren sie für das Wohlergehen der zahlreichen Diener verantwortlich, die von ihrem Brot und Salz abhängig waren. Trotz allem waren Chanoms finanziellen Sorgen gering im Vergleich zu ihrer Angst um Schahsade's Sicherheit. Sie machte sich ständig Sorgen um ihn und damit auch um unsere Existenz. Obwohl sie Schahsade oft aus der Zeitung vorlas und auch gerne selbst hineinschaute, war es uns doch streng verboten, politische oder andere aktuelle Ereignisse zu besprechen oder den Namen des Herrschers auch nur in den Mund zu nehmen, wenn Bedienstete in der Nähe waren. Unsere Mütter hatten Resa Schah den Codenamen »mein Vetter« gegeben, so daß sie uns ermahnen konnten, das Gespräch zu beenden, ohne daß die Diener verstehen konnten, was sie meinten. Meine Mutter wußte genau, daß nicht alle Diener vertrauenswürdig waren. Besonders mißtrauisch war sie gegenüber einem der Kammerdiener Schahsade's, einem mageren Mann namens Ismael, der eiskalte Augen hatte. Als sie an einem Mittwoch abends mit Schahsade allein war – da mein Vater keine seiner Frauen bevorzugen wollte, hatte jede unserer Mütter »ihren« Abend in dem großen Haus am Ende des Parks, und Chanoms Abend war am Mittwoch –, erzählte ihr mein Vater, daß er diesen Mann für einen Polizeispitzel hielt. Wenn er ihm aber kündigte, könnte sich der Diener dadurch rächen, daß er mit irgendeiner erfundenen

Geschichte zur Polizei ging. Außerdem, so erklärte mein Vater, nähme dann ein anderer seinen Platz ein.

»Traue niemandem, der nicht zu deiner Familie gehört«, wiederholten meine Mutter und Maschdi, mein *lale,* immer wieder, »und nimm nie ein Geschenk an, es sei denn von deinen Eltern.« Selbstdisziplin lernte man in Chanoms Haushalt schon sehr früh.

Natürlich war die Notwendigkeit, ständig darauf zu achten, daß niemand ein falsches Wort sagte, eine dauernde Belastung für meine Mutter, die ohnehin oft gereizter Stimmung war. Sie war so nervös, daß sie sich selbst dann, wenn ich nur stolperte, auf mich stürzte, mich am Handgelenk packte und hochzerrte. Dann schlug sie mich so heftig, daß ich die Zähne zusammenbeißen mußte, um meine Schreie zurückzuhalten. Sie dachte wohl, wenn wir nicht in der Lage waren, unsere Füße zu kontrollieren, konnten wir vielleicht auch die Zunge nicht im Zaum halten.

So lernte ich bald, mein Herz nicht auf der Zunge zu tragen. Als ich zehn Jahre alt war, hatte ich mich bereits daran gewöhnt, meine Gefühle nicht nur vor den Dienern, sondern auch vor Chanom selbst zu verstecken. Ihre Sorgen und ihre Angst vor Verrat warfen einen dunklen Schatten auf unser Leben, und ich hatte das Gefühl, meine Mutter beschützen zu müssen und sie nicht mehr als nötig belasten zu dürfen. Ich konnte es nicht ertragen, sie leiden zu sehen, und mein Vater war bereits alt und nicht bei bester Gesundheit. Was würde passieren, wenn auch sie bei all der Arbeit und den Sorgen krank wurde und auf einmal nicht mehr da war, um sich um uns zu kümmern?

An den eiskalten Winterabenden in Teheran, wenn auf den Fensterbrettern der Frost glitzerte und es für die Arbeit an der Nähmaschine zu kalt wurde, schickte Chanom die Dienerinnen weg, und dann drängten wir uns alle auf den Polstern und Kissen zusammen. Wir wärmten uns unter dem *korsi,* einer Decke, die mit Hilfe einer Kohlenpfanne geheizt wurde, die unter einem kleinen Tischchen stand. Dann zog meine Mutter ihr jüngstes Kind eng an sich und erzählte uns

Geschichten aus Schahsade's Leben und ihrem eigenen, Geschichten aus jenen turbulenten Zeiten, als sie und meine Stiefmutter Batul noch im königlichen *andarun* von Essatdoule lebten, die Tochter, Schwester und Tante von drei verschiedenen iranischen Herrschern gewesen war.

## III.

Jeden Tag, wenn ich vor Sonnenaufgang in der Kühle des Morgens erwachte, noch bevor die Geräusche in Chanoms Zimmer verrieten, daß sie ihre Morgengebete sprach, oder Rabab, der Koch, unten mit der Kohlenschütte rasselte, um den Samowar aufzuheizen, oder Lachen und Plätschern vom Becken vor der Tür mir sagten, daß Narges und die anderen Kinderfrauen aufgestanden waren, herrschte eine friedliche Stille.

Damals gab es noch keinen Autoverkehr in Teheran, und abgesehen von den Nachtigallen, die in den Pflaumenbäumen unten im Gartenhof trillerten, unterbrach nur wenig die Stille. Angestrengt lauschte ich auf Geräusche außerhalb des Palastes. In meinem Zimmer über dem ummauerten Innenhof konnte ich die Gebetsrufe aus den Moscheen der Stadt nicht hören. Aber zu meiner Freude wurde die Stille gelegentlich durch tiefe, langsame, sonore Gongschläge unterbrochen: Dieser Ton zeigte, daß gerade eine Kamelkarawane durch eines der Stadttore nicht weit nördlich vom Palast in die leere, wüste Ebene hinausschwankte. Während ich zwischen der Stille des Sonnenaufgangs und den bevorstehenden Annehmlichkeiten eines Frühstücks in meinem hölzernen Bett lag und nachdachte, wußte ich mit Sicherheit, daß ich ebenso, wie ich jetzt den *andarun* meiner Mutter verließ, um im *biruni* zu spielen oder in Begleitung von Maschdi zur Schule zu gehen, eines Tages dem liebevollen Schutz meines Zuhauses entfliehen würde, um herauszufinden, was jenseits der Mauern von Schahsade's Palast vor sich ging.

Am Samstag, dem ersten Tag der Woche, und an jedem anderen Morgen außer Freitag hörte ich irgendwann die laute Stimme meines *lale,* der aus dem Pförtnerhaus rief:

»Komm schon, Satti-Chanom, du bist spät dran! Beeil dich, Forugh Mirsa, komm – alle warten schon!«

Ich und mein nächstjüngerer Bruder Forugh, den die Diener trotz des Verbots meines Vaters immer *Forugh Mirsa,* »Prinz Forugh«, nannten, schlangen eilig die Reste unseres Frühstücks hinunter, während meine Mutter durchs Fenster meldete: »Nur noch eine Minute, Maschdi, ich mache noch das Pausenbrot fertig!« Dann rollte sie hastig etwas Käse in ein Stück weiches Brot oder wickelte ein paar Nüsse und Rosinen in unsere Taschentücher. Sobald sie uns das Essen in die Taschen geschoben hatte, eilten wir die Treppe hinab und hinaus auf den Weg zum Pförtnerhaus, wo Maschdi zusammen mit Batul-Chanoms Sohn Abol, Fateme-Chanoms Söhnen Alinaqi und Alidad, seiner eigenen Tochter Leila und einigen Kindern von anderen Bediensteten schon auf uns wartete. Gemeinsam brachen wir zur Tarbiat-Grundschule auf, die nicht weit vom Palast entfernt lag.

Maschdi war etwa um die Zeit meiner Geburt in die Dienste meines Vaters getreten, und nun war er Pförtner, Babysitter und Laufbursche meiner Mutter. Außerdem begleitete und bewachte er uns, wann immer wir unser Zuhause verließen, um in die Schule, in den Basar oder zum Haus eines Verwandten zu gehen. Maschdi war der stärkste Mann im ganzen Palast, er konnte Möbel und Teppiche tragen, die niemand sonst heben konnte. Seine Hände, die wie Spaten aus den Ärmeln seines blauen Baumwollumhangs ragten, waren muskulös und hatten lange Finger, und sein breites Gesicht und der glänzende, beinahe kahle Kopf waren von der Sonne so braun wie Walnußsaft. Er nannte mich nur dann *Satti-Chanom,* »Gnädige Frau Satti«, wenn meine Mutter in Hörweite war. Ansonsten war ich ganz einfach »Satti«.

Ich liebte Maschdi und war mir sicher, daß es nichts gab, was er nicht konnte: Er konnte einem Kind mit Hilfe eines Fadens den wackligen Zahn aus dem Mund ziehen, im Sommer in den steinigen Hügeln kühle Quellen finden und sogar die Risse nähen, die unerklärlicherweise in meinen Hosen auftauchten, mit der Nadel und dem Faden, die er immer bei sich trug.

Obwohl ich Schahsade leidenschaftlich liebte, fühlte ich mich doch ebenso als Maschdis Tochter, wenn auch auf andere Weise. Wenn ich das kleine Haus gegenüber dem Palast besuchte, wo Maschdi zusammen mit seiner hübschen Frau Korsum und den drei Kindern lebte, wenn ich auf seinen Schultern zur Schule ritt oder neben ihm zum Markt ging, dann konnte ich mir vorstellen, wie es war, zu einer ganz gewöhnlichen Familie zu gehören, wo man einen Mann hatte, der zu Hause lebte, jemanden, den man umarmen konnte, mit dem man reden und den man »Vater« nennen konnte. Ich sehnte mich danach, Schahsade »Vater« zu nennen anstatt »Qorban«, meine Arme um ihn zu schlingen und das Gesicht an seiner Brust zu vergraben, wie ich das bei Maschdi und seiner Tochter Leila gesehen hatte.

Obwohl meine Mutter Maschdi sehr gerne hatte, sah sie ihn doch manchmal als eine Strafe Gottes an, die sie die Tugend der Geduld lehren sollte. Nicht nur, daß Maschdi ihrer Ansicht nach mich und meine Brüder viel zu wild durch den *biruni* rennen ließ – die Flickarbeiten an meinen zerrissenen Hosen beeindruckten sie längst nicht so wie mich –, sondern er ließ uns auch draußen unsauberes Wasser trinken und fütterte mich mit den schmutzigen Süßigkeiten fliegender Händler. Dabei hatte Chanom beinahe mehr Angst davor, daß Schahsade von solchen Dingen erfahren könnte, als daß wir uns dabei Typhus, Ruhr oder Würmer holten. Aber das Schlimmste war, daß mein *lale* ein miserabler Einkäufer war.

Jeden Tag sagte meine Mutter zu ihm: »Maschdi, wenn du heute zum Markt gehst, achte darauf, daß dir die Obst- und Gemüsehändler ihre besten Waren geben. Schau genau hin, was sie dir geben – nicht nur mit zwei, sondern mit vier Augen!«

Aber gegen Maschdis offene, vertrauensselige Natur konnten auch vier weitgeöffnete Augen nichts ausrichten. Jeden Tag kam er mit weichen Gurken oder angefaulten Rüben nach Hause, und jeden Tag stürmte meine Mutter über den Innenhof zum Pförtnerhaus, um ihn durch den Vorhang, der den *andarun* vor dem Blick des Pförtners schützte, hindurch anzuschreien, und zwar so laut, wie es ihre zurückhaltende Art erlaubte: »Maschdi, ich habe dich gebeten, eine Wassermelone zu kaufen, und du kommst mit einem Ding zurück, das innen nicht rot ist, sondern weiß wie ein Kohlkopf! Du weißt genau, daß die Kinder so etwas nicht essen können. Wie kannst du nur das Geld so zum Fenster hinauswerfen?«

»Chanom«, antwortete Maschdi flehentlich, »das ist nicht mein Fehler – der Mann hat mir geschworen, daß die Melone gut ist. Irgendein *dschin* ...«

»Geister haben auf Wassermelonen keinen Einfluß«, fuhr ihn meine Mutter an, die immer wütender wurde. Auch Aberglaube war etwas, das Schahsade verboten hatte.

»Aber, Chanom«, protestierte Maschdi schwach, »woher sollte ich denn wissen, daß sie schlecht ist? Ich war doch nicht im Innern der Wassermelone.«

»Gott sei gelobt und gebe mir Geduld!« rief meine Mutter aus. »Wenn nicht Maschdi auf den Basar ginge, dann könnten alle Händler, die schlechte Waren verkaufen, ihre Stände zusperren!«

»Das ist ungerecht, Satti«, jammerte Maschdi, sobald wir alleine waren. Er schüttelte den Kopf und zog an einer der Zigaretten, die ich so gerne für ihn rollte. »Deine Mutter, eine fromme und großherzige Frau, will einfach glauben, daß ich aus lauter Unvorsichtigkeit eine schlechte Wassermelone gekauft habe. Aber ich weiß nur, daß die Melone gut war, als ich sie ausgewählt habe. Nun ja, es war Gottes Wille, daß sie doch eine schlechte Wassermelone war. Entweder wurde ich betrogen, oder die Wassermelone war gut, als ich sie kaufte, und schlecht, als ich zu Hause war. Es war nicht mein Fehler, sondern Schicksal. Und dagegen sind wir machtlos.«

Maschdi war wie alle Bediensteten und natürlich auch meine Mutter fest davon überzeugt, daß alles, was geschah, in Gottes Hand lag. Wenn man unter einem Granatapfelbaum saß und einem ein Apfel in den Schoß fiel, dann lag das nicht an der Schwerkraft, sondern an Gottes Wille.

Ich war stets ärgerlich und wütend auf die Händler, die diese Auseinandersetzungen zwischen Maschdi und meiner Mutter verursachten. Nur zu gerne wäre ich selbst auf den

Markt marschiert – natürlich hätte mir das nie jemand erlaubt –, um sie so auszuschimpfen, wie sie es verdienten. Das Problem war, dachte ich bei mir, daß Maschdi im Gegensatz zu meiner Mutter und Aghadschun einfach keine gute Wassermelone von einer schlechten unterscheiden konnte. Daher war es für die Händler leicht, ihn übers Ohr zu hauen. Einoder zweimal schlug ich Maschdi vor, zu Aghadschun zu gehen, um zu lernen, wie eine Wassermelone von außen aussehen mußte, damit sie innen in Ordnung war. Ich erklärte ihm, daß ich bestimmt nicht auf irgendeine göttliche Eingebung oder einen Geist warten würde, der mir hilft. In so einem Fall müsse man lernen und eine Lösung für das Problem finden.

Aber Maschdi ging nicht zu Aghadschun, denn wie alle Iraner haßte er es, einen Fehler zuzugeben. Er fürchtete, durch die Bitte um einen Ratschlag sein Unwissen aufzudecken. Seine Weigerung, diese kleine Mühe auf sich zu nehmen, mit der er so leicht die täglichen Kämpfe mit meiner Mutter hätte beenden können, machte mich ungeduldig. Aber irgendwie begriff ich auch, daß Maschdis Schwäche nicht auf Faulheit beruhte – denn Maschdi arbeitete stets sehr hart –, sondern auf Unsicherheit.

Diese Unsicherheit fühlte beinahe jeder, und sie reichte so tief, daß niemand darüber nachdachte – sie war einfach da, wie der Himmel oder die Wüste. Im Iran hing das Überleben jedes einzelnen von irgend jemandem ab, der über ihm stand, einem Wohltäter, der reicher oder mächtiger war als er und der für ihn sorgen konnte. Genauso, wie meine Mutter von Schahsade abhängig war, war Maschdi von Chanom abhängig. Er fürchtete, die Gunst meiner Mutter zu verlieren, wenn er Unwissenheit oder einen Fehler zugab, denn wenn sie ihn entließ, würden er und seine Familie betteln oder verhungern müssen. Und obwohl mir Maschdi immer einschärfte, daß ein Lügner der Feind Gottes ist, erfand er selbst die lächerlichsten Lügen und Entschuldigungen, wenn jemand ärgerlich auf ihn war, um nur ja keine Verantwortung für seine Handlungen übernehmen zu müssen.

Natürlich wußte ich sehr gut, daß meine Mutter Maschdi

beinahe genauso gern hatte wie ich und daß sie ihn nie entlassen hätte. Auch Maschdi muß das gewußt haben, obwohl er sich nie ganz sicher sein konnte. Im Palast war Maschdi ein Mann, der von jedem mit Respekt behandelt wurde. Aber außerhalb unserer Mauern, wo er niemanden hatte, der ihn und seine Familie beschützte, war er wie alle gewöhnlichen Leute ein Niemand – ein menschliches Wesen ohne Einfluß oder Verbindungen, anonym und hilflos dem Schicksal ausgeliefert. Und der Iran ist schon immer ein Land gewesen, wo das Unglück diejenigen heimsucht, die ihr eigenes Schicksal nicht in die Hand nehmen können und die von niemandem beschützt werden.

# 2. Die Erzählungen meiner Mutter

*Zwietracht ist das Schlimmste, was einer Nation passieren kann.*

Ahmad Kasravi

Mein Land ist ein Teppich aus Sand und Stein, über den schon Millionen von Füßen gelaufen sind. Hohe Gebirge umgeben die karge, unfruchtbare Hochebene zwischen Europa und Asien wie ein Schutzwall, aber Überschwemmungen und Erdbeben bedrohen sie dennoch. Ungezählte winzige und ärmliche Dörfer liegen wie lehmfarbene Punkte in der unendlichen, lichtdurchfluteten, löwenfarbenen, wasserlosen Wüste.

Da die meisten Menschen im Westen alle Völker im Nahen Osten pauschal für »Araber« halten, sollte ich vielleicht erklären, warum diese Einordnung auf die Iraner nicht zutrifft. Die Iraner sind genausowenig Araber wie die Türken. Das iranische Volk war ursprünglich ein arisches Volk, das sich aus verschiedenen arischen Stämmen zusammensetzte, die sich im Norden des heutigen Iran angesiedelt hatten. »Iran« heißt »Land der Arier«. Der Name Persien, unter dem der Iran im Westen bekannt ist, leitet sich aus Fars oder auch Pars her, den Namen einer alten südwestlichen Provinz des Landes.

Auf dieser wüsten und ungastlichen Landbrücke, die den Osten mit dem Westen verbindet, leben wir Iraner weitaus länger als die dreitausend Jahre, von denen unsere Geschichtsbücher erzählen. Die persische Zivilisation mit ihrer Kunst, Architektur, Dichtung und ihrem hochkultivierten Lebensstil galt über viele Jahrhunderte hinweg als die höchste Zivilisation im Nahen Osten. Aber gegen Ende des 18. Jahrhunderts, als einer meiner Ururgroßonkel, ein ehrgeiziges Mitglied des turkmenischen Qadscharen-Stammes namens Agha Mohammed Chan, die damalige Dynastie stürzte und sich zum Herrscher erklärte, war aus dem Iran bereits eine arme, rückständige Nation geworden. Nachdem die

Blütezeit des persischen Reiches vorüber war, fiel der Iran zahlreichen Invasionen zum Opfer, die das Land vernichteten.

Nacheinander zogen die griechischen Heerscharen Alexanders des Großen, die arabischen Legionäre des Propheten Mohammed, die Türken und die Horden der Mongolen mit Feuer und Schwert durch die Hochebene des Iran und hinterließen Tod und Zerstörung.

Durch dieses in erster Linie geographisch bedingte Schicksal wurden wir allmählich eine Mischung aus verschiedenen Völkern. Aber noch immer betrachteten wir uns als Iraner, denn jeder neue Barbarenstamm, der uns eroberte, verfiel unweigerlich den Verlockungen unserer uralten Zivilisation und übernahm voller Bewunderung den persischen Lebensstil. Die Iraner wiederum lernten durch die Notwendigkeit, sich ständig an neue Herrscher anpassen zu müssen, die Kunst des Überlebens. Wir hielten zum einen stets die Erinnerung an unsere große Vergangenheit lebendig und orientierten uns außerdem an der ewigen, lebenswichtigen Weisheit des Nahen Ostens: Traue niemandem außer deiner eigenen Familie.

Da das iranische Volk zu schwach war, um sich den Stürmen der politischen Umstürze, der Kriege und der Naturkatastrophen entgegenzustemmen, lernte es, sich zu beugen und sich jeder neuen Situation geschickt anzupassen, um nicht zerstört zu werden. So wurde den Persern in der Vergangenheit von Kindheit an beigebracht, wie sie schnell und scharfsinnig die Stimmung eines anderen Menschen erkennen und Freund und Feind unterscheiden können. Daher bewunderten sie Menschen, die verschlagen waren und sich gut verstellen konnten, denn List und das Verstecken der eigenen Gefühle schienen oft der einzige Weg, um angesichts einer stärkeren Macht zu überleben. Wir wurden ein Volk, das bekannt ist für seine Vorliebe für Scherz und Vergnügen, für Dichtung, Tanz und andere Zerstreuungen, mit denen man der Traurigkeit und Unsicherheit des Lebens entfliehen kann – ein fatalistisches Volk, großzügig, vorsichtig und tolerant gegenüber den Schwächen der menschlichen Natur. Einem

Iraner erscheint es unsinnig, zu planen, was der nächste Monat, das nächste Jahr oder das nächste Jahrhundert bringen könnte. Denn man kann sich nicht auf die Zukunft verlassen, und das Glück ist niemals von langer Dauer. Schon in der kommenden Woche könnten wir alle ruiniert oder gar tot sein. »Sorge dich nur um den heutigen Tag«, pflegte meine Mutter in strengem Ton zu sagen, »und laß Gott für den morgigen sorgen.«

Chanoms Ängste stammten aus der qualvollen Zeit der Umwälzung, die das Land in den fünfzehn schrecklichen Jahren vor Resa Chans Putsch 1921 durchgemacht hatte.

Ironischerweise waren diese die Folge eines wahrhaft glorreichen Ereignisses: der ersten demokratischen Revolution im Nahen Osten. Dieser allerdings ziemlich blutleere Aufstand hatte 1906 stattgefunden, als liberale Nationalisten, die zum Teil selbst der herrschenden Quadscharen-Aristokratie angehörten, im iranischen Volk für ihre Forderung, Mosafar ad-Al Din Schah solle die Errichtung einer konstitutionellen Monarchie mit einer Nationalversammlung, dem Madschles, erlauben, Unterstützung fanden. Viele der Initiatoren dieser Reform hatten in Europa studiert und bewunderten die demokratischen Regierungen dort.

Obwohl die Monarchie im Iran schon seit dreitausend Jahren absolutistisch war, wußte Mosafar ad-Al Din Schah, der ein frommer Mann war, daß es die Aufgabe eines moslemischen Prinzen ist, sich dem Willen seiner Untertanen zu beugen. Daher stimmte er dem Wunsch seines Volkes nach einer neuen Regierungsform zu und gab damit den einfachen Bürgern eine Stimme in den Angelegenheiten ihres Staates. Aber Mosafar ad-Al Din Schah starb, kurz nachdem er sein Versprechen erfüllt hatte. Im Jahr 1908, als meine Mutter etwa neun Jahre alt war, brach ein Bürgerkrieg aus, weil der gottlose und reaktionäre Nachfolger des alten Schahs, Mohammed Ali Schah, versuchte, die Entscheidungen seines Vaters rückgängig zu machen. 1909 trugen die liberalen Nationalisten, die die neue Verfassung unterstützten, einen triumphalen Sieg über die Truppen Mohammed Ali Schahs davon und ernannten 1910 seinen zehnjährigen Sohn Ahmad zum neuen Schah, gemäß der neuen Lehre, daß der Schah im Iran »regieren, aber nicht herrschen« sollte. Eine Zeitlang sah es so aus, als wären die Schwierigkeiten im Iran nun überwunden. Um diese Zeit fand die Hochzeit meines Vaters mit meiner Mutter statt. Sie war das Ergebnis einer bedauerlichen Entfremdung zwischen Schahsade und seiner ersten Frau, der kaiserlichen Prinzessin Essatdoule, mit der er seit mehr als zwanzig Jahren verheiratet war.

Ich weiß sicher, daß die erste Ehe meines Vaters lange Zeit sehr gut war. Er und Essatdoule heirateten etwa um 1888, als Schahsade etwa dreißig Jahre alt war*, und die Verbindung war für beide Seiten äußerst vorteilhaft. Schahsade's Braut war die Tochter von Mosafar ad-Al Din Schah (zu jener Zeit war er noch Kronprinz) und zudem eine große Schönheit. Sie hatte ein blasses, mondförmiges Gesicht und besaß die dunklen Augenbrauen, die bei den Persern als Schönheitsideal gelten. Sie war außerdem sehr klein und wirkte wie ein zierlicher Kolibri oder eine Gestalt einer persischen Miniatur. Die Heirat war auch sehr passend, weil sowohl mein Vater als auch Essatdoule vom zweiten Herrscher der Qadscharen-Dynastie, Fath Ali Schah, abstammten und daher entfernt verwandt waren.

Als er Essatdoule heiratete, zählte mein gutaussehender und wohlhabender Vater zu den vielversprechendsten jungen Männern der riesigen kaiserlichen Familie. Fath Ali Schah hatte das Überleben seiner Dynastie sichern wollen, indem er etwa zweihundert Frauen heiratete und mehr als hundertsiebzig Söhne und Töchter zeugte.

Von Kindheit an hatte sich mein Vater als sehr begabt erwiesen. Er wuchs auf in einem riesigen eigenen Haushalt auf dem großen Familienbesitz seines Vaters in den Gärten des Schahs, umgeben von Dienern und Lehrern, deren einzige Lebensaufgabe darin bestand, ihn in Fechtkunst, Dichtung,

* Vor Resa Schah war es im Iran nicht üblich, die Geburtsdaten der Menschen zu registrieren. Ich schätze, daß mein Vater etwa 1858 und meine Mutter ungefähr 1899 geboren ist. Doch sicher bin ich mir nicht, denn ich weiß nicht einmal mein eigenes Geburtsdatum genau.

Jagen, Reiten, Kalligraphie, zeremonieller Etikette und anderen Fächern zu unterweisen, die für einen persischen Adligen seines Ranges für notwendig gehalten wurden. Dann besuchte er die österreichische Militärakademie, auf der die Söhne der Aristokratie von französischsprechenden Ausbildern aus Österreich gedrillt wurden. Später zeichnete er sich als Soldat und begabter Stratege aus. Gleichzeitig baute er schon als junger Mann voller Begeisterung Brücken und Straßen und zeigte reges Interesse an sozialen Verbesserungen und an den neuen westlichen Wissenschaften. Sein Förderer war der mächtige Amir Nesam Garusi, denn sogar ein Prinz benötigte gute Verbindungen, sowohl für seine Karriere im Staat als auch zum Schutz für den Fall, wenn er die Gunst des Herrschers verloren oder sich einen anderen Prinzen, der mächtiger war als er, zum Feind gemacht hatte. Dieser Amir sorgte dafür, daß Schahsade einen Kommandoposten in der Leibgarde des Kronprinzen erhielt, und arrangierte auch die Heirat mit Essatdoule. Wie es beim Adel üblich war, erhielten sie und jeder ihrer sechs Söhne, die sie ihm gebar, eigene Gemächer auf Schahsade's Familienbesitz.

Nicht einmal eine kaiserliche Prinzessin wie Essatdoule durfte sich ihren Ehemann aussuchen. Zur Zeit der Hochzeit war sie vermutlich nicht älter als dreizehn Jahre – in der traditionellen moslemischen Gesellschaft galten Mädchen als heiratsfähig, sobald sie in die Pubertät kamen, und wurden oft bereits im Alter von neun oder zehn Jahren verheiratet. Mein Vater war entschlossen, ein guter Ehemann zu werden. Er füllte Essatdoules Haus auf seinem Gut mit antiken Seidenteppichen, Gobelins aus Paris, Möbeln aus St. Petersburg und juwelenverzierten Tellern aus Gold und Silber. Und was noch wichtiger war, er gab ihr eine Ausbildung.

In der Regel machte sich damals niemand die Mühe, einer Frau überhaupt etwas beizubringen, abgesehen von jenen Fähigkeiten, die sie für die Haushaltsführung brauchte, wie sparsames Wirtschaften oder das Weben von Stoffen. Im Iran gelten die Frauen als *safie,* das »schwache Geschlecht«, und man traut ihnen sowohl geistig als auch körperlich nicht zu, wesentliche Entscheidungen allein zu treffen und Leistung zu erbringen. Man hielt es für nutzlos und sogar gefährlich, einem Mädchen mehr beizubringen als das, was es brauchte, um eine fromme, tugendhafte Ehefrau zu werden. Doch zur Verblüffung von Essatdoules Verwandten ließ mein Vater seine junge Braut sofort im Lesen und Schreiben unterweisen und sorgte dafür, daß sie Französisch und auch die alte Kunst der Goldfadenstickerei lernte. Sie sollte etwas haben, um sich später die leeren Stunden ausfüllen zu können, wenn auch ihr letzter Sohn zum Studium nach Europa geschickt worden war. Außerdem ließ Schahsade meine Stiefmutter – die noch nie etwas von moderner Gesundheitsfürsorge gehört hatte und keinesfalls regelmäßig badete – von seinem Leibarzt Hadschi Doktor Chan in moderner Hygiene und Kinderpflege unterrichten. In der erstaunten kaiserlichen Familie erzählte man sich sogar, er hätte mit dem Vollzug der Ehe gewartet, bis Essatdoule bereit gewesen war. Und schließlich ging er auch, aus Respekt vor ihrem Vater und ihrem hohen Rang, mehr als zwei Jahrzehnte lang keine andere Ehe ein.

Leider war mein Vater häufig gezwungen, lange Zeit, oft mehrere Monate lang, den kaiserlichen Hof zu verlassen. Seit Tausenden von Jahren oblag die eigentliche Regierung des Iran, eines großflächigen Wüstenreiches, das dreimal so groß ist wie Frankreich und in dem es ständig zu Streitereien zwischen örtlichen Grundbesitzern, zu Wasserfehden, Stammeskämpfen und Banditenüberfällen kam, den wohlhabenden und mächtigen männlichen Verwandten des Herrschers. Wie die meisten Staaten im Nahen Osten hatte der Iran zu dieser Zeit keine eigene Armee. Statt dessen fungierten adlige Prinzen wie mein Vater als Verwalter und Militärkommandanten der Provinzen. Sie bezahlten den Haushalt ihrer Provinz aus der eigenen Tasche und stellten auch eine private Armee auf – die Armee meines Vaters nannte sich »die Siegreichen« –, die die Autorität des Herrschers stützen und das Land vor dem Absinken in die Anarchie bewahren sollte. Daher war Schahsade zu dem Zeitpunkt, als er und Essatdoule zweiundzwanzig Jahre lang verheiratet waren, nacheinander Armeekommandant in der Provinz Aserbeidschan,

Gouverneur von Kerman, von Kurdistan und nochmals von Kerman, Gouverneur des Bezirks Teheran, Kriegsminister, Gouverneur von Fars, von Kermanschah und schließlich von Aserbeidschan gewesen. Ab 1909, nach dem Ende des Bürgerkrieges, hatte mein Vater, der davon überzeugt war, daß der Wille des Volkes respektiert werden mußte, und der sich daher auf die Seite der Verfechter der neuen Verfassung gestellt hatte, der neuen Regierung in Teheran außerdem als Justizminister und als Kriegsminister gedient und war Führer einer gemäßigt konservativen Partei gewesen.

Voller Überzeugung kann ich behaupten, daß er ein ausgezeichneter Diener des Staates gewesen ist, energisch, aber voller Mitgefühl. Er regte den Bau zahlreicher öffentlicher Einrichtungen an und bemühte sich sehr um das Schulsystem, das Gesundheits- und das Rechtswesen.

Aber Essatdoule litt unter seiner langen Karriere und seiner häufigen Abwesenheit. Sie war immer eine treue Ehefrau gewesen. Sogar damals, als eine Intrige im Kabinett den Zorn ihres Vaters auf Schahsade heraufbeschworen hatte und dieser aus dem Iran fliehen mußte, weil er fürchtete, Mosafar ad-Al Din Schah würde ihn sonst von seinen Feinden ermorden lassen, ging Essatdoule freiwillig mit ihm ins Exil. Fünf Jahre lang lebten sie gemeinsam im Ausland, bis es Essatdoule schließlich gelang, den Herrscher zu überzeugen, sie in den Iran zurückkehren zu lassen und Schahsade wieder in Gnaden aufzunehmen. Aber die langen Zeiten, die ihr Ehemann im Dienste des Staates fern von zu Hause verbrachte, waren für sie schwer zu ertragen. Nachdem ihre Söhne alt genug waren, um in Schulen nach Europa oder Rußland geschickt zu werden, blieb ihr nicht viel zu tun. Sie fühlte sich vernachlässigt und hatte kaum eine andere Beschäftigung, als auf den bösartigen Klatsch im Harem zu hören. Wie Schahsade hatte auch Essatdoule einen starken Willen, und um sich für die vermeintliche Vernachlässigung zu rächen, verweigerte sie ihm den Zugang zu ihren Gemächern. So entfremdeten sich Essatdoule und mein Vater immer mehr; sie wurde immer unglücklicher, und er konnte ihr immer weniger recht machen.

Kurz nach dem Ende des Bürgerkrieges erhielt Essatdoule die demütigende Nachricht, daß mein Vater, der nach Täbris in Aserbeidschan abkommandiert worden war, um dort zwischen den streitenden kurdischen und türkischen Stämmen Frieden zu stiften, zur Besiegelung eines Paktes die Tochter des Führers eines kurdischen Bergvolkes geheiratet hatte. Aus dieser Verbindung war eine Tochter hervorgegangen, meine Halbschwester Bodagh. Die junge kurdische Braut war bereits wieder zu ihrem Stamm zurückgeschickt worden – wo sie leider bereits wenige Jahre später starb –, und Schahsade übergab das Baby seiner Lieblingsnichte in Täbris und bat sie, gut für das kleine Mädchen zu sorgen. Im Iran gehört ein Kind stets zur Familie des Vaters, und wenn ein Ehemann sich von seiner Frau scheiden läßt oder sie wegschickt, dann hat sie kein Recht auf ihre Kinder. Obwohl Schahsade's freundliche Nichte meine Schwester aufzog wie ein eigenes Kind, war Essatdoule immer noch wütend wegen der Heirat, die sie als Angriff auf ihre Würde empfand.

Ihr Unmut wuchs noch weiter, als Schahsade etwa um dieselbe Zeit, offenbar ohne meine Stiefmutter vorher um Rat gefragt zu haben, für ihren gutaussehenden und intelligenten ältesten Sohn Nosratdoule die Ehe mit einer seiner Nichten, der Tochter seiner Lieblingsschwester, arrangierte. Diese Schwester, Nadschm as-Saltane, war ebenso willensstark und energisch wie Schahsade, und die beiden waren einander sehr zugetan. Essatdoule fand allerdings, daß diese Ehe eine viel zu schlechte Verbindung für ihren Augapfel Nosratdoule war. Während sich Schahsade auf Dienstreise befand, überredete sie Nosratdoule, der damals gerade erst siebzehn war, sich von seiner jungen Frau scheiden zu lassen. Er schickte das arme Mädchen, das ihn sehr liebte und ihm gerade einen Sohn namens Mosafar geboren hatte, wie es Sitte war, ohne das Baby zu seiner Familie zurück. Schahsade nahm das Kleinkind unter seine Fittiche und erzog es wie seine eigenen Kinder. Aber Nadschm as-Saltane machte ihn für die Scheidung, das Leid und die Schande ihrer Tochter verantwortlich und verzieh ihm nie. Schahsade wiederum vergab derjenigen nicht, die diesen Bruch mit seiner geliebten Schwester verursacht hatte, und er und Essatdoule entfremdeten sich vollständig.

Um 1911 wurde Essatdoule, die damals etwa Mitte Dreißig war und sich daher für eine persische Frau schon im fortgeschrittenen Alter befand, so krank, daß eine Operation nötig wurde. Hadschi Doktor Chan erklärte ihr, daß jede Fortsetzung der körperlichen Beziehungen zu ihrem Ehemann medizinisch unerwünscht war.

Diese Tatsache machte meine Stiefmutter offenbar nachdenklich. Obwohl Schahsade bereits über fünfzig war, war er doch noch immer gesund und hatte ein lebhaftes Interesse an dem, was wohlerzogene Iraner höflich »einander nahekommen« nennen. Sie konnte jetzt keine Kinder mehr bekommen und ihm selbst, wenn sie wollte, seine ehelichen Rechte nicht mehr gewähren. Damit war er sowohl moralisch als auch gesetzlich berechtigt, sich eine neue Frau zu suchen. Nun war es sicher besser, wenn die neue Frau eine Frau war, die Essatdoule mochte und die zugleich in ihrer Schuld stand – eine Frau, die nicht von hoher Abstammung war und ihr so den Rang nicht streitig machen konnte.

Als der Prinzessin eines Tages von ihrer Schneiderin ein neues Kleid angepaßt wurde, fiel ihr eines der Lehrmädchen auf, das warme, kluge braune Augen und ein gewinnendes Lächeln hatte. Die Prinzessin erfuhr, daß der Name des Mädchens Masume war. Es war zwölf Jahre alt, und seine Mutter hatte es in die Lehre geschickt, damit es, wenn es verheiratet war, einen Saum aufschlagen oder eine Decke nähen konnte. Es war ein glücklicher Zufall, daß diese Masume außerdem die älteste der drei Töchter von Schahsade's ehrenhaftem und vertrauenswürdigem Haushofmeister war.

Die Prinzessin gewann meine Mutter sehr lieb. »Paß auf«, sagte sie schließlich zu Schahsade, »wenn du eine andere Frau heiraten möchtest, habe ich eine passende für dich gefunden. Sie ist sehr gescheit, und ich mag sie sehr gerne. Wenn du sie heiratest, wirst du mit mir keine Schwierigkeiten bekommen.«

Meinem Vater war der Wert dieses Angebots sofort bewußt. Er wollte die Harmonie innerhalb seiner Familie wiederherstellen und war außerdem froh über die Möglichkeit, meinem Großvater seine Wertschätzung zeigen zu können. Er sandte einen Boten an Aghadschun, der jedoch zunächst zögerte. Aber als der Bote erklärte: »Du arbeitest schon sehr lange für diesen Prinzen und weißt, daß er ein ehrenwerter Mann ist. Er ist keiner dieser Schahsades, die sich für eine Nacht eine Jungfrau nehmen und sie dann verlassen, so daß sie eine Hure werden muß, um sich selbst und ihr Kind zu versorgen. Farman-Farma wird deine Tochter, ihre Kinder und alle aus ihrer Familie immer schützen und für sie sorgen – darauf kannst du dich verlassen.«

Nachdem Aghadschun eine Weile darüber nachgedacht hatte, ging er schließlich zu meiner Mutter und fragte sie, ob sie einer solchen Eheschließung zustimmen würde. Da sie ahnte, daß dies der Wunsch ihres Vaters war, senkte sie sofort den Kopf und sagte ja.

Nun hätte wieder Harmonie einkehren können in Schahsade's erste Familie, wenn nicht zwei von Essatdoules sechs Söhnen Schahsade's neue Ehe als Schande für ihre Mutter und für sich selbst empfunden hätten. Sie wollten nicht, daß die Stimmen der Kinder dieses Mädchens und später vielleicht noch weiterer Frauen über die Mauern ihrer Häuser und des Hauses ihrer Mutter drangen und sie belästigten.

Schahsade antwortete darauf nur mit kaltem, wütendem Schweigen. Dann rief er eine Kutsche herbei, hieß seinen Diener eine Tasche packen, marschierte in die Nacht hinaus und fuhr zu einer seiner anderen Residenzen. Den großen Grundbesitz mit den vielen Gebäuden, dem großen Park sowie unschätzbaren Seidenteppichen, Kunstwerken und juwelenbesetzten Tellern überließ er zur Gänze Essatdoule und ihren Söhnen.

## II.

Meine zwölfjährige Mutter war direkt nach ihrer Eheschließung den Umständen sehr viel mehr ausgeliefert als seinerzeit Essatdoule. Mein Vater hatte sie in einem Sommerhäuschen auf einem kleinen, baumbestandenen Grundstück untergebracht, das er in den Gärten des Schahs besaß. Sie wurde bald schwanger, aber sie wußte nichts über diesen Zustand und hatte auch keine erfahrene Frau, die ihr Ratschläge hätte erteilen können. Kurz nach der Heirat war Chanoms Mutter einer Choleraepidemie in Teheran zum Opfer gefallen. Trotz ihrer inständigen Bitten hatte Schahsade ihr nicht erlaubt, ihre Mutter auf dem Sterbebett zu besuchen; zu seiner Ehrenrettung muß man sagen, daß er wohl vermeiden wollte, daß sich seine junge Frau ebenfalls infizierte. Aber Chanom sollte meinem Vater diese Entscheidung nie verzeihen. Aghadschun, der vor Schock und Verzweiflung über den Tod seiner Frau hilflos war, hatte seiner ältesten Tochter auch noch ihre sechs und neun Jahre alten Schwestern übergeben. Und während Chanom allein inmitten ihres neuen Haushaltes saß, schwanger, umgeben von fremden Menschen und mit zwei kleinen Schwestern, begab sich Schahsade auch noch auf einen wichtigen neuen Militärposten, denn das Land drohte auseinanderzubrechen.

Sobald die liberalen Revolutionäre 1909 die neue Verfassung und ein grundlegend neues Landrecht durchgesetzt hatten, begannen Streit und Meinungsverschiedenheiten im Madschles – der Nationalversammlung – und dem neuen parlamentarischen Kabinett. Zu diesem Zeitpunkt war die Wirtschaft des Landes durch den Bürgerkrieg und die Jahre der Mißwirtschaft schon schwer angeschlagen. Als meine Eltern 1911 heirateten, gehörten Aufstände und Straßenkämpfe in den iranischen Städten zum Alltag, und draußen auf dem Land war die Zentralregierung, die weder Geld noch eine Armee besaß, kaum in der Lage, die Ordnung aufrechtzuerhalten. Die zahlreichen starken und mächtigen Nomadenstämme nutzten die Gelegenheit, um die Provinzen unter ihre Kontrolle zu bringen oder ungestraft Raubzüge durchzuführen. Und zu allem Übel schickten im gleichen Jahr Rußland und Großbritannien, die schon seit längerer Zeit um die Vormachtstellung in unserem verarmten, aber strategisch wichtigen Land und am Persischen Golf rangen, Truppen aus, um den Norden und den Süden des Landes zu besetzen. Mit Hilfe der Russen versuchte ein Bruder des entthronten

Mohammed Ali Schah die westlichen Provinzen abzuspalten, die zudem noch ständig von den Truppen des Osmanischen Reiches bedroht wurden. Daher ernannte das Kabinett Schahsade zum Gouverneur über diese Provinzen und bevollmächtigte ihn, eine Armee aufzustellen und den Aufstand niederzuschlagen, der unsere bereits blutende Nation auseinanderzureißen drohte.

Seine junge Frau, die gerade einen geliebten Elternteil verloren hatte und kaum wußte, was in der Welt außerhalb ihres kleinen Gartens und in ihrem sich verändernden Körper geschah, geriet in Angst und Schrecken, als sie plötzlich ohne Schahsade's Schutz und Führung auskommen mußte. Es gab nur wenig zu essen, und die kleine Geldsumme, die ihr Schahsade's Vertreter jeden Monat überbrachte, reichte für sie, ihre Schwestern und Aghadschun nicht aus. Außerdem wurde sie von den Dienern Schahsade's, die ihren immer größer werdenden Bauch sahen, mit der Drohung erpreßt, sie würden sie allein lassen, wenn sie ihnen nicht mehr Essen und Kleidung gab. Als das Baby, ein Junge, geboren war – Schahsade hatte wissen lassen, man sollte ihn Sabbar nennen –, glaubte sie, sterben zu müssen.

Nachdem sie ein Jahr lang in solchem Elend gelebt hatte, kam aus einer unerwarteten Richtung Hilfe: Essatdoule, die von der Geburt des Babys und der mißlichen Lage meiner Mutter gehört hatte, lud sie und ihre kleine Familie großherzig ein, bei ihr in den luxuriösen Gemächern auf Schahsade's Familienbesitz zu wohnen. Nun mußte sich meine Mutter keine Sorgen mehr um die Ernährung der Familie machen, aber obwohl es ihr nun besserging, war sie doch immer noch sehr einsam. Sie sah ihre adelige Wohltäterin nur selten und hatte niemanden, dem sie ihre Sorgen anvertrauen konnte. Sie hütete sich, den hochnäsigen Bediensteten und Freunden Essatdoules zu zeigen, wie allein und ängstlich sie sich fühlte.

1915, als meine Mutter etwa sechzehn war und bereits drei Jahre lang in Essatdoules *andarun* lebte, kehrte Schahsade nach Teheran zurück, um dort einen neuen Kabinettsposten zu übernehmen. Da der Krieg in Europa und der Aufruhr, den die britischen und russischen Eroberungszüge verursacht hatten, seine Zukunftspläne ziemlich ins Wanken brachten, hielt er es für besser, wenn meine Mutter mit ihrer Familie weiterhin bei Essatdoule wohnte. Wann immer er ihre Gesellschaft wünschte, konnte er nach ihr schicken. Während seiner Abwesenheit hatte Schahsade aber ein Geschenk für sie gefunden. Er hatte noch eine weitere Frau namens Batul geheiratet (wie damals bei der kurdischen Braut sollte die Eheschließung einen Vertrag besiegeln), die er jetzt ebenfalls zu Essatdoule schickte.

Meine Mutter war überglücklich. Die neue Ehefrau war ein schönes, gutgebautes Mädchen, das nur wenige Jahre älter war als sie selbst. Batul-Chanom hatte Schahsade bereits zwei entzückende kleine Töchter geboren, Maryam und Mehri, in die sich meine Mutter sofort verliebte. Endlich hatte sie einen Menschen, der etwa so alt war wie sie und der sich in derselben Lebenssituation befand.

Batul stammte aus einer modernen und gebildeten Familie in Kermanschah, einer Grenzstadt, die kosmopolitischen Einflüssen ausgesetzt war. Diese junge Frau konnte nicht nur lesen und schreiben, sondern besaß sogar ein Heft, in das sie ihre Lieblingsgedichte schrieb. Dennoch mußte meine Mutter voll Entsetzen feststellen, daß es einiges an ihr gab, was sie erstaunte und schockierte. Als gute Moslemin war Chanom der Meinung, daß eine Frau fromm, ernsthaft, diszipliniert und zurückhaltend zu sein hatte. Aber Batul-Chanom war impulsiv, offenherzig, witzig und munter. Außerdem benahm sie sich so leichtfertig wie eine Ungläubige – sie weigerte sich strikt, einen *tschador* zu tragen – und verwöhnte ihre Töchter schamlos. Worüber sich meine Mutter jedoch am meisten grämte, war die Tatsache, daß die neue Frau Witze über Geistliche (oder Mullahs, wie man sie in unserem Land nennt) machte und niemals ihre Gebete sprach. Dennoch gelang es Batul mit ihrer Fröhlichkeit und ihren Späßen (solange sie sich nicht gegen religiöse Dinge richteten) immer wieder, meiner ernsthaften Mutter ein Lächeln zu entlocken. Selbst die Geldsorgen waren weniger erdrückend, seit meine Mutter eine andere junge Frau in ihrer Nähe hatte, mit der sie darüber sprechen konnte.

Die Freundschaft mit meiner Mutter tat auch Batul gut. In modernen Mittelklassefamilien, und aus einer solchen stammte Batul, wurden Frauen sehr viel freier erzogen als Mädchen wie meine Mutter. Während es meiner Mutter ohne weiteres gelang, sich in das beengte Leben einer aristokratischen Frau zu fügen, empfand Batul dies als Qual. Schahsade erlaubte seinen jungen Ehefrauen niemals, den *andarun* zu verlassen, nicht einmal für einen Verwandtenbesuch. Batuls Verzweiflung über die verlorene Freiheit drückte sich in Tränenausbrüchen und Migräneanfällen aus, die oft tagelang anhielten. Dann saß meine Mutter viele Stunden neben ihrer Freundin, legte ihr kühlende Tücher auf die Stirn, massierte ihre Schläfen und erklärte ihr, daß dies alles Gottes Wille sei: Er lehrte sie Tapferkeit und Geduld, damit sie bessere Moslems würden. Bei solchen Ratschlägen murmelte Batul nur wütend: »Ach, du klingst genau wie ein Mullah!« Aber trotz aller Unterschiede unterstützten sie einander, und die gemeinsame Angst davor, Schahsade wieder an irgendeinen Posten weit weg zu verlieren, und die ständige Sorge, sich gegen die falsche, leere Höflichkeit in Essatdoules *andarun* behaupten zu müssen, schmiedete ein stählernes Band zwischen ihnen.

Schahsade blieb über ein Jahr in Teheran, wobei er zunächst als Kriegs- und dann als Premierminister diente. In diesem Amt konnte er nur versuchen, den Zusammenbruch des Landes zu verhindern und auf eine Verbesserung der Weltlage zu hoffen. Er richtete jedoch während seiner Zeit als iranischer Premierminister ein Gesundheitsministerium ein und stiftete ein Grundstück zur Gründung des Iranischen Pasteur-Instituts, dessen erste Tat darin bestand, die Pockenimpfung einzuführen. Nach drei Monaten trat er von seinem Amt zurück, und 1916 verließ er Teheran erneut, diesesmal in Richtung Schiras, wo er zum zweitenmal zum Generalgouverneur der Provinz Fars in der Nähe des Persischen Golfs ernannt worden war.

An dem Chaos in diesem Teil Persiens war nicht nur die Hilflosigkeit der Zentralregierung schuld, sondern auch die

Tatsache, daß es in der Umgebung von Fars etwas gab, was für die Europäer und ihren Krieg von eminenter Bedeutung war: Öl. Mit Unterstützung der britischen Regierung war es 1901 einem in Australien geborenen Finanzier namens William Knox d'Arcy gelungen, von der persischen Regierung die Erlaubnis für Ölbohrungen im Südwesten des Iran zu erhalten. Sieben Jahre später stieß er tatsächlich auf Öl und gründete die »Anglo-Persian Oil Company«, eine britische Firma, die rasch wuchs. Als 1914 der Krieg in Europa ausbrach, versuchte die britische Regierung, die militärische Kontrolle über den Südwesten des Iran und damit den Ölnachschub zu erhalten. Doch auch die Deutschen hatten erkannt, wie wichtig das Öl war. Sie schmuggelten Waffen zu den aufständischen Nomadenstämmen an der Küste, um sie aufzuhetzen. Zum Schutz ihrer Pipelines belagerte die britische Regierung Schiras mit Truppen und ließ iranische Rekruten von englischen Offizieren ausbilden. Ärger und Unmut waren die Folgen der britischen Besatzung in der Provinz, und auf dem Land zeichnete sich eine Hungersnot ab.

Die dringendste Aufgabe meines Vaters in Schiras war, eine Ausbreitung der Hungersnot zu verhindern. Deshalb lud er die führenden Bürger der Stadt in den Gouverneurspalast ein, wo er vor ihnen eine mitreißende Rede hielt. Er forderte sie auf, ihm und seinen Leuten bei der Sammlung und Verteilung von Nahrungsmitteln zu helfen. Ein solcher Aufruf zur Selbsthilfe war eine revolutionäre Idee für den Iran, denn gewöhnlich wurde Menschen, die in Schwierigkeiten waren, nur dann geholfen, wenn sie großes Glück oder einen freundlichen, reichen Beschützer hatten. Die Rede meines Vaters begeisterte die Landbesitzer, die Kaufleute und die führenden Mullahs in Schiras, und in kurzer Zeit hatten sie die erste landwirtschaftliche Genossenschaft des Iran gegründet, durch die tatsächlich eine Hungersnot vermieden werden konnte.

Zur Sicherung seiner Position in Schiras heiratete mein Vater eine Frau aus einer der angesehensten Familien seiner Provinz. Er stellte ein Regiment zur Kontrolle der Straßen und Öl-Pipelines auf, unter der Bedingung, daß die Briten, wie es üblich war, ihm diese Auslagen ersetzten und ihn für den gewährten Schutz bezahlten. Damit nahm er dem Widerstand gegen die Besatzungsmacht die Spitze.

Aber obwohl mein Vater bekanntermaßen anglophil war, war er über die Besatzung durch die Briten im Süden des Landes genausowenig erfreut wie über die der Russen im Norden. Er sah es als seine Aufgabe an, die Ordnung aufrechtzuerhalten und seiner Provinz soviel Leid wie möglich zu ersparen. Was aber die Pläne der Briten für den Iran und sein Öl nach dem Krieg anging, so wußte mein Vater genau, daß den Iranern nichts anderes übrigblieb, als zu überlegen, welcher von den mächtigen Siegern wohl den besten Verbündeten für unsere gebeutelte Nation abgeben würde. Und er gab den englischen Füchsen den Vorzug vor den deutschen Ebern und den russischen Wölfen.

Noch vor seiner Abreise nach Schiras hatte meine Mutter meine ältere Schwester Dschabi zur Welt gebracht und Batul ihren ersten Sohn Manutschehr. Mein Vater entschied daher, seine Familien erst zu sich kommen zu lassen, wenn der Krieg zu Ende war. Selbst dann, im Jahr 1919, war die Reise noch immer höchst gefährlich, weil die fünfhundert Kilometer lange Straße durch die Wüste zwischen Teheran und Schiras ständig von Banditen und Nomaden bedroht war, die nur auf schwach geschützte Karawanen warteten. Unter der strengen Bewachung von Schahsade's Haushofmeister brachen die beiden Frauen zusammen mit ihren Kindern und meinem Großvater Aghadschun voller Angst nach Schiras auf. Sie ritten auf Pferden und Eseln und wurden von fast fünfzig Lasten- und Zeltträgern und bewaffneten Kavalleristen begleitet.

Glücklicherweise erreichten sie Schiras ohne Schwierigkeiten, und dort machten sie die Bekanntschaft der neuen Frau meines Vaters. Fateme-Chanom war weder so lebhaft und amüsant wie Batul noch von so scharfer Auffassungsgabe wie meine Mutter; statt dessen war sie still, schüchtern und von einfachem Gemüt. Aber zur Freude meiner Mutter stellte sich heraus, daß Fateme-Chanom eine Tochter des reichsten Mullahs der Stadt und daher ebenso altmodisch und fromm war wie sie selbst. Jetzt hatte sie eine Verbündete – wenn auch keine allzu tapfere –, um sich, wenn nötig, gegen Batuls gottlose Scherze zur Wehr setzen und diese sanft tadeln zu können.

Zu Beginn des Jahres 1921, nachdem mein Vater seinen Posten in Schiras vier Jahre lang innegehabt hatte, erhielt er ein Telegramm, das ihn nach Teheran zurückbeorderte, wo ihn eine neue Aufgabe erwartete. Er beschloß vorauszureisen, um etwas Land und einige Häuser an der Chiaban-e Sepah zu kaufen, direkt neben dem alten Familienbesitz, auf dem Essatdoule und seine Söhne lebten. Dann würden seine neuen Familien bei ihrer Rückkehr endlich eigene Wohnbereiche besitzen. Solange er nicht in irgendeiner Provinz dienen mußte, würde er mit ihnen in dem neuen Palast leben. Glücklicherweise war sein Nachfolger in Schiras nicht nur einer seiner Neffen, der einzige Sohn seiner Schwester Nadschm as-Saltane, sondern zugleich auch einer seiner engen Freunde. Er hieß Dr. Mohammed Mossadeq. Schahsade wartete die Ankunft des neuen Gouverneurs ab und brach dann Anfang Februar nach Teheran auf. Seinen Harem vertraute er dem Schutz Dr. Mossadeqs an.

Eines Morgens Ende Februar traf ein alarmierendes Telegramm im Gouverneurspalast ein. Mein Vater bat seinen Haushofmeister, Fateme sofort im Haus ihres Vaters in Sicherheit zu bringen und eine Karawane zusammenzustellen, um meine Mutter, Batul und ihre Familien sicher nach Teheran bringen zu können. In der Hauptstadt hatte es einen Staatsstreich gegeben, dessen Anführer Schahsade einst selbst protegiert hatte.

## III.

Vermutlich kann man sagen, daß es die Pahlawi-Dynastie, die im Iran schließlich Ordnung schaffte, nie gegeben hätte, wenn mein Vater nicht einen großen, starken Mann gebraucht hätte, der sein Maschinengewehr trug. Um 1907 oder 1908 hatte er ein neues deutsches Maxim-Gewehr zum Einsatz gegen die osmanischen Türken erstanden. Da es sehr schwer war, rief er einen sehr großgewachsenen, ungebildeten Sergeanten namens Resa Chan zu sich, der in seiner Leibgarde diente. Resa Chan (der Name bedeutet einfach »Meister Resa«) war ein finsterer Mann mit breitem Kiefer, der aus dem Bergdorf Alascht im Norden des Landes stammte. Er war verschlossen und hielt sich meist von den anderen Männern fern. Aber er war ein tapferer Soldat, dessen Mut und Härte bewundert wurden. Außerdem war er einen Meter neunzig groß, und Iraner fürchten und respektieren alles, was groß ist. Schahsade machte ihn zum Offizier und unterstellte ihm das Maschinengewehr.

Während der nächsten dreizehn oder vierzehn Jahre stieg Resa Chan langsam, aber stetig auf, erst als Kommandeur unter meinem Vater und später als Offizier in der Palastwache. Obwohl seine Männer ihn fürchteten, gehorchten sie ihm in der Schlacht. Als Offizier wurde er sowohl für seine Tapferkeit bekannt als auch für seine schweren, demütigenden Strafen, die er für Feigheit und Unehrlichkeit erteilte. Er hatte keine wirklichen Freunde oder Vertrauten; man wußte nicht, was er dachte, und auch nicht, daß Resa Chan von Ehrgeiz für sich selbst und für den Iran getrieben wurde.

Als Ende 1920 die Provinzen immer noch ungeordnet waren und der Einfluß der neugegründeten Sowjetunion im Norden immer stärker wurde, beschloß die britische Regierung, sofort zu handeln, um einerseits die Russen hinauszudrängen und andererseits Englands Einfluß im Land zu sichern. Im Bewußtsein, daß eine Armee der einzige wahre Garant für die Macht im Iran war, beauftragte London General Edmund Ironside, einen der wichtigsten britischen Offiziere im Nahen Osten, einen geeigneten Kandidaten für die Rolle eines Strohmanns und Militärdiktators zu finden. Als er die Reihen der Palastgarde abschritt, entdeckte Ironside den damaligen Hauptmann Resa Chan, der seine kleingewachsenen Offizierskameraden weit überragte. Man erzählt sich, daß General Ironside augenblicklich auf Resa gedeutet und gesagt habe: »Das ist der Mann, den ich haben will.«

So geschah es, daß Resa Chan, der aus diesem Anlaß zum General befördert wurde, in den Morgenstunden des 22. Februar 1921 mit dreitausend Mann in Teheran einritt. Er nahm das gesamte Kabinett fest, ohne auf Widerstand zu stoßen, zwang den schwachen und ängstlichen jungen Ahmad Schah, ihn zum Kommandanten der Streitkräfte zu ernennen, und setzte den opportunistischen Journalisten Sayyed Siya Tabatabai als Premierminister ein. Dieser Mann war während des Bürgerkrieges Royalist und während des Weltkrieges Anhänger der Deutschen gewesen. Im Moment favorisierte er allerdings die Briten.

Ich glaube nicht, daß Schahsade, als er die Neuigkeit vernahm, große Angst vor Resa Chan hatte, denn dieser hatte keinen Anlaß, ihn zu hassen. Aber bei Sayyed Siya lag die Sache anders. Der neue Premier hatte einst eine gemeine Artikelserie über meinen Vater veröffentlicht, und Schahsade, der sonst sehr tolerant auf Kritik durch die Presse reagierte, war überzeugt gewesen, der Journalist hätte lediglich Schweigegeld von ihm erpressen wollen. Er drohte Sayyed Siya daraufhin mit Prügelstrafe und Gefängnis und warf ihn schließlich eigenhändig aus dem Haus (mein Vater gab sich nie mit Halbheiten ab).

Sobald Sayyed Siya Premierminister war, verhaftete er jeden Angehörigen der Qadscharen-Dynastie, gegen den er irgendeinen Groll hegte, unter dem Vorwand, die Regierung von korrupten Elementen zu befreien. Darunter waren auch Schahsade's ältester Sohn Nosratdoule, der zuletzt iranischer Außenminister gewesen war, und sein zweitältester Sohn Salar-Laschgar, ein wohlhabender, einflußreicher General.

Nachdem Schahsade sein Telegramm nach Schiras abgesandt hatte, beschloß er, sich in Resa Chans Hauptquartier zu begeben und um die Freilassung seiner Söhne zu bitten. Als mein Vater angekündigt wurde, sprang Resa Chan auf und befahl der Wache, seinen ehemaligen Vorgesetzten augenblicklich einzulassen. Aber Sayyed Siya, der ebenfalls anwesend war, ordnete die sofortige Verhaftung meines Vaters an. Man brachte Schahsade zu seinen Söhnen ins Qaser-e-Qajar-Gefängnis, wo er erfuhr, daß auch seinem dritten Sohn, Mohammed Vali Mirsa, die Verhaftung drohte. Aber mein Vater konnte nichts unternehmen.

Ausgerechnet in dieser gefahrvollen Zeit, möglicherweise ein oder zwei Monate bevor Schahsade Schiras in Richtung Teheran verlassen hatte, erblickte ich das Licht der Welt. Meine Mutter erzählte, daß ich zu Blähungen geneigt hatte und während der drei Wochen, die unsere Karawane bis nach Isfahan brauchte, nur geschrien hatte. Dort stellte uns ein Vetter meines Vaters, Prinz Saremdoule, Wohnraum auf seinen Gütern zur Verfügung. Als sich meine Mutter und Batul von der anstrengenden Reise erholt hatten, eröffnete Saremdoule ihnen, daß Schahsade und dessen Söhne Nosratdoule und Salar-Laschgar im Gefängnis saßen.

Meine Mutter und meine Stiefmutter waren verzweifelt. Premierminister Sayyed Siya hatte die Polizei von Isfahan telegrafisch beauftragt, alle Privatpapiere und Wertsachen zu beschlagnahmen, die der Haushofmeister, der uns nach Isfahan begleitet hatte, bei sich trug. Wir waren gestrandet. Dank Saremdoules Freundlichkeit hatten wir zwar alles, was wir zum Leben brauchten, aber wir waren hilflos. Sollten Schahsade und seine Söhne jahrelang im Gefängnis festgehalten werden, waren unsere Mütter und zehn weitere Menschen – ich, mein ältester Bruder Sabbar, meine vierjährige Schwester Dschabi, die beiden Schwestern meiner Mutter, Aghadschun, Batuls Töchter Maryam und Mehri, ihr Sohn Manutschehr und ihr neugeborener Sohn Asis, der zwei Wochen nach mir zur Welt gekommen war – völlig von Saremdoules Gnade abhängig. Aber die Hauptsorge unserer Mütter galt Schahsade selbst. »Er ist ein alter Mann«, jammerte meine Mutter. »Wie können sie ihn nur so behandeln? Was ist, wenn er in der kalten Zelle krank wird und stirbt?« Batul schlug sich auf die Brust, weinte und lamentierte über die Respektlosigkeit und Grausamkeit, mit der Resa Chan und Sayyed Siya ihren alten und berühmten Ehemann behandelten. Noch viele Jahre später konnte meine Mutter nur mit Mühe die Tränen zurückhalten, wenn sie uns von diesen drei Monaten erzählte.

In der ganzen Zeit machte ich sie mit meinem andauernden Geschrei beinahe verrückt. Als die Wochen vergingen und ihre Sorgen um Schahsade's Schicksal immer größer wurden, trocknete ihre Milch aus. Glücklicherweise hatte jedoch Batul genügend Milch, obwohl sie mit hohem Fieber im Bett lag. So brachte mich Chanom in Batuls Zimmer und legte mich auf die Bettdecke neben meine Stiefmutter. Gierig saugte ich an einer Brust, während mein Bruder Asis an der anderen lag.

Ich, dieses starrköpfige, willensstarke Mädchen, war unklugerweise in einer Zeit auf die Welt gekommen, die die Iraner als *hardsch-o-mardsch* bezeichnen. Für dieses Wort gibt es keine deutsche Entsprechung; es ist ein sehr typisches persisches Wort und bedeutet das Schlimmste, was einer Nation passieren kann. Man bezeichnet damit den Zustand eines Landes, in dem Anarchie herrscht, weil seine Führer es nicht einigen können, weil keine starke Hand da ist, die es zusammenhält, oder weil fremde Eroberer einmarschiert sind. Und es bedeutet, daß in einem Land die Gesetzlosigkeit herrscht, Raubzüge, Plünderungen und Morde um sich greifen. Ich war die brüllende Verkörperung des Chaos'; das schreiende Symbol für die Ängste und Sorgen meiner Mutter.

Währenddessen saß mein Vater in seiner Gefängniszelle in Teheran und fühlte sich, vielleicht zum erstenmal in seinen mehr als sechzig Jahren, ebenso hilflos wie seine Ehefrauen. Er fragte sich verzweifelt, wie er seinem dritten Sohn eine Warnung zukommen lassen konnte. Niemand konnte das Gefängnis betreten oder verlassen, ohne bis aufs Unterhemd durchsucht zu werden. Dazu kam, daß Schahsade's Kontakte auf seine Bewacher und einige ungebildete junge Kerle beschränkt waren, die sich im Gefängnis herumtrieben in der Hoffnung, sich mit kleinen Diensten für wohlhabende Gefangene etwas Geld verdienen zu können. Er hatte sich mit einem stämmigen, freundlichen, etwa neunzehnjährigen Jungen vom Lande angefreundet, der Maschhad-Hossein hieß – kurz »Maschdi«. Maschdi war einfach, aber schlau, ehrlich und fleißig, und Schahsade mochte ihn.

Da er keinen anderen Weg sah, beschloß Schahsade, Maschdi zu vertrauen. Er bat ihn, eine wichtige schriftliche Botschaft hinauszuschmuggeln – die Maschdi natürlich nicht lesen konnte – und sie bei Schahsade's Verwalter in Teheran abzugeben. Schahsade versprach Maschdi, er würde ihn eines Tages für diesen Dienst belohnen. Maschdi war überwältigt von dem Vertrauensbeweis dieses großen und berühmten Prinzen, und versprach, es zu versuchen.

Das erforderte Mut, denn sowohl er als auch Schahsade wußten, daß Maschdi hingerichtet würde, falls man ihn entdeckte. Aber Maschdi war schlau. Er nahm das Papier, das Schahsade ihm gegeben hatte, und band es mit einem Stück Schnur um seine Geschlechtsteile. Unbemerkt brachte er es an den Kontrollen vorbei und übergab es noch am selben Abend Schahsade's Verwalter. So wurde der drittälteste Sohn meines Vaters gewarnt und konnte sich rechtzeitig in Sicherheit bringen.

Im Mai beschloß Resa Chan dann, in Zukunft auf Sayyed Siya zu verzichten. Der Journalist hatte ihn verärgert und die Briten erschreckt, indem er zu viele der hochrangigen Qadscharen verhaftet hatte. Aber ohne die Hilfe der Briten konnte Resa Chan, der keine Ahnung vom Regieren hatte, nicht hoffen, das Land führen und unter Kontrolle bringen zu können. Außerdem fiel es Resa, der sich mühevoll selbst das Lesen und Schreiben beigebracht hatte, schwer, Männern wie Sayyed Siya, die zu viele hochgestochene Worte verwendeten, überhaupt zu vertrauen. Resa Chan ließ sich von dem verängstigten kleinen Ahmad Schah zum Kriegsminister ernennen, und hundert Tage nach dem Putsch reiste Sayyed Siya, der von Resa Chan »gebeten« worden war, zurückzutreten, nach Britisch-Palästina aus. Kurz danach wurden Schahsade, Nosratdoule und Salar-Laschgar von Resa Chan aus dem Qaser-e Qajar Gefängnis entlassen.

Mein Vater schickte sofort nach dem jungen Burschen, der seinen Sohn vor dem Gefängnis bewahrt hatte, und machte Maschdi zu seinem Diener. Er sorgte auch dafür, daß mein neunjähriger Bruder Sabbar nach Paris in die Schule geschickt wurde, wo er sich in Sicherheit befand.

Nun hatte mein Vater genügend Zeit, um über die Bedeutung dieser plötzlichen Kehrtwendung in der Geschichte unseres Landes nachzudenken, besonders über die Bedeutung, die sie für ihn und seine Kinder haben mußte. Der neue Führer des Iran hatte ihn unter lebenslangen Hausarrest gestellt – er konnte nirgendwo hingehen und brauchte selbst dann eine polizeiliche Erlaubnis, wenn er sein eigenes Landhaus in den nahegelegenen Hügeln von Shemiran besuchen wollte. Resa Chan hatte ihn so schnell aus dem Gefängnis entlassen, weil er auf Schahsade's Unterstützung und die Hilfe von Männern wie Nosratdoule und Salar-Laschgar angewiesen war. Aber Schahsade glaubte nicht, daß sich der ehrgeizige Soldat mit dem Posten eines Kriegsministers zufriedengeben würde.

Schahsade's Befürchtungen bewahrheiteten sich schon bald. Im Jahr 1923 wurde Resa von Ahmad Schah auf Forderung des Madschles zum Premierminister ernannt. Dann verließ der Schah das Land in Richtung Frankreich. Er sollte nie wieder zurückkehren. Zwei Jahre später verabschiedete der Madschles, unser Parlament, einen Gesetzentwurf, der der Qadscharen-Dynastie das Ende bereitete und dem ehemaligen Maschinengewehrschützen diktatorische Macht verlieh. Nur fünf Abgeordnete hatten den Mut, sich dagegen auszusprechen, dem Premierminister die absolute Macht und damit die Möglichkeit zu geben, die junge parlamentarische Demokratie des Iran zu untergraben und das Land in die Diktatur zurückzuführen. Die Argumente dieser tapferen Abgeordneten, deren Sprecher Schahsade's Neffe Dr. Mossadeq war, blieben wirkungslos. Im Frühjahr 1925 krönte sich Resa Chan, der sich in der Zwischenzeit nach einer alten persischen Sprache mit Nachnamen »Pahlawi« nannte, selbst zum Schah und bestieg den Pfauenthron. Während der Krönungszeremonie stand sein sechsjähriger Sohn Schapur Mohammed Resa, der erste Kronprinz der Pahlawi-Dynastie, neben ihm, und an den vier Ecken der Plattform, auf der sich der Thron erhob, standen die führenden Männer der Qadscharen-Dynastie, unter ihnen auch Nosratdoule. Nach hundertsiebenundfünfzig Jahren ging die Herrschaft der Qadscharen zu Ende.

Kurz nach der Krönung erhielt Schahsade eine Botschaft vom neuen Monarchen. Sie enthielt die Bitte, er solle doch wie einige andere Qadscharen-Adlige seinen Familienbesitz der Krone »zum Geschenk machen«, damit Resa Schah sich auf ihrem Besitz einen kaiserlichen Palast mit einem Park errichten konnte. Obwohl Essatdoule, Nosratdoule, Salar-Laschgar und Schahsade's andere erwachsene Söhne noch immer auf dem alten Familienbesitz wohnten, hütete sich mein Vater zu protestieren. Er übergab sein Land zusammen mit den großen Gebäuden und den prächtigen Gärten Resa Schah und brachte die angesichts dieses Raubes fast hysterische Essatdoule mit möglichst vielen ihrer Bediensteten und Besitztümer in einem sehr viel kleineren Haus unter, das direkt neben unserem, aber auf der anderen Seite der Palastmauer stand.

Schahsade war nun beinahe siebzig Jahre alt und litt an Gicht, Arthritis und Schlaflosigkeit. Sein ganzes Leben lang hatte er seinem Land gedient, und nun hatte er beinahe über Nacht seine Stellung, einen großen Teil seines Vermögens und seine Freiheit verloren. Aber noch immer hing das Überleben zahlloser Menschen von ihm ab. Außerdem mußte er sich um unsere Ausbildung kümmern.

Er beschloß, daß sich seine jüngeren Söhne im Gegensatz zu Nosratdoule und den anderen älteren Söhne nicht der Politik widmen sollten. Für die Qadscharen war Politik kein sicheres Betätigungsfeld mehr. Außerdem sah Schahsade ganz genau, daß sich eine neue Ordnung ankündigte. Resa Schah Pahlawi ließ erkennen, daß er den Iran unter allen Umständen aus seinem jahrhundertelangen Schlaf wecken und in die Moderne führen würde, ob das Volk es wollte oder nicht. Nun brauchte das Land Männer, die nach westlicher Art ausgebildet waren. Industrielle wurden benötigt, die eine neue Ära aufbauen konnten, und außerdem Ärzte, Ingenieure, Architekten, Wirtschaftswissenschaftler und Bauingenieure. Genau das sollten Schahsade's jüngere Söhne werden: persische Adlige, die sich nicht an den unsicheren Winden der Politik orientieren mußten. Und seine Töchter sollten eine Erziehung erhalten, die sie für Männer von der Art ihrer Brüder zu brauchbaren und guten Ehefrauen machte.

# 3. Die Amerikanische Schule

*Der Herrscher (des Iran) kann tun, was er will;*
*sein Wort ist Gesetz.*

Lord Curzon
*Persien und die persische Frage* 1892

Im Herbst 1933, als ich zwölf Jahre alt war und in die höhere Schule überwechseln sollte, schloß »mein Vetter« Tarbiat, meine geliebte Grundschule. Tarbiat, die von Bahais geleitet wurde, bot eine Erziehung, die sich auf die Glaubensgrundsätze der Bahais stützte: Toleranz und Freundlichkeit gegenüber anderen. Schahsade, der keinerlei Vorurteile gegen die Bahais hatte, hatte uns nach Tarbiat geschickt, weil die Schule in der Nähe des Palastes lag.

Alle Bediensteten, sogar Maschdi, dessen Tochter Leila zusammen mit uns Tarbiat besuchte, waren mit der Entscheidung des Schahs einverstanden, daß er die Schule schloß. Narges, meine magere, schlichte Kinderfrau, die sich um mich kümmerte, seit ich ein Baby war, und die ich sehr liebte, meinte leise, der Herrscher habe meine Schule wohl deshalb geschlossen, weil der Lärm, den die Bahais beim Beten machten, sogar seine gottlosen Ohren beleidigte.

Ich hatte wiederum gehört, der Schah habe die Schule, die nicht weit von seinem neuen Marmorpalast entfernt lag, zusperren lassen, weil während der Bahai-Feiertage kein Schulunterricht stattgefunden hatte. Der Schah, der ein besessener Arbeiter war, nahm sich nie einen Tag frei, und darum sollten auch andere nicht frei haben. Er habe daher beschlossen, den Missetätern gleich ewige Ferien zu gewähren.

Ich hatte Tarbiat besonders deshalb geliebt, weil sich die Atmosphäre dort so sehr von der in Chanoms frommem Haushalt unterschied. Was Frauen angeht, ist die moslemische Religion sehr streng. Beispielsweise nähte uns meine Mutter, weil sie nicht wollte, daß wir unsere bloße Haut zeigten, nur häßliche, enge Kittel mit langen Ärmeln, die im Sommer entsetzlich heiß waren. Ich starrte immer neidisch auf die hübschen, modischen Kleider, die Batul-Chanom für ihre Tochter Mehri nähte, aber meine Mutter fand Mehris kurze Ärmel gottlos, weil sie ihre nackten Unterarme bloßlegten. Meine Mutter war keineswegs grausam, aber sie war so streng zu ihren Töchtern, daß wir weder tanzen noch singen oder auch nur laut lachen durften, damit unsere Stimmen nicht von den Männern draußen im *biruni* gehört wurden. Wenn ich in ihrer Gegenwart kicherte, sagte sie in scharfem Ton: »Hör auf damit – du bist doch ein Mädchen! Willst du, daß Maschdi diesen schamlosen Lärm hört?« Im Gegensatz dazu durften Mädchen in Tarbiat sowohl singen als auch tanzen, und sogar laut beten, genau wie die Männer.

Tatsächlich hatte Resa Schah Tarbiat nicht deshalb geschlossen, weil die Bahais am Feiertag keinen Unterricht abhielten, und auch nicht deshalb, weil er die Bahais irgendwie ablehnte. Der Schah war nur einfach fest entschlossen, aus dem Iran eine fortschrittliche Nation zu machen, und deshalb wollte er den Einfluß der Religion in unserem Land vermindern – und zwar den jeder Religion. Unsere Diener und auch meine Mutter waren sich sicher, daß Resa Schah geradewegs in die Hölle kommen würde, denn er untergrub auch systematisch die Macht und das Ansehen der moslemischen Mullahs.

In den Jahren seit dem Putsch war Resa in seinem Bemühen, das Land einer strikten Ordnung zu unterwerfen, zunehmend rücksichtsloser geworden. Da er wußte, daß er seine Macht nur mit Hilfe eines starken Militärs erhalten konnte, baute er das erste stehende Heer des Iran auf. Damit versuchte er sowohl die rebellischen Stämme als auch den Madschles unter Kontrolle zu bekommen. Um die Macht der Zentralregierung zu demonstrieren, stellte er den Kopf eines berühmten Rebellen öffentlich in Teheran aus. Die Truppen, die er in die Provinzen schickte, schlugen dort Revolten, Tumulte und Aufstände nieder, töteten Banditen und schlachteten Kurden, Luren, Qaschqais und Belutschis ab. Resa Schah nahm den Nomadenstämmen die Waffen weg, verbot ihnen herumzuziehen, zog die jungen Männer zu seiner Armee ein, beschlagnahmte die Ländereien ihrer Clanchefs, hetzte die Stämme gegeneinander auf und ermordete eine Vielzahl ihrer Führer. Außerdem »überwachten« seine Soldaten die Wahlen, so daß nur die Abgeordneten ins Parlament kamen, die Resa Schah selbst ausgewählt hatte. Damit diente der Madschles bald nur noch dazu, alle Maßnahmen, die der Schah angeordnet hatte, widerspruchslos zu bestätigen. Er zerschlug auch die politischen Parteien im Iran, die gerade erst zu einem gewissen Einfluß gekommen waren, und verbot unabhängige Zeitungen und Gewerkschaften. Seine Generäle lieferten ihm ihre Berichte persönlich ab, natürlich hatte sich Resa Schah zum Oberbefehlshaber der iranischen Armee ernannt, und beugten sich in Furcht und Zittern seinen grimmigen Launen.

Nachdem er so seinen Machtanspruch deutlich bekundet hatte, begann er ihn nun gründlich auszubauen. Er ordnete an, daß alle Bürger Nachnamen annehmen und in einem neugeschaffenen Nationalregister verzeichnet werden sollten. Dann ließ er ein Gesetz verabschieden, wonach jeder junge männliche Iraner mindestens zwei Jahre lang in der Armee dienen mußte. Außerdem führte er, zumindest theoretisch, die allgemeine Schulpflicht sowohl für Jungen als auch für Mädchen ein. Die Jugend sollte vom Ruhm des untergegangenen persischen Reiches erfahren und zu loyalen und patriotischen Bürgern eines ebenso glorreichen neuen Pahlawi-Staates erzogen werden. In den Provinzen ließ der Schah Straßen und Telegrafenleitungen bauen, und mit Hilfe deutscher Ingenieure verwirklichte er sein außerordentlich ehrgeiziges Projekt einer transiranischen Eisenbahn, die die Hauptstadt mit weitentfernten Städten und Provinzen verbinden sollte. Zum erstenmal in der Geschichte des Iran reichte auf diese Weise der Arm der Zentralregierung tatsächlich bis in die wüsten und wilden ländlichen Gebiete des Iran und konnte dort reale Macht ausüben. Händler, Pilger und andere Reisende stellten fest, daß unter Resa Schah die Straßen sicherer waren als je zuvor. Das Volk war sich einig, daß der neue Herrscher zwar mit strenger Hand regierte, daß ihm jedoch etwas gelungen war, was keiner vor ihm geschafft hatte: Er hatte die Anarchie in Ordnung verwandelt.

Resa Schah tat alles, um dem Iran seine verlorene Größe wiederzugeben. Doch konnte man schon bei einem Spaziergang durch ein beliebiges Viertel der Hauptstadt, auch durch die Gärten des Schahs, feststellen, daß wir noch einen langen Weg dahin vor uns hatten. Teheran war in den dreißiger Jahren eigentlich nur die übergroße Version des zurückgebliebenen, verseuchten Dorfes, das es im achtzehnten Jahrhundert gewesen war, als der erste Qadschar beschlossen hatte, es zur Hauptstadt seines Reiches zu machen. Hier lebte in meiner Jugend vielleicht eine Viertelmillion Menschen. Aber in einem Land, in dem es sonst nur winzige Dörfer mit fünfzig bis hundert Familien gab, galt bereits eine Stadt mit dreißigtausend Einwohnern als Großstadt. Trotz seiner Größe war Teheran nichts weiter als eine sich immer weiter ausbreitende Stadt mit Lehmziegelhäusern, deren unzählige krumme Straßen zu eng waren für irgendein Verkehrsmittel außer Karre, Maultier und Kamel. In den Gassen planschten und spielten die Kinder in den tiefen Nutzwasserkanälen oder *dschui,* die den Bewohnern zugleich als Waschtröge, Toiletten und Trinkwasserbrunnen dienten. Die Luft war stickig vom Rauch, den Tausende von Dungfeuern, über denen die Armen der Bezirke südlich und östlich des alten Basars ihre kargen Reisportionen kochten, verbreiteten. Der Gestank nach Urin und Exkrementen war fürchterlich.

Resa Schah war fest entschlossen, aus dieser schwachen, schicksalsergebenen Nation eine fortschrittliche, säkularisierte Gesellschaft im westlichen Stil zu machen, deren Errungenschaften jedermann sehen, fühlen und zählen konnte: Gebäude, gepflasterte Straßen, Eisenbahnen, Schulen und Hotels für die Touristen – alles, was es auch im Westen gab. Statt zerlumpter Bettler, die vor den Toren malerischer Moscheen saßen, sollte Teheran Automobile, breite Straßen und Marmorgebäude besitzen, die es mit jeder europäischen Großstadt aufnehmen konnten. Überall in den Gärten des Schahs und in den anderen vornehmen Vierteln der Stadt waren die Rufe der Arbeiter, das Knarzen der Transportkarren, das Klopfen der Hämmer und das Klingen der Äxte zu hören.

Der Herrscher war bereit, den westlichen Fortschritt seinem Land falls nötig mit vorgehaltenem Gewehr aufzuzwingen, und dazu mußte er, wie Atatürk in der benachbarten Türkei, zunächst den Einfluß der Religion und die Abhängigkeit des einfachen Volkes von dieser beseitigen. Das bedeutete einen entscheidenden Machtverlust für unsere lose organisierte schiitische Geistlichkeit. Die Geistlichen mischten sich zwar gewöhnlich nicht direkt in die Politik ein, aber sie waren nicht nur bei den gläubigen reichen Kaufleuten und Händlern im Basar, sondern auch beim einfachen Volk enorm einflußreich. Jeder Stadtteil, ob reich oder arm, hatte seine eigene Moschee, wie prächtig oder winzig sie auch sein mochte, und in jeder Moschee saß ein Mullah. Mullahs konnten ungebildete Männer vom Lande sein, aber auch hochmütige Ajatollahs (Ajatollah bedeutet »Zeichen Gottes« und ist der höchste Ausbildungsgrad, den ein schiitischer Geistlicher erreichen kann), die bei jedem wichtigen Ereignis wie Geburt, Eheschließung, Beerdigung und Gedenkgottesdienst dabei waren. In Anlehnung an das islamische Gesetz, die *Scharia,* entschieden sie auch zivil- und strafrechtliche Alltagsfragen. Viele Iraner machten Witze über die Mullahs, aber wenn sich einer ungerecht behandelt sah, wandte er sich an die Geistlichkeit.

Wie jeder im Iran wußte auch Resa Schah, daß die populären Mullahs ohne weiteres Demonstrationen, Generalstreiks und sogar Aufstände im Basar anzetteln konnten, wenn sie freitags gegen die Regierung predigten. Auch die Verfassungsrevolution von 1906 hatte im Basar von Teheran begonnen. Sie war ausgelöst worden durch die Aufregung, die bei der Verhaftung eines hitzigen Mullahs, der die Tyrannei der Regierung angeprangert hatte, entstanden war.

Daher hatte der Schah sofort nach seiner Machtübernahme begonnen, die Stellung des Klerus' zu schwächen. Die Mullahs waren wütend, weil er ihnen die Zivilgerichtsbarkeit entzogen hatte, um sie einem modernen, säkularen Recht in der Zuständigkeit des Justizministeriums zu unterstellen. Durch Enteignung der Ländereien zahlreicher wohlhabender religiöser Stiftungen brachte der Schah die Mullahs noch mehr gegen sich auf. Außerdem mißachteten Polizei und Armee ein uraltes Recht, nach dem Verbrechern und Rebellen, die sich auf der Flucht befanden, Zuflucht in den Innenhöfen der großen Moscheen gewährt wurde.

Der Schah verbot den iranischen Männern sogar, sich ohne die Kopfbedeckung in der Öffentlichkeit zu zeigen, die er die »Pahlawi-Kappe« nannte. Es handelte sich dabei um die Kappe, die mein Vater entworfen hatte, wahrscheinlich zu der Zeit, als er Kriegsminister war, und die damals als »Farman-Farma-Kappe« bekannt gewesen war, eine Kappe ohne Krempe. Resa Schah stattete sie mit einem Schirm an der Vorderseite aus, und manche Leute behaupteten, dieser Schirm solle die Männer daran hindern, bei den Gebeten wie üblich mit der Stirn den Boden berühren zu können, und dafür sorgen, das Beten in der Öffentlichkeit zu unterbinden. Die gläubigen Menschen hielten diese Vorschrift für einen weiteren Beweis dafür, daß das eigentliche Ziel des Schahs die Abschaffung der Religion war, aber gleichzeitig sollten die Mullahs daran gehindert werden, gegen ihn Stellung zu beziehen.

Mein Vater hatte sich immer bemüht, den Geistlichen seinen Respekt zu erweisen, insbesondere den gebildeten und aufgeklärten unter ihnen, mit denen er sich gerne unterhielt. Als erfahrener Politiker wußte er um das Ansehen der Geistlichkeit bei den mächtigen, orthodoxen Händlern im Basar und um den Einfluß der Mullahs auf das einfache Volk. Meine Mutter verehrte die Mullahs, auch wenn sie nur selten Gelegenheit hatte, mit ihnen zusammenzutreffen, da Schahsade unsere Mütter kaum aus dem Palast ließ. Sie war entsetzt über die Angriffe Resa Schahs auf die Vertreter der Religion, die Gottes Wort verkündeten. Sie verbeugte sich stets tief vor dem stattlichen, bärtigen, würdevollen Aschech-Dschavad (das bedeutet »Pfarrer Dschavad«), der für die Moschee zuständig war, die Schahsade's Mutter hatte erbauen lassen. Er kam oft in Schahsade's Haus, um mit ihm beim Essen die Geschäfte der Moschee zu besprechen. Wenn Schahsade meine Mutter bat, ein besonderes Essen für Aschech-Dschavad zu schicken, häufte sie stets besonders viel Fleisch und Butter auf den Reis. Wir Kinder hatten in Aschech-Dschavads Anwesenheit absolut still zu sein, und ich sah, daß meine Mutter, die immer ihren schwarzen *tschador* trug, wenn sie in die Moschee ging, um ihn predigen zu hören, größte Ehrfurcht vor ihm hatte. Wie jede zurückgezogen lebende, fromme schiitische Frau glaubte sie, alle Mullahs wären vergeistigte Männer von makelloser Reinheit, die sich von weltlichen Dingen fernhielten und gegen jede Sünde gefeit wären. Wenn keine Diener in der Nähe waren, sagte sie oft zu meinen Stiefmüttern, daß dieser gottlose Schah bestimmt bestraft würde für das, was er der Religion antat.

## II.

Vom September 1933 an begleitete Maschdi mich zu der neuen Schule, die Schahsade für mich ausgesucht hatte: die Amerikanische Schule für Mädchen auf dem Gelände der presbyterianischen Mission, die einige Kilometer vom Palast entfernt an der Chiaban-e Sepah lag.

Wie Tarbiat war auch die Amerikanische Schule eine ungewöhnliche Wahl für die Tochter eines hohen Adligen. Niemand, auch mein Vater nicht, wußte wirklich etwas über Amerika, und Dschabi, Batuls Töchter Maryam und Mehri und auch Fatemes Tochter Mahsi besuchten alle das französische Lycée. Wie immer hatte mein Vater mit niemandem über seine Entscheidung gesprochen. Ich vermutete, daß er mich vor allem deshalb auf die Amerikanische Schule schickte, weil er Dr. MacDowell und Dr. Blair sehr schätzte, die das presbyterianische Missionskrankenhaus leiteten, und weil die Amerikanische Schule, die von Dr. Samuel M. Jordan, dem für Ausbildungsfragen zuständigen Direktor der Mission, geleitet wurde, einen ausgezeichneten Ruf hatte.

In jenen Tagen gab es nicht mehr als ein paar Dutzend Amerikaner in Teheran, und die meisten von ihnen waren Missionare wie Dr. Jordan und die Ärzte im Krankenhaus. Dazu kam noch das Personal der Botschaft und des Konsulats. Aber es gab weitaus mehr Europäer – Russen, Engländer, Deutsche und andere –, und Amerika lag so weit entfernt, daß es die Iraner gewöhnlich *jeni donjia* nannten, »Land am anderen Ende der Welt«. Aber dennoch brachten aufgeklärte Männer wie mein Vater den Amerikanern nahezu unbegrenzte Zuneigung und Bewunderung entgegen.

Aber den größten Eindruck auf uns machten die presbyterianischen Missionare, wie Dr. MacDowell, Dr. Blair und Dr. Jordan. Sie versuchten in keiner Weise, dem Volk ihre Lebensweise aufzudrängen oder uns zu ihrer Religion zu bekehren; sie lernten vielmehr Persisch und gründeten im ganzen Iran Schulen, Krankenhäuser und Sanitätsstationen. Dr. MacDowells und Dr. Blairs Krankenhaus, das den Armen kostenlos zur Verfügung stand, bot die beste medizinische Versorgung im ganzen Iran, und Dr. Jordans Schule für Knaben, das Elburs College, war unbestritten die beste im Land. Mein Vater und viele andere Männer aus der Oberklasse spendeten großzügig für das Krankenhaus, und mein Vater schickte uns stets dorthin, wenn wir krank waren. Dr. Jordan, Dr. MacDowell und Dr. Blair waren oft seine Gäste.

Als mein Vater dann feststellte, daß er es sich nicht leisten konnte, Forugh und unsere Brüder Abol, Alinaqi und Alidad wie meinen Bruder Sabbar und Batul-Chanoms ältere Söhne Manutschehr und Asis nach Frankreich und England zu schicken, beschloß er, daß sie Dr. Jordans Schule besuchen sollten. Währenddessen hatte Mademoiselle Dupuiche, die Erzieherin meiner älteren Schwestern, die diesen die wesentlichen Aspekte der französischen Kultur beibringen sollte, ihre Aufgabe beinahe beendet, und es wäre ein zu großer Luxus gewesen, sie weiterhin zu beschäftigen. Da Dr. Jordans Mädchenschule die beste Ausbildung für Frauen im Iran bot und ich sowieso keine französische Erzieherin bekommen konnte, hatte Schahsade beschlossen, daß ich ebensogut von den Amerikanern wie von den Franzosen lernen konnte.

Ich weiß nicht genau, was meine Mutter von dieser Entscheidung hielt. Sicher bin ich mir, daß sie keinerlei Vorbehalte angesichts der Tatsache hatte, daß die Missionare Christen waren – Christen und Juden glaubten ebenfalls an Gottes Propheten, genau wie die Moslems. Aber sie mußte bald feststellen, daß die Amerikanische Schule sehr viel unkonventioneller war als das französische Lycée – sehr viel mehr, als meine Mutter es für sittlich geboten oder ratsam hielt, insbesondere für mich. Chanom fand, daß ich schon jetzt einen viel zu deutlichen Widerspruchsgeist zeigte. Einem Elternteil oder irgendeinem älteren Mitglied der Familie zu widersprechen, zählt für Moslems zu den schwersten aller Sünden, und die Strafe dafür ist ewiges Schmoren in der Hölle. Mit zwölf kam ich allmählich in das Alter, in dem Freundinnen und Verwandte, die unser Haus besuchten, mich als potentielle Schwiegertochter in Betracht zogen, und ich wußte, daß meiner Mutter sehr an einer guten Partie für mich gelegen war. Wenn ich mir den Ruf erwarb, den Älteren zu widersprechen, würde man mich wohl kaum in Betracht ziehen. Ich dachte über viele Dinge anders, als das traditionell üblich war. Und meine Mutter hielt eisern an den Traditionen fest, außer wenn mein Vater etwas anderes beschlossen hatte.

Daher bin ich sicher, daß sie überhaupt nicht erfreut war, wenn Dr. Jordan und Miß Doolittle, die Schuldirektorin, den Mädchen in der Amerikanischen Schule erlaubten, mit ihren Lehrerinnen Schulpicknicks zu veranstalten und im Sommer in den Bergen zu wandern, oder wenn Dr. Jordan die oberen Klassen bei ganz besonderen Anlässen in öffentliche Restaurants mitnahm. Es war schlimm genug, daß ich wie ein Junge im *biruni* aufgewachsen war, aber solche Dinge waren in persischen Schulen nicht einmal den Jungen erlaubt. Meine Mutter hatte Bedenken, daß solche unerhörten Praktiken meine Eigenwilligkeit nur noch verstärkten, und sie hatte wenig Hoffnung, daß meine Studien in mir jene Sanftheit und Nachgiebigkeit wecken konnten, die die Perser an einer Frau und Schwiegertochter so sehr schätzen. Aber so sehr ihr das alles auch widerstrebte, sie hätte nicht im Traum daran gedacht, Schahsade's Weisheit in Fragen, die unsere Ausbildung betrafen, anzuzweifeln.

Ich liebte meine Schule vom ersten Tag an, an dem ich einen Fuß in den belaubten, mit Pappeln bewachsenen alten Innenhof setzte. Alles an ihr war aufregend, angefangen bei dem langen Schulweg, den Maschdi und ich jeden Morgen zurücklegen mußten. Endlich schickte mich Schahsade hinaus, damit ich etwas über die Welt außerhalb der Palastmauern erfahren konnte.

Die Schule, die damals von immer mehr moslemischen Mädchen besucht wurde, zog vor allem Töchter wohlhabender Minderheiten aus dem gesamten Iran an. So saß ich nicht nur neben Mosleminnen und einigen meiner Klassenkameradinnen aus Tarbiat, sondern auch neben armenischen Christinnen, Parsinnen oder Jüdinnen, neben Kurdinnen, Aseris und den Töchtern von Bachtiari-Stammesfürsten. Viele dieser Mädchen hätte ich sonst nie kennengelernt, die Töchter von Fabrikbesitzern, Apothekern oder Lebensmittelhändlern aus der Mittelklasse, mit denen wir, da sie nicht mit uns verwandt waren, keinen Umgang pflegten. Ich fand es wunderbar, so viele unterschiedliche Menschen um mich zu haben, und war sehr neugierig auf die verschiedenen Arten von Elternhäusern, Familien und Glaubensrichtungen, auf die ich in der Schule traf.

Ich freundete mich auch mit einigen amerikanischen Klassenkameradinnen an, deren Väter an der Knabenschule unterrichteten. Das Familienleben meiner Freundinnen wie zum Beispiel von Ruth Elder, Tochter des Missionspfarrers Dr. John Elder, faszinierte mich. Wenn ich diese manchmal von ihrem Haus auf dem Missionsgelände abholte, um mit ihnen zum Morgengottesdienst zu gehen, gelang es mir, einen Blick auf diese exotische Lebensweise zu werfen. Ich wußte, daß die Missionare freiwillig im gleichen Teil des Hauses lebten wie ihre Frauen und Kinder, aber nicht, weil sie arm waren, wie Maschdi und seine Frau Korsum. Aber dennoch war ich jedesmal von neuem erstaunt, wenn ich Dr. Elder sah, wie er seiner Frau und dem Dienstpersonal half, die kleinen blonden Kinder für den Kindergarten herzurichten. Dabei benahm sich jeder so, als sei es die natürlichste Sache der Welt, daß ein Vater mitten im *andarun* stand und Frauenarbeit tat! Voll Neid versuchte ich mir vorzustellen, wie diese hellhaarigen, blauäugigen Väter am Abend nach Hause kamen, um mit ihren Frauen – oder besser gesagt, ihrer Frau – und den Kindern zu Abend zu essen. Obwohl Ruth und meine anderen amerikanischen Klassenkameradinnen behaupteten, es sei so üblich, konnte ich mir kein richtiges Bild davon machen. Solche Szenen kamen mir sehr fremd und barbarisch vor.

Die Missionsschule ließ uns außerordentlich viel Freiheit. Eine meiner lebhaftesten Erinnerungen ist die an die Morgengottesdienste im Auditorium. Nachdem die Gebete gesprochen waren und eine der älteren persischen Schülerinnen einen Psalm aus der persischen Bibel, die die Presbyterianer übersetzt hatten, auf persisch vorgelesen hatte, spielte Miß Jane Doolittle, eine strenge Dame mit Brille, vor der jeder Respekt hatte, auf dem Klavier, und wir sangen, ebenfalls in persisch, eine christliche Hymne. Die Moslems mußten weder beten noch bei der Hymne mitsingen, aber ich machte mit, sobald ich mir den Text merken konnte, und bald kannte ich alle Hymnen auswendig.

In der anregenden und offenen Atmosphäre dieser Schule gab es nichts, was mich daran hinderte, eine gute Schülerin zu sein. Mannschaftssportarten wie Volleyball oder Basketball, die für mich völlig neu waren, liebte ich besonders.

Das alles machte mir sehr viel Spaß. Natürlich wußte ich, daß mich Schahsade in die Amerikanische Schule geschickt hatte, damit ich hart arbeitete und lernte, wie ich als Erwachsene unserem Land dienen konnte, wie es seine ältesten Söhne und auch er selbst getan hatten. Mir war zwar unklar, wie das genau aussehen sollte, aber mir schien, daß ich gar nichts anderes tun konnte, wenn ich den *andarun* und unseren Palast verlassen hatte. Und daß ich nun in die Welt aufgebrochen war, dessen war ich mir ganz sicher. Für mich bestand kein Zweifel daran, daß ich eines Tages ein sehr interessantes Leben führen würde.

## III.

Im Juni jeden Jahres ließ Schahsade uns alle packen – seine Ehefrauen, die Kinder, die Kinderfrauen, Maschdi und den einen oder anderen *lale* mit ihren Familien und dazu noch einige unserer Lehrer – und schickte uns für drei Monate in die Sommerferien auf seinen großen Landsitz Resvanie. Resvanie lag etwa fünfzehn Kilometer nördlich vom Palast bei dem Dorf Tadschrisch im kühlen, angenehmen Klima der Hügel von Schemiran.

Ich liebte diese Ferienaufenthalte in Resvanie, dessen Mittelpunkt ein üppiger, bewachsener alter Garten mit einem großen und mehreren kleinen Sommerhäuschen war. Hier war das Leben viel freier und weniger reglementiert als in der Stadt. Schemiran war ein fruchtbarer Landstrich, wo Felder mit Weizen, Mais und Gurken zwischen den verstreuten Dörfern lagen und Weidenbäume ihre Schatten über steinige Täler warfen. Das Wasser der Bächlein wurde in Wasserbekken gesammelt, damit die harte, trockene Erde der nahegelegenen Felder und Obstgärten bewässert werden konnte. Da wir nur das heiße, schmutzige Teheran gewöhnt waren, kamen uns diese niedrigen Hügel, die nach europäischen Maßstäben steinig und nur dünn mit Bäumen bestanden sind, herrlich waldig und idyllisch vor. Schahsade bestand zwar darauf, daß wir jeden Vormittag Unterricht erhielten, aber am Nachmittag nahm uns Maschdi zu Spaziergängen über die Felder mit, wo lächelnde Bauern die kleinen Kinder auf dem Rücken der Zugochsen reiten ließen. Oder wir gingen mit unseren Müttern in die Hügel, um Borretsch, Sumpfdotterblumen, Weidenrinde, wilde Sauerkirschen und Veilchen zu sammeln, die sie für ihre medizinischen Tees benötigten. Gekocht wurde draußen, und wir, unsere Mütter und die Diener aßen Reis und Fleisch aus einem gemeinsamen Topf. Jeder außer Schahsade und unseren Müttern, die die Nacht auf der Veranda verbrachten, schlief auf Matratzen auf dem Boden unter einem Moskitozelt. Wie Nomaden in der Wüste lagen wir unter einem schwarzen Himmel, der so voller Sterne war, daß es aussah, als hätte der Prophet selbst einen Becher umgestoßen und sie ausgestreut, während er auf seinem Pferd Al Boraq in den Himmel ritt.

Diese ungezwungenen Monate auf Resvanie waren vor allem deshalb so glücklich, weil wir unseren Vater häufiger sahen als sonst. Schahsade versäumte keine Gelegenheit, uns

Geschicklichkeit und Ausdauer zu lehren und brachte uns sogar Reiten bei – oder besser gesagt die Fähigkeit, auf einem Pferd zu sitzen und nicht hinunterzufallen – und auch Schwimmen. Auf dem Grundstück befand sich ein großes Bewässerungsbecken für die Bäume und den Garten, und dieser Weiher, der dicht besetzt war mit Grünalgen, Fröschen und kleinen Wasserschlangen, diente uns als Schwimmbecken. Schahsade, der seinen gichtigen Fuß eingebunden hatte und den Stock in der Hand hielt, ließ sich auf einem Klappstuhl am Teich nieder, und wenn wir dann alle dastanden in unseren Schlafanzügen, die wir statt Badeanzügen trugen, ermahnte er uns, tapfer zu sein. Dann ließ er uns von den *lales* Stricke um den Bauch binden, in das grünliche Wasser werfen, und dort trieben wir, bis wir entdeckten, wie wir uns paddelnd über Wasser halten konnten. Wann immer sein Fuß es erlaubte, machte mein Vater mit uns sogar Wanderungen in die Berge. Ich fand es herrlich, zusammen mit Schahsade einen steinigen Pfad entlangzusteigen. Alle schwitzten, aber ihm schienen die heiße Sonne und die dünne Luft nichts auszumachen. Mit seinem Wanderstock marschierte er voraus, und wie ein General, der seine Truppen in die Schlacht führt, rief er uns ermutigende Worte zu, wenn der Weg steiler wurde.

Manchmal schoben sich plötzlich dunkle Wolken vor die Sonne, die Luft wurde kühl, und ein Unwetter zog auf, das uns zwang, irgendwo Schutz zu suchen. Einmal – ich war damals etwa acht Jahre alt – gerieten wir mitten auf dem Weg in einen dieser unerwarteten Stürme. Die Hagelkörner prasselten auf uns nieder, und der Wind schlug uns ins Gesicht, alles um uns war grau und undurchdringlich, und es sah aus, als könnten wir weder vor noch zurück. Entsetzt stellte ich fest, daß wir verloren waren in einer Welt, die nur noch wüst und leer war und keinerlei Schutz mehr bot. Ich geriet in Panik und öffnete schon den Mund, um laut zu schreien. Aber genau in diesem Moment erreichte mich Schahsade's Stimme vom vorderen Ende der Reihe – nicht laut, aber fest, klar und zuversichtlich: »Vorwärts, Kinder, marsch! Wir gehen weiter! Das ist eine ausgezeichnete Lektion für euch: Denkt immer daran, wenn ihr in einen Sturm geratet, dann müßt ihr weitergehen. Ihr dürft nicht stehenbleiben. In einem Unwetter darf man niemals verzagen!«

Es war der feste Wunsch meines Vaters, daß sich seine Söhne und Töchter behaupten konnten, daß sie sowohl körperlich als auch geistig leistungsfähig waren, und daß sie den Mut und das Selbstvertrauen hatten, auch in schwierigen Situationen nicht aufzugeben. Jedem von uns wollte er die Kraft mit auf den Weg geben, die wir sicher brauchen würden, wenn er einmal nicht mehr war. Noch heute bin ich erstaunt darüber, mit welchem Zutrauen wir uns beim Schwimmenlernen ins Wasser werfen ließen. Wir taten es nicht, weil wir seinen Zorn fürchteten, sondern weil wir wußten, daß er uns liebte, und zwar jeden einzelnen von uns. Nie wurde einer von uns krank, ohne daß Schahsade an sein Bett kam, und keiner konnte sich mit schwachen Leistungen in der Schule durchmogeln. Keiner meiner Brüder wurde gezwungen, einen ungeliebten Beruf zu ergreifen, und keine meiner Schwestern wurde verheiratet, ehe nicht ihre Mutter erklärte, daß sie dazu bereit war. Und weil wir sein Urteil und seine Liebe nie in Frage stellten, wußten wir, daß das Wasser uns tragen würde, genau wie unser Vater uns trug.

In Resvanie konnten sich auch unsere Mütter von ihren Haushaltspflichten und den täglichen Sorgen erholen. Selbst Chanom entspannte sich hier und wurde ruhiger. Gerne spazierten die Frauen durch die niedrige Hügellandschaft, und während Maschdi und ein anderer *lale* das Essen, den Samowar und die Sitzteppiche trugen, liefen wir, unsere Mütter und Maschdis Frau Korsum die Pfade am Fluß entlang und hielten nach einem schattigen Weidengrund Ausschau, an dem wir uns niederlassen konnten.

Die Hügel von Schemiran boten unseren Müttern nicht nur Entspannung, sondern auch die Gelegenheit, mit Schahsade zusammenzusein. Sie liebten die kurzen Ausflüge zu den interessanten Stätten der Umgebung. Eine davon war ein Heiligtum im Dorf Tadschrisch, das meine Mutter und Fateme-Chanom am liebsten jeden Tag besucht hätten. Da mein

Vater jedoch der Meinung war, daß solche Heiligtümer den Gläubigen in erster Linie zur Flucht vor den Problemen des Alltags dienten, erlaubte er es nicht. War er allerdings zu Geschäften in Teheran, dann konnten sich seine Frauen ohne sein Wissen davonschleichen.

Pilger aus der ganzen Umgebung besuchten den Schrein, in dem angeblich die Gebeine des Sohnes eines heiligen Emam lagen. Im Innenhof des Heiligtums befand sich eine uralte Platane, in deren Wurzelhöhlungen ganze Familien Platz fanden. Dort campierten oft mehrere Tage lang arme Dorfbewohner, die Gottes Gnade erflehten. Sie beteten für die Heilung eines verkrüppelten Kindes oder einer blinden Schwester. Viele von ihnen hatten ein langes Seil um das kranke Kind gebunden, um dieses mit dem den Sarkophag umgebenden Gitter zu verbinden und so die wundersame Heilung zu unterstützen.

Wenn Schahsade nicht da war, stahl sich meine Mutter oft weg, um das Heiligtum zu besuchen. Dabei nahm sie Fateme-Chanom oder eine oder zwei ihrer Töchter mit, und Maschdi mußte uns durch den langen, dunklen, lärmenden Basar begleiten, vorbei an den sich drängelnden Bauern, schreienden Eseln, fliegenden Händlern, Hausfrauen in *tschadors* und an winzigen Buden, in denen Tee, Wassermelonen und Tabak verkauft wurden, bis wir auf den Platz kamen, wo sich das Heiligtum befand. Die Straße vor dem Eingang zum Innenhof war stets voller Bettler mit den mitleiderregendsten Gebrechen, die hofften, mit Hilfe der Urlauber und Pilger, die sich um den Schrein drängten, ihr Überleben zu sichern. Meine Mutter gab jedem etwas, der sie ansprach. Wenn wir dann am Eingang zum Heiligtum selbst angelangt waren, kaufte sie von dem finster dreinblickenden, schwarzgekleideten Mullah, der dort saß, eine Kerze und betete und küßte die silbernen Gitterstäbe, die den heiligen Sarkophag schützten. Dann ließ sie sich von einem der Mullahs, die sich am Grab aufhielten oder mit offenen Händen vor dem Eingang auf fromme Frauen warteten, gegen ein paar Münzen die schreckliche Geschichte von den Leiden des Emam Hossein und seiner Familie erzählen.

Ich begleitete sie bei diesen Ausflügen zum Schrein von Tadschrisch mit gemischten Gefühlen. Einerseits war ich über jede Möglichkeit froh, unserer abgeschlossenen Welt zu entkommen, und genoß das aufregende Durcheinander im Innenhof des Heiligtums und den farbenprächtigen Anblick der vielen Familien aus dem einfachen Volk, die mit ihren Matratzen, Samowars und Wasserpfeifen zusammensaßen und die Zeit zwischen den Gebeten mit Plaudern, Schlafen und Knacken von Wassermelonenkernen füllten. Aber die Erzählungen der Mullahs von den grausamen Foltern, die Emam Hossein und seine Familie hatten erdulden müssen, erschütterten mich sehr. Noch schlimmer war für mich, mitansehen zu müssen, daß meine Mutter dabei jedesmal still vor sich hin weinte. Normalerweise achtete Chanom so sehr darauf, ihre Gefühle nicht zu zeigen, daß sie nichts, nicht einmal ihre Angst um Schahsade, dazu bringen konnte, in der Öffentlichkeit zu weinen. Aber wenn sie an Aschura, dem Todestag Emam Hosseins, oder in der Moschee von Ramasan solchen Rezitationen lauschte, wiegte sie sich hin und her in Verzückung und Trauer. Gelegentlich entrang sich ihr ein Stöhnen, während andere Frauen, die ihre Gefühle offenbar zeigen konnten, laut jammerten und sich auf die Brust schlugen. Als kleines Kind hatte mich Chanoms gedämpftes Schluchzen, das aus einer dunklen Trauer tief in ihrem Inneren zu kommen schien, mit Entsetzen erfüllt. Vielleicht fügten ihr diese traurigen Gefühle irgendwelchen inneren Schaden zu? Und was würde geschehen, wenn sie starb? Ich fühlte mich auch später noch unwohl, wenn wir zum Schrein gingen, denn ich wollte Chanom vor allem Unheil bewahren.

Es geschah an einem heißen Sommertag, als ich etwa dreizehn Jahre alt war. Meine Mutter, Maschdi und ich wollten gerade durch das Tor den Innenhof des Heiligtums betreten, als eine junge Frau in einem schwarzen *tschador* auf uns zutrat. Fünf oder sechs magere kleine Kinder hingen an den Falten ihres dunklen Schleiers, ihr unbedecktes, hübsches Gesicht war mit Dreck verschmiert, und ihre Augen waren rot, als hätte sie geweint. Mit einer tiefen Verbeugung und mit höflichen Worten begrüßte sie meine Mutter. Dann wandte sie Maschdi den Rücken zu und trat näher an mich und meine Mutter heran. »Schauen Sie her, Chanom!« flüsterte sie laut. »Sehen Sie? Ich habe keine Kleider!«

Mit einer schnellen Bewegung öffnete sie ihren *tschador*. Unter seinen schwarzen Flügeln befand sich, was kein persisches Kind jemals zu Gesicht bekommen durfte: ein nackter Körper.

Ich versteinerte, als habe man mich mit einem Zauberstab angerührt. Entsetzt und fasziniert zugleich, konnte ich meine Augen nicht abwenden. Ich wollte nicht hinsehen, besonders nicht auf das helle Dreieck ihrer ausrasierten Scham, denn diesen Körperteil durften wir nie enthüllen und nicht einmal im Bad betrachten. Im Schatten des *tschador* wirkte ihr Körper so bleich wie die Wüste am frühen Morgen, und ihre Rippen, die sich deutlich unter der Haut abzeichneten, erinnerten mich an Knochen, die in der Sonne trockneten. Wie faltige Früchte hingen ihre Brüste herab, und ihr kleiner brauner Bauch sah aus wie ein leerer Wassersack. Sie bot einen obszönen und zugleich tieftraurigen Anblick, wie eine verlorene Kreatur, die einsam in der Wildnis heult.

Aber im nächsten Moment hatte sie sich schon wieder bedeckt, und wimmernd sprach sie weiter: »Sehen Sie, Chanom, was ich tun mußte, um zu überleben? Ich habe meine Kleider verkauft, damit meine Kinder etwas zu essen hatten. Sie sind doch eine fromme Frau, die die Religion liebt, Chanom. Zeigen Sie Mitleid mit der Tochter eines gläubigen Mannes!«

Ich sah meine Mutter an, aus deren Gesicht trotz der Hitze alle Farbe gewichen war. Der Anblick einer Moslemin, die sich derart entwürdigen mußte, war mehr, als ihre fromme und mitleidige Seele ertragen konnte. »Warten Sie hier«, sagte sie atemlos zu der Frau. Mit schreckerfüllten Augen wandte sie sich zu mir. »Schnell!« forderte sie mich auf, als wäre ich eine erwachsene Frau. »Wir müssen nach Hause und Kleider für sie holen.«

Ohne auch nur einen Moment an die stechende Hitze zu denken, drehte sie sich um und eilte davon in Richtung unseres Sommerpalastes, der fast zwei Kilometer entfernt lag.

Verwirrt und voller Scham folgte ich ihr, während Maschdi neben mir herstolperte. Bald war Chanoms Gesicht purpurrot und mit Schweißtropfen bedeckt, und es schien eine Ewigkeit zu dauern, bis wir unser Zuhause erreicht hatten. Dort eilte sie in den Speicher des Haupthauses, wo sie die Kleider aufbewahrte, die nicht gebraucht wurden. Gebannt schauten die Dienerinnen zu, als meine Mutter, den Tränen nah, uns Kleider aus einer Kommode reichte und dabei jammerte: »Ach Gott, eine Frau und ihre Kinder müssen nackt herumlaufen, wo wir doch so viel haben! Ich schäme mich, daß ich mich eine Moslemin nenne!«

Nachdem sie so viel herausgezogen hatte, daß wir die Kleider gerade noch tragen konnten, packten wir die einzelnen Teile in ein großes Tuch, das Maschdi auf den Rücken nahm. Zusammen mit seiner Frau Korsum, die eilig zu Hilfe gerufen worden war, machten wir uns wieder auf den langen, heißen Weg zurück zum Basar.

Die Bettlerin wartete dort, wo wir sie verlassen hatten. Gleich daneben befand sich ein dunkler, stinkender Tordurchgang, in dem sich die Männer zu erleichtern pflegten. Maschdi bewachte den Eingang und zog dabei die zerlumpten Kinder an, während ich meiner Mutter und Korsum die Kleider in das stinkende Loch reichte, wo sie mit diskret abgewandten Augen der Bettlerin beim Anziehen halfen.

Ich war froh, daß ich nicht mit ihnen hineingehen mußte. Zum erstenmal hatte ich ein menschliches Wesen gesehen, das all seiner Würde beraubt war und dem selbst der geringste Respekt vor sich selbst fehlte. Und ich fühlte mich auch nicht getröstet, als die Bettlerin, meine Mutter und Korsum schließlich wieder aus dem Durchgang auftauchten. Die Frau küßte die Hände ihrer Wohltäterin und sprach zahlreiche Segenswünsche für sie und ihre Kinder.

Obwohl meine Mutter jetzt vor Erschöpfung zitterte, strahlte sie doch erleichtert und voller Freude. Nachdem sie der Bettlerin noch Geld in die Hand gedrückt hatte, machten wir uns wieder auf den Weg zum Heiligtum, wo sie dem Himmel dankte, daß er ihr eine so gottgefällige Tat ermöglicht hatte.

Vermutlich muß man kaum erzählen, daß wir am nächsten Tag, als wir zum Einkaufen über den Basar gingen, die verzweifelten Schreie einer Frau hörten: »Helft doch bitte, ach helft doch, diese Frau hier hat nichts anzuziehen!« Es war dieselbe Bettlerin, die gerade vor einigen entsetzten Frauen und deren männlichen Dienern herumhüpfte und dabei nicht anders aussah als am Tag zuvor. Meine Mutter blieb stocksteif stehen und sah die Bettlerin an. Dann drehte sie sich auf der Stelle um, zog ihren *tschador* fest übers Gesicht und eilte die Straße hinab.

Ich vergaß mich völlig. »Warte, Chanom«, schrie ich. »Diese Frau ist eine Diebin!«

»Chanom, lassen Sie mich zurückgehen«, zischte Maschdi wütend, »und ich schwöre Ihnen, daß ich es ihr zeigen werde! Sie verdient eine Tracht Prügel!«

Meine Mutter blieb stehen und sah uns an. »Nein«, sagte sie deutlich und mit erstaunlicher Ruhe. »Gott ist groß. Nicht wir werden sie bestrafen, sondern er. Laßt uns lieber dafür beten, daß er sie reuig werden läßt, damit er ihr vergeben kann.«

Als wir nach Hause kamen, tat mir mein vorlautes Verhalten leid, und ich rechnete mit Schlägen. Aber Chanom, die gesehen hatte, wie wütend ich war, schimpfte nicht einmal mit mir. Statt dessen zog sie mich nach dem Abendessen, als wir alle in der Dämmerung auf der Veranda saßen und Maschdi und die anderen Diener sich zurückgezogen hatten, in eine stille Ecke, um mir ihr Verhalten zu erklären.

Sie sagte: »Ich weiß so gut wie du, Satti, daß uns diese Frau bestohlen hat. Glaubst du nicht, daß ich die Polizei gerufen hätte, wenn ich mir sicher gewesen wäre, daß sie uns auch geholfen hätte?«

»Aber, Chanom, diese Frau ist eine Betrügerin!« protestierte ich. »Man muß ihr das Handwerk legen!«

»Das ist richtig«, antwortete meine Mutter trocken. »Aber was glaubst du, daß die Polizei getan hätte? ›Die Frau des reichen Farman-Farma hat einer Bettlerin ein paar Rials und wertlose Kleider gegeben, und nun will sie die Bettlerin auspeitschen lassen!‹ hätten sie gesagt.«

»Na ja«, meinte ich unbehaglich, »vielleicht hätten sie sie ja nicht gleich ausgepeitscht, sondern ihr nur erklärt, daß sie aufhören soll, die Leute zu betrügen.«

»Ich kann dir genau sagen, was passiert wäre«, erklärte meine Mutter mit einem ironischen Lächeln. »Zuerst wären sie zu der Frau gegangen, die natürlich bestritten hätte, jemals Geld oder Kleider von mir bekommen zu haben. Dann wären sie wieder zu mir gekommen, und ich hätte sie bestechen müssen, damit sie die Sache weiterverfolgt hätten. Wenn ich mich geweigert hätte oder die Bestechungssumme zu niedrig gewesen wäre, dann hätte man sich bald erzählt: ›Die Frau von Schahsade hatte zwei Mäntel und hat einen einer armen Frau gegeben. Aber jetzt will sie ihn wieder zurückhaben.‹ Das wäre dann ein hübscher Skandal, und jeder würde sich darüber auslassen, wie ungerecht der reiche, alte Farman-Farma zu einer armen Bettlerin ist. Und damit die Geschichte nicht zum Schah vordringt, müßten wir jede Menge Erpressungsgelder zahlen. Das, meine kleine hitzköpfige Satti, ist der eigentliche Grund, weshalb die Frau von Farman-Farma die Polizei nicht gerufen hat.« Dann wurde ihr Tonfall freundlicher. »Schahsade sagt immer, daß Gott die Sünder hier und jetzt bestraft, bevor er sie im nächsten Leben noch einmal straft.«

Doch ich fühlte mich elend. Sowohl das, was die Bettlerin getan hatte, als auch Chanoms Erklärung weckte in mir die entsetzliche Vorstellung, die Welt außerhalb von Schahsade's Palast könnte möglicherweise gemein, böse und voller Betrüger sein. Ich fand es schrecklich, meine Gefühle stets hinunterzuschlucken und alles widerspruchslos akzeptieren zu müssen. Warum gab es bloß in der Welt da draußen keine Gerechtigkeit außer der göttlichen?

Ich versuchte die Erinnerung an die Bettlerin zu verdrängen, aber sie verfolgte mich. Der Koran verlangte doch von den Moslems, für die Armen zu sorgen. Warum gab es dann so viele Bettler in unserem Land? Warum hatte nicht jeder jemanden, der ihn beschützte und für ihn sorgte, so wie wir Schahsade hatten?

Aber niemand konnte mir diese Fragen beantworten.

Maschdi zuckte nur die Achseln. »So ist das Leben, Satti«, meinte er leichthin. »Manche sind eben arm, so wie ich, und andere sind reich. Wenn Gott beschlossen hat, daß die Krähe schwarz sein soll, dann kann niemand sie weiß machen.«

Aber wenn man durch eigene Anstrengung nichts verändern konnte, warum wies dann Schahsade unsere Mütter an, die Milch zu kochen, um Tuberkulose zu verhindern, und warum ließ er dann Hadschi Doktor Chan Tabletten austeilen, damit wir keine Würmer bekamen? Alle Erwachsenen, mit denen ich sprach, waren fest davon überzeugt, daß jedem das Schicksal von Geburt an auf der Stirn geschrieben steht, aber dennoch erklärte uns mein Vater jeden Freitag, daß unsere Zukunft ganz und gar davon abhing, wie ernsthaft wir lernten und was wir aus uns machten. Gerne hätte ich mit meinem Vater darüber gesprochen, aber ich konnte nie allein mit ihm reden. So mußte ich wohl abwarten. Vielleicht würde ich in der Schule die Antworten auf all diese rätselhaften Fragen finden.

# 4. Safie – Das schwache Geschlecht

*Zwei Elemente, Feuer und Wasser, toben im Innern des Herzens.*

Ferdousi
*Das Buch der Könige*

Seit 1930 wurde Resa Pahlawis Verlangen nach dem Grundbesitz anderer Leute ständig größer. Inzwischen hatte er seine Nationalarmee aufgestellt, die Stämme weitgehend unterworfen und näherte sich jetzt allmählich dem Punkt, den Schahsade schon lange vorausgesehen hatte – der totalen Festigung seiner Macht. Nun baute er nicht mehr nur Straßen, sondern auch Schulen und kleine Fabriken sowie Hotels und Spielcasinos, um die Touristen anzuziehen. Einige dieser Projekte finanzierte er durch Steuern, die er auf Waren wie Tee und Zucker erhob, was besonders die Armen empfindlich traf. Aber diese Einkünfte reichten nicht aus, um seine zahlreichen Vorhaben zu finanzieren, und erst recht nicht für die Einkommen und Pfründe der Beamten, Offiziere und Hofleute, die ihm dienten, und für die Paläste, die er für sich selbst errichtete.

Nun beschränkte er seine Beschlagnahmungen nicht mehr auf den Besitz der Qadscharen-Familien und den religiöser Stiftungen, sondern eignete sich auch Grundstücke, Felder und Dörfer reicher Kaufleute, Mullahs, Stammesführer und anderer Großgrundbesitzer an. Er entzog sogar einigen armen Bauern ihre Lebensgrundlage, indem er ihr Wasser auf seinen Besitz umleitete. Auch wenn er auf dem beschlagnahmten Grund zum Teil Straßen und öffentliche Gebäude errichtete, gingen doch die Ländereien und Dörfer eigentlich in den Besitz der Pahlawi-Familie über.

Mit Hilfe des Militärs, seines neuen zentralistischen Staatsapparates und der Kontrolle über die Hofgesellschaft konnte er nun allmählich damit beginnen, sich jener Männer aus dem alten Adel zu entledigen, die für ihn zu einer Bedrohung werden konnten. Darum machte sich Schahsade nach 1930 noch mehr Sorgen um die Sicherheit seiner Familie, insbesondere um unseren Halbbruder Nosratdoule, seinen und Essatdoules ältesten Sohn.

Der etwa vierzigjährige Nosratdoule war nach Schahsade die wichtigste Person in unserer Familie. Sein richtiger Name war Firus, aber wie das bei hochgestellten Adligen üblich war, sprachen ihn alle außer Schahsade und Essatdoule nur mit dem Titel *Nosratdoule* an, was »Erleuchtung des Staates« bedeutet. Wenn Schahsade starb, das wußten wir, würde unser Bruder der neue Schahsade werden, der Patriarch im Clan der Farman-Farmaians.

Nosratdoule war einer der bekanntesten Politiker im Iran, aber er war nicht unumstritten. Im Jahr 1919 hatte er als Außenminister mit dem damaligen englischen Außenminister Lord Curzon einen Vertrag ausgehandelt, welcher als Gegenleistung für einen dringend benötigten Kredit, der den Iran vor dem finanziellen Ruin retten sollte, das Land praktisch zu einem britischen Protektorat gemacht hatte.

Wie viele aufgeklärte und gebildete Menschen in den oberen Klassen der persischen Gesellschaft war auch mein Bruder der Meinung, daß schwache, arme Nationen ebenso wie schwache, arme Menschen Beschützer und Förderer brauchten. Da unser Land die Wahl hatte zwischen England und der neuen Sowjetunion, hielten er und mein Vater die Briten für das geringere Übel. Aber Resa Pahlawi haßte die Arroganz, mit der sich die Briten immer wieder in die Angelegenheiten seines Landes mischten, und ließ den Vertrag mit England platzen. Statt dessen schloß er einen Freundschaftspakt mit den Sowjets.

Nach dem Sturz der Qadscharen und seiner Entlassung aus dem Gefängnis durfte Nosratdoule trotz dieser Ereignisse wieder ins öffentliche Leben zurückkehren, und in den kommenden neun Jahren hatte er verschiedene politische Ämter inne. Unter anderem war er Provinzgouverneur, Justiz- und Finanzminister.

Wir verehrten Nosratdoule, der genau so war, wie es dem Bild eines persischen Adligen entsprach: Er war elegant, immens reich, großzügig, arrogant, extravagant und verwöhnt.

Niemals sah ich Nosratdoule anders als in einem eleganten Nadelstreifenanzug mit Weste, einem schneeweißen Hemd, weißen Handschuhen und blitzblank polierten Lederschuhen, von denen er zwanzig Paar besaß. In seiner Seidenkrawatte blitzte immer eine Diamantnadel.

Nosratdoule war eine faszinierende Persönlichkeit. Seine Ausstrahlung war so groß, daß alle Leute aufstanden, sobald er den Raum betrat, auch wenn sie nicht wußten, wer er war. Für seine Mutter und seine Brüder war er ein Idol, sie verkauften sogar freudig ihr Land, um Geld für ihn aufzutreiben, denn er war stets knapp bei Kasse. Sie finanzierten seine verschwenderischen Einladungen, seine Jagdgesellschaften, die Poloponys und die Sammlung seltener Bücher. Zu Familientreffen erschien er stets mit einem Diener, der schwer an den Geschenken für die ganze Familie zu tragen hatte. Ich bekam von ihm einmal eine vergoldete Walnuß, in der sich ein winziges Fläschchen mit französischem Parfüm versteckt hielt. Nosratdoule hatte in Oxford seinen Doktor der politischen Wissenschaften gemacht und stand im Briefwechsel mit bedeutenden Literaten wie André Gide und Jean Cocteau und auch mit Sir Edward G. Browne, Europas führendem Spezialisten für persische Literatur und Geschichte.

Im Juni 1930 wurde Nosratdoule, der bis dahin ein loyaler Beamter des Schahs gewesen war, unter dem lächerlichen Vorwand, er habe ein Bestechungsgeld in Höhe von fünfhundert Toman (etwa einhundert Dollar) angenommen, verhaftet, ein Betrag, der angesichts seines enormen Reichtums kaum ernst zu nehmen war. Er wurde zu einem Monat Haft verurteilt und dann wie Schahsade unter ständigen Hausarrest gestellt.

Dieser Vorfall alarmierte Schahsade aufs höchste, denn seine Liebe zu seinem hochbegabten Erstgeborenen war grenzenlos. Nosratdoule verehrte Schahsade ebensosehr. Wenn er zu seinem Vater zum Essen kam, küßte er ihm zur Begrüßung nicht nur die Hand, sondern kniete nieder und küßte seine Schuhe, was bei persischen Söhnen der größtmögliche Ausdruck von Sohnesliebe, Verehrung und Gehorsam ist. Wenn Schahsade unseren Bruder hatte aufstehen lassen, küßte er seine Stirn und wies ihm den höchsten Ehrenplatz, der immer für ihn freigehalten wurde, zu seiner Rechten zu.

Aber trotz Schahsade's Warnungen, er könne sich durch seine Extravaganzen den Zorn des Schahs zuziehen, änderte unser Bruder seinen Lebensstil nicht. Dabei hätte er, um sich die Habgier und den Neid des Schahs in Erinnerung zu rufen, nur den Marmorpalast ansehen müssen, der sich gleich östlich von Schahsade's und seinem Palast an der Chiaban-e Kach erhob und dessen Garten einst Schahsade gehört hatte. Zudem mißtraute Resa Pahlawi allen klugen, beredten Männern, die fremde Sprachen beherrschten und mit Ausländern befreundet waren – jeder Ausländer konnte ja ohne weiteres ein feindlicher Agent sein. Nosratdoule sprach fünf Sprachen, und seine Beredsamkeit im Persischen und Arabischen war unter Experten berühmt. Schahsade fürchtete, daß Nosratdoule diesem Mißtrauen des Schahs eines Tages zum Opfer fallen könnte, aber der Sohn ignorierte seine Warnungen.

Resa Pahlawis Fremdenhaß und sein Ehrgeiz, den früheren Glanz des Iran vor den Augen der Welt wieder auszubreiten, trieb ihn zu einem Nationalismus, der dem des neuen deutschen Kanzlers Adolf Hitler sehr ähnlich war. Der Schah war ein begeisterter Bewunderer des neuen militaristischen deutschen Staates. 1934 erklärte er, sein Land, das im Westen bisher als »Persien« bekannt war, dürfe von nun an nur noch *Iran* genannt werden, um an die Abstammung seines Volkes von der arischen Rasse zu erinnern. Ein Jahr später befahl er allen ausländischen Schulen, iranische Namen anzunehmen. Dr. Jordan und Mrs. Doolittle, die genau wußten, daß die Missionsschule nur existieren konnte, wenn der Schah glaubte, sie würde den Interessen seines neuen Nationalismus dienen, nannten sie *Nurbachsch,* was »lichtspendend« bedeutet.

Der amerikanische Schuldirektor Dr. Jordan, ein großgewachsener Mann mit Lachfalten um die Augen, einem engelsgleichen Gesicht und einem kleinen, komischen Bärtchen, war schon vor der Verfassungsrevolution zusammen mit seiner Frau in den Iran gekommen. Mittlerweile betrachtete er unser Land als seine Heimat, und er war genausosehr wie jeder Perser daran interessiert, daß aus dem Iran ein starkes und eigenständiges Land wurde. Daher bemühte er sich, seine Schüler zu aufgeklärten Bürgern zu erziehen, die den Iran in eine neue Ära führen konnten. Sein Einfluß zeigte sich, wenn junge Iranerinnen wie Dschabi und Batuls Tochter Mehri, die beide inzwischen alt genug für den Englischunterricht waren, voll Stolz darauf bestanden, »Amerikanisch« zu lernen und nicht die Sprache der Briten. Wir wußten sogar, daß der amerikanische Präsident, Mr. Woodrow Wilson, einmal gesagt hatte, Amerika verbürge sich für die Souveränität eigenständiger Völker. Das bedeutete, daß Amerika uns helfen wollte, anstatt uns auszubeuten. »Das Land am anderen Ende der Welt« hatte einen besonderen Platz in unserem Herzen.

Aber abgesehen von der amerikanischen Hymne und den exotischen Lebensgewohnheiten erfuhr ich nicht viel über das Land am anderen Ende der Welt. Zum einen verlangte das Erziehungsministerium, daß wir nichts anderes lernten als die vergangenen Triumphe des persischen Reiches und die gegenwärtigen Triumphe der Pahlawi-Dynastie. Und außerdem hielt es niemand, nicht einmal die Missionare, für sonderlich sinnvoll, Iranern etwas über die Geschichte oder Geographie der Vereinigten Staaten beizubringen. Kein Iraner dachte daran, nach *jeni donjia* zu reisen. Amerika war viel zu weit weg, man konnte es nicht besuchen, konnte mit ihm keinen Handel treiben, und die Amerikaner würden auch nicht bei uns einmarschieren. Und so wußte ich zwar, wo die einzelnen europäischen Länder lagen, aber ich sah nie eine Karte der Vereinigten Staaten. Meine Kenntnisse beschränkten sich darauf, zu wissen, daß dieses Land auf dem nordamerikanischen Kontinent lag und daß man, um dorthin zu gelangen, erst nach Europa reisen und dann mit dem Schiff in Richtung Westen fahren mußte.

Auch durch die Besuche bei meinen amerikanischen Klassenkameradinnen lernte ich nichts, denn ich wagte keinen Fuß in ihre Häuser zu setzen aus Furcht, ich könnte ihre

Väter oder Brüder treffen. Im Iran durften zu dieser Zeit Männer und Frauen, die nicht miteinander verwandt waren, einander nicht einmal ins Gesicht sehen, und ein sittsames moslemisches Mädchen, insbesondere eines, das der Oberklasse angehörte, sprach auch nie mit Männern, die nicht zu ihrer Familie gehörten.

Aber wenn ich auch in der Schule nichts über die Vereinigten Staaten erfuhr, so schnappte ich doch, als ich vierzehn Jahre alt war, eine interessante Einzelheit auf. Eines Tages entdeckte ich in einer französischen Modezeitung, die Dschabi und Fateme-Chanoms Tochter Mahsi eifrig studiert hatten, eine große Anzeige, auf der ein Ozeandampfer zu sehen war. Neben dem Schiff erhob sich die riesenhafte Statue einer Frau, die eine Fackel hielt, und hinter dem Schiff und der Statue lag eine herrliche Stadt, die zauberhaft in der Sonne glitzerte. Auf der Hafenpromenade spazierten kleine, stilisierte Gestalten, winzig angesichts der hohen Häuser, die aussahen, als könnten sie jeden Moment umfallen. Die Frauen trugen Pelzmäntel und die Männer elegante westliche Anzüge.

Auf meine Frage erklärte mir Dschabi, daß diese Anzeige den Eingang nach Amerika zeige. Man müßte, um dorthin zu gelangen, zuerst mit dem Zug nach Paris fahren und dann mit einem Schiff – wie diesem Ozeandampfer – über das Meer nach Westen. Die Statue war ein Monument, dessen Name »Freiheit«, *asadi,* bedeuten würde.

»Sie symbolisiert das amerikanische Volk«, erklärte Dschabi geduldig. »Das amerikanische Volk und die amerikanische Nation.«

Ich war beeindruckt. Was war das nur für ein Volk, das so ein Monument aufstellte? Was mochten diese Leute für Beweggründe haben und was hatten sie in ihrer Geschichte durchmachen müssen? Das Bild dieser Statue, der hohen Gebäude und der Menschen auf der Promenade grub sich wie der Betrug der Bettlerin und Maschdis dumme Lügen wegen der Wassermelone wie ein Fragezeichen in meinem Geist ein.

Ich hatte ein weiteres Problem, über das ich grübelte.

## II.

Aber dann vertrieb im Schuljahr 1934/35 ein aufregendes Ereignis in der Familie das Zeitschriftenbild aus meinem Bewußtsein: die Verlobung und Heirat meiner sechzehnjährigen Schwester Mahsama, auch Mahsi genannt, Fateme-Chanoms einziger Tochter.

Ein Drittel der mehr als dreißig Kinder meines Vaters waren Mädchen. Als wir älter wurden, begann er uns nach und nach in die Teheraner Gesellschaft einzuführen. Beinahe jeden Nachmittag ließ er sich und seinen Butler vom Chauffeur in seinem großen marineblauen Essex zu den Häusern von Freunden oder Verwandten fahren, wo er jeweils ein paar Minuten verweilte. Man trank Tee, plauderte und tauschte die jüngsten politischen Nachrichten und Gerüchte aus, ehe Schahsade zum nächsten Besuch aufbrach – Klatsch und Gerüchte waren in einer Diktatur die einzigen Mittel, durch die etwas zu erfahren war. Die Presse verbreitete nichts als Lügen, die dazu dienten, dem Schah zu schmeicheln. Oft beklagte sich mein Vater darüber bei Chanom, die ihm immer aus der Zeitung vorlas, wenn ihn Schmerzen und Sorgen in der Nacht wach hielten. Auf seine Fahrten nahm er oft einen unserer Brüder mit. Aber wenn er seine Schwester Nadschm as-Saltane oder eine andere weibliche Verwandte besuchte, lud er zu unserer großen Aufregung gelegentlich auch eine seiner Ehefrauen oder einige seiner älteren Töchter dazu ein. So konnte er alle daran erinnern, daß Fürst Farman-Farma nicht nur Söhne, sondern auch Töchter hatte, die er verheiraten wollte.

Eines Tages schickte Schahsade seinen Diener Ousein, der als Eunuch die *andaruns* betreten durfte und daher immer als Schahsade's Botschafter fungierte, und ließ mir und Dschabi ausrichten, unsere *tschadors* anzuziehen. Wir sollten Mahsi und einige von Fateme-Chanoms Söhnen auf einer Fahrt im Essex begleiten. Als wir alle im Auto saßen, befahl er zunächst, zum Palast einer wohlhabenden Familie zu fahren, die er kannte. Er schickte seinen Butler hinein, um uns anzukündigen, und einen Augenblick später kam zu meiner Überraschung ein gutaussehender Major von etwa dreißig Jahren heraus. Seine Uniformjacke stand offen, und die Ärmel hatte er hochgekrempelt. Er verbeugte sich tief vor meinem Vater. Als er durch das heruntergekurbelte Wagenfenster die verschleierten Frauen sah, errötete er, richtete hastig seine Uniform und senkte den Blick, um meines Vaters Harem nicht anzusehen. Nach wenigen Minuten schon verabschiedete sich mein Vater mit einem zufriedenen Ausdruck im Gesicht.

Kurz nach diesem Ausflug kam Mahsi atemlos zu unserem Haus gelaufen. »Stell dir vor, Satti, es gibt jemanden, der mich heiraten will!« rief sie. »Negar as-Saltane ist bei Schahsade gewesen, um für ihren Bruder um mich anzuhalten.« Negar as-Saltane kannte ich; sie war eine sehr eigenwillige Frau, die Schwester des Majors, den wir gesehen hatten, und das Oberhaupt ihrer Familie. »Er ist erst dreiunddreißig, und diese Leute sind viel reicher als Schahsade! Ich werde Diamanten haben und eine eigene Wohnung und eine eigene Kutsche und Pferde!« Dann begann sie zu jammern: »Ach, wenn ich ihn nicht heiraten kann, sterbe ich! Negar as-Saltane ist so klug, daß es bestimmt ewig dauert, bis sie sich mit Schahsade einigt. Und vielleicht schaut dann Schahsade in letzter Minute noch in seinen Koran und sagt ihr, daß Gott gegen die Heirat ist, wie er das immer tut, wenn er etwas nicht will!«

Mahsi war hübsch und unwiderstehlich, aber auch hoffnungslos von ihrer ängstlichen Mutter verwöhnt. Die Schule langweilte sie, und sie wünschte sich schon lange, Schahsade würde sie endlich einen reichen, gutaussehenden Mann heiraten lassen, damit sie das Leben einer modernen jungen Frau unserer Gesellschaftsklasse führen konnte. Sie hoffte auf Dinnerpartys, geruhsame Tage im Bad und auf Einkäufe in der Chiaban-e Lalesar. Offenbar hatte mein Vater beschlossen, sich der Natur nicht länger zu widersetzen.

Monatelang verhandelte mein Vater mit Negar as-Saltane über Mahsis Ehevertrag, bis die übliche Zeremonie des Heiratsantrages endlich stattfinden konnte. Dazu besuchte Negar as-Saltane das Haus Fateme-Chanoms, um sich noch einmal zu versichern, daß meine Schwester, die ihr frisch gebadet und blitzsauber vorgestellt wurde, weder blind, glatzköpfig vom Kopfgrind oder zu mager war, noch vielleicht stotterte. Dann prahlte sie ziemlich lange vor Fateme, meiner Mutter und Batul mit den Vorzügen des Majors. Sie beschrieb seinen großzügigen Charakter, erwähnte sein ausgezeichnetes Monatseinkommen und die Tatsache, daß ihn der Schah sehr wahrscheinlich bald zum Hauptmann befördern würde. Dann erzählte sie von ihren kostbaren Juwelen und von der herrlich möblierten Wohnung, die für Mahsi und ihren Ehemann im Palast der Familie bereitstand. Meine Schwester war selig. Sofort fand die aufwendige Verlobungsfeier statt, und es wurde beschlossen, daß die Hochzeit oder *aqd,* wie das Ritual genannt wurde, im kommenden Frühjahr oder Frühsommer abgehalten werden sollte, wenn Mahsis Schuljahr zu Ende war.

Ich hatte dieser Tatsache bisher nicht viel Bedeutung beigemessen, aber nun begriff ich, daß die Ehe mein Schicksal werden würde wie das meiner Schwestern. Immer wieder wurde uns gesagt, daß erst die Ehe einer Frau ihren Wert, Stellung und Respekt verschaffen konnte – oder, genauer gesagt, die Ehe und das Kinderkriegen. Wann nun Dschabi und ich in diesen heiligen Stand treten würden, war ganz von Gott abhängig und von Schahsade, obwohl dieser in einer für unser Lebensglück so wichtigen Angelegenheit bestimmt den Rat unserer Mutter einholen würde, denn sie hatte das Recht, ihre Meinung zu dem jeweiligen Heiratskandidaten abzugeben. Aber endgültig, wenn wir mit neunzehn die Schule verließen, oder allerspätestens kurz danach, würde unser Schicksal besiegelt sein. Natürlich hatte ich keine Möglichkeit, auf eigene Faust einen Ehemann zu suchen, denn anders als im Westen mußte bei uns ein Mädchen im *andarun* sitzen und warten, bis ihr Vater, Bruder oder Vetter einen Mann ausgewählt hatten. Falls diese dabei kein Glück hatten, war sie dazu verurteilt, den Rest ihres Lebens unter der Obhut ihrer Brüder oder anderer männlicher Verwandter zu verbringen. Eine Frau konnte auf keinen Fall allein leben, denn wer in unserer Gesellschaft von seiner Familie getrennt lebte, galt als ausgestoßen. Die einzige mir bekannte Frau, die gewagt hatte, bei der Wahl ihres Ehemanns gegen die Konvention zu verstoßen, war meine erstaunliche Großtante Chale, die uns immer im März zu *Nourus* besuchte, dem persischen Neujahrsfest.

Chale-Chanom, die Tante meiner Mutter, war mehrmals verwitwet, und ihre verstorbenen Ehemänner hatten ihr nicht mehr als einige Häuser hinterlassen, von denen sie lebte. Als sie schon über fünfzig war, verliebte sich ein gutaussehender, dreißigjähriger Hauptmann aus einer bekannten und wohlhabenden Familie in sie und bat sie, ihn zu heiraten. Meiner Mutter war diese Verbindung zutiefst zuwider, weil Chale mit Sicherheit zu alt war, um noch Kinder zu bekommen, was aber nach der Religion der einzige Grund für eine Ehe sein durfte. Daher lud sie Chale-Chanom nur dann ein, wenn bei uns ein neues Baby geboren worden war, oder zu Nourus, eben zu Familienfeiern, zu denen man alle seine Verwandten einladen mußte.

Jeder außer meiner Mutter freute sich auf die Besuche meiner Großtante, die wie ein Orkan durch die steife Atmosphäre unseres Hauses fegte. Wenn sie, auffällig geschminkt, den plumpen Körper in einem teuren, modischen Gewand aus französischer Seide und ihre faltigen Hände und Arme voll von Diamantringen und Armreifen, mit denen der Hauptmann sie überschüttete, in den Raum platzte, rief sie meiner Mutter vorwurfsvoll zu: »Nanu, Masume, warum macht ihr nur alle so ernste und traurige Gesichter? Wart ihr vielleicht heute in der Moschee? Narges, hol mir eine Wasserpfeife und die Trommel, Satti soll für uns tanzen!« Dann zwickte sie mich in die Wange und meinte: »Wie hübsch Satti ist, mit ihren blitzenden dunklen Augen, dem weichen schwarzen Haar und der glatten Haut! Weißt du schon, daß der Schah sie als Ehefrau für seinen Sohn wollte? Aber Schahsade hat nein gesagt!«

Bei diesem phantastischen Unsinn konnte meine Mutter, die bei der Trommel und dem Tanz aus Höflichkeit gegenüber ihrer Tante geschwiegen hatte, nicht mehr still bleiben. »Bitte, Chale-Chanom, so etwas darfst du vor der Dienerschaft nicht sagen!«

»Ach, das macht mir doch nichts aus!« rief Chale-Chanom. »Ich schwöre dir, der Sohn des Schahs wollte sie heiraten!« Dann wandte sie sich mir zu. »Warum bist du denn so blaß und dünn? Bestimmt arbeitest du viel zuviel in der Schule! Du mußt rosige Wangen haben und hier« – sie schlug sich auf ihr eigenes, ausladendes Hinterteil – »üppiger werden, damit dich die Männer unwiderstehlich finden!«

Ich betete meine Großtante an, auch wenn ich genau wußte, daß ihr Gerede über meine »Schönheit« mich nur aufmuntern sollte. Manchmal zweifelte ich daran, ob es Schahsade gelingen würde, für mich einen Ehemann zu finden. Dschabi war ganz bestimmt schön, aber ich sah mit meinen einfachen Kleidern und dem oft so struppigen Haar so langweilig aus wie ein Maulesel, verglichen mit den hübschen Mädchen in der Schule, die von ihren Vätern Schmuck statt Bücher bekamen und deren Mütter ihre Kleider in Paris bestellten.

Im Juni 1935 fand Mahsis Hochzeit statt. Doch weil ihr frischgebackener Ehemann, der inzwischen Hauptmann geworden war, Teheran aus beruflichen Gründen verlassen mußte, wurden die Hochzeitsnacht und das Fest, das damit einhergeht und das die Iraner *arusi* nennen, auf den Herbst verschoben. So lange sollte Mahsi mit uns nach Resvanie gehen. Doch ihr neuer Status als Ehefrau, der vor dem Gesetz und den Augen der Religion gültig war, verlieh ihr in diesem Sommer einen ganz eigenen Glanz. Jedes Wochenende wurde sie von ihrem Hauptmann besucht, der in seiner Uniform sehr elegant aussah. Er brachte seiner Frau ein weißes Pferd mit, und Mahsi, die in ihrem neuen englischen Reitanzug aussah, als wäre sie gerade den Seiten der Pariser Vogue entstiegen, ritt mit ihm aus. Wenn sie dann mit geröteten Wangen und leicht zerzaust zurückkam, konnte ich mir vorstellen, daß sie sich wohl unter den Weiden umarmt und geküßt hatten, während der Hauptmann den Diener zum Markt geschickt hatte, um Obst zu kaufen. Aber was sonst noch geschehen sein könnte, davon hatte ich keine Ahnung. Obwohl ich wußte, daß Ehepaare oft die Nacht zusammen verbrachten, anstatt sich getrennt in ihre Wohnbereiche zurückzuziehen, hatte mir niemand den Grund dafür erklärt. Ich führte die Tatsache, daß meine Mutter und meine Stiefmütter regelmäßig nachts bei Schahsade im Haus blieben, nur darauf zurück, daß sie ihm aus der Zeitung vorlesen mußten, wenn er nicht schlafen konnte, und ihn pflegten, wenn er sich krank fühlte.

Natürlich wußte ich, daß die Ehe dazu diente, Kinder zu bekommen. Ich stellte wohl auch einen vagen Zusammenhang zwischen den Nächten, die unsere Mütter bei Schahsade verbrachten, und den vielen neuen Babys in unserem Palast her, aber ich konnte mir nicht vorstellen, wie es genau dazu kam.

Als dann der September kam, begab sich Mahsi in Begleitung ihrer weinenden Mutter und ihrer alten Kinderfrau in den Palast der Familie von Negar as-Saltane und dem Hauptmann, um von nun an dort zu leben. Die Hochzeitsfeierlichkeiten waren besonders aufregend, weil Mahsis neue Verwandtschaft sehr viel luxuriöser lebte als wir und auch Schahsade. Auf dem Boden des Eßzimmers standen auf Tüchern wahre Massen von Huhn mit Minze, Lammkebab und dem süßen Safranreis, der auf Hochzeiten serviert wird. Hunderte von weiblichen Verwandten, Freundinnen und Verwandten von Freundinnen feierten und machten einen ohrenbetäubenden Lärm. Dazu luden sie sich die Teller so voll, wie sie nur konnten. Ich wanderte herum, verschlang mit dem Mund das köstliche Essen und verschlang gleichzeitig mit den Augen die orientalischen Vasen, die Gemälde und die herrlichen Teppiche, für die dieser Palast berühmt war.

Negar as-Saltane war eine ungewöhnliche Frau. Als Witwe eines wohlhabenden Landbesitzers verwaltete sie ihr Erbe selbst, wobei sie sogar auf dem Pferderücken durch rauhe und gefährliche Landstriche bis in entfernte Bauerndörfer reiste, um ihren Verwaltern auf die Finger zu schauen. Sie war eine große, knochige Frau um die fünfzig, die ihre grauen Haare schwarz mit einem hennaroten Schimmer färbte, laut redete, gerne zweideutige Witze erzählte und außerdem gern die Kokette spielte. Sie flirtete sogar in aller Öffentlichkeit mit meinem Vater, wobei sie ihn nicht Qorban, sondern »Schahsade-Darling« nannte.

Um uns Mahsis und des Hauptmanns neue Wohnung zu zeigen, führte uns Negar as-Saltane durch einige Korridore in ein großes, hübsches Schlafzimmer, dessen Wände taubengrau gestrichen waren. Es war mit russischen Antiquitäten eingerichtet, und auf dem Boden lag ein herrlicher blauer Kerman-Teppich. Das eindrucksvollste war allerdings das riesige Bett mit den vier Pfosten und der wunderschönen Seidendecke, das in der Mitte des Zimmers stand. Ich überlegte gerade, was zwei Menschen mit so einem monströsen Bett wohl anfangen sollten, als Negar as-Saltane in bester Laune darauf zulief, ihre Röcke zusammenfaßte und mit lautem Auflachen genau in die Mitte der Matratze hüpfte. Dort federte sie kurz auf und nieder. »Schaut her«, rief sie, »es hat Springfedern!« Dann warf sie sich zurück, schloß die Augen, zog ihre mageren Knie an, spreizte die langen Beine und begann sich mit übertriebener Lüsternheit hin und her zu werfen. »Komm, mein Liebling«, stöhnte sie, »sei nicht so schüchtern. Seit ich dein Gesicht im Spiegel sah, quält mich ein schrecklicher Kitzel!«

Mit offenem Mund starrte Dschabi unsere Gastgeberin an. Meine Mutter und Batul-Chanom kicherten, wie ich meine Mutter noch nie hatte kichern hören. Ihr Gesicht war dunkelrot, und Batul, die sonst nichts gegen grobe Scherze hatte, sah sich verzweifelt im Zimmer um.

Ich schloß die Augen und versuchte zu begreifen, was alle anderen offensichtlich verstanden hatten. Mit dem »Spiegel« meinte Negar as-Saltane jenen Spiegel, in dem die Braut bei der Hochzeit ihren Ehemann zum erstenmal sieht, wenn er durch eine Türe hinter ihren Rücken tritt. Aber was sollte der Rest bedeuten?

Zum Glück sprang unsere Gastgeberin in diesem Moment wieder auf und scheuchte uns alle in das Nebenzimmer, das Mahsis privates Wohnzimmer sein würde.

Am Abend verabschiedeten wir uns unter Tränen von Mahsi, die uns immer wieder umarmte und küßte. Fateme schluchzte noch während der ganzen Heimfahrt und schien untröstlich. Sie hatte die üblichen Worte einer Mutter zu ihrer Tochter gesagt: »Du gehst fort in einem weißen Kleid – komm auch in einem weißen Kleid zurück.« Das bedeutete, daß Mahsi nie mehr zu uns heimkommen durfte außer in ihrem Totenkleid. Wenn sie vorher kam, bedeutete es, daß ihr Ehemann sie verstoßen hatte.

Plötzlich wurde mir klar, daß Fateme-Chanom jetzt einsam war. Sie hatte ihre einzige Tochter verloren, und ihre Söhne brachen bald alle in die Welt der Männer auf. Für den Rest ihres Lebens würde sie, abgesehen von ihren Dienerinnen, den Besucherinnen, meiner Mutter und Batul, ganz allein in ihrem *andarun* leben müssen.

Ich wußte, daß ich es nicht ertragen konnte, mein Leben lang in einem *andarun* eingesperrt zu sein – nicht einmal für fünf Diamantringe.

## III.

Der Schah war jetzt noch tyrannischer als zuvor. Viele Leute glaubten, daß der Grund in der peinlichen Niederlage läge, die er und der Iran zwei Jahre zuvor gegen die Briten im Streit um das Öl erlitten hatten.

Der Vertrag mit der Anglo-Persian Oil Company war noch vor der Entdeckung des Öls geschlossen worden, noch bevor irgend jemandem klar war, wie wichtig dieser Rohstoff in Zukunft sein würde. Obwohl die genauen Bedingungen geheimgehalten worden waren, wußten die Iraner doch, daß die englische Firma zum einen nur sechzehn Prozent der Gewinne an den Iran abführte und zum anderen nicht duldete, daß die Iraner ihre Bücher prüften – was bedeutete, daß wir den Darstellungen der englischen Firmenleitung glauben mußten. Wie ungerecht dieser Vertrag war, war vielen Iranern schon während des Ersten Weltkrieges bewußt. Der Iran benötigte dringend Geld, aber dieser Vertrag hinderte uns daran, mit dem einzigen verwertbaren Rohstoff, den wir besaßen, wirklich etwas zu verdienen.

Resa Pahlawi, der seit seiner Machtübernahme versucht hatte, den ausländischen Einfluß im Land zurückzudrängen, versuchte im November 1932, mit den Briten einen gerechteren Vertrag zu vereinbaren. Er kündigte die 1901 gewährten Bohrrechte und forderte für den Iran einen größeren Anteil am Gewinn. Aber seine Bemühungen wurden von der harten weltpolitischen Realität durchkreuzt. London drohte damit, das Auslandsvermögen des Iran zu beschlagnahmen, und englische Kanonenboote fuhren in den Persischen Golf. So mußte Resa Pahlawi klein beigeben, und ein Jahr später wurde ein neuer Vertrag geschlossen, in dem die Ölfirma dem Iran zwanzig Prozent anstelle von sechzehn zugestand. Das war natürlich nur ein geringer Teil im Vergleich zu dem, was die Briten bekamen und was Resa gefordert hatte. Um die Blamage für den Schah noch größer zu machen, wurde die Bohrkonzession noch um weitere dreißig Jahre bis 1991 verlängert.

Das war ein gewaltiger Gesichtsverlust für den Schah, denn die Briten hatten gezeigt, wer im Iran wirklich das Sagen hatte, und die bitter enttäuschten Iraner gaben ihrem Herrscher die Schuld an der Schwäche ihrer Nation. In den Augen des Volkes waren die Bemühungen des Schahs, den Iran als eine moderne, westliche Nation zu präsentieren – um diese Zeit hatte er bereits das Benutzen von Kamelen für den Transport von Handelswaren verboten –, sowie seine neue Nationalarmee und seine stolze Zurückweisung ausländischer Kredite ohne Bedeutung, solange andere Länder noch immer mit uns umgehen konnten, wie es ihnen beliebte.

Von diesem Zeitpunkt an schienen die von Mißtrauen geprägten und gefährlichen Launen des Schahs immer häufiger zu werden. Ende 1933 wurde ein glanzvoller, fortschrittlicher und charismatischer Politiker namens Hossein Teimurtasch, der dem Schah lange als Hofminister gedient hatte, aufgrund eines ähnlichen Korruptionsvorwurfs verhaftet wie damals Nosratdoule. Er starb einige Monate später auf mysteriöse Weise in seiner Gefängniszelle. Teimurtasch war Nosratdoules bester Freund gewesen, und nun begann mein Vater um seinen Sohn zu zittern.

Eines Morgens kam es im Palast zu einem erschreckenden Vorfall. In einem Kamin in Schahsade's Haus brach ein

Feuer aus, das rasch auf die anderen Räume dieses Gebäudeflügels übergriff. Als wir den schwarzen Rauch aufsteigen sahen, rannten wir, meine Mutter und die Dienerinnen hinaus in den *biruni* und schauten von dort zusammen mit den anderen Familien zum Haus meines Vaters hinüber. Mein Vater stand davor und rief den Dienern und Sekretären Befehle zu. Diese versuchten, die Flammen mit Wasser aus Eimern zu löschen, die sie in der Fontäne vor Schahsade's Haus füllten. Neben Schahsade standen Nosratdoule und dessen Sohn, die zu ihm geeilt waren, als sie den Rauch sahen.

Plötzlich spazierten ein paar Gestalten durch das enge Osttor an der Chiaban-e Kach auf das Palastgelände: ein riesiger Mann in brauner Generalsuniform und einem langen blauen Umhang, flankiert von zwei uniformierten Wachleuten. Alle erstarrten vor Schreck und Erstaunen. Auch ohne das Flüstern um mich herum hatte ich instinktiv gewußt, daß dieser Mann Resa Pahlawi war.

Voller Furcht verbeugten wir uns tief. Der Schah von Iran trat gewöhnlich nicht einfach so durch sein Palasttor, um seinem Nachbarn einen Besuch abzustatten, und niemand konnte sagen, welchen Zweck diese seltsame Visite verfolgte. Keiner sagte ein Wort.

Aber der Schah schaute nur neugierig und interessiert auf die Flammen. Dann drehte er sich zu seinem alten General um und klopfte ihm fest auf die Schulter. »Nun ja, Schahsade«, sagte er freundlich, »alte Häuser brennen leicht.« Ich glaubte, er wollte meinen Vater trösten.

Schahsade verbeugte sich nochmals und dankte dem Monarchen für seine großherzige Gunst und dem Zuspruch. Der Schah blieb noch ein paar Minuten stehen und sah zusammen mit meinem Vater und Nosratdoule zu, wie das Feuer Schahsade's Gästehaus vernichtete. Aber wir seufzten alle erleichtert auf, als Resa Pahlawi und seine Wachleute wieder durch das Tor hinaus auf die Chiaban-e Kach verschwanden. Ein Schauder schien durch den ganzen Palast gegangen zu sein, und eine ganze Weile war die Atmosphäre im Haus meiner Mutter gespannter als sonst.

Schahsade hielt es jetzt für dringend geboten, daß Nosratdoule seinen extravaganten Lebensstil einschränkte, aber er konnte ihm das nicht offen ins Gesicht sagen. Zwischen einem Vater und einem erwachsenen Sohn in Nosratdoules Position wäre das ein unentschuldbarer Verstoß gegen die Etikette gewesen. Selbst innerhalb der Familie fällt es Iranern schwer, Fehler einzugestehen. Daher achten taktvolle Menschen darauf, daß sie einen anderen nicht direkt kritisieren. Sie suchen lieber nach einem Umweg, um ihr Anliegen anzubringen. Ein höflicher Iraner würde nie geradeheraus sagen: »Du hast unrecht!«, sondern eher: »Vielleicht sollte ich dir diesen Sachverhalt erklären, denn ich sehe, man hat dich falsch informiert.«

Aus diesem Grund verfaßte mein Vater einen deutlichen Brief an seinen zweitältesten Sohn Salar-Laschgar, in dem er schrieb, daß sich Nosratdoule in große Gefahr brächte, wenn er seine Extravaganzen nicht aufgeben und nicht einen weniger protzigen Lebensstil annehmen würde. Aber Nosratdoule war der Meinung, daß es keinen Sinn für ihn hätte, ein Prinz zu sein, wenn er nicht wie ein Prinz leben durfte.

## IV.

Im Jahr 1935 sah ich auch zum erstenmal meinen ältesten Bruder Sabbar, der inzwischen dreiundzwanzig Jahre alt war und in Paris Medizin studierte. Während meiner ganzen Kindheit hatte Chanom immer nur von unserem *dadasch,* dem »ältesten Bruder«, gesprochen. Ich hatte kaum mehr als eine vage Vorstellung von ihm. Schahsade hatte ihn 1923 im Alter von elf Jahren nach Paris geschickt, und seitdem war er nicht zu Hause gewesen, weil unser Vater fürchtete, die iranische Polizei würde ihn nicht mehr nach Frankreich zurückkehren lassen.

Aghadschun, der Vater meiner Mutter, war für Dadasch ein zweiter Vater gewesen, so wie es Maschdi für mich war. Sobald der Postbote an unsere Pforte klopfte, erschien mein Großvater, der nichts anderes lesen konnte als die arabischen Buchstaben des Koran, und erkundigte sich in seiner ernsten Art, ob etwas von »Prinz Sabbar aus Paris« dabei war. Wenn ihm der Postbote dann einen Brief überreichte, brachte er ihn voller Freude zu meiner Mutter, die ihn vorlesen mußte.

Dadaschs Briefe hatten eine erstaunliche Wirkung auf meine Mutter. Alle unsere Untaten waren sofort vergessen und vergeben, und voll Entzücken und Stolz begann sie von Dadasch zu erzählen, der bereits mit sechs Jahren Gedichte in einem Heft gesammelt hatte und auf Schahsade's Anordnung, eine Militärschule zu besuchen, trocken aus Paris geantwortet hatte: »Qorban, ich mag keine Uniformen, ich möchte Arzt werden.«

Oft hatte ich mich gefragt, wer wohl dieser mysteriöse Heilige war, der die Macht hatte, Chanom in eine glückliche, junge Frau zu verwandeln. Wir waren alle sehr aufgeregt, als wir erfuhren, daß Dadasch den Sommer über für sechs Wochen nach Hause kommen würde, und zwar zusammen mit unserem vierzehnjährigen Bruder Asis, Batuls Sohn, der genauso alt war wie ich.

An einem heißen Augusttag des Jahres 1935 rollte dann der Essex majestätisch durch die Toreinfahrt in Resvanie, und Dadasch stieg heraus. Tränenüberströmt eilten meine Mutter und Aghadschun auf ihn zu und umarmten ihn. Dann wurden wir ihm vorgestellt. Dadasch hatte ein langes, freundliches Gesicht, humorvolle, aufmerksame Augen und ein ernstes Wesen, das an Aghadschun erinnerte. Ich fand, daß er bereits wie ein Doktor aussah. Was mußte er alles wissen, Dinge, die ich mir gar nicht vorstellen konnte!

Die sechs Wochen vergingen wie im Flug. Wenn Dadasch nicht zusammen mit Schahsade einflußreiche Leute in der Stadt besuchte, nahm er uns am Wochenende mit in die Berge zum Klettern. Er hatte in den französischen Alpen gelernt, wie man fachmännisch kletterte, und ich war begierig darauf, von seinem Wissen zu profitieren. Asis, der ein gutaussehender Junge mit starken Armen geworden war, hatte in seiner Pariser Schule sehr gut schwimmen gelernt. Mit kraftvollen, eleganten Bewegungen glitt er durch das Wasser, ganz anders als ich, die ich mich nur mit Paddeln über Wasser halten konnte.

Das machte mich nachdenklich. Asis, der genauso alt war

wie ich und mit dem ich die Milch geteilt hatte, konnte richtig schwimmen, und ich konnte es nicht. Er unterhielt sich mit Dadasch ebenso mühelos auf französisch wie auf persisch, während ich noch zwei Jahre warten mußte, bis ich auch nur anfangen würde, Französisch oder Englisch zu lernen.

Plötzlich wurde mir klar, daß ich im Vergleich zu ihnen ungebildet war. Ich brauchte eine bessere Ausbildung, die ich aber nicht bekam, wenn ich zu Hause blieb. Dr. Jordans Schule war bestimmt gut, aber die Erziehung, die Dadasch und Asis genossen, war sehr viel besser. Verglichen mit ihnen kam ich mir vor wie ein ahnungsloser Trottel, der nichts von der Welt wußte. Aber mit Sicherheit war ich genauso klug wie Asis, schließlich war ich von allen Kindern Schahsade's in der Schule immer am besten gewesen. Wie konnte ich je etwas erreichen, wenn ich nicht die bestmögliche Ausbildung bekam?

Ich dachte nicht daran, daß ich noch nie von einem iranischen Mädchen gehört hatte, das in Europa studiert hatte. Aber meine Brüder, mit denen ich vor der Trennung durch die höhere Schule jeden Tag im *biruni* gespielt hatte, betrachteten mich nicht als Mädchen. Mädchen, das waren langweilige, passive Wesen, die nutzlos im *andarun* saßen und mit Puppen spielten, ich hingegen konnte auf Bäume klettern! Ich fand, daß Schahsade ohne weiteres für mich ebensoviel tun konnte wie für meine älteren Schwestern. Wenn er mir schon keine Erzieherin gab, sollte er mich doch mit Asis zum Studium ins Ausland schicken.

In weniger als einer Woche würden Dadasch und Asis in den Zug steigen, der sie nach Europa zurückbrachte. Daher mußte ich diese ungewöhnliche und eilige Angelegenheit meiner Mutter direkt vortragen, damit sie sofort mit Schahsade sprechen konnte. Natürlich war es möglich, daß sie mich wie gewöhnlich anfuhr: »Das kannst du nicht, du bist eine Frau.« Aber solange Dadasch bei uns war, war meine Mutter ausgezeichneter Laune. Ich beschloß, es wenigstens zu versuchen.

Endlich, zwei oder drei Tage vor der Abreise meiner Brüder, gelang es mir, einen passenden Moment zu finden. Während sie das morgendliche Abstauben und Wischen überwachte, erklärte ich ihr, daß ich mit Dadasch und Asis nach Europa gehen wollte.

Sie sah mich ruhig an, blinzelte kurz, zeigte aber sonst kein Anzeichen des Erstaunens. »Warum willst du das tun?« sagte sie.

»Chanom, ich will auch im Ausland studieren, wie sie. Ich will eine bessere Ausbildung.«

Meine Mutter betrachtete mich noch einige Augenblicke, ohne etwas zu sagen, und ich konnte mir nicht vorstellen, was hinter ihrer Stirn nun vor sich ging. Schließlich fragte sie: »Und wie stellst du dir das vor? Ein junges Mädchen wie du, wo würdest du denn wohnen?«

»Ich werde bei Dadasch oder Asis leben. Das ist nicht sehr teuer«, erklärte ich eindringlich. »Ich brauche ja nicht viel zu essen und auch sonst nicht viel. Es genügt, wenn Narges meine Sommerkleider packt, die nehme ich mit. Schahsade gibt mir keine Erzieherin, und er schickt auch keinen von den anderen Jungen nach Europa, da spart er doch doppelt. Statt dessen könnte er mich schicken.«

Ich versuchte den Ausdruck in ihren braunen Augen zu lesen, aber diese schienen undurchdringlich. Nachdenklich und etwas sorgenvoll sah sie mich noch eine Zeitlang an, dann sagte sie: »Ich werde Schahsade fragen.« Überrascht erwartete ich, daß sie nun hinzufügte, ihr gefiele diese Idee nicht, aber offenbar hatte sie keine Einwände. Erleichtert und aufgeregt ging ich wieder; die erste Hürde war genommen. Da sich meine Mutter meinem Vater in allen Entscheidungen fügte, mußte er nur noch zustimmen. Meine Bitte war doch eigentlich sehr vernünftig, und vielleicht würde er ja sagen.

Die wenigen Tage, die meine Brüder noch zu Hause waren, verbrachte Schahsade bei uns in Resvanie. Er liebte es, inmitten von möglichst vielen seiner Kinder zu sitzen, und an diesem Abend rief er uns vor dem Abendessen ins Haupthaus – meine Mutter, Batul, Fateme, Dadasch, Dschabi, Asis, mich und einige andere Kinder. Schahsade saß in seinem Lehnstuhl, stützte sich auf seinen Stock, und wir hockten entweder mit übergeschlagenen Beinen zu seinen Füßen oder lehnten an Kissen, die auf dem Teppich lagen.

Ängstlich, aber gespannt wartete ich, daß meine Mutter meine Bitte vorbrachte, und endlich sagte sie, wie nebenbei: »Qorban, Satti sagt, sie möchte im Ausland studieren.« Ich hielt den Atem an. Den Bruchteil einer Sekunde lang war es ganz still. Dann lachte jemand.

Schahsade zog die weißen Augenbrauen zusammen, lehnte sich nach vorne auf seinen Stock und sah erst mich, dann meine Mutter prüfend an. Als er scheinbar einen Entschluß gefaßt hatte, setzte er sich auf. Eine Hand lag noch immer auf dem Stock, und mit der anderen winkte er in einer ablehnenden Geste. »Das wäre Geldverschwendung«, sagte er. »Sie ist eine Frau. Aus einer Frau kann nichts werden.«

Ich saß da, als hätte er mich ins Gesicht geschlagen. Einige meiner Brüder und Schwestern lächelten mich freundlich und mitleidig an. In ihren Augen hätte ich ebensogut vorschlagen können, Akrobat in einem russischen Zirkus zu werden. Aber meine Mutter lachte nicht. Sie sagte überhaupt nichts, und ihr Gesicht war ausdruckslos.

Vor Scham wäre ich am liebsten im Boden versunken. Daß er vielleicht ablehnen würde, hatte ich ja gewußt, aber daß er ablehnen könnte, weil er mich für dumm hielt und nicht wert, daß man Geld für mich ausgab, hatte ich nicht einen Moment lang geglaubt. Hatte ich nicht die besten Noten in der Klasse? Demütigung und Wut ließen heiße Tränen in mir aufsteigen, aber ich schluckte sie hinunter – heute war schon genug über mich gelacht worden.

Mein Kummer war wohl dennoch offensichtlich, denn hinterher, beim Abendessen, neckte mich niemand wegen des Vorfalls. Dadasch und Dschabi waren viel zu freundlich, um die Angelegenheit noch peinlicher für mich zu machen, und meine Mutter hatte das Ganze wohl vergessen. Ich fragte mich, weshalb sie meine Bitte überhaupt vorgebracht hatte. Vielleicht, weil sie über Dadaschs Besuch so glücklich war, möglich war aber auch, daß sie wußte, daß Schahsade mich für dumm hielt und nein sagen würde. Auf diese Weise konnte sie sich Streit ersparen.

In dieser Nacht konnte ich vor Enttäuschung und Verdruß nicht schlafen. Seit ich laufen konnte, war nicht ein einziger Freitag vergangen, an dem er uns nicht erzählt hatte, wie wichtig eine gute Ausbildung war.

Tatsächlich war mir noch nie die Idee gekommen, daß Schahsade's aufgeklärte Ideen für Frauen nur die Vorbereitung auf ihre Rolle als gute Hausfrauen und Mütter vorsahen. Ich hatte nie Gelegenheit gehabt, mit meinem Vater allein zu sprechen, daher konnte ich ihn auch gar nicht fragen, was er und andere gebildete Männer von der Intelligenz und Lernfähigkeit von Frauen hielten. Jetzt wußte ich, daß sich seine Ansichten über Frauen im Prinzip nicht von denen anderer Perser, ob Männer oder Frauen, unterschieden: Sie alle stimmten darin überein, daß eine Frau unfähig war, allein und ohne den Schutz ihrer Familie zu leben. Schließlich hatte das keine iranische Frau je getan – wenigstens nicht freiwillig, und schon gar nicht, wenn sie unserer Gesellschaftsklasse angehörte. Seine Bemerkung über mich war nicht persönlich gemeint, aber das wußte ich damals nicht.

Ich lag wach auf meinem Lager im Garten und schaute wie erstarrt vor Scham und Ärger durch das Moskitonetz auf die Sterne. Wie konnte Schahsade sagen, daß aus mir nichts werden konnte? Ich sah doch selbst, daß Frauen wie meine Mutter und Negar as-Saltane genauso gescheit und leistungsfähig waren wie Männer. Außerdem lebten Miß Doolittle und die weiblichen Missionare, die in Nurbachsch lehrten, doch auch allein, ohne jede Hilfe von Männern. Sie waren doch ganz bestimmt wertvolle Menschen!

Aber ich mußte Schahsade's Entscheidung respektieren, denn ich konnte nichts dagegen tun. So würde ich eben das Beste aus dem machen müssen, was ich an Ausbildung erhielt. Ich sehnte mich danach, daß die Schule wieder anfing, damit ich die peinliche Erinnerung an diesen Abend unter harter Arbeit begraben konnte.

Eines Tages, das schwor ich, würde ich es ihnen allen zeigen. Wenn mich Schahsade nicht vorher verheiratete, würde ich etwas aus meinem Leben machen. Und dann würde ich beweisen, daß auch eine Frau eine Rolle spielen kann.

# 5. Das Ende der Kindheit

*Vermeidet es, den Herrschern zu dienen. Eine Seereise bietet zwar zahlreiche Vorteile, doch sicher ist es nur am Ufer.*

Sadi

Im Herbst 1936, ein Jahr nach Mahsis Hochzeit, feierten wir eine weitere Hochzeit. Diesesmal heiratete, mit zwanzig Jahren als letztes der älteren Mädchen im Palast, unsere geliebte Dschabi.

Schahsade hatte einen Mann für sie gefunden, der ganz nach seinem Herzen war. Abbas Parchide war Ingenieur, hatte an der Universität von Birmingham studiert und arbeitete bei der vor kurzem in Anglo-Iranian Oil Company umbenannten Anglo-Persian Oil Company, der AIOC. Als Sohn einer Familie von Geistlichen war er etwas altmodisch und hatte keine hohe Meinung von Frauen. Aber Schahsade fand wohl, daß Dschabi, die wie unsere Mutter sehr fromm war, mit seinen traditionellen Ansichten wenig Schwierigkeiten haben würde. Ich freute mich für meine Schwester, denn wenn ein Mädchen in Persien mit über zwanzig Jahren immer noch nicht verheiratet war, galt sie bereits als alte Jungfer.

Für mich war Dschabis Hochzeit vor allem deshalb bedeutsam, weil ich nun das älteste Kind im Palast war, denn Dadasch und meine anderen älteren Brüder studierten in Europa. Obwohl noch immer sechs ihrer Kinder zu Hause lebten, war meine Mutter bei Dschabis Abschied traurig und niedergedrückt. Das junge Paar brach sofort nach der Hochzeit in das häßliche Abadan auf, in die Stadt, die die AIOC um ihre große Ölraffinerie am Persischen Golf erbaut hatte. Dort sollten sie einige Jahre leben. Nun war es an Chanom, den melancholischen Satz zu sagen: »Du gehst fort in einem weißen Kleid, komm auch in einem weißen Kleid zurück.« Wir alle fanden es schrecklich, Dschabi zu verlieren.

Während des Hochzeitsempfangs in Chanoms Garten war Schahsade sehr guter Laune. Nachdem der Fotograf Dutzende von Fotos von ihm, Dschabi, Abbas und verschiedenen anderen Verwandten gemacht hatte, rief Schahsade, der überhaupt noch nicht müde war, seinen ältesten Sohn und seinen jüngsten, Batul-Chanoms kleinen Abdol Ali, zu sich. Mein Vater war jetzt beinahe achtzig Jahre alt, aber während er so dasaß, mit Nosratdoule an seiner rechten Seite und dem vierjährigen Abdol Ali auf seinem Knie, sah er so stolz aus wie ein König in seinem Reich. Er hatte uns gezeugt, erzogen und uns gelehrt, was Pflicht und Gerechtigkeit bedeuten. Wir waren sein Meisterwerk, sein Gedicht, die große Leistung seines Lebens. An diesem Tag war Schahsade glücklich.

Es sollte das letzte Mal sein, daß wir das sagen konnten.

Zwei Wochen nach Dschabis und Abbas' Abreise nach Abadan erschien der Teheraner Polizeichef Mochtari in Nosratdoules Haus, um unseren Bruder zu verhaften. Nosratdoule, der gerade in seiner Bibliothek arbeitete, rief Schahsade an und bat ihn, seiner Mutter Essatdoule Bescheid zu geben und sich um seine Kinder zu kümmern. Dann ergab er sich ohne Protest und Widerstand.

Es erfolgte keine offizielle Anklage, aber mein Vater vermutete, daß Nosratdoules gute Beziehungen zu den Franzosen der Grund für die Verhaftung waren. Noch immer korrespondierte mein Bruder mit verschiedenen Literaten in Paris, und außerdem hatte er viele Freunde unter den französischen Diplomaten in Teheran. Vor kurzem war eine Zeichnung durch die französische Presse gegangen, die Resa Schah Pahlawis Gier nach Land zum Thema hatte. Sie zeigte eine gefährlich wirkende schwarze Katze, die eine Landkarte des Iran verschlingt. Die Unterschrift lautete: »Le chat de Pers«, die persische Katze. Mit einem Tier verglichen zu werden ist für einen Moslem eine schwere Beleidigung, und da das französische Wort »chat« genauso ausgesprochen wird wie »Schah«, konnte Resa die Bedeutung dieser Karikatur kaum entgehen. Er drohte mit dem Abbruch der Beziehungen zu Frankreich. Ob dieser Vorfall nun der Grund für Nosratdoules Verhaftung war oder nicht, war schwer zu sagen, aber auf jeden Fall vermutete der Schah hinter dessen Beziehungen zu

Frankreich eine Verschwörung mit der französischen Regierung.

Essatdoule, die bereits zwei jüngere Söhne verloren hatte und deren zweitältester Sohn Salar-Laschgar 1935 an Krebs gestorben war, bat den Schah in einem Brief, er möge Nosratdoule vergeben, doch der Schah wies ihre Bitte zurück.

Zunächst befand sich Nosratdoule in einem Teheraner Gefängnis, wo ihn außer seinem zwölfjährigen Sohn niemand besuchen durfte. Zwei Monate später, im Januar 1937, wurde er in einem bewachten Haus in Semnan untergebracht, etwa achtzig Kilometer von der Hauptstadt entfernt, und nun gestattete man ihm gar keine Kontakte mehr. Meine Mutter ging jeden Tag zu Essatdoule, um sie zu trösten.

Inzwischen haßte meine Mutter den Schah mehr denn je. Vor zwei Jahren hatte er nämlich eine Anordnung erlassen, die ihm Chanom – wie Millionen andere fromme Frauen im Iran – niemals vergeben konnte.

Resa Schah Pahlawi war bestrebt, den Eindruck zu erwekken, die iranischen Frauen seien emanzipiert. Seit 1934 konnten sie studieren und Berufe wie Krankenschwester oder Lehrerin ausüben. Kinos, Restaurants und Hotels mußten nun per Dekret beiden Geschlechtern Zutritt gewähren. Doch diese Verbesserungen waren weniger bedeutsam, als sie auf ausländische Besucher wirkten, denn noch immer war es den Frauen nicht erlaubt, zu wählen, ein politisches Amt zu bekleiden, sich scheiden zu lassen und das Sorgerecht für ihre Kinder zu übernehmen. Ohne Erlaubnis ihres Ehemannes erhielten sie nicht einmal einen Paß. Aber der Westen pries den Schah dennoch für seine »aufgeklärte« Haltung gegenüber den Frauen.

Der Höhepunkt dieser Kampagne kam im Februar 1935: Der Schah verbot den Frauen, den Schleier zu tragen. Meine Mutter war außer sich: Sie und alle gläubigen Menschen hielten diese Maßnahme für das Schlimmste, was der Schah bisher getan hatte – schlimmer als seine Angriffe auf die Geistlichkeit, schlimmer sogar als die Beschlagnahmungen und Morde. Aber Schahsade wußte genau, daß er sich nicht widersetzen durfte, auch wenn es ihm schwerfiel.

Für einen persischen Adligen war es eine entsetzliche Schande, wenn fremde Männer seine Frauen in der Öffentlichkeit zu Gesicht bekamen. Dennoch beschloß mein Vater, daß seine Frauen die ersten aus der alten Aristokratie sein sollten, die in westlicher Aufmachung erschienen. Er schickte in die Chiaban-e Lalesar, wo er für alle seine Frauen Hüte kaufen ließ; dann hieß er sie am nächsten Tag, so gekleidet mit ihm in einer offenen Kutsche zu fahren. Er hätte von meiner Mutter genausogut verlangen können, nackt auf der Straße spazierenzugehen.

Nur der Respekt vor seiner Weisheit und ihre Angst um seine persönliche Sicherheit veranlaßten sie, eine derartige Entwürdigung hinzunehmen.

Im April 1937 erhielt mein Vater die Nachricht vom Tod Nosratdoules. Gleichzeitig empfing Nosratdoules zwölfjähriger Sohn einen Brief, den sein Vater in der Nacht vor seinem Tod geschrieben hatte. Aus diesem Schreiben ging hervor, daß unser Bruder von seinem bevorstehenden Tod gewußt hatte. Jahre später erfuhren wir, daß Nosratdoule unter der Aufsicht des Arztes, der die Hinrichtungen des Schahs überwachte, in seinem Zimmer erwürgt worden war.

In der Presse fand sich kein Hinweis auf den Tod eines der bekanntesten Politiker des Landes, und was diesen Schicksalsschlag für Schahsade und Essatdoule noch schrecklicher machte, war das Verbot des Schahs, Nosratdoule der Sitte gemäß zu begraben, eine Trauerfeier abzuhalten und die üblichen Trauerriten durchzuführen. In allen moslemischen Ländern folgt auf den Tod eines Familienmitglieds eine Trauerperiode, die mehr als einen Monat dauert. Während dieser Zeit werden alle Verwandten und Freunde eingeladen, um das Brot mit der Familie des Dahingegangenen zu brechen und deren Trauer zu teilen. Am vierzigsten Tag findet dann eine abschließende Trauerfeier statt. Diese vierzig Tage der Trauer sind von enormer psychologischer Wichtigkeit für die Hinterbliebenen, denn die rituelle Erlaubnis, zu weinen und zu leiden, gibt der Familie die Möglichkeit, ihren Schmerz zu überwinden, um dann die Bruchstücke ihres Lebens wieder zusammenzufügen. Aber Resa Schah zwang uns dazu, den tiefen Schmerz in unseren Herzen festzuhalten.

Schahsade ließ Nosratdoule im Grabmal von Schah Abdol Asim bestatten, wo auch Naser ad-Al Din Schah liegt, den mein Vater als den liberalsten Schah der Qadscharen-Dynastie bewunderte. Um dereinst wieder mit Nosratdoule vereint zu sein, ordnete er gleich daneben den Bau eines einfachen weißen Grabes für sich selbst an.

Innerhalb weniger Wochen wurde Schahsade zum Greis. Sein Haar und der Schnurrbart, die bis dahin noch grau gewesen waren, färbten sich kreideweiß, und mein Vater verlor all seine Lebenslust und Kraft. Meine Mutter, die jede Nacht bei ihm blieb, erzählte, daß er begonnen hätte, wie ein uralter Mann mit sich selbst zu sprechen. Bei unseren Besuchen am Freitag schien er uns gar nicht zu sehen, und wir waren still wie in Anwesenheit eines Schwerkranken. Sogar die ganz Kleinen blieben ganz ruhig. Ich fühlte seinen Schmerz so deutlich, als sei es mein eigener.

Nicht lange nach Nosratdoules Tod beschlagnahmte der Schah dessen Palast und zwang die Familie, bei Essatdoule Zuflucht zu suchen, bis Schahsade eine neue Unterkunft für sie gefunden hatte. Schahsade mußte außerdem ein großes Stück Land verkaufen, um Resa Schah auszahlen zu können, denn dieser behauptete, Nosratdoule hätte für die Verhandlungen mit England über den Kreditvertrag von den Briten achtundzwanzig englische Pfund Bestechungsgeld erhalten, und nun forderte er die Witwe auf, diese Summe an die Regierung zurückzuzahlen.

Ich dachte über Schahsade's und Chanoms Behauptung nach, Gott strafe die Sünder sowohl hier auf Erden als auch nach ihrem Tod. Aber wie konnte Gott den Schah strafen, der so groß und stark schien? Er hatte uns unsere Rechte genommen, uns den Mund gestopft, die Verfassung und das Parlament unterdrückt, den Besitz anderer gestohlen und zahlreiche Menschen ruiniert, verhaftet und umgebracht, darunter nicht nur meinen Bruder und dessen Freund, den Hofminister Teimurtasch, sondern auch Sardar Asad, den Stammesführer der Bachtiaren, und Solatdoule der Qaschqais, Samuel Haim, den Vertreter der jüdischen Gemeinde im Madschles, den Dichter Eschqi und den Mullah Modarres, der zusammen mit Schahsade's Neffen Mohammed Mossadeq einer der wenigen gewesen war, die im Parlament gegen ihn gestimmt hatten.

Ich hatte schreckliche Angst, daß er nun auch Schahsade verhaften lassen würde.

Aber die Wochen vergingen, ohne daß Schahsade etwas geschah, und allmählich ging das Leben wieder seinen normalen Gang. Nach etwa sechs Wochen hatte sich mein Vater so weit erholt, daß er sich wieder seinen Alltagsgeschäften widmen konnte. Meine Mutter, die noch vor Nosratdoules Verhaftung schwanger geworden war, brachte ihr neuntes und letztes Kind zur Welt, meine jüngste Schwester, der Schahsade den Namen Chorschid gab.

Eines Nachmittags im Mai holte mich dann Maschdi früher als gewöhnlich von der Schule ab und erzählte mir, die Männer des Schahs befänden sich in unserem Palast.

Als wir nach Hause kamen, waren dort bereits alle in Aufruhr und weinten und jammerten, als sei Emam Hossein gerade zum zweitenmal ermordet worden. Ohne lange nachzudenken ging ich ins Eßzimmer, wo ich Chanom fand.

»Chanom«, fragte ich voller Angst, »was ist los?«

»Heute morgen sind Grundvermesser zu Schahsade gekommen.« Ihre Stimme zitterte, und ich wurde aschfahl. »Sie haben in der Mitte des Palastgeländes eine Linie gezogen, die vom Eingangstor bis zu Schahsade's Haus reicht. Resa Schah nimmt sich alles, was jenseits dieser Linie liegt – den ganzen Palast von hier bis zur Chiaban-e Kach. Alle Gebäude bis auf dieses Haus werden abgerissen.«

Resa Schah in unserem Palast, dachte ich, das war doch nicht möglich! »Chanom«, stammelte ich, »was soll aus uns werden?«

»Ich weiß nicht«, antwortete sie müde, »aber Schahsade sagt, wir können nicht hierbleiben. Alles wird weggerissen, das Bad, die Küchengebäude, die Lagerhäuser und die Wohnhäuser der Diener. Auch die große Mauer um den Palast, so daß alle von der Straße in den *andarun* schauen können. Wir müssen nach Resvanie umziehen.«

Die ganze Welt erschien mir plötzlich so grau wie damals, als wir beim Wandern mit Schahsade in das Unwetter geraten waren. Ich zitterte. »Wie lange dauert es noch, bis sie kommen, Chanom?«

»Bei Batul-Chanoms Mauer und Pförtnerhaus haben sie schon angefangen. Wir müssen sofort packen und aufbrechen.« Sie zog ihren *tschador* so langsam über ihr Haar, als sei er aus Blei. Plötzlich liefen ihr die Tränen über die Wangen. »Bete, Satti«, stieß sie hervor, als könne sie die Worte nicht mehr länger zurückhalten. »Bete zu ihm, dem Gnädigen und Mitleidvollen, und zu Emam Hossein und seiner Familie, die die Opfer des Unrechts beschützen – bete, daß sie diesen teuflischen Schah verfluchen!«

Ich faßte mich und dachte daran, daß ich mit sechzehn Jahren nun die Älteste war und mich nun nicht mehr meinen Gefühlen überlassen durfte. Meine Mutter hatte mit dem Baby genug zu tun; all die Jahre hatte sie sich aufgearbeitet, um uns ein gutes Heim zu bieten. Jetzt mußte ich meine eigenen Sorgen beiseite schieben und ihr und den Kindern helfen. Meine Wut blieb in meinem Inneren, wo sie auch hingehörte.

Damit begann die Zerstörung unserer Welt, denn Resa Schah verlor keine Zeit. Schon am nächsten Morgen tummelten sich auf der Chiaban-e Sepah die Arbeiter mit Schaufeln, Spitzhacken und großen Holzhämmern, und bald fiel der Teil der Palastmauer, der unseren *andarun* schützte. Unser Haus, der Garten meiner Mutter und die Orte, wo ich als Kind gespielt hatte, waren nun für alle sichtbar. Wir fürchteten uns und schämten uns unserer Nacktheit.

Ich hatte das Gefühl, daß Resa Schah nicht nur unser Haus, sondern zugleich unser Innerstes zerstörte. Und ich kümmerte mich nicht länger darum, ob jemand meine Flüche hörte oder nicht. Was das für ein Herrscher wäre, fragte ich Maschdi weinend, der tausend Menschen einfach auf die Straße werfen ließ? Was für ein Land war das, in dem man gegen das Unrecht nicht ankämpfen konnte oder nicht einmal sagen durfte, daß etwas nicht in Ordnung war?

Aber Maschdi zuckte nur traurig mit den Schultern. Das kleine Haus, in dem er mit seiner Frau Korsum wohnte, wurde zusammen mit der Mauer abgerissen. Nur Chanom und mein Vater konnten die beiden vor der völligen Verarmung bewahren. So sei es immer schon gewesen, sagte Maschdi, und dagegen könne man nichts tun. Außerhalb der Familie gebe es keine Sicherheit.

Schließlich lud Chanom uns alle in den Essex, der uns nach Resvanie bringen sollte. Da sie es nicht ertragen konnte, in der Öffentlichkeit völlig unbedeckt zu erscheinen, wickelte sie sich für diese Reise in ein Stück Baumwollstoff. Tränen liefen über ihr geschwollenes Gesicht, die sie immer wieder mit ihrem improvisierten Schleier abwischte. Noch nie hatte ich sie so hoffnungslos gesehen.

Während der Essex aus dem Palastgelände rollte, warf ich einen letzten Blick auf die Orte meiner Kindheit, und es schien mir, als ginge mit ihnen auch all unser Glück dahin. Resa Schah hatte mir nun endlich den Wunsch erfüllt, in die Welt hinauszugehen. Das Ende meiner Kindheit war nun gekommen.

## II.

Schahsade verschwendete keine Zeit mit Jammern. Trotz aller Schicksalsschläge sorgte er tatkräftig für die Organisation des Umzugs. Und meine Mutter riß sich zusammen und folgte seinem Beispiel.

Den Sommer über wurde meine Familie in kleinen Häuschen in Resvanie untergebracht. In etwa einem Jahr, sobald die Straße des Schahs fertig und unsere Mauer wieder aufgerichtet war, würden wir in unser altes Haus zurückkehren können. Batul und deren Kinder und Dienstpersonal brachte Schahsade in einem großen Haus im Norden der Stadt unter, und für Fateme-Chanom und Hamdam-Chanom und deren Familien baute er neue Häuser in Resvanie. Er selbst übersiedelte zusammen mit seiner Hausverwalterin Delroba und seinen übrigen persönlichen Dienern ins Haupthaus, während er seine Büroangestellten in einem kleinen Haus in der

Stadt unterbrachte. Dazu mußte er noch für Hunderte von Dienern, Angestellten und pensionierten Soldaten sorgen. Glücklicherweise besaß mein Vater ein großes Stück Land im Nordwesten der Stadt, von dem der Schah nichts wußte, und dort baute er bescheidene Behausungen für diese Menschen. Es gab niemanden, der nicht irgendwie untergebracht wurde. Meine Mutter wies Maschdi, Korsum und deren Kindern ein Haus zu, das nicht weit von ihrem alten entfernt lag. Da es niemanden gab, der uns mit den lebensnotwendigen Dingen versorgte, würde Maschdi nun meine Mutter immer auf den Basar begleiten müssen, damit sie selbst einkaufen konnte. Sie brauchte ihn mehr denn je.

Im Herbst siedelte ich dann zusammen mit einer jüngeren Schwester, Batuls Tochter Lili, in das Studentenquartier unserer Schule über, und Forugh zog mit Abol, Alinaqi und Alidad ins Wohnheim des Elburs College. Nun sah ich meine Brüder nur noch, wenn der Essex am Donnerstag nachmittag kam, um uns für das eintägige Wochenende nach Resvanie zu bringen. Ich vermißte sie sehr, ebenso wie meine Mutter und den Rest der Familie. Aber zugleich war es ein großes Abenteuer, nicht mehr zu Hause zu leben – und ich sagte mir, daß wir in einem Jahr alle wieder zusammensein würden.

So begrub ich meine Sorgen unter harter Arbeit. In der Schule war ich besonders gut in Mathematik und Geometrie, weil diese Fächer so logisch waren. Aber inzwischen hatten wir die Stufe erreicht, auf der etwas Englisch und Französisch gelehrt wurde, und Sprachen fielen mir schwer. Obwohl Persisch eine indoeuropäische Sprache ist und viele Wörter ähnlich klingen wie im Englischen, ist besonders das Alphabet schwierig. Auch die abendländische Schreibweise von links nach rechts ist für Perser außerordentlich fremd. Jede Woche übte ich stundenlang die ungewohnte lateinische Schrift und kämpfte gegen das eingefahrene Muster des persischen Schreibens von rechts nach links an. Aber ich freute mich zugleich, daß mich meine rudimentären Englischkenntnisse den Missionaren und ihren Familien näherbringen würden.

Erst als ich vor meinem letzten Schuljahr im September

1938 wieder nach Hause zurückkehrte, begriff ich, wieviel wir eigentlich verloren hatten. Unser Haus war nun nicht mehr Teil eines lebendigen, selbständigen Universums, sondern stand ganz allein hinter seiner Mauer an der Chiaban-e Sepah. Zusammen mit unserem halben Vorgarten war auch Maschdis Pförtnerhaus verschwunden, und wo der große grüne *biruni* gewesen war, erstreckte sich jetzt eine trostlose, zwölf Meter breite Straße.

Jetzt wußte ich, warum Schahsade uns gelehrt hatte, sich nie auf die Stürme der Politik oder auf irgend jemanden außer uns selbst zu verlassen. Durch die Zerstörung unserer Welt hatte mir der Schah eine ausgezeichnete Lektion in Sachen Eigenständigkeit erteilt.

Zum Glück entdeckte ich um diese Zeit etwas, was mich von dem traurigen Leben in unserem einsamen Haus ablenkte. Die Schule schickte die ältesten Schülerinnen für ein bis zwei Stunden in der Woche in eine Sanitätsstation, die für die Wohngebiete südlich des Teheraner Basars zuständig war. Dorthin kamen arme Frauen mit ihren Kindern, um sich Aspirin, Augentropfen gegen Trachom und Salbe gegen *katchali,* eine im Nahen Osten häufige Kopfhautflechte, zu holen. Es gab nur sehr wenige in Europa ausgebildete Ärzte im Land, und daher tauchte in der Station nur alle paar Wochen ein Arzt auf. Die wenigen Laienhelfer, die sich das Krankenhaus leisten konnte, wurden von Mrs. MacDowell, der Ehefrau des Direktors, und Mrs. Elder, der Frau des Pfarrers, angeleitet. Zusammen mit den anderen Freiwilligen fuhr ich einmal in der Woche mit Mrs. Elder oder Mrs. MacDowell in einer Kutsche in die Sanitätsstation, die einige Kilometer südlich von Nurbachsch lag.

Südteheran war zwar der größte Teil der Stadt, aber gewöhnlich kamen Mädchen wie ich niemals dorthin. Daher wußten wir auch nicht, wie die meisten Iraner lebten. Wenn wir von der Schule aus in Richtung Süden fuhren, wurden die Straßen zusehends enger und schmutziger. Hinter bröckelnden Mauern sah man Häuser mit ein oder zwei Räumen, in denen acht oder neun Kinder mit ihren Eltern, Großeltern, den Säuglingen und den unverheirateten Tanten lebten. In Südteheran gab es kein sauberes Wasser, keine Elektrizität und nichts Grünes außer dem fast stehenden Wasser in den Nutzwasserkanälen, die wie Jauchegruben stanken, weil sie den Dreck und das Abwasser aus dem Norden herantrugen. Die löchrigen, schmutzigen Straßen waren so voller kränklicher, magerer Kinder, die keinen anderen Platz zum Spielen hatten, daß man kaum durchkam. Knochige Frauen beugten sich an den Kanälen über ihre Wäsche, und dreckige, halbnackte Kleinkinder planschten und spielten darin unter Aufsicht ihrer Schwestern, die selbst gerade erst dem Krabbelalter entwachsen waren. Überall sah man Bettler.

Diese Szenen öffneten mir die Augen. Natürlich waren nicht nur die Bettler auf den Straßen arm. Auch viele unserer Diener, und nicht zu reden von Schahsade's kranken, alten Pensionären, den hungernden Bauern und den Verwandten unserer Diener, die an die Türen unserer Mütter klopften, um von ihnen Essen und Kleider zu erbitten, hatten kaum etwas zum Leben. Aber vorher hatte ich immer nur wenige arme Menschen auf einmal gesehen, Bettler vielleicht vor einem Grabmal, oder Leute, um die sich meine Mutter oder mein Vater kümmerten. Noch nie war ich so vielen kranken, schäbigen Menschen begegnet, denen das Notwendigste zum Leben fehlte, deren ganzes Leben aus Armut bestand und die niemanden hatten, der für sie sorgte. Noch bevor sich die Türen der kleinen Sanitätsstation öffneten, versammelten sich täglich vielleicht hundert Frauen und Kinder, die erst draußen warteten und dann stundenlang geduldig auf dem Boden des Warteraums saßen. Ihr Anblick entsetzte mich. Lebten so die ganz gewöhnlichen Menschen in unserem Land? Mir war, als bestünde die ganze Welt außerhalb der Gärten des Schahs nur aus Schmutz und Krankheit.

Die kleine amerikanische Sanitätsstation erfüllte mich mit Bewunderung. Hier, so dachte ich bei mir, gab es Menschen, die versuchten, etwas gegen die alltäglichen Probleme zu unternehmen – diese Menschen setzten sich nicht einfach hin wie Maschdi mit seiner Wassermelone und warteten, bis ihnen jemand half! Zu Hause lobte ich Mrs. MacDowells und

Mrs. Elders Bemühungen über alles, bis meine Mutter ungeduldig den Kopf schüttelte. »Du und deine Amerikaner!« sagte sie. Aber ich wußte, daß sie sich darüber freute, wenn ich den Armen half. Allerdings achtete ich darauf, daß sie nicht erfuhr, wie es in Südteheran wirklich aussah. Denn ich wußte, daß sie mir sonst verbieten würde, dort hinzugehen.

In meinem letzten Schuljahr war die Atmosphäre zwischen uns oft gespannt. Aber nach allem, was vor kurzem geschehen war, machte ich mir Sorgen um sie. Da ich im Biologieunterricht in der Schule viel über Hygiene lernte, nörgelte ich ständig an ihr herum. Beispielsweise erklärte ich ihr, sie sollte sich den Mund nicht im gleichen Becken und mit dem gleichen Wasser spülen, in dem auch die Wäsche gewaschen wurde, weil das schmutzige Wasser Entzündungen hervorrufen konnte. Aber sie fuhr mich an: »Ich brauche deine Amerikaner nicht, die mir erzählen, was angeblich richtig ist.«

Dann versuchte ich sie davon zu überzeugen, daß sie keine Kinder mehr haben sollte. Ich hatte Angst, sie könnte zu einer dieser ausgemergelten, erschöpften Gestalten werden, wie sie vor der Sanitätsstation standen und die vom vielen Kinderkriegen schon vor dem dreißigsten Lebensjahr jede Kraft verloren hatten.

Inzwischen hatte ich, nach einigen höchst peinlichen Stunden in Biologie, zumindest ungefähr erfahren, warum unsere Mütter immer wieder Babys bekamen.

Auch wenn meine Mutter nicht wagte, sich Schahsade's Entscheidung zu widersetzen, war sie sich doch sicher, daß ich auf der Schule nicht zu einem sittsamen Mädchen erzogen wurde. Besonders geschockt und ärgerlich war sie, als ich ihrer Meinung widersprach, Frauen wären schwach und es gäbe viele Dinge, in denen sie von den Männern abhängig wären.

»Chanom«, erklärte ich während dieser Gespräche, »du glaubst doch nicht, daß jemand wie Miß Jane Doolittle, die Lehrerin ist und eine Schule leitet, eine schwache Frau ist? Maschdi ist ein Mann, aber er kann nicht einmal lesen und schreiben. Wenn ich die beiden vergleiche, dann ist es Maschdi, der schwach ist!«

Aber meine Mutter antwortete in scharfem Ton: »Nur weil eine Frau lesen kann, heißt es noch nicht, daß sie so klug ist wie ein Mann! Eine Frau kann nicht alleine leben! Selbst jemand wie Negar as-Saltane braucht ihre Familie, die sie beschützt.«

»Aber Miß Doolittle und unsere amerikanischen Lehrerinnen leben allein«, antwortete ich. Ich war ärgerlich über die Ansichten meiner Mutter, und ich bewunderte die Unabhängigkeit meiner Lehrerinnen immer mehr. Aber meine Mutter begann wohl allmählich, an der Weisheit und der Entscheidung von Schahsade zu zweifeln, die mich nach Nurbachsch gebracht hatten.

Am meisten daheim fühlte ich mich jetzt in der Missionsschule. »Amerika« war für mich das Symbol für meine jugendlichen Sehnsüchte nach Gerechtigkeit geworden. Eines Tages erzählte uns einer der männlichen Lehrer, ein überzeugter liberaler Nationalist, eine Geschichte von einem jungen Amerikaner, der sich im Alter von vierundzwanzig Jahren für die Freiheit des Iran im Kampf gegen die Russen geopfert hatte. Als Dr. Schafaq fertig war, saßen wir alle in Tränen aufgelöst da. Gewöhnlich war das Thema Politik in der Schule tabu, und unsere Lehrer wagten uns nicht einmal zu erklären, wie unser Regierungssystem funktionierte, aus Furcht, jemand könnte das als Kritik mißverstehen und sie anzeigen. Aber jeder wußte, daß Dr. Schafaq mit dieser Geschichte seinen eigenen Wunsch ausdrücken wollte, der Iran solle endlich zur Demokratie und zu einer verfassungsgemäßen Regierungsform zurückkehren.

Diese Geschichte von dem selbstlosen Opfer des jungen Amerikaners machte großen Eindruck auf mich, und ich dachte, daß ich gerne so wie er für unsere Demokratie kämpfen würde, wenn ich dazu die Gelegenheit bekam. Und dann würde die Welt sehen, daß auch eine Frau etwas aus ihrem Leben machen konnte!

Obwohl mein Vater in Resvanie lebte, sah ich ihn jetzt häufiger als früher, denn als das älteste Kind ging ich am Wochenende oft nach Schemiran, um mich um ihn zu kümmern.

Er war so anspruchsvoll und eigenwillig wie eh und je. Einmal brachte ich mein monatliches Zeugnis mit, und er sah, daß meine Durchschnittsnote 14,7 betrug. Das Notensystem des Iran reicht von eins bis zwanzig, aber so kurz vor der Abschlußprüfung waren unsere Lehrer sehr streng und gaben keine besseren Noten als fünfzehn. Daher war meine Note ausgezeichnet. Schahsade allerdings dachte anders darüber. »Eine Vierzehn?« knurrte er. »Das ist nicht gut genug.«

Verletzt antwortete ich, daß dies die beste Note in der ganzen Klasse sei. »Nun ja«, meinte Schahsade und kritzelte verächtlich »passable«, das französische Wort für »annehmbar«, über die Karte. Ich war verletzt und wütend, konnte aber nichts dagegen tun.

Die Ereignisse des letzten Jahres hatten seiner Gesundheit schwer geschadet. Ohne seinen Stock und ohne den Arm eines Begleiters, auf die er sich stützen konnte, konnte er nicht mehr laufen. Doch trotz seiner körperlichen Gebrechen und seiner Herzkrankheit nahm er doch immer noch regen Anteil an allem, was in der Welt vor sich ging. Wenn meine Mutter und meine Stiefmütter nicht da waren, hatte ich als Älteste die Aufgabe, in seinem Zimmer zu sitzen und ihm die Nachrichten aus aller Welt vorzulesen, oder sanft mit einem Fächer zu wedeln, während er schlief, um die Fliegen von seinem Gesicht zu vertreiben. Obwohl unsere Gespräche sich nie auf persönlichere Themen bezogen als auf meine Schularbeiten, war ich doch glücklich, daß ich ihm nahe sein durfte. Wenn er schlief, hörte ich manchmal auf zu fächern und berührte die Fingernägel der Hand, die mir am nächsten lag. Mit der Fingerspitze fuhr ich leicht über die erhobene, gelbliche Oberfläche, um auszuprobieren, ob er etwas fühlte. Bewegte er sich nicht, dann faßte ich Mut und berührte den nächsten Fingernagel, dann den nächsten, und so weiter, bis ich alle fünf Finger seiner Hand angefaßt hatte. So hatte ich heimlich Gelegenheit zu spüren, wie es war, wenn man wie andere Kinder seinen Vater anfassen konnte.

Ich verstand nicht viel von dem, was ich ihm vorlas, aber ich lauschte seinen Kommentaren mit dem Gefühl, als teile er einen großartigen und völlig neuen Blick in die Welt mit mir. Die weltpolitischen Ereignisse in diesem Herbst versetzten Schahsade in düstere Stimmung. Obwohl der Iran offiziell neutral blieb, stellte Resa Schahs Regierung doch Hunderte von deutschen Technikern, Lehrern und Beratern an. Nach dem im Nahen Osten so verbreiteten Prinzip »Der Feind meines Feindes ist mein Freund« hofften viele Iraner, die die Briten und die Russen haßten, daß Hitler in einem kommenden Krieg diese beiden Nationen besiegen würde. Aber Schahsade wußte, daß das lächerlich war, denn wie immer, wenn das Chaos über die Welt hereinbrach, würden die Iraner früher oder später die Leidtragenden sein und nur den Plänen und Interessen anderer dienen. Obwohl er an England glaubte, war er doch wütend auf Sir Neville Chamberlain und dessen Unentschlossenheit. »Chamberlain, dieser Hasenfuß!« sagte er zu mir und starrte verächtlich vor sich hin. »Warum wartet er bloß mit dem Angriff auf Hitler?«

Der Vertrag von München im September 1938 machte ihn noch ärgerlicher. »Jetzt hat Hitler die Tschechoslowakei, und dann wird er sich Polen holen. Und dann müssen die Engländer etwas tun, und die Russen auch.«

Die immer schwärzer werdenden Schatten über Europa und seine schwindenden Körperkräfte brachten Schahsade zu Bewußtsein, daß er allmählich die Fähigkeit verlor, für seine Familie zu sorgen und sie zu beschützen. Ein Anzeichen dafür war, daß er nun ernsthafte Anstalten unternahm, einen Ehemann für mich zu finden. Schon früher war gelegentlich ein Kandidat am Horizont aufgetaucht, aber aus den verschiedensten Gründen war aus all diesen Anfragen nichts geworden. Meine Mutter hielt Ausschau nach jemandem, den sie wirklich für geeignet hielt, und der war nicht leicht zu finden. »Ich habe nein gesagt«, berichtete sie gelegentlich, und ihre Gründe waren, daß der Bewerber zu alt war oder daß sie die Frauen in der Familie nicht mochte. Auch diese Überlegung war wichtig, denn nach der Heirat gehörte eine Frau nicht mehr zu ihrer eigenen Familie, sondern ganz und gar zu ihren neuen Verwandten. Ich war froh, daß sie, obwohl sie mich so dringend verheiratet sehen wollte, eine Verbindung für mich suchte, die mich glücklich machen würde.

Allerdings hätte auch sie nichts ausrichten können, wenn Schahsade einfach entschieden hätte.

Ich selbst wußte genau, welche Art von Ehemann ich wollte: einen klugen Mann, der zugleich gutaussehend und kräftig war. Allerdings war ich mir nicht sicher, was ich von der Ehe an sich halten sollte. Denn immer häufiger fragte ich mich, ob die Sorge für einen Mann, die Erziehung seiner Kinder, das Kochen für seine Gäste und der Gesellschaftsklatsch im Badehaus mein Leben ausfüllen könnten. Die Vorstellung, ständig bei einem Mann um Geld oder die Erlaubnis zu reisen betteln zu müssen, störte mich. Meine Lehrerinnen drängten mich, weiter in die Schule zu gehen, denn 1935 hatten die Missionare ein Frauen-College eröffnet, das Sage College. Im Moment bot es nicht viel mehr an als einen guten Highschoolabschluß, aber man plante einen vierjährigen Studiengang. Eine Heirat hätte mich davon abgehalten, das Sage College zu besuchen.

Aber mein Schicksal lag nicht in meinen Händen. Falls ein Mann in Schahsade's Netze ging, den auch Chanom für geeignet hielt, würde ich gehorchen müssen.

An einem warmen Freitagnachmittag im Herbst, während meines letzten Schuljahres, spielte ich mit meinen Brüdern Abol und Alinaqi Volleyball im Garten von Resvanie. Plötzlich tauchte Delroba auf, die Hausverwalterin meines Vaters: »Schahsade möchte dich sehen«, rief sie mir zu.

Aber ich war wütend, weil sie mein Spiel unterbrochen hatte, und ignorierte deshalb ihre wiederholten Aufforderungen zunächst. Schließlich warf ich den Ball über das Netz und ging auf sie zu. »Nun«, sagte ich ungeduldig, »wer ist denn bei Schahsade?«

»Er hat Gäste. Du mußt sofort zu ihm gehen.«

»So wie ich aussehe?« Ich sah hinunter auf meine schweißnassen Hosen. »Ich werde doch nicht stinkend wie ein Kameltreiber vor seine Gäste treten. Geh zurück und sag ihm, daß ich nicht kommen kann. Ich will hier weiterspielen.«

Sie warf mir einen ungläubigen Blick zu, drehte sich um und ging zwischen den Pappeln und Weiden über den Kiesweg zurück.

Am Abend kam ich auf dem Weg zum Abendessen am Tor des Haupthauses vorbei. Dort stand unter einigen überhängenden Ästen eine Steinbank, auf der mein Vater sich abends oft auszuruhen pflegte. Auch jetzt sah ich ihn dort, und er sah sehr alt und gebrechlich aus. Ich versuchte, mich an ihm vorbeizuschleichen, aber er wandte sich um und sah mich an. »Komm her und setz dich«, befahl er.

Ich setzte mich neben ihn. Er sagte nichts, und mein Mut sank. Ich fühlte mich schmutzig, unpassend gekleidet und sehr unbehaglich. Mit schlechtem Gewissen dachte ich an meinen Ungehorsam von vorhin und schwieg ebenfalls. Endlich entschloß sich mein Vater zu sprechen und sah mich an. »Hör zu«, sagte er langsam, »wenn dein Vater nach dir ruft, dann hast du zu kommen. Und dann kannst du deinem Vater immer noch sagen, daß du nicht verheiratet werden willst.«

Also war der Gast ein Bewerber gewesen, und zwar einer, den er ernst genommen hatte, sonst hätte er mich wohl nicht gerufen. »Qorban«, sagte ich und senkte den Kopf.

»Deli kam zurück und sagte, daß meine Tochter nicht kommen will, und daraufhin habe ich meine Gäste fortgeschickt.«

Ich antwortete nicht.

»Deine Mutter soll dir etwas über diese Gäste erzählen. Und wenn ich dich das nächstemal rufe, wirst du erscheinen.«

»Qorban.«

In der Woche nach dieser Auseinandersetzung, dem einzigen intimeren Gespräch, das ich mit meinem Vater je führte, kam meine Mutter aus Teheran und berichtete, daß dieser Mann, der eine Verbindung mit den Farman-Farmaians suchte, aus guter Familie stammte. Er war bei Schahsade gewesen und hatte die Vorzüge seines Sohnes gepriesen, der ebenfalls dabeigewesen war.

»Dein Vater hat sie eingeladen, diese Woche noch einmal zu kommen«, sagte sie, wobei sie bewußt vermied, auf den Grund einzugehen, der die Wiederholung des Besuchs notwendig gemacht hatte. »Während du den Tee servierst, kannst du sie dir näher ansehen.« Diesesmal kam ich wie befohlen, ordentlich gekleidet und gehorsam. Der Sohn war ein

Arzt, der gerade sein Medizinstudium in Europa abgeschlossen hatte. Er war jung, sah gut aus und schien ein annehmbarer Bewerber. Ich mochte ihn. Aber aus Gründen, die ich nie erfuhr, entschied sich Schahsade kurz nach dem Bewerbungsgespräch gegen die Verbindung. Meine Mutter war enttäuscht, denn sie wurde allmählich nervös. Aber Schahsade hatte entschieden.

## III.

Ende März 1939 wurden alle meine Gedanken an eine mögliche Hochzeit für den Augenblick von einem aufregenden Plan verdrängt. In der Schule wurde verkündet, daß die ältesten Schüler nach Nourus, dem Feiertag am 21. März, eine zweiwöchige Schulreise nach Isfahan, Schiras und Persepolis unternehmen sollten.

In unserem wilden Land, wo das Reisen noch immer mit großen Gefahren verbunden war, hatte es solche Ausflüge bisher nicht gegeben. Ich fürchtete daher, daß Chanom niemals zustimmen würde.

Aber die Schule versicherte, daß die Reise für mich und die anderen dreizehn Mädchen bis ins letzte Detail organisiert würde. Jede Sekunde würden wir unter der Aufsicht unserer Lehrerinnen sein, und eine Gruppe männlicher Missionare sollte unserem Bus im Auto folgen. Voller Zweifel sagte Chanom, sie würde zustimmen, wenn Schahsade einverstanden wäre, und tatsächlich gab er seinen Segen.

Überglücklich kletterte ich in der Mission zusammen mit meinen Klassenkameradinnen in den alten Bus unserer Schule. Zum erstenmal durfte ich das häßliche, schmutzige Teheran verlassen, um Orte zu sehen, die mir bisher so fern und romantisch erschienen waren wie die Legenden im *Buch der Könige.* In einer alten Limousine folgten uns einige amerikanische Lehrer vom Elburs College mit ihren halbwüchsigen Söhnen, ständig eingehüllt in den weißen Staub, den der Bus aufwirbelte. So nah war ich fremden Männern noch nie gekommen, und ich fand es sehr aufregend. Als der Bus stehenblieb und mir ein vierzehnjähriger amerikanischer Junge höflich die Hand gab, um mir beim Aussteigen behilflich zu sein, brannten meine Wangen wie Feuer. Außer bei meinen Brüdern und den Söhnen der Diener, mit denen ich früher im *biruni* gespielt hatte, hatte ich noch nie zuvor die Hand eines jungen Mannes berührt.

Die Reise nach Isfahan dauerte achtzehn Stunden, die jedoch wie im Flug vergingen. Während sich draußen vor den klappernden Fenstern des Busses eine Landschaft aus löwengelben Hügeln und staubiger, lederbrauner Erde entfaltete, plauderte und kicherte ich zusammen mit meinen Klassenkameradinnen.

Jetzt, Anfang des Frühjahrs, waren die wenigen bepflanzten Stellen und die Obstgärten um die Dörfer südlich der Stadt voller grüner Triebe und junger Blüten, und sogar in der unbewässerten Wüste blühten die Wildblumen.

In den nächsten zwei Wochen lebte ich in der großen, weiten Welt. Wir hielten an Picknickstellen an der Landstraße, übernachteten in Hotels und aßen in öffentlichen Restaurants. Die trockenen, wüsten Landstriche zwischen Qom und Isfahan, in denen es nichts gab außer den schwarzen Zelten der Beduinen, den Ruinen von Karawansereien und ein paar elenden, ausgetrockneten Dörfchen, schienen allein durch mein brennendes Interesse belebt zu werden. Noch die kärgste Landschaft war für mich wie ein gerade neu aufgedecktes Geheimnis. Der Anblick der herrlichen Stadt Isfahan schlug über uns zusammen wie eine türkisblaue Woge. Mit ihren blaugrünen Kuppeln, die in der Sonne blitzten, sah sie aus, als sei sie gerade erst von Schah Abbas dem Großen erbaut worden. Schiras, meine Geburtsstadt, war voller Neujahrsbesucher, die in den mit Rosen, Pinien und Orangenbäumen bewachsenen Parks der Stadt picknickten. Wir besuchten die Gräber von Sadi und Hafes, wanderten in Persepolis ehrfürchtig über die riesige Palastterrasse und kletterten in Pasargade über Stufen, auf denen vor Tausenden von Jahren Kyros und Alexander gegangen waren. Auf dieser Reise wurde der vorher so abstrakte Begriff »Iran« für mich zu einem Land, das ich sehen und berühren konnte, und zugleich erkannte ich ihn als einen Teil meines tiefsten Innersten. Meine eigene kleine Existenz war eingewoben in etwas Großes und Wunderbares.

Während der Bus auf der langen Straße zurück nach Teheran holperte, versuchte ich, meine Eindrücke zu ordnen. Einst war der Iran groß und mächtig gewesen. Aber wer hatte ihn dazu gemacht? Schahsade sagte, daß es die einzelnen Menschen waren, die eine Nation groß machten, und jetzt verstand ich, was er damit meinte – nicht nur die Schahs, die Schahsades und die Militärkommandanten, sondern auch die einfachen Menschen, die Kaufleute, die frommen Frauen, die Beamten und die Handwerker, hatten jene glanzvolle persische Vergangenheit aufgebaut, die wir geerbt hatten.

Und plötzlich wurde mir klar, was ich immer schon gewußt hatte: Was immer auch geschah, ich brauchte eine bessere Ausbildung, damit ich unserem Land und seinem Volk dienen konnte. Ich wollte lernen, wie wir uns aus der Armut und der Unwissenheit, die uns schwächte und zerstörte, befreien konnten, damit wir nicht länger von fortschrittlicheren Ausländern abhängig sein mußten. Ich beschloß, Schahsade zu bitten, daß er mich im nächsten Jahr das Sage College besuchen ließ. Ich war erst achtzehn, und auch Dschabi hatte erst mit zwanzig geheiratet. Vielleicht war er bereit, seine Suche nach einem Ehemann für mich noch für zwei Jahre aufzuschieben. Endlich kannte ich meine Bestimmung.

Ich wußte, daß diese Reise einen Wendepunkt in meinem Leben bedeutete und daß mich die zwei Wochen auf geheimnisvolle Weise für immer verändert hatten. Kaum konnte ich erwarten, nach Hause zu kommen und meinem Vater zu erzählen, was ich alles gesehen hatte. Bestimmt würde er sich freuen, wenn er erfuhr, was ich über die Vergangenheit des Iran erfahren hatte. Als der Bus wieder bei Nurbachsch ankam, sprang ich heraus, rannte ins Büro der Schule und telefonierte mit Resvanie, damit ich abgeholt wurde.

Aber statt der Freude über meine sichere Heimkehr begrüßten mich Angst und Schmerz. Während meiner Abwesenheit hatte Schahsade einen Schlaganfall erlitten. Voller Trauer stand ich neben seinem Bett in Resvanie. Nun würde ich ihm nie erzählen können, was ich gesehen hatte.

Schahsade erlangte zwar das Bewußtsein wieder, konnte aber zunächst nicht sprechen, und die Ärzte waren sich nicht klar darüber, wie groß der Schaden war. Aber als gäbe ihm die Sorge um das Schicksal seiner Kinder Kraft, begann er doch wieder zu reden. Im Juli konnte er bereits am Arm eines Dieners oder einer seiner Frauen ein kurzes Stück gehen, und obwohl er nun fast vollständig taub war und nur noch undeutlich sprach, schien sein Gehirn doch einwandfrei zu funktionieren. Offenbar war er unfähig, sein kleines Königreich zu verlassen – ein alter Löwe, der bis zuletzt kämpft.

Im Juni schloß ich die Schule als Klassenbeste ab, und meine Mutter hatte nichts dagegen, daß ich im Herbst das Sage College besuchte.

Die Wirren in Europa brachten für uns eine unerwartete Freude: Dadasch hatte sein Medizinstudium in Frankreich und der Schweiz abgeschlossen, und zögernd stimmte mein Vater zu, daß er im Juli zurückkehrte. Im Sommer 1939 schien man selbst bei Resa Schah sicherer zu sein als in Europa. Chanom und Aghadschun waren außer sich vor Freude. Mit Dadasch hatte meine Mutter jemanden, an den sie sich anlehnen konnte und der uns führen würde. Für uns war er ein Geschenk Gottes, gesandt, um uns zu helfen.

Als Dadasch ankam, befahl ihm Schahsade sogleich, seine Loyalität zu zeigen, indem er sich freiwillig für zwei Jahre zur Armee meldete. Insgeheim erwartete mein Vater ungeduldig, seinen Sohn in Uniform zu sehen. Als es im August endlich soweit war, strahlte er.

Am 1. September 1939 marschierten die Nazis in Polen ein, und es kam, wie Schahsade vorausgesagt hatte: England kündigte an, daß es seinem polnischen Verbündeten zu Hilfe eilen würde. Dadasch, der diese Nachricht im Krankenhaus im Radio gehört hatte, eilte nach Resvanie. Er beugte sich zu seinem kranken Vater hinunter und rief ihm zu: »Qorban, der Krieg in Europa hat heute angefangen.« Schahsade lag eine Weile da, ohne etwas zu sagen. Dann flüsterte er mit belegter Stimme: »Mein Sohn, England wird gewinnen.«

Eines Tages im November rief mich meine Mutter in der Schule an, um mir mitzuteilen, daß Schahsade einen weiteren

Schlaganfall erlitten habe und im Koma liege. Mit meinen Brüdern und Schwestern, Batul-Chanom und ihren Kindern fuhr ich nach Resvanie, um bei ihm zu sein, während es zu Ende ging. Dadasch, der Urlaub bekommen hatte, kam ebenfalls. Wir hatten immer gewußt, daß Schahsade eines Tages sterben mußte, aber wir konnten uns das Leben ohne ihn nicht vorstellen.

Solange Dadasch es erlaubte, saß ich am Bett meines Vaters. Die Erinnerungen an meine Kindheit überfluteten mich. Ich dachte daran, daß sein persönliches Dankgebet immer mit den Worten begonnen hatte: »O Gott Abdol Hosseins.« Es hatte mich nie überrascht, daß mein Vater mit Gott wie mit einem sehr guten Bekannten sprach. Natürlich unterhielt er sich mit ihm sehr respektvoll und sprach zu ihm wie ein General zu einem sehr viel höher stehenden General, aber ich erriet aus seinem Tonfall, daß er diesen großen Kommandierenden von ganzem Herzen liebte, vielleicht noch mehr als uns, seine Kinder, die ihm wertvoller waren als alles sonst auf der Welt. Ich war mir sicher, daß Schahsade uns sogar jetzt, obwohl er sich hinter einer hohen Mauer der Bewußtlosigkeit befand, noch nicht loslassen konnte. Er würde erst gehen, wenn sein Gott es ihm befahl.

Nach wenigen Tagen starb er in den frühen Morgenstunden, und schon bald füllte sich der Garten mit den Männern unserer Familie und mit Schahsade's Angestellten. Sein drittältester Sohn, Mohammed Vali Mirsa, war jetzt »Schahsade«, und damit das Haupt unseres Clans. Zusammen mit unseren älteren Brüdern, den Schwägern und einem von Vaters Neffen kümmerte er sich um das Begräbnis und die Trauerfeier. Als Schahsade's eingehüllter Leichnam auf einer hölzernen Totenbahre fortgetragen wurde, standen Batul-Chanom und ich nebeneinander in der kühlen Novemberluft und sahen ihm nach. Während er zwischen den Pappeln und Weiden verschwand, brach meine Stiefmutter in Wehklagen aus, schlug sich auf den Kopf und weinte immer wieder: »Schau doch, schau, sie tragen ihn fort von uns!« Meine Mutter schloß sich in ihrem Zimmer ein, um dort zu weinen. Ich fühlte, daß nicht nur meine ganze Kindheit, sondern meine ganze bisherige Welt auf diesem Holzbrett dahinging. Unser ganzes Leben lang hatten wir geglaubt, nichts zu sein ohne Schahsade. Wie sollten wir jetzt ohne ihn weiterleben?

Doch bald schon begann eine rege Geschäftigkeit. Im Garten wurde ein Zelt aufgestellt, um die Gäste zu verköstigen, die mit Beileidswünschen kamen. Auch wenn viele aus Angst vor dem Schah, der ja damals die Trauer um Nosratdoule verboten hatte, fernblieben, kamen doch Hunderte von Menschen, Diplomaten und Ausländer, reiche Kaufleute, gewöhnliche Händler aus dem Basar, pensionierte Kavalleriesoldaten und Bauern. Mein Vater wurde in dem einfachen Grab bestattet, das er für sich nicht weit von Nosratdoules Grab hatte bauen lassen. Meine Mutter, meine Stiefmütter und ich waren als Frauen nicht zum Begräbnis und zum Trauergottesdienst in der Moschee zugelassen.

Als das Testament meines Vaters verlesen wurde, erfuhren wir, daß er ein Drittel seines noch verbliebenen Vermögens dem Firusabad-Krankenhaus für die Armen in Südteheran hinterlassen hatte.

Meine älteren Brüder erhielten Beileidsbriefe aus dem gesamten Nahen Osten, in denen die Weisheit und Großzügigkeit meines Vaters gepriesen wurde.

Bei seinem Tod lebten noch zweiunddreißig seiner Kinder, zwölf Mädchen und zwanzig Jungen. Alle waren wohlerzogen, gebildet und gesund. Was er seinen Kindern beigebracht hatte, waren gute Manieren, Respekt und Achtung vor älteren Menschen und die Bereitschaft, dem Volk und der Nation zu dienen. Er hatte uns gelehrt, denen zu gehorchen, die über uns stehen, denen unter uns zu helfen und niemals ein Bestechungsgeld anzunehmen oder Ehrenbezeugungen zu erschleichen, die wir nicht durch harte Arbeit verdient hatten. Aber auch Stolz auf unsere Leistungen, den Glauben an Gott und die Fähigkeit zu harmonischem Zusammenleben lernten wir von ihm.

Manchmal, wenn ich nachts im Bett liege und in der Dunkelheit meine Gebete spreche, liegt mir auf der Zunge zu sagen: »O Gott Sattareh Farman-Farmaians.« Aber statt dessen bete ich immer: »O Gott Abdol Hosseins.«

# 6. Der Sturz von Resa Schah

*Wenn ein Mann Erfolg hat, sind die andern*
*voll des Lobes.*
*Wenn er stürzt, treten sie ihn mit Füßen.*

Sadi

Obwohl der Grundbesitz meines Vaters unter so vielen Erben aufgeteilt werden mußte, gab es erstaunlicherweise keine Erbstreitigkeiten. Das hatte seinen Grund nicht zuletzt in der Tatsache, daß es nicht viel gab, worüber man hätte streiten können, denn der größte Teil von Schahsade's Ländereien war beschlagnahmt oder nach und nach verkauft worden. So blieben nur noch das Gut in Resvanie, sein Büro in der Stadt und einige Dörfer und Äcker in verschiedenen Gegenden des Iran. Wir teilten Resvanie unter uns auf und beschlossen, die kleinsten und am weitesten entfernten Ländereien zu verkaufen und den Erlös zu teilen. So besaß ich nun auf einem Bankkonto einige tausend Dollar. Meine persönlichen Besitztümer umfaßten außerdem noch eine Singer-Nähmaschine und ein Porzellanservice mit dem Farman-Farma-Wappen, das Schahsade allen seinen Töchtern geschenkt hatte.

Dadasch war ein Geschenk Gottes, vor allem für Chanom. Auf ihn konnte sie sich stützen, denn er war tatkräftig und entscheidungsfreudig. Für mich erwies er sich als ein wunderbarer älterer Bruder, der mich offen und liebevoll behandelte. Außerdem kümmerte er sich um die Gesundheit aller Familienmitglieder.

Dennoch waren diese Monate für meine Mutter und meine Stiefmütter sehr schwer, denn sie hatten ja nicht nur uns zu versorgen, sondern auch Schahsade's Pensionäre und Hunderte von Menschen, die von ihm abhängig gewesen waren. Bevor der Grundbesitz nicht verkauft war, gab es kein Bargeld für die notwendigen Ausgaben. Dadaschs Gehalt war nicht hoch, und ich war trotz meiner langen Ausbildung für keinen der wenigen Berufe geeignet, die Frauen erlaubt waren. Daher konnten wir meiner Mutter bei der Lösung ihrer Geldprobleme nicht helfen.

Noch nie hatte ich sie so nervös und angespannt gesehen. Sie hatte keinen Schmuck, den sie verkaufen konnte, weil Schahsade uns nie so etwas geschenkt hatte. Aber ich bemerkte bald, daß sie eine goldene Uhr verkauft hatte, und auch Teppiche begannen aus unseren Zimmern zu verschwinden.

Obwohl meine Mutter großes Organisationstalent besaß, war es für eine konservative und traditionell erzogene Frau wie sie, die seit ihrem zwölften Lebensjahr unter Schahsade's Schutz und Führung gelebt hatte, doppelt schwer, mit so viel Verantwortung fertig zu werden. In diesen Tagen sehnte ich mich nach einem reichen Ehemann, um sie aus ihrer Not zu erlösen. Leider war aber Dadasch mit seinem Dienst viel zu beschäftigt, um einen passenden Mann für mich zu suchen. Chanom wollte auch nichts davon hören, daß ich die Schule aufgab, um die Schulgebühren für das Frühjahrssemester 1940 einzusparen. Es sei Schahsade's Wille gewesen, daß wir eine gute Ausbildung bekamen.

Allerdings stellte das Schulgeld ohnehin bald kein Problem mehr dar, denn der Schah, der den Iran offiziell für neutral erklärt hatte, ordnete kurz nach Schuljahrsbeginn im September 1939 die Schließung sämtlicher ausländischer Schulen an.

Im Februar, als sich meine Mutter einigermaßen an die neue Lage gewöhnt hatte und unsere Geldquellen wieder zu fließen begannen, folgte ein weiterer harter Schlag: Resa Schah erklärte, er wolle auch noch unseren restlichen Grundbesitz beschlagnahmen. Nur die Hälfte unseres Hauses durften wir behalten, das er allerdings zuvor bis auf die Grundmauern niederreißen ließ, um eine weitere Straße zu bauen. Diesesmal warteten die Arbeiter nicht einmal, bis wir unser Hab und Gut eingepackt hatten. Sie warfen unsere Sachen einfach aus dem Fenster, so daß Bettzeug, Teppiche, Bücher, Kleider und Spielsachen durcheinander auf dem ganzen Grundstück verstreut lagen.

»Bleibt ruhig, Kinder«, sagte Chanom, nachdem Maschdi

und die übrigen Diener alles eingesammelt hatten und wir für die Fahrt nach Resvanie in einen Leihwagen gestiegen waren. »Schahsade hat immer gesagt, daß böse Menschen in diesem Leben bestraft werden und nicht nur im nächsten. Auch dieser Resa Schah ist nicht mächtiger als Gott.«

Bis zum September des folgenden Jahres hatten die meisten meiner amerikanischen Lehrer das Land verlassen. Nur Miß Doolittle blieb und eröffnete in ihrer Wohnung eine Schule für die Armen. Mrs. Elder und Mrs. MacDowell führten die Sanitätsstation weiter, und ich ging nun mehrmals in der Woche dorthin, um schmutzigen, unterernährten und verlausten kleinen Jungen das persische Alphabet beizubringen, während ihre Mütter auf Medizin warteten.

Auch Dr. Jordan, der seit fünfzig Jahren im Iran lebte, sah, wie sein Lebenswerk zerstört wurde. Im Oktober 1940 reiste selbst er aus, und mit ihm ging eine noble, selbstlose amerikanische Arbeit im Iran zu Ende.

Etwa im Februar 1941 konnten wir dann in unser wiederaufgebautes Haus zurückkehren. Die Beschlagnahmung hatte unseren Besitz bis auf einen schmalen Streifen aufgezehrt. Es gab keinen Garten mehr, sondern nur noch einen kleinen, leeren, baumlosen Innenhof. Durch die Form des Grundstücks war Chanom gezwungen, das Haus als eine schmale Reihe kleiner Räume zu errichten, die durch einen Korridor verbunden waren. Weil das Gebäude auf diese Weise den europäischen Zugabteilen glich, tauften wir es »Eisenbahnhaus«.

In diesem Sommer beendete Dadasch seinen Militärdienst und zog zu uns. Obwohl er noch immer in der Reserve diente, war er nun endlich frei, seine medizinische Laufbahn zu beginnen. Aber noch immer hatte er keine Zeit, einen Ehemann für mich zu finden, denn es gab nur sehr wenige ausgebildete Ärzte im Land. Daher arbeitete er nicht nur als Regierungsangestellter im öffentlichen Gesundheitssystem, sondern eröffnete zudem noch in Nordteheran in ein paar Räumen über einem Fotostudio eine eigene kleine Klinik.

Auch Dschabi und ihr Ehemann Abbas wohnten jetzt bei

uns. Sie lebten in zwei Zimmern an einem Ende des Hauses. Abbas war nach seiner Tätigkeit in Abadan in die Zentrale der AIOC in Teheran zurückgekehrt und wartete auf einen neuen Posten. Ich hatte Abbas liebgewonnen; er war ein hübscher, stämmiger Mann, ein guter Bridge- und Tennisspieler und sehr ehrlich, gescheit und geradlinig. Trotz seiner konservativen Herkunft hatte er moderne Ansichten, und oft lud er, mit dem Einverständnis von Dadasch und meiner Mutter, Kollegen zum Bridgespielen ein.

Die Gespräche dieser Männer fand ich sehr interessant. Oft beklagten sich Abbas und seine Kollegen, daß sie als Iraner von den eigentlichen Geschäftsentscheidungen der Firma ferngehalten wurden und daß man ihnen nicht die gleichen Rechte zugestand wie den britischen Mitarbeitern. »In Abadan haben Dschabi und ich englische Freunde«, erzählte Abbas, »aber als Iraner dürfen wir nicht in ihre Sportclubs. Aber das Schlimmste ist, wie sie unsere Arbeiter behandeln. Neuerdings importieren sie sogar indische Arbeiter, die dann die Arbeit verrichten, die eigentlich armen Iranern vorbehalten sein sollte!«

Mit Abbas und Dschabi besuchte ich auch zum erstenmal eine westliche Tanzveranstaltung. Der Schah verlangte, daß sich Männer und Frauen in der Öffentlichkeit mischten, um zu zeigen, daß wir eine moderne Gesellschaft wurden. Daher hielt die AIOC monatliche Tanztees für ihre Angestellten ab. Dschabi durfte nicht tanzen, weil sie verheiratet war, aber ich fand es herrlich, in meinem besten Kleid und mit Handschuhen neben meiner Schwester zu sitzen und Tee zu trinken, während im Hintergrund ein Tanzorchester spielte. Gelegentlich tanzte ich auch mit Abbas, einem seiner vertrauenswürdigen Freunde oder einem Mann aus unserer Familie, ohne daß wir uns allerdings sehr nahe kamen. Aber auf diese Weise lernte ich, Walzer und Foxtrott zu tanzen, wie die modischen und eleganten Europäer, neben denen wir saßen.

Allerdings wurde mir zunehmend klarer, daß ich etwas anderes vom Leben erwartete als solche Vergnügungen. Was ich eigentlich wollte, war mir zwar noch immer ein dunkles Geheimnis, aber ich wußte, daß ich ganz bestimmt nicht so leben wollte, wie das für die Frauen unserer Gesellschaftsklasse üblich war. Ich langweilte mich und war unglücklich, denn nun hatte ich nicht einmal mehr die Schule, um mich abzulenken. Mein Leben schien leer.

Da ich weder einen Ehemann noch einen sinnvollen Beruf hatte, verbrachte ich soviel Zeit wie möglich in der Sanitätsstation, wo ich mich mittlerweile ebenso zu Hause fühlte wie in Nurbachsch. Die Frauen, die dorthin kamen, waren ungebildet, unwissend und abergläubisch und lebten in Elend und Schmutz. Aber sie waren auch einfach, freundlich und großzügig und hatten eine ganz eigene Würde. Sie versteckten ihre Gefühle nicht hinter klugen Worten und Gerede, wie wir das taten, und das war mir lieber als der ständige Kontakt mit Menschen, deren einzige Interessen Einkaufen und Gesellschaftsklatsch waren.

Natürlich hatte ich auch viele Freundinnen, aber die meisten Frauen in meinem Alter waren mittlerweile verheiratet, und viele von ihnen hatten schon Kinder. Wenn ich sie besuchte, konnte ich mich des Gefühls nicht erwehren, daß mir etwas Wesentliches im Leben fehlte.

Gelegentlich ging ich mit meinen Freundinnen auch nach westlicher Sitte ins Kino, wobei wir in den Frauen und Kindern vorbehaltenen Sitzreihen saßen, die durch einen Sichtschutz von den Männern getrennt waren. Dahinter stand ein Angestellter, der uns zurief, was gesprochen wurde. Einmal sah ich gemeinsam mit einer Freundin den amerikanischen Film »Vom Winde verweht«. Daß Frauen als Schauspielerinnen auftraten, kam uns seltsam vor, und ich errötete, als Rhett Scarlett küßte, auch wenn der Angestellte des Kinos die Gesichter der Schauspieler dabei abdeckte, damit das Publikum nichts Unsittliches sah. Aber ich lernte in diesen Filmen, daß in Amerika die jungen Menschen schön und reich und die alten reich und elegant waren und daß alle äußerst gut ernährt aussahen, was für uns ein unwiderlegbarer Beweis für die Fortschrittlichkeit einer Nation war. Außerdem waren die Amerikaner anders als die Iraner: Mrs. MacDowell und Mrs. Elder waren freundlich, ohne eingebildet zu sein, sie brüsteten sich nicht und versuchten nicht ständig, andere zu beeindrucken, wie wir das taten. Und warum waren es die Amerikaner und nicht wir selbst, die sich um die Frauen in der Sanitätsstation kümmerten? »Ach, du und deine Amerikaner!« seufzte meine Mutter immer wieder.

Außerdem absolvierte ich jede Woche die übliche höfliche Besuchsrunde bei meinen Stiefmüttern, Tanten, Schwägerinnen, Nichten, Kusinen und Freundinnen. Fateme und Essatdoule, die beide nach Schahsade's Tod und der Auflösung des Palastes sehr einsam und hilflos waren, besuchte ich besonders oft. Deren Leben zeigte mir, daß ich meines nicht von der Gnade eines Mannes abhängig machen wollte. Auch meine Mutter und Dadasch wollte ich nicht belasten, und daher mußte ich unbedingt eine Möglichkeit finden, selbst für meinen Unterhalt sorgen zu können.

Aber was sollte ich tun? Ich wollte weder Lehrerin noch Krankenschwester werden, und auch nicht Medizin studieren wie mein Bruder, denn das schien mir ein zu begrenztes Feld. Die Frauen, die ich in der Sanitätsstation sah, brauchten mehr als Tabletten und Injektionen. Ich wollte ... ich wußte einfach nicht, was ich wollte! Ich wußte nur, daß es das, was ich suchte, irgendwo gab, und daß ich den einfachen Menschen helfen wollte. Auf irgendeine Art, die ich nicht erklären konnte, erschien mir das Leben wie das von Maschdi, meiner Kinderfrau Narges und der anderen Diener wirklich und wichtig. Doch obwohl einige unserer Lehrer am Sage College angedeutet hatten, daß manche von uns möglicherweise in Amerika studieren konnten, falls wir nicht heirateten, verfolgte ich diese Idee nicht weiter. Aber ich vergaß das Bild in der Zeitschrift nie, jene Zeichnung mit den eleganten Spaziergängern, den hohen Häusern und dem seltsamen Denkmal, das *asadi,* die »Freiheit«, darstellte.

## II.

Im Frühjahr 1941 griff der europäische Krieg auch auf den Osten über, und in der vierten Juniwoche berichteten die Zeitungen, daß Deutschland in der Sowjetunion einmarschiert war. Wenige Tage danach erneuerte Resa Schah zwar unsere »Neutralität«, aber Churchill und Stalin hatten dennoch Bedenken wegen der alliierten Ölreserven im Nahen Osten und der russischen Nachschubroute durch den Süden des Iran. In den frühen Morgenstunden des 25. August 1941 marschierten daher die Alliierten von Norden und von Süden im Iran ein. Die iranische Nationalarmee war hilflos angesichts dieser Übermacht und begann sich aufzulösen.

In Teheran brach Panik aus, und die Menschen flohen in alle Richtungen, in der Hoffnung, irgendwo Schutz und Sicherheit zu finden. Am 27. August trat das Kabinett zurück, und der Schah ernannte in seiner Bedrängnis Mohammed Ali Forrughi zum Premierminister, dessen treue Dienste für den Staat er einst mit jahrelangem Hausarrest belohnt hatte.

Dadasch und Abbas, beide Reserveoffiziere, verkündeten, daß sie wieder aktiv für ihr Land kämpfen wollten. Sie ordneten ihre Angelegenheiten und waren bereits am dritten Tag nach dem Einmarsch zum Aufbruch bereit. Zuvor mußten sie sich allerdings neue Schwerter kaufen, denn es war unvorstellbar, daß ein persischer Offizier ohne Schwert in die Schlacht zog. Ich war wütend über die Invasion und ärgerlich, weil ich eine Frau war und hilflos mitansehen mußte, wie die Briten und die Russen wieder einmal die Macht in unserem Land übernahmen. Aber warum sollte ich untätig herumsitzen, während die Männer in die Schlacht marschierten? Ich konnte doch die Ehre unseres Landes genausogut verteidigen! So erklärte ich Dadasch und Abbas, daß ich mit ihnen kommen würde.

Dadasch machte ein finsteres Gesicht, und Abbas starrte mich ungläubig an. »Das ist absurd. Du wirst zu Hause bleiben, wo du in Sicherheit bist.« So schnell, wie es ihre Würde erlaubte, eilten sie zur Tür, aber ich folgte ihnen. Auf dem Weg zum Geschäft für militärische Ausrüstung, das etwa zwei Kilometer von unserem Haus entfernt lag, achtete ich nicht auf ihre wütenden Blicke und auf Dadaschs wiederholte Aufforderung, nach Hause zurückzukehren.

Als wir das Geschäft erreicht hatten, lachte der Besitzer nur über Dadaschs Wunsch, Schwerter zu kaufen, und deutete auf das Radiogerät.

»Hören Sie das?« sagte er mit bitterer Ironie zu meinem Bruder. »Meine Herren, der Krieg ist vorbei! Nach drei Tagen hat sich die glorreiche Armee des Iran den Alliierten ergeben.«

Uns blieben vor Schreck die Worte im Hals stecken, und wie erstarrt machten wir uns auf den Rückweg. Als wir auf einige junge Soldaten trafen, die fast noch Kinder waren, stellte ich mich ihnen in den Weg und flehte sie an: »Bleibt doch stehen! Warum kämpft ihr denn nicht? Warum wollt ihr euer Land nicht verteidigen?« Aber sie wandten die Augen ab und gingen weiter. »Sie gehen in ihre Dörfer zurück«, sagte Dadasch traurig. »Die Armee ist geschlagen.«

Als wir nach Hause kamen, drängten sich in Chanoms Wohnzimmer aufgeregte Brüder, Schwestern, Diener, Nachbarinnen, Kusinen und ehemalige Angestellte Schahsade's, die alle gekommen waren, um meiner Mutter die Neuigkeit mitzuteilen. Dschabi weinte, denn der Kommandeur der winzigen persischen Flotte, der bei dem vernichtenden Angriff der Briten umgekommen war, und seine englische Ehefrau waren enge Freunde meiner Schwester und ihres Mannes gewesen. Wir hörten die erstaunlichsten Berichte und Gerüchte. Ein Mann erzählte, daß nicht nur gemeine Soldaten, sondern auch Offiziere desertierten und als Frauen verkleidet nach Schiras und Isfahan flohen.

Ich war erschüttert. »Aber wie wollen sie dann ihr Land verteidigen?« fragte ich. »Das tun sie nicht«, antwortete jemand trocken.

In den nächsten Tagen kamen immer wieder Freunde und Nachbarn und sprachen darüber, die Stadt zu verlassen, ehe die Russen einmarschierten. Desertierte Soldaten klopften an unsere Tür und bettelten um Essen. Ich gab ihnen nicht mehr die Schuld an der Katastrophe, denn im Gegensatz zu den Feiglingen, von denen sie kommandiert worden waren, konnten diese verängstigten jungen Burschen nichts dafür. Sie dachten nur an ihre eigenen Familien, ihre Dörfer oder Stämme. Chanom gab ihnen etwas zu essen und oft auch etwas Geld.

Inzwischen versank Teheran im Chaos, und man hatte den

Ausnahmezustand erklärt. Übers Radio rief Minister Forughi das Volk auf, ruhig zu bleiben, und versicherte, es gäbe genügend Lebensmittelvorräte. Erschreckende Gerüchte machten die Runde: Die Alliierten richteten alle prodeutschen Generäle aus Resa Schahs Armee hin, und die Rote Armee wollte ihre Soldaten bei iranischen Familien einquartieren. Jeder, der ein Auto hatte, floh nach Süden in Richtung Isfahan, aber meine Mutter meinte nur hilflos: »Wie können wir fliehen? Ich kann mir doch nicht leisten, für uns alle in Isfahan ein großes Haus zu kaufen! Wir bleiben hier und warten ab, was geschieht.«

In der Zwischenzeit feierten die britischen Angestellten der AIOC begeistert den Sieg der Alliierten. Die deutsche Botschaft in Teheran war geschlossen worden, und Resa Schah hatte zugestimmt, alle deutschen Staatsbürger auszuweisen. Im September geschah dann das, was wir längst erwartet hatten: Wir erfuhren, daß russische und englische Truppen in Kürze Teheran besetzen würden, um dadurch die sowjetischen Kriegsanstrengungen gegen die Deutschen zu unterstützen. Trotzdem schien Resa Schah noch immer an der Macht zu sein.

Aber eines Abends hörten wir über BBC London eine Stimme, die auf persisch eine Rede hielt. Im Iran lebe ein gefräßiger Wurm, sagte sie, der alle Dörfer und Ländereien um das Kaspische Meer schlucke, der die Armen ruiniere, überall seine Geheimpolizei sitzen habe, der seine Gegner ins Gefängnis bringe, die Intellektuellen ermorde und so böse und grausam und gierig sei wie der legendäre Tyrann Sahaq.

Wir drängten uns ungläubig um das Radio in Abbas' und Dschabis Zimmer. »Sie werden ihn absägen«, flüsterte Abbas aufgeregt. »Die Briten haben beschlossen, Resa Schah abzusetzen.«

Mehrere Abende lang hörten wir solche Radioansprachen. Immer wieder wurde der Schah angeklagt, und seine Missetaten gegen sein Volk wurden öffentlich ausgesprochen. Wir trauten unseren Ohren kaum. Plötzlich war Resa Schah, den einst die Briten an die Macht gebracht hatten und der sich dann als wüster Diktator und Unterstützer der Deutschen entpuppt hatte, entbehrlich geworden. Warum die Briten so handelten, interessierte uns wenig, denn wir waren viel zu froh über das, was geschah. Zwei Jahrzehnte lang hatten wir und unsere Nation unter der harten Herrschaft des Schahs gelitten. Die Menschen waren ihres Besitzes, ihrer Rechte, ihrer Würde und oft auch ihrer liebsten Angehörigen beraubt worden, und jetzt verkündete die BBC offen im ganzen Land jene Wahrheiten, die wir nicht einmal zu flüstern gewagt hatten.

Teheran summte vor Erwartung. Einige Abgeordnete des Madschles, die bemerkten, daß der Schah seine Unterstützung verlor, forderten in einer Resolution politische Reformen. Auch die Gerüchteküche brodelte: Man behauptete, die Briten wollten Sayyed Sia zurückholen; dann wurde erzählt, die Qadscharen sollten wieder an die Macht kommen oder daß die Monarchie zugunsten einer Republik abgeschafft würde. Und man berichtete, daß der zweiundzwanzigjährige Kronprinz Schapur Mohammed Resa der neue Schah werden sollte, unter der Bedingung, daß Resa Schah abdankte.

Dieses Gerücht erwies sich als wahr.

Am 16. September teilte Resa Schah in einem Brief an Premierminister Forrughi mit, daß er zugunsten seines Sohnes abdanke. In einer Radioansprache bat der alte Schah das iranische Volk, den neuen Herrscher zu unterstützen, und dann verschwand er. Innerhalb von vierundzwanzig Stunden wurde Mohammed Resa Schah in sein Amt eingeschworen, und die alliierten Truppen rollten in Nordteheran ein. Sie zogen in Kasernen ein, die noch ein oder zwei Tage zuvor Resa Schahs iranischer Armee gehört hatten.

Nichts hätte deutlicher zeigen können, daß der alte Herrscher endgültig gegangen war. Wir waren frei, und plötzlich entdeckten die Menschen, daß sie nun sagen oder schreiben konnten, was sie wollten. Ein Sturm der Empörung, der Anklagen und Bezichtigungen gegen den früheren Herrscher brach los. Beamte und Politiker, die jahrelang vor ihm gezittert und jeden seiner Befehle ausgeführt hatten, berichteten jetzt von seiner Gier und Grausamkeit. Frauen, die sich von den Bekleidungsgesetzen des Schahs gedemütigt gefühlt hatten, legten schwarze *tschadors* an und gingen damit durch die Straßen, um zu zeigen, daß sie jetzt anziehen konnten, was sie wollten. Familien, deren Väter und Söhne ermordet worden waren, füllten Anklageformulare aus, und Mullahs, denen der Herrscher die Lebensgrundlage entzogen hatte, verfluchten ihn im Gottesdienst.

Obwohl wir vorsichtig blieben und unsere Freude nicht öffentlich zeigten – die Verhaltensmaßregeln meiner Mutter waren nur schwer abzulegen –, waren wir alle wie berauscht von unserer neugewonnenen Freiheit. Mohammed Resa Schah war darauf bedacht, sich beim Volk beliebt zu machen und den Alliierten zu beweisen, daß er zur Kooperation bereit war. Darum übergab er dem Madschles – unserem Parlament – einen großen Teil der politischen Kontrolle, und versprach sogar, die beschlagnahmten Ländereien zurückzugeben, die ihm sein Vater als persönliches Erbe überlassen hatte.

Viele Qadscharen, die unter Resa Schah in Ungnade gefallen waren, tauchten nun wieder aus dem Hausarrest oder dem Exil auf. Aus den Reihen unserer eigenen Familie erhielt Mohammed Hossein Mirsa, der General, den strategisch wichtigen Posten eines Ministers für Straßenbau, und Dr. Mohammed Mossadeq, der Sohn der Schwester meines Vaters, der die dreißiger Jahre in Hausarrest verbracht und 1940 sechs Monate lang unter schlimmsten Bedingungen im Gefängnis gesessen hatte, wurde nun für seinen langen und entschlossenen Widerstand gegen die Tyrannei zum Idol für Tausende von liberalen Nationalisten. Aber am meisten beglückt waren wir natürlich über die Tatsache, daß Dadasch nun nicht mehr in Gefahr war, vom Schah als Geisel inhaftiert zu werden.

Der neue Schah machte keine Versuche, die Helfershelfer seines Vaters zu schützen. Mosafar, der älteste Sohn Nosratdoules, den mein Vater nach dessen Scheidung aufgezogen hatte, strengte einen Prozeß gegen die Mörder seines Vaters an, um die Hintergründe des Geschehens aufzuklären. Das Gericht stellte fest, daß Nosratdoule von dem damaligen Polizeichef Mochtari und dem Arzt Ahmadi getötet worden war, und als Mochtari aufgrund seiner vielen Verbrechen zu einer langen Gefängnisstrafe und Ahmadi zum Tod durch den Strang verurteilt wurde, fiel uns eine schwere Bürde vom Herzen.

Seltsamerweise fiel es mir aber immer schwerer, die neue Situation unseres Landes mit Begeisterung zu befürworten. Ich mußte immer noch an die Soldaten und Offiziere denken, die ihre Gewehre weggeworfen hatten und davongelaufen waren. Damit hatten sie nicht nur ihren Herrscher verraten, sondern auch ihr Land. Was jetzt die Luft erfüllte, war keine Einigkeit, sondern Streit. Niemand schien wirklich an Problemlösungen oder politischen Reformen interessiert, und jeder kämpfte gegen jeden. Wir benutzten unsere neue Redefreiheit nur dazu, um die Erinnerung an Resa Schah möglichst schwarz darzustellen.

Mir war es unmöglich, nicht wenigstens ein bißchen Mitleid mit dem gestürzten Monarchen zu empfinden. Er hatte gestohlen und gemordet, hatte uns unserer Rechte, unserer Stimme und unserer Chance, eine Demokratie zu werden, beraubt, und sein Sturz war ein Segen. Aber er hatte im Iran auch viel Gutes getan – er hatte die Ordnung wiederhergestellt, Straßen und Fabriken gebaut, den Staat modernisiert und sogar versucht, uns einen fairen Anteil an den Ölgewinnen zu sichern. Millionen von Persern schickten ihre Kinder in die Schulen, die er erbaut hatte. Doch all die Leistungen zählten nichts mehr im Augenblick seines Niedergangs. Die Alliierten hatten uns schmerzlich klargemacht, daß sie unsere Regierung mit einer Handbewegung abschaffen konnten, und jetzt sahen wir alle, daß Resa Schah keineswegs stark, sondern schwach gewesen war. Jetzt erhob niemand die Stimme zu seiner Verteidigung, nicht einmal die Leute, die von ihm profitiert hatten.

Ich habe einmal jemanden über unsere Politiker sagen hören: »Die Partei, der alle Iraner angehören, ist die Windpartei – wir gehen dorthin, wohin der Wind uns bläst.« Niemand schien etwas über das Schicksal Resa Schahs zu wissen, und erst sehr viel später hörten wir, daß ihn die Briten auf die

Insel Mauritius im Indischen Ozean gebracht hatten. Etwa ein Jahr nach seiner Abdankung brachte man ihn nach Johannesburg, wo er 1944 starb.

III.

Unsere Hoffnung, wenigstens den Grundbesitz meiner Mutter wieder zurückzuerhalten, erfüllte sich nicht. Obwohl sein Vater ihm angeblich drei Millionen britische Pfund und mehr als zwölf Millionen Quadratkilometer beschlagnahmten Landes hinterlassen hatte, gab Mohammed Resa Schah nur die Dörfer zurück. Städtischer Besitz, also auch der unserer Familie, wurde nicht zurückgegeben. Damit wurde das »Eisenbahnhaus« zu einer Dauereinrichtung.

Das Leben in Teheran wurde zunehmend schwieriger, denn die Alliierten beschlagnahmten Häuser, Büros und die meisten Autos und Lastwagen für ihren Gebrauch. Außerdem war in den Lagern für Kriegsgefangene aus Osteuropa eine Typhusepidemie ausgebrochen, die auch auf die einheimische Bevölkerung übergriff. Die Lebensmittelknappheit wurde immer drückender, und viele der Armen starben an Krankheit und Unterernährung. Dadasch und die anderen Ärzte in der Stadt waren völlig überlastet, und zu Hause mußte meine Mutter mit allem knausern.

Ich fand es nun vollends unerträglich, daß sie sich aufopferte, um eine einundzwanzigjährige, unverheiratete Tochter durchzufüttern. Als eine Kusine, die ich mochte und die eine Tochter des in Frankreich lebenden Qadscharen-Kronprinzen war, mir vorschlug, ich sollte einen ihrer Brüder heiraten, war ich mir sicher, daß Chanom sich freuen würde. Pflichtbewußt bat ich Dadasch, das Thema ihr gegenüber anzusprechen. Aber zu meiner Überraschung weigerte sie sich, den Unterhändler dieser Familie zu empfangen. »Ich habe mein ganzes Leben unter Qadscharen gelebt«, sagte sie, »sie sind alle verwöhnt und heiraten neue Frauen, wann immer es ihnen paßt. Ein Mädchen wie du würde sich dort nicht wohl fühlen. Ich habe dich nicht jahrelang bei deiner Ausbildung unterstützt, damit du jetzt einen Prinzen heiratest.«

Insgeheim war ich erleichtert. Nachdem es unserer Familie nun wieder erlaubt war, frei zu reisen, hatte ich sowieso keine Lust, mich in einen *andarun* einsperren zu lassen. Meine jüngeren Brüder würden nach dem Ende des Krieges nach Europa gehen, um dort zu studieren, und man sprach nun in der Familie sogar davon, auch Mädchen zum Studium ins Ausland zu schicken. Nun, Krieg oder nicht Krieg, ich wollte nicht warten, bis meine Brüder wieder die Entscheidungen für mich trafen. Ich wollte die Freiheitsstatue sehen, und ich wollte eine bessere Ausbildung haben. Im Frühjahr 1942 ging ich zu Mrs. Elder und Mrs. MacDowell und bat sie, mir bei der Suche nach einer geeigneten Schule in Amerika zu helfen. Sie waren bereit, für mich etwas zu bestellen, was sie »Kataloge« nannten.

Dadasch zog die Augenbrauen in die Höhe, als ich ihm davon erzählte. Er wußte, daß es ein weiter Weg war von der Anforderung von College-Katalogen – die mich erst nach Monaten erreichen würden – bis zur Verwirklichung dessen, was ich plante. Aber er versuchte nicht, mich von meiner Idee abzubringen. »Nun ja«, meinte Chanom, nachdem mein Bruder sie auf meine Bitte hin über meine Pläne informiert hatte, »wir wissen ja inzwischen, daß du tust, was du willst. Aber du vergißt dabei, daß wir in einem besetzten Land leben. Es kann noch viel passieren.«

Auch meine Mutter hatte sich verändert. Obwohl sie, wenn sie das Haus verließ, noch immer den *tschador* trug oder ein langes schwarzes Kleid, schwarze Strümpfe und ein schwarzes Kopftuch, das sämtliche Haarsträhnen bedeckte, ging sie doch seit der Zerstörung des Palastes mit Maschdi zum Basar und war sehr geschickt geworden im Handeln um Stoff oder Reis. Seit dem Tod meines Vaters hatte sie außerdem gelernt, die Auseinandersetzungen und Probleme in den Dörfern, in denen wir noch immer Grundbesitz hatten, zu lösen, die Leitung der Moschee unserer Großmutter zu überwachen, Dutzenden alter Diener jeden Monat ihre Pension auszuzahlen und sicherzustellen, daß für ihre Familien gesorgt war. Sie war viel aufgeschlossener als die meisten Frauen ihrer Generation und bestand ihren Schwestern, Kusinen und Nichten gegenüber stets darauf, daß Frauen etwas lernen sollten, auch wenn sie später doch heirateten. Auch vor Fremden fürchtete sie sich nicht mehr, nach meinem Abschlußexamen in Nurbachsch hatte sie sogar Dr. Jordan voller Wärme die Hand geschüttelt.

Dennoch wußte ich, daß meine Pläne sie erschreckten. Sie hätte wohl wenig dagegen gehabt, wenn ich vorgehabt hätte, nach dem Krieg in Europa zu studieren und bei einer netten Familie in London oder Paris zu leben. Aber was ich ankündigte, war weder sicher noch schicklich. Ich war eine vaterlose, unverheiratete Frau, die ohne jeden Schutz und ganz allein mitten im Krieg in ein Land am anderen Ende der Welt gehen wollte. Wie sollte eine Mutter auf ihre so ferne Tochter aufpassen? Wie sollte Dadasch mich schützen und mich davor bewahren, skrupellosen Männern in die Hände zu fallen? Woher wollte sie wissen, daß ich nicht ungläubig wurde?

Keiner von uns, auch ich nicht (wie sie sehr genau wußte), hatte irgendeine Vorstellung von Amerika. Es war für uns nicht mehr als ein Wort, ein weißer Nebel. »Ich bin dagegen«, sagte sie schließlich. »Wer weiß, wie es da drüben ist in Amerika? Wie wirst du leben, wenn du dort bist? Es ist gefährlich und unsittlich. Und wie sähe das aus, wenn dein Bruder und ich es zulassen würden, daß sich ein unerfahrenes Mädchen wie du in so eine Situation begibt? Nein, ich möchte, daß du hierbleibst, bei den Menschen, denen dein Wohlergehen am Herzen liegt.«

Ich sagte nichts mehr, denn ich fühlte mich schuldig, weil sie so unglücklich war. Und da sie ihr Mißfallen ausdrücklich geäußert hatte, konnte ich meine Pläne nicht durchführen, ohne sie öffentlich zu beschämen. Ich konnte nur hoffen, daß sie sich mit der Zeit an die Idee gewöhnte. Selbst wenn sie dann meine Pläne vielleicht nicht unterstützte, würde sie sich doch wenigstens nicht widersetzen.

In kürzester Zeit wußte jeder in der Familie, daß Satti nach *jeni donjia* wollte, und vor allem meine Stiefmütter reagierten verständnislos. Aber da meine Abreise offensichtlich noch nicht unmittelbar bevorstand, versuchte niemand ernsthaft, mir meine Pläne auszureden.

Ich vermutete, daß sogar Dadasch gemischte Gefühle hatte. Aber zu meiner großen Erleichterung und Dankbarkeit ermutigte er mich dennoch. Die Zeiten änderten sich, meinte er, und wir uns mit ihnen. Er legte sogar ein gutes Wort bei meiner Mutter für mich ein. »Was sollen wir mit ihr hier anfangen?« fragte er sie. »Sie kann doch nicht zu Hause sitzen und gar nichts tun! Da kann sie genausogut studieren.« Manchmal, wenn wir beim Essen saßen oder gemeinsam nähten, erwähnte ich Chanom gegenüber wie zufällig das Thema Amerika. »Nun«, meinte meine Mutter ruhig, »es wird geschehen, wie Gott will.« Ich wußte sehr gut, daß ich einfach abwarten mußte, bis die Zeit gekommen war.

Maschdi, der Gefährte meiner Kindheit, schüttelte verständnislos den Kopf, als er von meiner Idee hörte. Er war inzwischen etwa vierzig oder auch etwas darüber, und wirkte sehr alt. Sein ganzes Leben lang hatte er hart gearbeitet, sechs Tage in der Woche, von Sonnenaufgang bis Sonnenuntergang, und mein starker *lale* war ausgelaugt und müde. Seine Augen und Wangen waren hohl und eingesunken, und sein Gesicht so zerfurcht wie das eines europäischen Bauern mit siebzig. Was mir schon oft große Sorgen gemacht hatte, war die Tatsache, daß es Maschdis Aufgabe war, unsere staubigen Teppiche auszuschütteln, denn ich hatte von den Missionaren gehört, daß Leute sehr krank werden konnten, wenn sie immer wieder Staub einatmen mußten. Aber Maschdi meinte nur, daß irgend jemand eben Chanom bei der Arbeit helfen müßte. Mir fiel auf, daß sein Atem oft mühsam ging und daß er gelegentlich etwas fiebrig wirkte. Oft kam Korsum zu uns und sagte, er wolle im Bett bleiben. Als meine Mutter es nicht mehr mitansehen konnte, stellte sie einen jüngeren Mann, Maschresa, ein, der Maschdis Arbeit übernehmen sollte. Zu Maschdi sagte sie, er sollte sich zur Ruhe setzen und Gott danken, daß er nicht mehr arbeiten müßte. Aber bald berichtete Korsum, daß er jeden Morgen hustete und nachts immer Fieber hätte.

Kurze Zeit schien es Maschdi durch Mutters Kräutermedizin besserzugehen, sein Husten verschwand fast völlig, und er schien wieder kräftiger zu werden. Aber dann kehrten der Husten und das Schwitzen zurück, und eines Morgens kam Korsum angerannt und erzählte voller Panik, ihr Mann spuckte Blut und bekäme keine Luft mehr. Entsetzt sandte Mutter nach Dadasch, der sofort nach Hause kam. Als er hörte, was Korsum zu sagen hatte, meinte er: »Er kann jetzt nicht mehr zu Hause bleiben, Korsum. Er muß in ein Krankenhaus.«

Korsum begann zu schluchzen, und wir anderen schwiegen vor Schreck, denn damit hatte Dadasch ein Todesurteil gesprochen: In das stinkende öffentliche Krankenhaus kamen nur Menschen, die so krank waren, daß sie von den Angehörigen nicht mehr versorgt werden konnten. Meine Mutter gab Korsum Geld für eine Kutsche, damit Maschdi von seinem Sohn Mehdi ins Krankenhaus gebracht werden konnte.

Als ich ein oder zwei Tage später Maschdi im Krankenhaus besuchen wollte, verbot es mir meine Mutter. Die Typhusepidemie hatte ihren Höhepunkt erreicht, und außerdem war es ein Krankenhaus für Männer, das ich nicht ohne Begleitung betreten durfte. Aber ich konnte den Gedanken an Maschdi nicht ertragen, der krank und allein unter fremden Menschen lag. So mietete ich mir eine Kutsche und machte mich auf eigene Faust auf den Weg.

Das Krankenhaus war ein großes, zweistöckiges Gebäude, das an ein Lagerhaus erinnerte und dessen große Fenster sowohl die Hitze als auch die Fliegen einließen. Ich fragte den Pförtner, der sich Mühe gab, mir nicht ins Gesicht zu sehen, wo ich »Maschhad-Hossein« finden könnte. Doch er zuckte nur die Achseln, denn das war ein weitverbreiteter Name. Dann meinte er, ich sollte mich einfach im Krankensaal im zweiten Stock umsehen.

Mit einem unbehaglichen Gefühl stieg ich hinauf zum Saal, einer langen, hohen Halle mit je fünfundzwanzig Betten auf jeder Seite. Maschdi lag am Ende der Reihe. Sein Bettbezug war mit Blut und gelblichem Schleim verschmiert und sah aus, als wäre es seit Wochen nicht mehr gewaschen worden. Maschdi war wach, aber sein Gesicht war aschfahl, und seine großen, dunklen Augen lagen tief in ihren Höhlen. Sie schienen unnatürlich zu glitzern. »Satti-Chanom«, flüsterte er, als er mich neben dem Bett stehen sah. Verzweifelt versuchte er sich aufzusetzen, um seinen Respekt zu erweisen.

In meinem Hals brannten Tränen, aber ich schluckte sie hinunter, denn ich durfte jetzt nicht weinen. Ich befahl ihm liegenzubleiben, holte mir einen niedrigen Stuhl und setzte mich neben sein Bett. Er darf nicht glauben, daß ich nur komme, weil er im Sterben liegt, dachte ich bei mir. Ich muß irgendein Gesprächsthema finden. In einer heiseren, krächzenden Stimme fragte er, wie es Chanom ginge. Ich bemerkte, daß er kaum atmen konnte.

Ich richtete ihm die Grüße meiner Mutter und von Dadasch und den jüngeren Kindern aus. Mein Hals tat weh, so sehr mußte ich mich anstrengen, nicht zu weinen, während ich ihm die Neuigkeiten von zu Hause erzählte. Und es war offensichtlich, daß ihm unser Gespräch auch noch die letzte Kraft nahm. Darum berührte ich nach kurzer Zeit sanft seine Hand, murmelte, daß ich wiederkommen würde, und ging.

Auf der Rückfahrt zur Chiaban-e Sepah weinte ich bitterlich. Früher, als ich mich nach einem ganz normalen Vater sehnte, hatte ich mir oft vorgestellt, ich wäre Maschdis richtige Tochter, seine Erstgeborene. Jetzt lag er dort sterbend nach einem harten Leben in einem schäbigen Hospital, und der Grund dafür war all der Schmutz und Staub, den er in unserem elenden Land eingeatmet hatte. Ich war wütend auf meine Mutter, weil sie das zugelassen hatte.

Wenige Tage später erfuhr Korsum durch einen Boten, daß Maschdi tot war und man den Leichnam abholen sollte. Zusammen mit den Kindern ging sie ins Krankenhaus, aber Maschdi lag nicht mehr in seinem Bett. Hysterisch kehrte sie zurück, denn ohne den Leichnam konnten wir keine Beerdigung abhalten. Dadasch rief den Direktor des Krankenhauses an und erfuhr, daß Korsum in die Leichenhalle gehen mußte. Nachdem sie dem Angestellten des Krankenhauses Maschdi beschrieben hatte, fuhr er sie auf den Armenfriedhof und zeigte ihr ein namenloses Grab. Ob Maschdi wirklich dort lag, wußte niemand.

Es war, als hätte er nie existiert. Am Ende war er nur noch

ein armer, unwissender, anonymer Iraner gewesen – ein Niemand. Doch der Tod dieses Niemands brach mir beinahe das Herz.

Das Leid der Frauen in der Sanitätsstation war jetzt beinahe mehr, als ich ertragen konnte, und nur die Bewunderung für die Würde, mit der sie ihre schwere Last trugen, ließ mich weitermachen. Warum nur half niemand diesen Menschen? Warum mußte ich so ein unerträglich nutzloses Leben führen? Warum hatte Maschdi sterben müssen?

Auch Aghadschun starb. Er wurde etwa fünfundachtzig Jahre alt. Da er immer bei uns gewesen war, kam es uns jetzt vor, als sei ein Stück von uns selbst dahingegangen. Dschabi und Abbas zogen wieder nach Abadan, wo Abbas eine neue Stelle antrat. Und Dadasch wurde nicht lange nach Maschdis Tod, im Sommer 1942, als Bezirksgesundheitsbeauftragter nach Hamadan geschickt, einer alten Stadt im kargen Bergland des westlichen Iran.

In diesem Herbst trafen nach und nach die College-Kataloge ein, und mit ihnen Dutzende von Formularen, die ich mit Hilfe meiner amerikanischen Förderer ausfüllte und abschickte. Solange noch Krieg war, konnte ich vor dem nächsten Sommer nicht mit einer Antwort rechnen. Ich war traurig und mutlos. Vielleicht beging ich einen großen Fehler und machte meiner Mutter für nichts und wieder nichts Kummer? Vielleicht würde ich in Amerika versagen oder irgend etwas tun, was meiner Familie Schande bereitete? Fast ein Jahr lang zog sich die Zeit für mich qualvoll in die Länge, und ich wurde launisch und war für meine Mitmenschen kaum noch erträglich.

# 7. Aufbruch

*Ist es nicht seltsam, daß von den unendlich vielen, die vor uns durch das Tor der Dunkelheit gegangen sind, keiner zurückkehrte, um uns von dem Weg zu erzählen, den auch wir eines Tages gehen müssen?*

Omar Chayyam

In diesem Jahr schickten auch die Vereinigten Staaten Bau- und Transportsoldaten in den Iran, und auf der Chiaban-e Lalesar begegneten wir nun gelegentlich amerikanischen Soldaten. Ich war überrascht, daß diese amerikanischen Männer junge, glatte Gesichter hatten, denn die einzigen Amerikaner, die ich bisher kennengelernt hatte, waren Ärzte und Lehrer, also ältere, weise Menschen gewesen.

Im Mai 1943 kam dann endlich ein Brief an: Ich war an einer kleinen Missionsschule für Frauen angenommen worden, dem Heidelberg College in Tiffin, Ohio. Die schlimme Zeit des Wartens war vorbei. Aber obwohl es immer noch viele Monate dauern würde, bis ich mein Visum erhielt, wurde ich nun doch aufgeregt, denn es gab noch viel zu tun. Zunächst mußte ich Geld für die Reise auftreiben und dann vor allem herausfinden, wie ich trotz des Krieges in Europa und Nordafrika nach Amerika gelangen konnte.

Ein Vetter, der im Außenministerium arbeitete, half mir bei der Beschaffung eines iranischen Passes, und im Juli beantragte ich beim amerikanischen Konsulat ein Visum. Der kleine Warteraum war beinahe leer, und dieser Anblick sagte deutlicher als alle Worte meiner Mutter, daß Amerika für Iraner unvorstellbar weit entfernt war. Ich ging mit dem dikken, gelben Umschlag, den man mir im Konsulat gegeben hatte, zu Mrs. MacDowell und Mrs. Elder, denn ich hatte Probleme, die komplizierten Ausdrücke in den Formularen zu verstehen. Eigentlich fühlte ich mich völlig unzureichend vorbereitet für meinen Plan.

Als wir zu der Frage kamen: »Was ist der Zweck Ihres Aufenthaltes in den Vereinigten Staaten?« war ich matt gesetzt.

In meinem Kopf waren die Gründe zu einem unentwirrbaren Knoten verflochten: weil ich eine Ausbildung brauchte, weil ich die Freiheitsstatue sehen wollte, weil Maschdi nicht auf diese Weise hätte sterben sollen. Aber schließlich schrieb ich langsam und entschieden: »Ich möchte eine bessere Ausbildung bekommen und meinem Land helfen.« Danach verschwanden meine Ängste, denn schließlich füllte ich ja nur einige Formulare aus. Bisher hatte ich noch niemandem Schande bereitet. Und ich war gespannt auf das, was nun folgen würde.

Mein Optimismus kehrte zurück. Zur gleichen Zeit begannen die Vorbereitungen für die Teheran-Konferenz, die Ende November stattfinden sollte. Meine Freunde sprachen über nichts anderes mehr, denn der Gedanke, daß Präsident Roosevelt, Churchill und Stalin in Teheran zusammensitzen sollten, war faszinierend. Amerika war beliebter denn je, auch deshalb, weil uns die Vereinigten Staaten mit Lebensmitteln und finanzieller Hilfe unterstützten. Außerdem hatte Premierminister Forrughi nach der Abdankung des Schahs die Alliierten dazu gebracht, einen Vertrag zu unterschreiben, in dem sie den Abzug all ihrer Truppen von iranischem Boden spätestens sechs Monate nach dem offiziellen Ende der Feindseligkeiten zusagten. Als dieser Vertrag nun bestätigt wurde, meinten einige, daß die US-amerikanische Regierung, die stärker wäre als die der Briten und der Russen, damit ihre Bereitschaft erklärt hätte, nach dem Krieg unsere Souveränität anzuerkennen. Vielleicht war der lang ersehnte Tag, an dem der Iran endlich frei von ausländischem Einfluß sein würde, doch nicht mehr so weit entfernt.

Auch in meiner Familie gab es in diesem Winter viele aufgeregte Gespräche über die Parlamentswahlen. Dr. Mohammed Mossadeq kandidierte für ein Abgeordnetenmandat, und zwar mit Unterstützung einer neuen Partei von gemäßigten Demokraten und liberalen Intellektuellen. Dadasch, der seinen Dienst in Hamadan beendet hatte, lebte wieder bei uns, während er auf einen neuen Posten wartete. Er war ein enger Freund von Dr. Mossadeqs jüngerem Sohn Gholam, der ebenfalls Arzt war. Dadasch unterstützte die Ansichten unseres Vetters voller Begeisterung, was auch für Abbas galt, der im folgenden Sommer zusammen mit Dschabi für immer nach Teheran zurückkehren sollte. Sowohl Dadasch als auch Abbas sagten, daß Dr. Mossadeq der wohl unbestechlichste und prinzipientreuste Mann im ganzen Iran wäre. Darum verkörperte er die größte Hoffnung im Lande, die nach einer wirklichen konstitutionellen Demokratie und ökonomischer Unabhängigkeit.

Im Februar 1944 teilte mir das Konsulat mit, daß mein Visum genehmigt war. Ich konnte also aufbrechen, sobald ich eine Möglichkeit fand, nach Amerika zu kommen.

Wenn man nach Amerika wollte, mußte man vom Iran aus normalerweise nach Kairo oder Paris reisen und dann das Schiff nach New York besteigen, das wußte ich. Dort wurde man dann von der Freiheitsstatue empfangen, deren Bild immer noch unauslöschlich in meinem Innern eingegraben war. Um nach Kairo oder Paris zu gelangen, hätte ich allerdings mitten durch das Kriegsgebiet reisen müssen, und ich hatte nicht die leiseste Idee, wie ich dieses Problem lösen sollte. Dennoch beschloß ich, daß ich noch vor den persischen Neujahrsfeierlichkeiten im März aufbrechen wollte, und bat Dadasch, Chanom mitzuteilen, daß mein Visum genehmigt war.

Dabei war mir, als verlangte ich von ihm, ihr einen bösen Schlag zu versetzen. Wenn ich von Amerika sprach, zeigte sie inzwischen keine Überraschung oder Ablehnung mehr, aber bisher hatte meine Abreise ja noch nicht unmittelbar bevorgestanden. Aber jetzt konnte ich jederzeit fahren, und ich wußte nicht, wie sie diese Tatsache aufnehmen würde. Als geschickter Arzt erfüllte mein Bruder diese Aufgabe allerdings sehr gut. Er überbrachte ihr die Nachricht, während sie gerade mit einer ihrer üblichen Hausarbeiten beschäftigt war, und nachdem sie sie verdaut hatte, versicherte er ihr, daß alles gutgehen würde und mein Vorhaben das Beste für mich wäre.

Als ich ihn nach ihrer Reaktion fragte, antwortete er, sie

akzeptierte meine Entscheidung. Allerdings brachte sie es tagelang nicht über sich, mich anzusprechen, und wir beide mieden den Blick der anderen. Ich konnte ihre Gefühle verstehen. Ihr Wunsch, mich glücklich zu sehen, befand sich im Widerstreit mit ihrer Liebe zu mir. Um sie herum begannen jetzt viele junge iranische Frauen zu studieren, wurden Lehrerinnen und Krankenschwestern und interessierten sich zunehmend für Politik und Gesellschaft. Sie spürte, daß diese Neuerungen für die Frauen und für unser Land gut waren, auch wenn sie ein Schlag gegen die Tradition waren, die sie so verehrte. Ihre Welt veränderte sich, ohne daß sie verstand warum, aber sie konnte die Entwicklung nicht aufhalten. Und nun brach auch ich noch nach Amerika auf, um dort ganz allein zu leben. Sie war nicht ärgerlich auf mich, weil ich ihr diesen Schmerz verursachte, aber sie konnte es nicht ertragen, mit mir darüber zu sprechen.

Das Problem, wie ich nach Amerika kommen sollte, beschäftigte mich am meisten. Irgendwie mußte ich einen Hafen erreichen und ein Schiff finden, das mich nach New York brachte. Ich hatte gehört, daß es in Kairo Leute gab, die fünf Monate lang warten mußten, bis sie sich einschiffen konnten; dennoch hoffte ich etwas zu finden, sobald ich erst Kairo oder vielleicht auch Casablanca erreicht hatte. Unser älterer Bruder, der General, war nach einigen Jahren als Straßenbauminister nun für die winzige Luftwaffe des Iran zuständig, und ich hoffte, daß er mich vielleicht nach Nordafrika bringen konnte. Aber unser Bruder erklärte mir in aller Höflichkeit, daß die Vorschriften der Regierung dies nicht erlaubten. Außerdem wollte er nicht eines Tages von meiner Mutter zu hören bekommen, daß ich ohne seine Hilfe vielleicht gar nicht gefahren wäre.

Beschämt über meine Naivität, beschloß ich, mich beim amerikanischen Konsulat zu erkundigen. Dort erfuhr ich, daß man Amerika auch über den Pazifik erreichen konnte, also wenn man in Richtung Osten statt nach Westen reiste. Über diese Information war ich sehr froh, obwohl mir niemand sagen konnte, wo ich ein Schiff finden konnte, da alle Schiffsbewegungen geheimgehalten wurden. Bombay schien eine Möglichkeit zu sein. Wenn ich mit dem Zug ostwärts bis Maschhad fuhr und von dort nach Süden, entlang der Grenze zu Afghanistan, würde ich mit etwas Glück Indien erreichen. Triumphierend verließ ich das Konsulat. Nun konnte ich es kaum noch erwarten, endlich aufzubrechen. Ich würde einfach Richtung Indien fahren und von dort zum Eingang nach Amerika. Wenn ich erst einmal in New York war, war es bestimmt einfach, nach Tiffin, Ohio, zu gelangen, das ungefähr in der Mitte des Kontinents lag. Jetzt brauchte ich nur noch genügend Geld für die Reise, für das Schulgeld in Amerika und den Unterhalt für die erste Zeit dort – Mrs. MacDowell hatte mir erklärt, daß mein Visum mir erlaubte, mir in Amerika meinen Lebensunterhalt zu verdienen. Magisch und anziehend stand das Bild der Freiheitsstatue vor mir. Das Schicksal, so fühlte ich, war mir wohlgesinnt. Ich war schon so gut wie unterwegs!

Auf der Bank hatte ich etwas mehr als sechstausend Toman, umgerechnet etwa zweitausend Dollar. Das war damals im Iran viel Geld, und wenn sich dann noch jemand in meiner Familie bereit finden würde, meine Nähmaschine und das Porzellan mit dem Familienwappen zu kaufen – meine Mitgift, die ich ganz offensichtlich nicht brauchen würde –, dann hätte ich noch etwas mehr zur Verfügung. Aber ich wußte nicht so recht, wem ich diese Gegenstände anbieten sollte. Dschabi, die mir aus Abadan liebevolle und ermutigende Briefe geschrieben hatte, war nicht da, und meine Stiefmütter konnte ich nicht fragen, denn diese blickten traurig und verzweifelt drein, wann immer sie an meine Abreise dachten, wobei es ihnen allerdings nicht nur um meine Sicherheit ging, sondern vor allem um das Ansehen ihrer besten Freundin, meiner Mutter, das dadurch auf dem Spiel stand.

Da ich nicht wußte, welche Reiseroute ich nehmen würde, wollte ich mir alle Unterkunftsmöglichkeiten sichern, die meine Familienbeziehungen boten. Dank unserer fruchtbaren Qadscharen-Vorfahren hatten wir in jeder Ecke des Iran irgendwelche Verwandte, und meine Schwägerin Safi-Chanom, die mit dem General verheiratet war, besaß sogar Verbindungen nach Bombay. Das war sehr wichtig, denn außerhalb großer Städte wie Maschhad gab es kaum Hotels, in denen Frauen übernachten konnten, und daher war ich ganz und gar auf Verwandte, Freunde und Verwandte von Freunden angewiesen. Ich schrieb alle Namen und Adressen in ein Notizbuch und ergänzte sie mit denen der amerikanischen Lehrer, die nach der Schließung des Sage College nach Amerika zurückgegangen waren. Ich nahm sogar Dr. Jordan auf, den ich kaum kannte. Natürlich besaß kein Ortsname außer »New York« und »Tiffin, Ohio« die geringste Bedeutung für mich. Ich wußte nicht, wo die amerikanischen Städte lagen, die ich mir hier notierte, aber ihre Namen klangen exotisch und romantisch.

Mit dem Ende der Winterregenfälle Anfang März bat ich Dadasch, Chanom zu fragen, was ich mit meinen Sachen tun sollte. Obwohl sie noch immer still und zurückhaltend war, schien sie doch besserer Laune. Offenbar gelang es Dadasch allmählich, sie davon zu überzeugen, daß ich das Beste tat. Ein oder zwei Tage später nahm er mich beiseite. Chanom selbst, erklärte er mir, wollte meine Nähmaschine kaufen und sie Homi geben, die nun sechzehn Jahre alt war und sie gut brauchen konnte. Sie habe auch an Dschabi geschrieben, um ihr mitzuteilen, daß sie mein Porzellan kaufte, falls Dschabi ein weiteres Service für Dinnerpartys benötigte. Chanom wollte mir einen Scheck über zweitausend Toman geben, etwa siebenhundert Dollar, und er würde mit mir zur Bank gehen und mir helfen, einen Teil des Geldes in Cooks Traveller-Schecks umzuwechseln.

Nach dieser Entscheidung wurde meine Mutter fröhlicher. Ich wußte, daß dieser Handel ihrem Sinn für das Praktische entsprach: Sie konnte meine Schwestern unterstützen und mich gleichzeitig vor dem Hungertod oder dem Ruin in *jeni donjia* bewahren.

Trotz unserer lebenslangen Differenzen waren wir, Chanom und ich, uns sehr ähnlich. Keine von uns konnte über ihre Gefühle sprechen oder sie offen zeigen. Aber ich wußte, was meine Mutter mir durch ihre Handlungsweise sagen wollte, und ich schwor mir, auch wenn ich mich dafür in Amerika aufarbeiten mußte, eines Tages zurückzukommen und ihr Grund zu geben, stolz auf mich zu sein.

Am nächsten Morgen brachte mich Dadasch zum Meidan, Teherans Hauptplatz, wo wir den größten Teil meines Geldes in Dollar-Reisechecks wechselten, die ich nach meiner Ankunft in den Vereinigten Staaten wieder zu Bargeld machen konnte. Die knisternden Scheine fühlten sich an wie das Schicksal selbst. Dadasch lächelte darüber, daß ich so glücklich war, und schien fast ebenso froh zu sein wie ich. Er bestand darauf, mich zur Feier des Tages in ein französisches Café einzuladen, das er gerne besuchte. Ich war noch nie in einem Café gewesen. Etwas nervös ging ich neben ihm die Chiaban-e Lalesar entlang, wo die orangefarbenen und weißen Markisen der eleganten Läden leicht im Wind flatterten. Direkt am Ende der Straße schienen sich im Norden die Gipfel des Elbursgebirges zu erheben. Mit ihren winterlich weißen Kopftüchern aus Schnee sahen sie aus wie Riesen, die sich über ein kleines Blumenbeet beugten. Plötzlich durchzuckte mich der Gedanke, daß ich nicht wußte, wann ich diese herrlichen Berge wohl wiedersehen würde.

Im Café duftete es angenehm nach Kaffee, frischem Gebäck und Zigarettenrauch. Aber als wir eintraten, wich ich erschrocken zurück, denn es war keine andere Frau im Raum. Dadasch, der so tat, als sehe er meine roten Wangen und meine gesenkten Augen nicht, fand einen kleinen Tisch in einer Ecke, wo ich mich etwas weniger unwohl fühlte. Er bestellte Milchkaffee und ein Sortiment Kekse, aber ich konnte nichts essen. Voller Scham saß ich da und starrte auf den Boden.

Mein Bruder sah mich ein paar Minuten lang mitleidig an. Dann sagte er: »Satti, es ist großartig, daß du nach Amerika gehst. Ich habe dich unterstützt, und ich freue mich für dich und bin stolz auf deinen Mut. Du wirst dort die Ausbildung bekommen, die du dir so wünschst, und dann wirst du zurückkommen und große Dinge tun. Aber jetzt kannst du nicht mehr das scheue Mädchen aus einem *andarun* sein. Bald mußt du in der Öffentlichkeit essen und mit fremden

Menschen sprechen. Als ich in Paris studierte, habe ich oft Frauen gesehen, die in Cafés saßen und allein aßen. Wenn wir uns unter anderen Menschen bewegen wollen, müssen wir unsere Schüchternheit überwinden. Und wenn du deinen Plan in die Tat umsetzen willst, kannst du nicht mehr so sein wie andere iranische Frauen.«

Mir wurde klar, daß er mich nicht nur wegen des Milchkaffees hierhergebracht hatte, und ich ahnte plötzlich, daß auch er einmal schüchtern gewesen war.

»Manchmal wird es auch sehr einsam sein«, fügte er leise hinzu.

Ich erinnerte mich an die herzzerreißenden Briefe, die unsere Mütter von ihren ältesten Söhnen bekommen hatten, als wir noch Kinder waren. Auch Dadasch hatte wohl solche Briefe an meine Mutter und Aghadschun geschrieben. Das Wissen, daß er den Weg bereits gegangen war, den ich gerade beschritt, beruhigte mich, und es gelang mir, ein bißchen zu essen und zu trinken. Als er sah, daß es mir besserging, hellte sich auch seine Stimmung auf. Er zahlte, hinterließ ein lächerlich großzügiges Trinkgeld und schlug dann vor, daß wir zu einem Fotografen gehen sollten, um diesen wichtigen Anlaß festzuhalten.

Ich besitze die Fotografie, die wir damals machen ließen, noch heute. Dadasch sieht mit seinem langen, edlen persischen Gesicht und seinen freundlichen, intelligenten Augen sehr elegant aus und scheint bester Laune zu sein, während ich so fröhlich in die Kamera lächle, als hätte ich überhaupt keine Sorgen. Mein Bruder ahnte wohl sehr viel besser als ich, was die Zukunft bringen würde. Aber ich wußte, daß es mein Schicksal war, nach Amerika zu gehen, und ich war sicher, daß mich das Glück begleiten würde.

Am gleichen Nachmittag ging ich zum amerikanischen Konsulat, um das Visum in meinen Paß stempeln zu lassen. Es trug die Nummer dreiundsechzig. Ich vermutete deshalb, daß zweiundsechzig Iraner vor mir Visa bekommen hatten, um in die Vereinigten Staaten zu reisen. Ich fragte mich, ob auch Frauen darunter gewesen waren. Am nächsten Tag ging ich mit Maschresa und einer Freundin zum Basar und kaufte einen gelben Koffer, den größten, den ich gerade noch tragen konnte. Als wir den Basar verließen, schwappten die Gerüche, die Bilder der düsteren, überwölbten Straßen, die Schreie der Händler und Ladenbesitzer wie eine Woge über mich hinweg. Zum wiederholten Mal fragte ich mich, ob ich all diese Dinge, meine Familie und den Iran selbst jemals wiedersehen würde.

Die Zeit, die mir bis zu meiner Abreise noch blieb, verbrachte ich damit, mich von allen Verwandten und Freunden zu verabschieden. Ich begann mit meinem ältesten Bruder Mohammed Vali Mirsa, dem General, und ging dann dem Alter folgend zu allen anderen. Alle weinten und wünschten mir Glück. Zuletzt verabschiedete ich mich von Batul-Chanom und Fateme-Chanom. Sie weinten, umarmten und küßten mich mindestens hundertmal und sagten, sie wollten Gott bitten, mich zu beschützen, wohin ich auch ginge. Aber sie würden mich dennoch vermissen.

Am Nachmittag des 14. März, einem Donnerstag, sollte ich abfahren. Meine Mutter, die damals häufig nach Resvanie fuhr, um die Renovierung eines Hauses zu überwachen, kündigte an, daß sie sich auch am Tag vor meiner Abreise dorthin begeben würde. Ich wußte, daß sie dem Abschied auf dem Bahnhof aus dem Weg gehen wollte. Am Dienstag abend bewunderte sie meinen neuen Koffer und bot mir mit fröhlicher Miene Hilfe beim Packen an. Sie würde mich vermissen, sagte sie, aber sie freute sich auch, daß ich studieren könnte. »Gott schütze dich«, sagte sie zärtlich, »und wann immer du in Schwierigkeiten gerätst, bete zu Gott, und er wird dir helfen.«

Dadasch und ich verabschiedeten uns am Morgen meines Abreisetages, bevor er zur Arbeit ging. Es würde wohl lange Zeit dauern, ehe wir wieder voneinander hörten, denn ehe ich meiner Familie nicht meine Adresse in Amerika mitgeteilt hatte, konnte sie mir nicht schreiben. Wegen des Krieges war es auch unsicher, ob meine Briefe sie erreichen würden. Als ich zu weinen begann, lachte Dadasch, umarmte mich, klopfte mir auf den Rücken und sagte, daß ich bestimmt mit dem Kopf voller Ideen zurückkäme, und dann würden sie alle stolz auf mich sein.

Der Zug sollte um vier Uhr abfahren. Ich zog meine Reisekleidung an, das dunkle, langärmlige Kleid, die dicken schwarzen Strümpfe und das Kopftuch, und um drei Uhr lud Maschresa meinen Koffer draußen in eine Kutsche, wo meine Brüder und Schwestern warteten, während ich mich von den Dienerinnen verabschiedete. Alle standen am Tor zum Innenhof, aufgereiht wie zu einer Beerdigung, aber das paßte ihrer und Maschresas Meinung nach auch zu meinen Reiseplänen. Hatte man nicht schon zahllose Geschichten von allein reisenden Mädchen gehört, die entführt worden oder in unbeschreibbar schreckliche Umstände geraten waren? Als ich sie alle umarmt und geküßt hatte, hielt die älteste Dienerin einen Koran über meinen Kopf, und ich trat durchs Tor hinaus auf die Straße. »Gott schütze und behüte dich«, sagte sie weinend, »und komm eines Tages zu uns zurück, die wir dich lieben.« Dann streute sie Staub auf die Schwelle und sprenkelte etwas Wasser darüber, um meine sichere Rückkehr zu bekräftigen, und schloß das Tor hinter mir.

Auf dem Bahnhof wimmelte es von alliierten Soldaten und Pilgern, die zum Schrein von Emam Resa in der heiligen Stadt Maschhad wollten, denn die Chorasan-Straße, wie die alte Route zwischen Teheran und Maschhad heißt, ist eine traditionelle Pilgerroute. Auf dem Bahnsteig standen zahlreiche lachende und weinende Familien. Ghafar, der sechzehn Jahre alt war, und der elfjährige Raschid versuchten tapfer zu sein, aber Homi und Sori, meine jüngeren Schwestern, schluchzten, und unsere Kleinste, die neunjährige Chorschid, wimmerte leise. Maschresa und das Kindermädchen weinten und lamentierten laut. Ich umarmte, küßte und drückte alle meine kleinen Brüder und Schwestern zum letzten Mal. Nur mein neunzehnjähriger Bruder Forugh sah nicht so traurig aus, denn er wollte als nächster nach Amerika aufbrechen, und ich sollte ihm den Weg bahnen.

Schließlich, im letzten Moment, stieg ich in den Zug, allein. Verzweifelt schob ich mich durch die überfüllten

Gänge, bis ich endlich ein Abteil mit einem leeren Platz fand. Dort preßte ich mein Gesicht an die schmutzige Scheibe. Da ich Angst hatte, meinen Koffer auch nur eine Sekunde loszulassen, packte ich ihn mit beiden Händen, drückte ihn an mich und versuchte gleichzeitig etwas ungeschickt allen zuzuwinken.

Der Zug setzte sich in Bewegung, und die Gesichter meiner Lieben verschwanden wie von einem gigantischen Seil gezogen im Hintergrund. Plötzlich erfüllte mich panischer Schrecken. Ich mußte verrückt geworden sein! Ohne meine Mutter, Dadasch, meine Brüder, meine Schwestern, meine Stiefmütter und alle anderen, die ich liebte und die mich liebten, würde ich nie leben können! In blinder Panik wollte ich aufspringen, aus dem Abteil laufen und vom fahrenden Zug springen. Aber wir fuhren schon zu schnell. Ich fiel auf meinen Sitz zurück und versteckte mein Gesicht in meinem Taschentuch. Ich weinte hilflos und bezichtigte mich selbst, gerade eine schreckliche Dummheit begangen zu haben.

Nach einer Weile verging mein lautes Schluchzen. Wir kamen durch Südteheran und fuhren beinahe dort vorbei, wo sich die Sanitätsstation befand. Der Anblick dieser schmutzigen Lehmhäuser gab mir wieder Kraft, denn das war schließlich der Grund für meine Reise. Erschöpft lehnte ich mich zurück.

Das Abteil war voll mit dem Hab und Gut der Pilgerfamilie, die die übrigen fünf Plätze belegt hatte. Kleiderbündel, Obstpakete, Brot und Zwiebeln hingen in den Netzen über mir. Einer der Pilger half mir, auch meinen Koffer in ein Netz zu legen, und bot mir etwas zu essen an. Aus Höflichkeit nahm ich ein winziges Stück und verteilte selbst einige Süßigkeiten, die ich mitgenommen hatte. Dann ließ ich mich wieder zurücksinken und schaute hinaus auf die vorbeiziehende Landschaft. Der Zug fuhr nun durch Varamin, eine Gegend, wohin meine Mutter oft mit uns, Maschdi und Korsum gefahren war, um Obst einzukaufen und dann die nahegelegenen Moscheen und Grabmäler zu besuchen. Gerade kamen wir an dem wunderschönen Grabmal von Abdol Asim vorbei, wo Schahsade und Nosratdoule begraben lagen.

Beim Anblick dieser goldenen Kuppel, die sich über den grünen Gärten des nahen Dorfes Rey erhob, vermißte ich Schahsade plötzlich mit einer erschreckenden Intensität, wie ich sie seit seinem Tod nicht gespürt hatte. Nicht zum erstenmal wünschte ich mir, einen Vater zu haben, mit dem ich all meine Entscheidungen besprechen konnte, der mich tröstete und mir sagte, daß ich auf dem rechten Weg war. Manchmal hatte mir die Kühnheit meines Plans selbst angst gemacht. »O Gott Abdol Hosseins«, hatte ich nachts im Bett oft gebetet, »bitte vergib mir, wenn ich meiner Mutter weh tue, und verdamme mich nicht zu einem Leben in ewigem Elend, weil ich ihren Rat nicht befolge. Ich will nur meine Pflicht erfüllen und meinem Land helfen.«

Im Lauf der letzten Jahre hatte ich oft an ein Gedicht von Sadi denken müssen, in dem es hieß: »Obwohl der Prophet die Liebe zur Heimat gebietet, soll ein Mensch nicht Not und Trübsal leiden, nur weil er in einem bestimmten Land geboren wurde.« Ich war sicher, daß dieses Gedicht, das Sadi schon vor sechshundert Jahren geschrieben hatte, mir den Segen gab, den *andarun* zu verlassen.

Schahsade hatte sein Mißfallen stets ohne Worte ausdrükken können, und auch jetzt dachte ich daran, wie er seine weißen Augenbrauen tadelnd zusammengezogen hatte. Hätte er das auch jetzt getan? Ich war mir nicht sicher; ich wußte es nicht. Das einzige, was ich sicher wußte, war, daß ich meine Zukunft in Bewegung gesetzt hatte und daß ich nun weitermachen mußte. Und wenn er die Besatzungszeit und Maschdis Tod noch erlebt hätte, hätte er mich sicher verstanden. Nun konnte ich nur noch abwarten.

Ein müder, ältlicher Teeverkäufer kam vorbei, verkaufte mir ein Glas und blieb dankbar stehen, um etwas zu plaudern. Er arbeitete für die Eisenbahn, seit sie von Resa Schah vor zehn Jahren erbaut worden war. Der frühere Herrscher hatte die Linie eigentlich bis Maschhad geplant, war aber nur bis Semnan gekommen, etwa hundertdreißig Kilometer weit, ehe ihn die Ausländer aus dem Land warfen. Semnan, dachte ich schläfrig, dort ist Nosratdoule umgebracht worden. Ich horchte nur halb auf das, was er erzählte, schlürfte den heißen Tee und konnte kaum meine Augen offenhalten. Nach ein paar Minuten schlief ich erschöpft ein. Aber schon zwei Stunden später wurde ich sehr plötzlich geweckt. Es war dunkel, der Zug stand, und alle stiegen aus.

Auch ich zog meinen Koffer herunter, kletterte aus dem Zug und sah mich verzweifelt um. Es war stockdunkel. Dann dämmerte mir allmählich die Bedeutung der Worte des Teehändlers: Das war das Ende der Bahnstrecke. Das einzige, was in dieser Dunkelheit leuchtete, war das düstere Licht im Büro des Bahnhofsvorstehers. Wir waren im Niemandsland gestrandet. Ich versuchte, meine Panik unter Kontrolle zu bekommen, und dachte, daß man von hier bestimmt nach Maschhad gelangen konnte, nachdem all diese Pilger im Zug gewesen waren. In dem winzigen Bahnhof erfuhr ich, daß ich am Morgen ein Auto mieten konnte. Ich wagte nicht wegzugehen und blieb die ganze Nacht wach, um meinen Koffer zu bewachen. In der Morgendämmerung brachte mich ein klapperndes Taxi zu einer Autovermietung, wo es vor Pilgern wimmelte. Jeder versuchte, eine Mitfahrgelegenheit nach Maschhad zu bekommen. Ich erfuhr, daß in Kürze ein Auto aufbrechen würde, das über Scharud fuhr, eine Stadt, die etwa einhundertzwanzig Kilometer entfernt lag. Dort hatten wir Verwandte, bei denen ich über Nacht bleiben konnte. Nachdem ich diese erste gefährliche Hürde genommen hatte, ging ich voller Stolz in ein altes Teehaus und bestellte mir etwas Brot und Tee. Dort saßen auch andere Reisende, und nach einigen neugierigen Blicken stellte ich erleichtert fest, daß sich niemand um mich kümmerte. Man hielt mich wohl für eine verheiratete Frau, die allein reiste, um sich vielleicht mit ihrem Ehemann oder Bruder zu treffen. Offenbar war es doch nicht so schwer, allein in der Welt herumzufahren, und jetzt war ich mir so gut wie sicher, daß alles gutgehen würde.

Das Auto, das nach Maschhad fahren sollte, war ein altertümlicher, verbeulter Chevrolet, der wie ein altes Kamel stank. Als ich neben zwei Frauen in *tschadors* auf den Rücksitz schlüpfte, hatte ich das Gefühl, mich auf ein Abenteuer einzulassen. Das Auto holperte davon, und wir Passagiere saßen angespannt da, während Steine und Kiesel unter uns klirrten und krachten. Den ganzen Vormittag fuhren wir am Rand einer riesigen Hochebene entlang, und nur gelegentlich war ein Dorf zu sehen. Zu unserer Rechten befand sich flaches, leeres Land, und links erhoben sich die fahlen Vorgebirge des Elburs. Der Fahrer hielt häufig an, um Wasser nachzufüllen und ängstlich nach den Reifen zu schauen. Ärgerlich sagte er, daß wir zu viele Passagiere seien und ganz bestimmt einen Platten bekommen würden. Nach Einbruch der Dunkelheit trafen wir in Scharud ein. Meine Verwandten waren zwar nicht zu Hause, aber der Verwalter und seine Frau begrüßten mich und gaben mir ein Bett. Ich schlief ein, sowie ich mich niedergelegt hatte.

Am nächsten Morgen ging es weiter. Jetzt ließen wir die fruchtbaren Vorgebirge hinter uns und fuhren am Nordrand der Salzwüste entlang. Die Hügel wurden heller und glatter und schienen wie aufgefaltet, und die Salzblöcke glitzerten weiß in der Sonne. Diese Wildnis war das erbarmungslose und riesengroße Herz des Iran. Gelegentlich konnte man in der kargen Landschaft die steinernen Ruinen einer Karawanserei entdecken, deren bröckelnde Ziegel nur noch von Schlangen und Wespen bewohnt wurden, oder man sah eine Herde wilder Esel oder einen der kleinen, alten Türme, die zum Schutz gegen die Einfälle der Turkmenen erbaut worden waren, die die Chorasan-Straße einst so gefährlich gemacht hatten. Abwesend lauschte ich, als der Fahrer uns stolz von Marco Polo erzählte, der hier über die Seidenstraße bis Samarkand gereist war, und von den Mongolenhorden, die vom Osten her in Persien eingefallen waren. Als wir durch Nischapur fuhren, berichtete er, daß die Mongolen hier nicht einmal die Katzen und Hunde am Leben gelassen hätten. Immer wieder döste ich ein, um vor Schreck zu erwachen, wenn ein Stein gegen den Wagenboden schlug. Durch meine Träume zog sich das Gefühl, daß ich hier durch Raum, Zeit und die persische Geschichte reiste.

Gegen Sonnenuntergang kamen wir in Maschhad an. Die Stadt war voll von Pilgern und anderen Menschen, die Lebensmittel, Geschenke, Süßigkeiten und Gebäck kauften, denn am nächsten Tag war Nourus, unser fröhliches persisches Neujahrsfest, das im Iran wie amerikanische Weihnachten gefeiert wird. In meinem Hotelzimmer fühlte ich mich einsam. Aber Dschabi hatte hier eine alte Freundin, deren Ehemann ein Sohn von Hossein Teimurtasch war, Nosratdoules gutem Freund, den Resa Schah ermordet hatte. Als ich sie besuchte, lud sie mich ein, Nourus mit ihrer Familie zu verbringen. Der Familienkoran und die sieben symbolischen Speisen wurden aufgelegt, und die Kinder freuten sich auf das traditionelle Geschenk der Silbermünzen. Zum erstenmal seit meiner Abreise fühlte ich mich wohl und spürte keine Zweifel mehr. Nachdem das neue Jahr angebrochen war, ging ich mit meiner Gastgeberin zum Grabmal des Emam Resa, denn Gebete, die man nach Nourus spricht, sind Gott angeblich am wohlgefälligsten. Um den Schrein herum standen Eltern mit ihren kranken Kindern, die sie mit Seilen an das Grabmal angebunden hatten. Geduldig und ruhig saßen sie da und warteten auf ein Wunder. Ich war tief berührt von diesem Anblick und betete nicht nur für den Schutz meiner Familie und meines Landes, sondern auch dafür, daß ich eines Tages wieder zurückkommen und solchen Menschen helfen konnte.

Wegen der Feiertage verzögerte sich meine Abreise aus Maschhad, und ich machte mir allmählich Sorgen, daß ich womöglich meine Reiseschecks, die ich bis Amerika aufheben wollte, bereits hier würde einwechseln müssen. Aber dann erfuhr ich, daß ein großer Lastwagen, der Nachschub zu den britischen und sowjetischen Truppen brachte, bald nach Sahedan aufbrechen würde. Sahedan war eine trostlose Grenzstadt, die etwa vierhundertachtzig Kilometer südlich in Belutschistan an der Grenze zu Indien lag. Ich bezahlte die Fahrt im voraus und wurde zusammen mit zwei Arbeitern und dem russischen Fahrer im Führerhaus des Lastwagens untergebracht.

Die Fahrt nach Sahedan dauerte dreieinhalb Tage und war schrecklich. Ohne Unterbrechung fuhren wir eineinhalb Tage lang, ehe wir in Birdschan übernachteten, der einzigen größeren Stadt entlang des Weges. Die einzigen Pausen waren kurze Aufenthalte am Straßenrand, um hartgekochte

Eier, Tee, Brot und steinharte getrocknete Früchte zu kaufen, das einzige, was die Bewohner der einsamen Wüstendörfer anzubieten hatten. Von Zeit zu Zeit tauchten gefährlich aussehende Nomaden in schwarzen Umhängen auf, die auf Pferden ritten und uns daran erinnerten, daß es in dieser Gegend noch immer Banditen gab. Wir kamen an sandigen Landstrichen vorbei, wo scheinbar nichts existierte außer Käfern und Schlangen, und ich fragte mich, wie die Wüstenbewohner hier im Sommer überleben konnten, wenn die flachen, roten Hügel die enorme Hitze auch noch zusätzlich zurückstrahlten. Ich war steif vom stundenlangen, bewegungslosen Sitzen. Meine Kleider stanken, meine Augen waren eingefallen vor Müdigkeit, und ich wünschte mir nur noch, die Reise möge bald vorbei sein.

Endlich erreichten wir Sahedan, das nicht viel mehr als einen Basar und eine gepflasterte Hauptstraße zu bieten hatte. Aber von hier aus konnte ich den Zug nach Bombay besteigen, der zweimal wöchentlich fuhr, falls er nicht durch die Sabotageakte indischer Rebellen aufgehalten wurde. Ich fand Unterkunft im Gästequartier eines indischen Arztes namens Sarkar und dessen Frau, der ein kleines, aber sauberes Krankenhaus für die Bewohner der Grenzregion führte. Die britische Regierung hatte Dr. Sarkar hierhergeschickt, und zum erstenmal wurde mir klar, daß die Briten in einem Land, das sie besetzt hatten, auch zur Wohltätigkeit fähig waren. Wenn wir Iraner uns entschließen könnten, den Bedürfnissen der Armen ebensoviel Aufmerksamkeit zu schenken, würden wir viel besser dran sein.

Vier Tage nach meiner Ankunft bestieg ich den Zug nach Bombay. Die Northwest Indian Railway, die über gewundene Gebirgspässe auf den indischen Subkontinent fuhr, wurde von der indischen Armee schwer bewacht. Wenn alles gutging, würde ich Bombay in etwa achtundvierzig Stunden erreichen. Acht Menschen saßen auf den Bänken in jedem Abteil, und weitere hatten sich auf den Gepäckablagen eingerichtet. Die Gespräche um mich herum wurden in Belutschi oder Hindi geführt, und aufgeregt sah ich zu, wie wir langsam am steilen Gebirgsrand hinaufkletterten und über hohe Brücken fuhren, von denen aus ich direkt auf die winzigen Ortschaften schauen konnte, die unten in den steinigen Tälern lagen. Nach mehreren Stunden ging es dann abwärts, und die niedrige Hügellandschaft Nordwestindiens tauchte auf. Selbst vom Zugfenster aus waren der Schmutz und die Armut schlimmer als alles, was ich jemals zu Hause gesehen hatte.

Am späten Nachmittag hielt der Zug plötzlich an, und eine große Gruppe indischer Soldaten stieg ein. Als der Zug wieder anfuhr, begannen sie durch die Abteile zu gehen, wobei sie drohend die Gewehre schwangen und auf englisch Befehle brüllten. Offenbar suchten sie etwas. Etwas erschrokken fragte ich einen Mitreisenden auf englisch, wonach die Soldaten suchten. Er zuckte mit den Schultern und meinte, sie hielten wohl nach Saboteuren Ausschau. In Quetta, der nächsten Stadt, befahlen sie allen Reisenden, den Zug zu verlassen. Ich umklammerte meinen Koffer und stieg aus. Als ich auf dem Bahnsteig stand, fuhr der Zug wieder an und verschwand in der Ferne.

Voller Angst wartete ich in der verwirrten, drängelnden Menge und sah mich um. Ich wußte nicht einmal, wo wir eigentlich waren, und kannte auch niemanden in Quetta. Nach einer Weile machten sich die meisten Leute auf die Suche nach einer Unterkunft. Einige setzten sich einfach neben ihrem Gepäck auf die Erde, um die Nacht auf dem Bahnsteig zu verbringen, andere gingen auf den nahegelegenen Markt, um etwas zu essen zu kaufen. Niemand wußte, wann der nächste Zug eintreffen würde; vielleicht heute schon, vielleicht morgen, vielleicht aber auch erst in einigen Tagen. Nun geriet ich allmählich in Panik und glaubte schon, mein Glück habe mich endgültig verlassen. Ich hatte die Wahl, die nächsten Tage auf meinem Koffer zu verbringen oder eine Unterkunft zu suchen, wobei ich das Risiko einging, den nächsten Zug zu verpassen. Da ich unschlüssig war, blieb ich einfach stehen und hoffte, daß der nächste Zug dann schneller erscheinen würde.

Plötzlich fiel mir ein dunkler Mann mittleren Alters auf, der einen Anzug und eine Krawatte trug. Er löste sich von einer Gruppe Männern, die sich unterhielten, und kam auf mich zu. Während ich mich noch nervös fragte, was er von mir wollte, verbeugte er sich schon tief. »Salam, Chanom«, sagte er in persisch mit südlichem Akzent. »Ich sehe, daß Sie aus dem Iran angereist sind mit dem Zug, der von Gandhis Gefolgsleuten sabotiert wurde. Könnte ich Ihnen vielleicht helfen? Mein Name ist Buschiri, ich bin iranischer Kaufmann und wohne hier in Quetta. Würden Sie mir die Ehre erweisen und mir Ihren Namen nennen?«

Trotz seiner höflichen Manieren fühlte ich mich etwas unbehaglich, sagte ihm aber meinen Namen. Er sah mich erstaunt an. »Dann sind Sie vielleicht eine Tochter von Prinz Abdol Hossein Farman-Farma?« fragte er.

Als ich diese Tatsache überrascht bestätigte, verbeugte er sich nochmals. »Gott ist groß, Chanom! Als ich vor vielen Jahren als junger Kaufmann in Fars lebte, war Seine Hoheit dort Gouverneur und rettete uns vor dem Hungertod. Und als ich während des Krieges eine Karawane nach Schiras brachte, ließ Ihr Vater sie von seinen Leuten begleiten. Ohne seinen Schutz wäre ich ruiniert gewesen. Seit der Zeit, da er mir ein zweites Leben schenkte, betrachte ich ihn als einen zweiten Vater. Jetzt danke ich Gott für die Möglichkeit, daß ich diese große Schuld endlich zurückzahlen kann. Ich bitte Sie, bei mir und meiner Frau zu wohnen, bis der nächste Zug kommt. Das wird erst in zwei Tagen der Fall sein.«

Diese Nacht verbrachte ich in einem Bett in Herrn und Frau Buschiris Gästezimmer und hatte das Gefühl, daß der Gott Abdol Hosseins schließlich doch beschlossen hatte, meinen Plan zu unterstützen.

Mit vielen Dankbezeugungen an meinen Retter machte ich mich zwei Tage später wieder auf die Reise. Herr Buschiri und seine Frau hatten mich mit Großzügigkeit und Freundlichkeit überschüttet. Sie hatten mich in Quetta herumgefahren und alle meine neugierigen Fragen über Indien beantwortet. Als Herr Buschiri erfuhr, daß ich unverheiratet war und allein nach Amerika reiste, flehte er mich an, in Quetta zu bleiben. Er würde es als eine Ehre betrachten, unter den

Männern seiner Familie einen Ehemann für mich zu finden, aber ich lehnte dieses großzügige Angebot höflich ab. Dann sagte ich, daß ich gerne mehr über die indische Unabhängigkeitsbewegung erfahren hätte. Herr Buschiri antwortete, daß die Anhänger Gandhis versuchten, die Briten aus dem Land zu treiben, indem sie ihre Einrichtungen zerstörten, aber keine Gewalt gegen Menschen anwendeten. Er glaubte, daß sie damit Erfolg haben würden. Ich hörte mit einer Mischung aus Bewunderung, Neid und Ungläubigkeit zu, denn ich konnte mir kaum vorstellen, daß magere, ausgehungerte Bauern wie die, die ich vom Zug aus gesehen hatte, die Briten gewaltlos aus dem Land treiben konnten.

Der Zug war so voll, daß die Menschen sogar auf den Trittbrettern und auf den Dächern hockten. Es gelang mir, einen Fensterplatz zu ergattern, was ein großes Glück war, denn mit mir im Abteil drängte sich vielleicht ein Dutzend Menschen. Selbst bei offenem Fenster war der Gestank fast unerträglich, und von Zeit zu Zeit lehnte sich jemand über mich, um roten Betelsaft aus dem Fenster zu spucken. Ich quetschte mich so nah wie möglich an die Seite, schloß die Augen und versuchte zu schlafen.

Als der Zug am nächsten Morgen stehenblieb, schwang sich auf einmal ein großes weißes Etwas durchs Fenster auf den Fußboden, und mir blieb vor Schreck beinahe das Herz stehen. Dann setzte sich ein junger Inder, ganz in weiße Baumwolle gekleidet, mit einem ebenso weißen Turban auf dem Kopf, auf die Bank mir gegenüber, die gerade frei geworden war. Er versuchte wieder zu Atem zu kommen, während er einen Jutesack, der mit Büchern und Pamphleten vollgestopft war, von seiner Schulter nahm.

Ich starrte ihn an. Niemand sagte ein Wort. Er sah sich unter den Gesichtern im Abteil um, offenbar um zu prüfen, ob ihn einer von uns bei den Wachen im Zug verraten würde. Dann lächelte er alle an. »Habe ich euch erschreckt?« fragte er. »Seid ihr überrascht? Es wird euch nichts passieren. Wir kämpfen auch für eure Befreiung von den Briten.«

Angespannte Stille herrschte im Abteil, und zwei Frauen mit Kleinkindern sahen verängstigt aus. Ein oder zwei Fahrgäste legten sich wieder zum Schlafen hin, einer stand ärgerlich auf und verließ das Abteil. Der Rest tat so, als hätte der junge Mann gar nichts gesagt.

»Ich war schon überrascht«, sagte ich mühsam in meinem stockenden Englisch. Ich brannte vor Neugier.

Als ihm klar wurde, daß eine Ausländerin sein einziges Publikum sein würde, lächelte er mich an. »Ich bin ein Soldat Mahatma Gandhis«, sagte er. Was ich sah, war nur ein magerer Junge, schmutzig und ärmlich, mit einem hübschen, freundlichen Gesicht. Aber ich wartete, weil ich unbedingt mehr hören wollte. »Welche Religion haben Sie?« erkundigte er sich, und als ich antwortete, ich sei Moslemin, griff er in seinen Sack und holte ein kleines, dünnes Buch in einem grünen Umschlag heraus. »Das ist eine englische Übersetzung der Bhagavadgita«, sagte er und gab es mir. »Es enthält die gesamte Philosophie von Gandhi und erklärt den Grund für unseren Unabhängigkeitskampf. Gandhi«, fuhr er eindringlich fort, »möchte, daß Hindus und Moslems zusammen leben und arbeiten. Weil er weise ist und selbst einfach lebt, steht das ganze Land hinter ihm. Er möchte die Inder unabhängig machen. Darum drängt er uns, selbst mit der Hand zu spinnen und zu weben, damit wir von der britischen Stoffindustrie unabhängig werden.« Stolz wies er auf seine Kleider. »Diesen Stoff hat eine indische Frau zu Hause gewebt, genau wie Gandhi es uns gelehrt hat.«

Er ließ mich eine Falte seines Gewandes fühlen, und voller Bewunderung fragte ich mich, ob wohl seine Mutter die Frau war, die den Stoff gewebt hatte. Sicher hatte seine Familie Angst um ihn, dachte ich, und ein plötzlicher Schmerz durchzuckte mich.

Wir erreichten Lahore, die Hauptstadt des Panschab. Einige Leute verließen das Abteil, und andere nahmen ihre Plätze ein. Aber ich war völlig gefangen von den Worten des jungen Inders. Stundenlang erzählte er mir von Gandhis Philosophie, und ich war tief beeindruckt von Gandhis Lehre und davon, daß ein Land ebenso selbstbewußt sein konnte wie ein Mensch. Dabei mußte ich an Dr. Jordan denken, der meinen Brüdern im Elburs College immer wieder eingeschärft hatte, daß wir Iraner lernen müßten, selbstbewußt und unabhängig zu sein.

Bei Sonnenuntergang fiel ich in einen leichten Schlummer, aus dem ich schon einige Minuten später wieder erwachte, gerade rechtzeitig, um zu sehen, wie sich der junge Rebell wieder durch das Abteilfenster nach draußen schwang. Da ich um seine Sicherheit fürchtete, lehnte ich mich aus dem Fenster und schaute an der Strecke entlang zurück, aber ich konnte nichts erkennen. Vielleicht war er wieder aufs Dach geklettert, vielleicht war er aber auch abgesprungen und unverletzt entkommen. Mit klopfendem Herzen setzte ich mich wieder zurück. Meine Gedanken rasten. Warum konnten wir im Iran nicht solche tapferen Menschen wie ihn haben, die für ihr Land und für soziale Gerechtigkeit kämpften? Ich hätte alles gegeben, wenn ich so mutig gewesen wäre wie er.

Den Rest der Reise bis Bombay vertiefte ich mich in die Bhagavadgita. Am nächsten Tag kamen wir in Bombay an. Ich machte mich auf den Weg in eine kleine englische Pension, deren Namen ich auf dem Bahnhof aufgeschnappt hatte. Sie war sauber, aber sehr trist. Zum Glück empfingen mich die Nemasis, die Verwandten meiner Schwägerin, der Frau des Generals, mit offenen Armen. Durch den Krieg war die Verbindung nach Teheran abgerissen, und sie waren überglücklich, durch meine überraschende Ankunft Neuigkeiten von ihrer Kusine und deren Familie zu erfahren. Sie bestanden darauf, mich in Bombay herumzuführen und mich zu beköstigen (was ein Glück war, denn ich fand die scharf gewürzte Küche der Inder beinahe unerträglich). Jajah, einer der Söhne, ein eleganter junger Mann in tadellosem Sommeranzug, fuhr mich zur Hafenbehörde, damit ich mich nach Schiffen erkundigen konnte, die nach Amerika fuhren. Man erklärte mir, daß ich damit rechnen müßte, innerhalb von fünf Stunden plötzlich aufzubrechen, und daß ich alles nehmen mußte, was verfügbar war. Es gab eine lange Warteliste, und die Abfahrtspläne waren streng geheim, denn vor Bombay lagen japanische Unterseeboote, die nur darauf warteten, jedes ausfahrende Schiff zu torpedieren. Aber ich dachte mir, daß diese U-Boote wohl kaum überall sein konnten. Es hätte mir nicht einmal etwas ausgemacht, in einem Motorboot nach Amerika zu fahren. Endlich war ich an der vorletzten Station meiner Reise angelangt!

Die Nemasis, die in den Kreisen der persischen Diplomatie und Kultur nahezu jeden kannten, stellten mich Dutzenden von Leuten vor und gaben sich unendliche Mühe, mir den Aufenthalt so angenehm wie möglich zu machen. Ich fand Bombay atemberaubend, schön, schockierend und vor allem fremdartig. Verglichen mit dem gemütlichen, vertrauten und eher provinziellen Teheran war diese indische Großstadt halb Traum, halb Alptraum. Schmuck und schimmernde Saris füllten die luxuriösen Läden, und von der Freiheit, mit der sich die indischen Frauen in der Öffentlichkeit bewegten und sogar arbeiteten, konnten Frauen in meinem Land nur träumen. Wie ein anderer Planet wirkten dagegen die Massen der Armen, die in gräßlicher Armut dahinvegetierten und auf der Straße neben den heiligen Kühen lebten, arbeiteten, schliefen, badeten und ihre Notdurft verrichteten. Dennoch erhoben sich dreihundertfünfzig Millionen dieser hungrigen, elenden Menschen gegen das britische Empire. Das hatten wir niemals getan. Vielleicht würden eines Tages die Inder aller Glaubensrichtungen in Harmonie zusammenleben und fähig sein, selbst für Lebensmittel und Kleidung zu sorgen, während wir noch immer unter der Herrschaft der Engländer lebten, weil wir uneins und zu sehr mit unseren persönlichen Interessen beschäftigt waren, um uns zu erheben und einen gerechten Anteil an den Ölgewinnen zu fordern, damit wir unsere Probleme lösen konnten.

Aber noch erstaunter war ich darüber, wieviel Gutes die Engländer in Indien geschaffen hatten: Es gab hübsche Gebäude, herrliche öffentliche Parkanlagen und sehr viel bessere Krankenhäuser als bei uns. Wie konnte eine Nation in einem Land den Wohltäter spielen und ein anderes Land nur ausbeuten? Offenbar war die Welt sehr viel komplizierter, als ich sie mir von Teheran aus immer vorgestellt hatte.

Allerdings wich meine Faszination allmählich der Verzweiflung. Ich hatte sechs Wochen gebraucht, um Bombay zu erreichen, und während dieser Zeit hatte ich an nicht viel denken können. Aber jetzt hatte ich nichts mehr, um mich abzulenken, und das Heimweh überfiel mich. Ich schrieb lange Briefe nach Hause, aber das tröstete mich kaum, denn ich wußte ja nicht, ob und wann diese Briefe in Teheran eintreffen würden. Anfangs war ich noch zuversichtlich, daß ich bald abfahren würde, aber zwei Wochen vergingen, ohne daß Nachricht vom Hafen kam. Ich wagte kaum meinen Koffer auszupacken aus Furcht, schnell aufbrechen zu müssen. Außerdem hatte ich Angst, mir könnte das Geld ausgehen. Vielleicht saß ich hier bis zum Kriegsende fest und war auf die Gnade der Nemasis angewiesen? Ich wagte kaum noch vom Telefon wegzugehen.

Endlich, am Nachmittag des 15. Mai, kam der ersehnte Anruf: Wenn ich sofort zum Hafen käme, bekäme ich einen Platz auf einem Schiff. Eilig fuhr mich Jajah zum Hafen, wo er mir noch ein Abschiedsgeschenk überreichte, einen Koran in englischer Übersetzung. Das Schiff war ein kleiner, schmutziger Passagierfrachter mit nur zwanzig kleinen Kabinen und einer sechsköpfigen französischen Besatzung. Aber voller Freude bezahlte ich meine Überfahrt beim zuständigen Offizier, verabschiedete mich herzlich von Jajah und ging an Bord. Niemand, mit dem ich beim Abendessen sprach, hatte eine Vorstellung davon, welchen Kurs wir nehmen würden. Klar war nur, daß unser Ziel Amerika war und daß wir nicht vor Mitternacht ablegen würden, denn wir fuhren im Schutz der Dunkelheit. Am ersten Tag der Reise passierte gar nichts; die Monotonie wurde nur von Notfallübungen unterbrochen. Aber am nächsten Morgen etwa um halb fünf wurde ich von einem weichen Stoß geweckt, und plötzlich begannen die Sirenen zu heulen. Ich war verwirrt, zu so früher Stunde schon wieder zu einer Rettungsübung geweckt zu werden, packte aber meine Sachen zusammen und eilte zum Rettungsboot. Wir waren plötzlich von einem Torpedo getroffen worden.

Voller Schreck drängte ich mich mit den anderen Passagieren in der Dunkelheit zusammen, während das Rettungsboot ins Wasser gelassen wurde. Ich wagte kein Wort zu sagen und war davon überzeugt, daß mich mein Glück nun doch noch verlassen hatte. Das Rettungsboot schwankte und tanzte auf den Wellen in der stockdunklen Nacht. Zum erstenmal begriff ich, wie leichtsinnig ich gewesen war, mitten im Krieg aufzubrechen, und fast hysterisch dachte ich daran, daß ich Chanom, Dadasch und meine Brüder und Schwestern vielleicht nie wiedersehen würde. Als der Morgen dämmerte, sahen wir, daß das französische Schiff verschwunden war. Es war gesunken. Dann stieß jemand einen erstaunten Schrei aus und deutete auf einen Punkt am Horizont, der langsam größer wurde und sich teilte. Zwei britische Zerstörer hatten uns gesichtet und kamen auf uns zu. Innerhalb von vierundzwanzig Stunden war ich wieder in meinem kargen Hotelzimmer, dankbar, aber immer noch zitternd.

Allmählich festigte sich meine Überzeugung, daß ich auf immer in Bombay festsaß. Dieser Gedanke machte mich so niedergeschlagen, daß mich nur die noch größere Angst, als Versager nach Hause zurückkehren zu müssen, dazu brachte, jeden zweiten Tag im Hafen anzurufen. Als zwei Wochen später die Nachricht eintraf, ich könnte mit einem anderen Schiff fahren, brachte ich kaum die Kraft auf, wieder einmal meinen Koffer zu packen und den armen Jajah anzurufen und ihn zu bitten, mich zum Hafen zu fahren. Als ich beim Ausfüllen der Formulare bemerkte, daß es sich diesmal um ein amerikanisches Schiff mit einer Militäreskorte handelte, fühlte ich mich etwas besser.

Wieder einmal bedankte und verabschiedete ich mich bei Jajah und ging zum Pier in der Erwartung, wieder ein Schiff wie den französischen Frachter zu sehen. Aber vor mir erhob sich eine massive graue Mauer. Voller Schreck wurde mir klar, daß diese Mauer das Schiff war. Ich blickte nach oben, wo mindestens fünf Stockwerke hoch lange Reihen von Bullaugen zu erkennen waren. Dieses Schiff war so groß, daß ich mir nicht vorstellen konnte, wie es schwimmen sollte.

Staunend stieg ich langsam die Gangway zum Passagierdeck hinauf. Dort wurde ich von einem amerikanischen Schiffsoffizier begrüßt, der mir mit einem herzlichen Händedruck die Hand schüttelte. »Herzlich willkommen auf der U.S.S. General Butler, Madame«, begrüßte er mich. Ich war viel zu verblüfft, um peinlich berührt zu sein. Ich, ein dreiundzwanzigjähriges iranisches Mädchen, das nicht mit fremden Männern sprechen durfte, stand auf dem Deck eines Truppentransporters der US-Navy, der sechstausend GIs aus dem Südpazifik nach Hause zurückbrachte und von drei Zerstörern eskortiert wurde.

## III.

Nun, da mein Ziel endlich in Reichweite schien, wich das Gefühl der drängenden Eile, das mich bisher angetrieben hatte, einer Art Erschöpfung. Während mich dieses riesenhafte Schiff in der dahinfließenden Monotonie einer langen Schiffsreise zu Kriegszeiten übers Meer trug, fühlte ich mich, als ob all meine Willenskraft verschwunden wäre. Nur noch von ferne grüßten meine Träume von einer Ausbildung und meine alten Bilder von der Statue, den hohen Gebäuden, den eleganten Spaziergängern und den gutgekleideten Menschen aus »Vom Winde verweht«.

Das Deck, auf dem ich untergebracht war, war Zivilisten vorbehalten, und es fuhren vielleicht hundert Passagiere mit. Viele von ihnen waren ältere amerikanische Missionare aus Indien oder asiatischen Ländern, die wegen des Krieges nach Hause fuhren. Dazu kamen noch zahlreiche englische, italienische, griechische und asiatische Bräute amerikanischer Soldaten, außerdem Kinder, einige pensionierte Armeeoffiziere und ein oder zwei Regierungsbeamte, die sich auf der Heimfahrt von einer Dienstreise befanden. Niemand konnte mir sagen, wo das Schiff seine Reise begonnen hatte, welche Route wir nehmen oder wann wir ankommen würden. Einige Passagiere besaßen Kompasse, aber wegen der Gefahr japanischer Angriffe änderte der Konvoi ständig seinen Kurs. Nur einmal legten wir in einem Hafen an, aber niemand durfte den Pier verlassen. Erst nach dem Ablegen erfuhr ich von den neuen Passagieren, Kriegsbräuten aus Australien und Neuseeland, daß dieser Hafen Melbourne gewesen war.

Das Leben war einer strengen, aber ziellosen Routine unterworfen. Um vier oder fünf Uhr nachmittags begann bereits der Abend, denn dann wurde der Strom abgeschaltet, und wir mußten unter Deck bleiben. Während des Tages las ich immer wieder die Bhaghavadgita und Jajahs englischen Koran. Da ich weder klassisches Arabisch lesen konnte noch eine persische Übersetzung kannte, lernte ich unser Heiliges Buch tatsächlich erst jetzt kennen. Trotz meiner schlechten Englischkenntnisse und meiner Schüchternheit gelang es mir, mich mit drei Leuten an Bord anzufreunden, einem fürsorglichen alten amerikanischen Missionarsehepaar aus Madras und einem freundlichen, geselligen Major namens Williams, der gerade pensioniert worden war und nun heimfuhr nach Missouri – einer Gegend, von der ich noch nie gehört hatte, die aber seinen Beschreibungen nach die herrlichste Region von ganz Amerika sein mußte. Die endlosen Tage wurden nur von sehr reichhaltigen Mahlzeiten und den ständigen Torpedo-Notfallübungen unterbrochen.

An einen kleinen Vorfall konnte ich mich noch viele Jahre später lebhaft erinnern. Als ich eines Nachmittags mit Major Williams auf dem hinteren Deck des Schiffes spazierenging, sah ich, wie zwei Matrosen etwas über Bord warfen, das wie ein Schwarm Fische aussah. Neugierig fragte ich, was sie da taten, und erhielt die Auskunft, das seien die Reste unseres Mittagessens gewesen. Entsetzt angesichts der Verschwendung von Lebensmitteln, rannte ich auf die Seeleute zu und rief, sie sollten aufhören, aber der Major zog mich lachend zurück. Die Matrosen täten nichts Unrechtes, erklärte er mir. So entledigte sich die Marine der Vereinigten Staaten ihrer Lebensmittelüberreste.

Als ich am Abend in meiner Koje lag, dachte ich über all das nach, was ich bisher auf meiner Reise gesehen hatte. Ich dachte an die hart arbeitenden, hungrigen Iraner in den Wüstendörfern, wo ganze Familien von der Milch einer Ziege und den Eiern eines einzigen Huhns leben mußten, und an die ausgemergelten Inder, die ich vom Zug aus und in den Straßen von Bombay gesehen hatte. Was die Matrosen da innerhalb von fünfzehn Minuten über Bord geworfen hatten, hätte ein ganzes persisches Dorf eine Woche lang ernährt. Wenn die Navy schon keine hungrigen Diener an Bord hatte, warum versorgte sie uns dann mit mehr, als wir beim besten Willen essen konnten? In Ländern wie meinem war es eine Todsünde, Lebensmittel auf diese Weise zu verschwenden. Es gab vieles, was ich an den fremden Ländern nicht verstand, und bestimmt würde ich hart arbeiten müssen, um die Amerikaner zu begreifen.

Endlich, nach zweiunddreißig Tagen auf See, hieß es, daß Land in Sicht war. Blitzartig kehrte meine ganze Aufregung wieder zurück. Ich eilte an Deck, um mich zu vergewissern, und entdeckte am Horizont eine große Stadt. Noch war nur eine flache, graue Masse zu sehen, aber ich war mir sicher, daß die schmalen, hohen Umrisse von Wolkenkratzern bald auftauchen würden.

Lange Zeit fuhr das Schiff auf das Land zu. Schließlich war auch ein Hafen zu sehen, der von niedrigen Gebäuden umgeben war, und nun wurde mir klar, daß etwas nicht stimmte. Dieser Hafen war nicht einmal so groß wie der von Bombay, und in dem mit öligem Schlick überzogenen Wasser schwamm Abfall. Es gab keine Wolkenkratzer, keine Spaziergänger, keine glitzernde Promenade. Und vor allem keine Statue.

Ich war entgeistert. Wir waren nicht am Eingang zu den Vereinigten Staaten. »Wo sind wir?« fragte ich verzweifelt und fast schreiend Major Williams, der neben mir stand. »Das ist doch nicht New York!«

»Ich glaube, wir legen in Los Angeles an«, sagte er.

»Aber ich will doch nach New York!« jammerte ich. »Das hier ist bloß ein schmutziger alter Hafen. Wo ist denn die Freiheitsstatue?«

Einen Moment lang sah er mich verblüfft an. Dann faßte er sich, hielt mühsam das Lachen zurück und antwortete: »New York ist auf der anderen Seite der Vereinigten Staaten. Von hier aus können Sie da gar nicht hin. Hier ist Los Angeles, Kalifornien.«

Mein Herz sank. Jetzt war ich so weit gefahren, und dann sah ich nicht einmal die Statue, die der Beweis dafür sein sollte, daß ich mein Ziel erreicht hatte. Ein paar Minuten lang war ich bitter enttäuscht, den Tränen nahe und erschöpfter als jemals zuvor in meinem Leben. Von »Los Angeles« hatte ich noch nie gehört, und es interessierte mich auch gar nicht. Am liebsten hätte ich alles aufgegeben.

Nach einer Weile wurden alle Passagiere unter Deck beordert, weil das Schiff anlegte. Es dauerte lange, bis endlich die Mitteilung kam, daß das Schiff im Hafen angelegt hatte und wir von Bord gehen konnten. Ich nahm meinen Koffer und folgte niedergedrückt den anderen Passagieren. Jetzt wollte ich nur noch, daß diese lange Reise endlich zu Ende war. Ich fühlte mich so müde, daß ich kaum noch laufen konnte.

Während ich auf unsicheren Beinen die Gangway hinunterstieg, kehrte mein Optimismus allmählich zurück. Am Pier liefen zwar Soldaten und Matrosen herum und keine Spaziergänger, aber sie hatten die gleiche Entschiedenheit und Zielstrebigkeit an sich, wie ich sie bei den Amerikanern im Iran gesehen hatte. Hier und da sah ich sogar Frauen in Uniform. Ich hatte es geschafft – ich war angekommen. Jetzt mußte ich nur noch Tiffin, Ohio, erreichen, und dann konnte ich lernen, was Amerika mir beibringen konnte.

# II.
# Jeni Donjia

## 8. Das Land am anderen Ende der Welt

*Häng dein Herz nicht an eine einzige Geliebte und deine Treue nicht an einen einzigen Ort, denn es gibt zahllose Geliebte, und weit sind Länder und Meere.*

Sadi

Im Einwanderungs- und Zollgebäude der Hafenbehörde wurde ein westliches Datum in meinen Paß gestempelt, das für mich keine Bedeutung hatte. Aber ich fand es dennoch aufregend, denn dieses Datum bezeichnete für immer den Jahrestag meiner Ankunft in Amerika: 4. Juli 1944. Zusammen mit fünf oder sechs anderen Passagieren, die ebenfalls von niemandem erwartet wurden, schob man mich in einen Wagen des Roten Kreuzes. Er sollte uns zu einem Hotel in der Stadt bringen, bis das Rote Kreuz herausgefunden hatte, auf welche Weise wir an unsere endgültigen Zielorte gelangen konnten.

Fasziniert starrte ich aus dem Fenster, während wir aus dem Hafengelände fuhren. Bald befanden wir uns in menschenleeren Wohngebieten mit breiten Straßen, dünnen Palmen und niedrigen weißen Ladengeschäften und Bungalows. Ich sah, daß die Häuser einzeln und ungeschützt standen, und ich fragte mich, ob sich die Bewohner vielleicht keine Mauern leisten konnten. Aber da die Gebäude reich und gepflegt aussahen, wurde mir nach einer Weile klar, daß die Amerikaner freiwillig ihre Häuser in dieser offenen, unschuldigen und vertrauensvollen Art bauten. Es gab mehr Autos, als ich je in meinem Leben gesehen hatte, aber auf dem Bürgersteig war fast niemand zu sehen. Niemand hupte, fluchte oder verursachte einen Verkehrsstau, weil er stehenblieb, um mitten auf der Straße sein kaputtes Gefährt zu reparieren. Alles war so sauber, daß es mir geradezu unwirklich erschien. Verglichen mit dieser ordentlichen und so ganz und gar fremdartigen Stadt ohne Menschen hatte Bombay geradezu heimatlich gewirkt.

Die Fahrerin unseres Autos, eine junge Frau, brachte uns

zu einem sauberen, angenehmen Hotel in der Stadtmitte. Während sie uns an der Rezeption beim Ausfüllen der Formulare half, fragte sie mich, wohin ich wollte. Ich grub in meiner Handtasche nach dem Brief des Heidelberg College, gab ihn ihr und nannte stotternd mein Reiseziel. Wie weit, erkundigte ich mich, ist Tiffin, Ohio, von der Stadt entfernt, in der ich mich jetzt befand?

»Wir sind hier in Kalifornien«, erklärte sie. »Ohio liegt Tausende von Meilen weit weg.«

Mir wurde schwindlig, und plötzlich fühlte ich mich sehr erschöpft. Alle Krisen, die ich auf dieser Reise überstanden hatte, schienen mich auf einen Schlag eingeholt zu haben. Offenbar war es doch nicht mein Schicksal, in Amerika zu studieren, dachte ich, denn nun konnte ich keinen einzigen Schritt weiter.

Als sie meine Verzweiflung bemerkte, fragte mich die Frau vom Roten Kreuz, ob ich denn niemanden in Los Angeles kennen würde. Den Tränen nahe schüttelte ich den Kopf. Dann riß ich mich zusammen, suchte mein Adreßbuch hervor und gab es ihr. Sie blätterte es durch. »Hier steht ein Dr. Samuel M. Jordan in Pasadena. Das ist nicht weit von hier.«

Ich dachte zuerst, ich hätte mich verhört. Doch sie wählte an einem Telefon in der Hotelhalle die angegebene Nummer, und als sie mir den Hörer gab, ertönte daraus tatsächlich Dr. Jordans vertrautes Persisch mit dem komischen Akzent. Seine Stimme zitterte vor Aufregung, als er fragte, was ich eigentlich in Los Angeles täte.

»Ich bin auf dem Weg zum Heidelberg College in Tiffin, Ohio«, sagte ich und hielt nur mühsam die Tränen zurück, »aber ich weiß den Weg nicht.«

»Bleib, wo du bist!« rief er. »Geh nirgendwo hin. Schlaf dich aus, ich komme morgen früh und hole dich mit dem Auto ab. Ich will mit dir reden.«

Er kam pünktlich um neun Uhr. Wir waren so froh, einander zu sehen, als wären wir schon das ganze Leben lang die besten Freunde gewesen. Für Dr. Jordan war ich ein kleiner Teil seiner verlorenen Welt, der wie ein Meteor vom Himmel gefallen war, während ich, überwältigt von Glück und

Freude, Schahsade's alten Freund wie einen lang verlorenen Verwandten begrüßte – es war, als wäre mein Vater plötzlich wieder am Leben.

»Unsinn«, meinte er, als ich ihm erzählte, daß ich in der Nacht beschlossen hatte, weiterzureisen. »Wir haben hier in Los Angeles sehr gute Schulen. Hol sofort deinen Koffer«, fuhr er fort und wehrte dabei meinen schwachen Protest ab. »Du wirst nicht nach Ohio gehen.«

Er fuhr mit mir zu einer Universität in der Nähe, und innerhalb von zwei Stunden gelang es ihm, einen recht skeptischen Direktor davon zu überzeugen, mich für das Sommersemester aufzunehmen. Danach führte er mich zum Büro und zur Hausverwaltung. Der Nachmittag war noch nicht vorbei, als er mich schon fest an Los Angeles gekettet hatte. Zu meinem großen Erstaunen war ich nun ein Freshman an der University of Southern California. »Aber was ist mit Tiffin, Ohio?« sagte ich.

»Es ist viel besser, wenn du hierbleibst«, antwortete Dr. Jordan glücklich, als er mir in einem nahegelegenen Geschäft meine allererste Eiswaffel kaufte. »Die USC ist viel näher bei mir und Mrs. Jordan. Du kannst uns jederzeit besuchen.« In der heißen Julisonne wanderten wir zum Campus zurück. Dr. Jordan leckte geschickt um den Rand seiner Eiswaffel herum, während ich vergeblich versuchte, die Tropfen zu fangen, die an meiner Waffel herunterliefen. »Jetzt mußt du daran denken, daß es wichtig ist, nicht schüchtern zu sein. Du wirst feststellen, daß hier niemand etwas über den Iran weiß. Frag, soviel du willst – anders als die Perser finden die Amerikaner das nämlich nicht unhöflich. Jeden Sonntag wirst du mit dem roten Trolleybus nach Pasadena fahren, dann gehen wir in die Kirche und essen zu Mittag, und am Nachmittag fahre ich dich wieder zurück. Mein Haus wird dir gefallen«, fügte er in traurigem Ton hinzu. »Dort ist alles persisch. Meine Frau und ich nennen es unseren ›kleinen Iran‹.«

Endlich hatte meine Ausbildung in Amerika begonnen! Als ich mich umsah, hatte ich den Eindruck, meine Umgebung sei direkt aus einem meiner Träume entsprungen: die Üppigkeit der Bäume und des grünen Rasens, die hübschen

Backsteinbauten auf dem Campus, die lebhafte Aktivität vor der Doheny-Bibliothek und die sauberen, gesunden, gut ernährten Amerikaner.

Aber im Unterricht war ich den Tränen nahe. Die Amerikaner auf dem Schiff hatten, weil ich eine Ausländerin war, langsam gesprochen, aber hier saß ich hilflos da und verstand kein Wort von dem, was der Lehrer sagte. Außerdem saß ich zum erstenmal in meinem Leben zusammen mit Männern in einem Klassenzimmer. Voller Panik, ich könnte vielleicht etwas tun, was meiner Familie und Schahsade's Andenken Schande bereiten könnte, brachte ich es nicht über mich, sie anzusehen. Im Speisesaal der Casa de Rosas, einem Wohnheim für ältere weibliche Studenten, wo Dr. Jordan mich untergebracht hatte, aß ich schweigend und wagte nicht, die hübschen, gutgekleideten Amerikanerinnen neben mir anzusprechen. Ich hatte große Angst, sie könnten mich mit ihrer Selbstsicherheit auslachen. In meinem kleinen Zimmer im zweiten Stock, das zum Innenhof hinausging, entdeckte ich dann im Spiegel eine Frau, die sogar mir selbst in dieser Umgebung seltsam vorkam: ein iranisches Mädchen mit olivfarbener Haut, langer Nase und langem schwarzem Haar, das zu einem Knoten zusammengebunden war. Ich trug noch immer die gleichen dicken Wollstrümpfe und das schlichte, langärmlige Kleid, in dem ich den *andarun* meiner Mutter verlassen hatte. Ich war eine Fremde, deren Sprache man hier nicht verstand. Irgendwo zwischen Teheran und der Casa de Rosas hatte ich scheinbar mich selbst verloren.

Aber an der Universität war man sehr interessiert an der neuen iranischen Studentin. Die USC war eine private Universität, deren ehrgeiziger Präsident sehr stolz darauf war, daß seine Schule die höchste Zahl ausländischer Studenten an der ganzen Westküste vorweisen konnte. Er fragte mich neugierig, ob ich wüßte, daß vor mir noch nie jemand aus Persien an der USC studiert hatte. Diese Tatsache machte mich stolz, und sein Interesse ermutigte mich. Bald darauf wurde ich ins Büro der Rektorin für die weiblichen Studenten gerufen. Die Rektorin war eine hübsche, geschäftsmäßige Frau namens Helen Moreland, die wissen wollte, wie ich mitten im Krieg bis nach Los Angeles gelangt war. So gut ich konnte, erzählte ich ihr von meiner Reise. Gelegentlich schien sie erstaunt und unterbrach mich mit einer Frage. Aber als ich meinen Bericht beendet hatte, versicherte sie mir nur, daß sich die Universität über meine Anwesenheit freute. Sie wollte mir eine amerikanische Studentin als Mentorin zur Seite stellen, die mir beim Eingewöhnen helfen sollte.

Meine freiwillige »große Schwester«, wie Mrs. Moreland sie nannte, war Jean Welch, eine attraktive und disziplinierte Studentin. Jean verkündete, daß ich mir sofort neue Kleider kaufen müßte, und ging mit mir ins Kaufhaus Robinson. Staunend stand ich vor den vielen fertig genähten Kleidungsstücken, etwas, was ich nie zuvor gesehen hatte. Ich konnte es kaum erwarten, die Röcke, Blusen, Söckchen und Lederschuhe zu tragen, die Jean für mich ausgesucht hatte. Nur als sie darauf bestand, daß ich »ein schwarzes Cocktailkleid für Verabredungen« bräuchte, protestierte ich. Schockiert stammelte ich, daß mein Vater mir nie erlaubt hätte, mit fremden Männern auszugehen, und daß ich damit Schande über meine Familie brächte. Aber Jean bestand darauf, daß ich wenigstens ein gutes Kleid haben müßte. Ich erinnerte mich an den Kaffeehausbesuch mit Dadasch und an seine Mahnung, mich an fremde Sitten gewöhnen zu müssen, sobald ich die Gärten des Schahs verließ. Und plötzlich wurde ich rot vor Freude, denn schließlich waren das meine ersten hübschen Kleider. Ich beschloß, mir meine langen Haare kurz schneiden zu lassen, damit ich sie wie die praktisch denkenden Amerikanerinnen offen tragen konnte.

Dann fuhren wir zum Campus zurück, wo wir bei der Security Pacific Bank ein Girokonto für mich eröffneten. Ich hatte so sparsam gelebt, daß ich noch sämtliche Reiseschecks besaß. Der Schalterbeamte schob mir ein Formular zu, und während ich es ausfüllte, fiel mir ein, daß die praktischen Amerikaner alle praktische Namen hatten. Ich fand, daß auch ich hier einen solchen Namen brauchte, und beschloß, mich »Sattareh Farman« zu nennen.

Zufrieden stellte ich fest, daß ich allmählich anfing, Amerika zu verstehen.

Während der Einschreibung zum Herbstsemester wurde ich gefragt, was ich studieren wollte. Ich antwortete, daß ich gerne lernen würde, meinem Volk zu helfen, und man gab mir den Rat, Soziologie zu studieren. In meinem Eifer, alles möglichst schnell zu lernen, entschied ich mich, pro Semester sieben Kurse zu belegen und das ganze Jahr hindurch zu studieren.

Nach und nach schloß ich in der Casa de Rosas einige Freundschaften. Im Herbstsemester tauchten in meinen Kursen noch mehr Männer auf, aber zu diesem Zeitpunkt hatte ich bereits begonnen, mich an ihre Anwesenheit zu gewöhnen. Oft sah ich, wie Männer und Frauen am Campus nahe beieinander auf den Steinbänken saßen oder auf dem Rasen unter den Magnolienbäumen vor der Bibliothek Händchen hielten. Im Iran wäre so etwas äußerst unsittlich gewesen, und anfangs verbarg ich mein Gesicht. Aber eines Tages sah ich, wie die Rektorin, Mrs. Moreland, an einem solchen Paar vorbeiging und ihm gar keine Beachtung schenkte. Also beschloß ich einfach, nicht mehr darüber nachzudenken. Ich wußte von den Frauen in der Casa de Rosas, daß man so etwas »Romanze« nannte und daß das die westliche Form der Heiratsvermittlung war. Nach einer Weile fand ich es sogar schön, die Paare auf dem Rasen sitzen zu sehen. Wenn sie einander anlächelten, erinnerten sie mich an Illustrationen zu Dichtungen von Hafez oder Sadi, und ich dachte daran, wie gut es war, wenn andere Menschen glücklich waren. Bald bemerkte ich ihr Benehmen überhaupt nicht mehr.

Aber ich war sehr einsam. Obwohl ich noch an dem Tag, an dem ich in die Casa de Rosas eingezogen war, an meine Familie geschrieben hatte, hatte ich noch immer nichts aus Teheran gehört. Ich wußte nicht einmal, ob überhaupt einer meiner vielen Briefe angekommen war. Am schlimmsten waren die Wochenenden, wenn das Wohnheim leer war. Den Samstag verbrachte ich mit Lernen in der Bibliothek und aß allein im Studentenclub. Dann kehrte ich in das ausgestorbene Gebäude zurück, um den Abend in meinem Zimmer zu verbringen. Manchmal allerdings war ich zu traurig, um lernen zu können. Dann lag ich auf dem Bett, horchte auf die

Mäuse, die unter der Heizung nagten, und versuchte die Tränen zurückzuhalten. Jeden Sonntag besuchte ich Dr. Jordan und seine Frau in Pasadena, die mich mit ihrer Freundlichkeit, den gemeinsamen Erinnerungen und den Messinglampen und persischen Teppichen, die ihr Haus füllten, einige Stunden lang vergessen ließen, wie weit der Iran von Amerika entfernt war. Aber wenn ich danach am Abend wieder im Wohnheim war, spürte ich, daß ich Menschen um mich brauchte, selbst wenn mir die Zeit dann zum Lernen fehlte. So ging ich in den Gemeinschaftsraum, um mir Serien und Shows im Radio anzuhören. Das ganze Wochenende freute ich mich schon auf die »Jack Benny Show«, bei der ich über jeden Gag lachte, ob ich ihn nun verstand oder nicht. Ich liebte Jack Benny und seine Freunde, weil sie und die Jordans die einzigen waren, die mich mein Heimweh vergessen ließen.

Ich hatte eigentlich erwartet, daß die Amerikaner genauso neugierig auf den Iran sein würden wie ich auf Amerika, aber ich mußte feststellen, daß Dr. Jordan recht hatte. Die Amerikaner wußten vielleicht noch weniger über mein Land als ich über ihres. Jean und meine Freundinnen in der Casa de Rosas hatten zwar von Perserkatzen und Perserteppichen gehört, aber was Amerikaner sonst über den Nahen Osten wußten, klang eher nach »Tausendundeine Nacht«. Wildfremde Leute schauten mich neugierig von oben bis unten an, als käme ich von einem anderen Planeten. Allmählich wurde ich es müde, immer wieder zu erklären, daß ich keine »Araberin« war. Die Fragen der Amerikaner waren naiv und kindlich: Ob wir Häuser hatten in Persien oder noch in Zelten lebten? Gab es Autos, oder reisten wir mit Kamelen?

Ich stellte fest, daß die meisten Menschen noch nie etwas vom Iran gehört hatten und daß auch niemand wußte, wo sich dieses Land befand. Nun wunderte ich mich zwar nicht mehr über die geographische Ahnungslosigkeit meiner Mitstudenten, die ja kaum wußten, wo die Städte in ihrem eigenen Land lagen. Aber als sich ein Soziologieprofessor bei mir erkundigte, ob der Iran denn in China liege, dachte ich zunächst, ich hätte mich verhört. Wenn ein Universitätsprofessor die Welt so wenig kannte, um wieviel weniger wußten dann wohl die einfachen Leute?

Gelegentlich wurde ich nach meiner Religion gefragt, aber auch über »Islam« oder »Moslems« wußte man in Amerika kaum etwas, und ich stellte fest, daß meine Freunde mir aus Höflichkeit nicht allzu viele Fragen zu diesem Thema stellen wollten.

Dank Hollywood hatten sie allerdings sehr wohl von Harems gehört, und dieses Thema besaß für meine Mitbewohnerinnen eine große Faszination. Als ich ihnen erklärte, es sei moslemischen Männern zwar erlaubt, bis zu vier Frauen zu nehmen, aber nur wenige könnten sich mehr als eine leisten, schienen sie enttäuscht zu sein. Irgendwie waren mir solche Fragen unangenehm. Aber ich erinnerte mich daran, daß ich meine neuen Bekannten nicht kritisieren, sondern eher aufklären sollte, und so lud ich sie in mein Zimmer ein und zeigte ihnen Fotos von meinen Brüdern und Schwestern, damit sie sehen konnten, daß wir normale Menschen waren, die sich wie jedermann kleideten und nicht in Zelten lebten. Aber obwohl ich mich in Geduld übte – ich sagte mir, daß es ja so vieles gab, was ich über ihr Land ebenfalls noch nicht wußte –, wirkte ihre Neugier auf mich unhöflich und indiskret, und schließlich wurde ich ärgerlich. Ich beschloß, daß ich ihnen nichts über Schahsade, meine Mutter und meine Stiefmütter erzählen würde. Aber auch wenn diese Strategie mich vor allzu aufdringlichen Fragen schützte, so führte sie doch dazu, daß ich mich noch einsamer fühlte.

Mrs. Moreland, die sich Sorgen machte, weil ich so hart arbeitete und so wenig unternahm, um mich zu zerstreuen, erfuhr eines Tages von Jean, daß ich Sport sehr mochte. Daher schlug sie vor, ich sollte mir ein Saisonticket für die Football-Spiele der Universitätsmannschaft im Kolosseum von Los Angeles kaufen. Das tat ich gerne, denn ich hatte den angeregten Diskussionen im Speisesaal entnommen, daß Football in Amerika sehr populär war. Gespannt wartete ich auf das erste Spiel. Aber als wir uns auf den Sitzen niedergelassen hatten und das Spiel begann, begriff ich überhaupt nicht, was vor sich ging. »Warum kämpfen die beiden Teams auf dem

Spielfeld eigentlich?« erkundigte ich mich bei einer der Frauen, mit denen ich dorthin gegangen war.

Überrascht antwortete sie, daß man amerikanischen Football eben so spiele. Ich schaute weiter zu, aber der Kampf hörte nicht auf. Dann stellte ich fest, daß sich die Mannschaften nach jedem Kampf zurückzogen. Die Spieler umarmten sich, und dann begann die Sache wieder von vorn – kämpfen, umarmen und wieder kämpfen. Das Ganze hatte keinerlei Ähnlichkeit mit Football – Fußball –, wie ich es von zu Hause kannte. Schließlich gab ich auf und hoffte, daß ich beim nächsten Mal mehr verstehen würde. Aber bevor es dazu kam, war das Ticket aus meinem Zimmer gestohlen worden. Ich konnte mir kein neues leisten und war wütend. Dabei war ich sicher, daß ich im Laufe der Zeit diesen Aspekt des amerikanischen Lebens sicherlich sehr gut kennengelernt und verstanden hätte.

## II.

Amerika erstaunte und verwirrte mich weiterhin. Angesichts der enormen Größe der Stadt Los Angeles fühlte ich mich ganz winzig, aber ich liebte die ungewöhnliche Vegetation, die Magnolien, Azaleen und Orangenbäume, die, wie man mir erzählte, nicht im Frühjahr, sondern im Winter blühten. Immer wieder wunderte ich mich über die seltsame Kleidung der Menschen, besonders der Männer, die in ihren bunten Sporthemden wie tropische Vögel aussahen. Auch alte, eigentlich verehrungswürdige Menschen kleideten sich in einer Weise, die mir würdelos erschien. Ich war auch immer wieder verblüfft, wenn meine Freunde von ihren Vätern als »mein alter Herr« sprachen.

Der Lebensstil der Amerikaner war so seltsam wie die Vegetation und die Kleidung. Bisher hatte ich mir eine solche Fülle von Lebensmitteln, wie ich sie in den Supermärkten von Los Angeles sah, einfach nicht vorstellen können. Aber die Folge dieses Überflusses war eine erschreckende Gleichgültigkeit gegenüber dem Wert der Dinge, wie ich sie auch an Bord der General Butler gesehen hatte. Amerikaner aßen manchmal nur einen Teil eines Apfels oder die Hälfte eines Steaks und warfen den Rest in den Abfall. Meine Bekannten in der Casa de Rosas kauften eine billige Bluse oder ein Paar Schuhe, die sie einen Monat lang trugen und dann lieber wegwarfen, anstatt sie zu säubern oder zu reparieren. Als ich mich bei ihnen erkundigte, warum sie die Dinge denn wegwarfen, anstatt sie den Armen zu geben, antworteten sie, daß sie keine armen Menschen kennen würden.

Vielleicht, so dachte ich, hing dieser Fehler mit der Großzügigkeit der Amerikaner zusammen und war eine Art Störung in einem grundsätzlich sehr noblen Charakterzug. Aber nichts, was ich in Los Angeles erlebte, erschreckte mich mehr als die Art und Weise, wie die Menschen mit dem Überfluß umgingen, mit dem sie gesegnet waren.

Mein Leben war eine ständige Folge von kleinen Schocks und großen Enthüllungen. Beispielsweise war ich verblüfft über die Freiheit in amerikanischen Klassenzimmern und überhaupt im Leben der Amerikaner. Sie durften alles und jedes kritisieren, und es schien mir, daß sie genau das auch ständig taten. Die politischen Karikaturisten in der Los Angeles Times nahmen sich gegenüber dem Präsidenten und anderen einflußreichen Politikern Freiheiten heraus, für die die Pahlawis einen Künstler ins Gefängnis gesteckt und die Zeitung verboten hätten. Als ich zum erstenmal hörte, wie ein Student im Kurs einen Witz über Präsident Roosevelt machte, erstarrte ich vor Angst: Zwar war Mohammed Resa Schah nicht so angsteinflößend wie sein Vater, aber Witze über ihn und seine Regierung wurden doch nur im engsten Familienkreis gemacht, wenn die Diener nicht in der Nähe waren.

Bald stellte ich auch fest, daß in Amerika sogar Professoren offen kritisiert und angegriffen werden konnten und daß Bemerkungen, für die in Persien ein Student von der Schule geflogen wäre, hier völlig ungehört verhallten. Ich schwelgte in den angeregten Diskussionen, die in den Kursen der besten Lehrer geführt wurden. Verblüfft mußte ich hören, daß ein Professor seine Studenten sogar drängte, in seinen eigenen Argumenten nach Schwachstellen zu suchen. Noch immer war ich viel zu schüchtern und meiner Sprachkenntnisse zu unsicher, um an solchen Gesprächen teilzunehmen, aber mit offenem Mund und aufgeregt pochendem Herzen folgte ich den Auseinandersetzungen zwischen Studenten und Professor. Mir wurde klar, daß in Amerika die Menschen genau das sagen konnten, was sie dachten, und ich begann zu verstehen, weshalb sie ihre Statue aufgestellt hatten.

Eines Tages wurde mir bewußt, daß es zwischen dieser Freiheit und der Entschlossenheit, die ich bei so vielen Menschen hier bemerkt hatte, einen Zusammenhang gab. Wenn man offen über die Dinge sprechen konnte, dann entdeckte man auch, wie ein Problem zu lösen war. Und traf nicht auch das Gegenteil zu?

Uns Iranern fehlte das Selbstbewußtsein und der Glaube an unsere eigene Kraft, die wir zur Lösung unserer Probleme gebraucht hätten, weil wir vor lauter Mißtrauen und mangelndem Vertrauen Fremden gegenüber nicht zu sagen wagten, was wir wirklich dachten.

Ich konnte die Amerikaner auch in ihren Familien beobachten, denn oft luden mich Lehrer zusammen mit anderen Studenten zum Essen ein, oder Jean oder eine andere Freundin nahm mich übers Wochenende mit nach Hause in eine der Vorstädte. Inzwischen stand der Sieg der Alliierten in Europa unmittelbar bevor, und ich lauschte fasziniert den Gesprächen am Eßtisch oder in der Küche, die sich um die Väter, Ehemänner, Söhne und Brüder drehten, die als Soldaten in Übersee waren, um die Mütter, Tanten und sogar Großmütter, die in den Flugzeugfabriken arbeiteten und um Sammelaktionen zugunsten der Soldaten. Mich erfaßte grenzenlose Bewunderung für die amerikanische Fähigkeit, angesichts des Feindes Einigkeit zu zeigen und nicht nur mit Familienmitgliedern, sondern sogar mit völlig Fremden kooperativ zusammenzuarbeiten.

Aber was mich am meisten beeindruckte, war etwas, was die Amerikaner »Initiative« nannten. Immer wieder konnte ich beobachten, daß die Menschen, wenn etwas zu tun war, nicht wie wir einfach herumsaßen und abwarteten. Sie verließen sich nicht darauf, daß ein Verwalter oder Gutsbesitzer kam und das Problem für sie löste, sondern versuchten vielmehr, es auf eigene Faust zu bewältigen.

Ich mußte an Maschdi denken, der sein ganzes Leben lang hart gearbeitet und für meine Mutter und Schahsade alles getan hätte. Er wäre nicht in tausend Jahren auf die Idee gekommen, seine Nachbarn zusammenzutrommeln, um beispielsweise gemeinsam einen Brunnen zu bohren für besseres Wasser, das dann allen zugute gekommen wäre. Wir Iraner gingen immer davon aus, daß wir zu schwach, zu klein und zu kraftlos wären, um etwas an unserer Gesellschaft zu ändern. Aber wenn wir »Initiative« hätten und lernen könnten, mit anderen Menschen vertrauensvoll zusammenzuarbeiten, könnten auch wir eine große und starke Nation werden.

In solchen Momenten des Verstehens durchlief mich ein Schauder, denn ich spürte, daß ich den Dingen endlich auf der Spur war, über die ich schon so lange Bescheid wissen wollte. Auch wenn ich meiner Mutter Leid verursacht hatte, war es doch richtig gewesen, nach *jeni donjia* zu gehen. Ich bekam die Ausbildung, von der ich geträumt hatte.

Die Einsamkeit ließ mich arbeiten, als würde ich von Dämonen verfolgt, aber noch immer hatte ich nichts von zu Hause gehört. Im Dezember kam endlich ein Brief von Forugh – aber nicht aus dem Iran, sondern aus Tarrytown im Staat New York! Mein neunzehnjähriger Bruder war inzwischen ebenfalls in Amerika und wollte nach seinem Highschoolabschluß aufs College gehen. Er war auf dem gleichen Weg wie ich nach Amerika gelangt. Jetzt besuchte er die Tarrytown High School, um noch einige Lücken aufzufüllen. Er war im Dezember in Los Angeles angekommen, aber da mein erster Brief aus der Casa de Rosas erst Monate nach seiner Abreise in Teheran angekommen war, hatte niemand gewußt, wo ich war.

Ich war verzweifelt. Forugh war in Los Angeles gewesen – und ich hatte ihn verpaßt! Einen Moment lang überlegte ich, ob ich ihn anrufen sollte, aber ein Anruf nach New York kostete mehr, als ich mir leisten konnte, und die Verbindung war immer schlecht. Wir würden warten müssen. Ich war sicher, daß Forugh, der der geselligste von uns Geschwistern war, sich genauso sehr nach der Heimat sehnte wie ich, und jetzt litt ich für ihn mit. Trotz all meiner amerikanischen Lehrer und Freunde fühlte ich nun eine Einsamkeit, wie ich sie nie für möglich gehalten hatte.

Im Frühjahr 1945, als ich im zweiten Semester war, bekam ich einen Teilzeitjob in einem Schreibwarengeschäft auf dem Universitätsgelände und begann nun endlich etwas Geld zu verdienen. Da ich billiger wohnen wollte als im Wohnheim, zog ich mit fünfzehn anderen Amerikanerinnen und Ausländerinnen zusammen. Das Herz unserer Gruppe waren einige Krankenschwestern vom Sanitätskorps, die als Soldatinnen ein Stipendium bekommen hatten und sehr an fremden Menschen und Sitten interessiert waren. Wir gründeten eine von der Universität unterstützte Kooperative, die wir zu Ehren von Dean Moreland »Moreland Hall« nannten.

Nachdem ich nun mit anderen Ausländerinnen und mehreren weitgereisten Amerikanerinnen zusammen wohnte, verlor sich mein Gefühl der Einsamkeit bald. Außerdem kamen nach dem Ende des Krieges, im Herbst 1945, viele Studenten aus Indien, aus anderen asiatischen Staaten und aus Ländern des Nahen Ostens, darunter auch aus dem Iran, an die USC. Trotz der hohen Anzahl von Ausländern gab es in der Universität keine Organisation, die sich mit den besonderen Problemen der ausländischen Studenten befaßte. Weil ich den Neuen die Eingewöhnung leichter machen und ihnen die Schwierigkeiten ersparen wollte, die ich anfangs gehabt hatte, verbrachte ich im Herbst 1945 und im Frühjahr 1946 – also in meinem zweiten akademischen Jahr – einen Großteil der Zeit damit, zusammen mit anderen Bewohnerinnen von Moreland Hall einen internationalen Studentenclub zu gründen, den wir USC Intercultural Club nannten.

Kurz nachdem ich von Forugh gehört hatte, tröpfelten allmählich die Briefe aus dem Iran ein. Meiner Mutter und meinen Stiefmüttern ging es gut, und Dadasch, der sich in seiner Arbeit in der öffentlichen Gesundheitsfürsorge einen ausgezeichneten Ruf erworben hatte, hatte nun eine hohe Position im Gesundheitsministerium inne. Meine Schwestern Homi und Sori, die inzwischen sechzehn und dreizehn Jahre alt waren, lebten noch immer zu Hause, aber Dadasch hatte unseren fünfzehnjährigen Bruder Ghafar und auch Raschid, der elf war, auf eine moderne Schule nach England geschickt. Dschabi und Abbas waren wieder in Teheran, wo Abbas als einer der wenigen Iraner in der technischen Leitung der AIOC arbeitete. Ich brütete über all diesen Neuigkeiten, bis ich jedes Wort auswendig konnte und das gelbe Papier an den Kanten brüchig wurde. Es war mir aber schon Trost genug, die Briefe nur zu berühren.

Noch immer studierte ich, so eifrig ich konnte, und neben der Mitarbeit am Intercultural Club, verschiedenen Teilzeitjobs, den Koch- und Haushaltspflichten in Moreland Hall und dem Besuch der Kurse während des ganzen Jahres hatte ich kaum Zeit zum Nachdenken. Ich hatte mich nicht an die vorgegebenen Studienpläne gehalten, sondern einfach so viel Kurse belegt, wie nur irgend möglich – dieses Pensum war nicht viel umfangreicher als das, das Schahsade uns früher auferlegt hatte. Dennoch war ich überrascht, als ich im Februar 1946 einen Brief von der Universitätsbehörde erhielt, in dem man mir mitteilte, daß ich bereits am Ende meines zweiten Studienjahres im Juni mit dem Grad eines Bachelor und einem recht guten Notendurchschnitt abschließen konnte. Ich war sehr glücklich, daß es mir gelungen war, in relativ kurzer Zeit soviel zu erreichen. Als mich Präsident von Kleinsmid während des Abschlußempfanges Gouverneur Earl Warren als erste Absolventin der USC aus dem Iran vorstellte, wußte ich, daß Schahsade stolz auf mich gewesen wäre.

Nicht lange nach meinem Abschluß erhielt ich zum erstenmal einen Brief von Chanom persönlich. Briefe zu schreiben war meiner Mutter nie leichtgefallen, weil sie erst relativ spät Schreiben gelernt hatte. Bisher hatte sie sich auf Grüße beschränkt, die mir meine Schwestern übermittelt hatten. Aber jetzt gratulierte sie mir persönlich und legte als Anerkennung ein Geldgeschenk bei. »Ich bin sehr glücklich«, schrieb sie in ihrer unsicheren Schrift, »daß du an einem sicheren Ort lebst, zur Schule gehst und gesund bist.« Und dann fügte sie in einem Nachsatz hinzu: »Ich komme gerade vom Mehrabad-Flughafen, wo ich Homi und deine Nichte Nahid in ein Flugzeug nach England gesetzt habe. Homi wird dort aufs College gehen.«

Ich war außer mir vor Freude. Wenn sie mir persönlich von Homis Studium im Ausland berichtete, dann bedeutete das, daß sie dem Ziel meines langen Kampfes endlich ihren Segen gegeben hatte. Sie schrieb nichts über ihre Gefühle – noch immer konnten wir sie beide nicht offen äußern –, aber ich war mir nun sicher, daß sie einverstanden war mit dem, was ich getan hatte. Nun hatte sich jeder Tag, jede Stunde des Leidens und der Einsamkeit ausgezahlt: Ich hatte nicht nur ihre Ängste überwunden, sondern auch für Homi eine Ausbildung erkämpft. Immer wieder las ich den Brief. Wie gerne hätte ich Chanom jetzt umarmt. Ein oder zwei Wochen lang fühlte ich mich wieder ganz wie früher in harmonischer Eintracht mit meiner Familie.

## III.

Ich hatte lange darüber nachgedacht, wie ich meine Ausbildung fortsetzen sollte. Die Soziologie lieferte zwar Theorien über die Ursachen sozialer Probleme, aber sie bot keine Lösungen. Mary Sinclair Crawford, eine befreundete Professorin, die in der Frauenbewegung aktiv war, drängte mich, politische Wissenschaften zu studieren, aber ich mußte ihr leider erklären, daß im Iran die Frauen noch nicht einmal wählen und schon gar keine politischen Ämter bekleiden durften. Glücklicherweise hörte ich dann von einem Studiengang, der sich Sozialarbeit nannte. Dabei ging es, anders als in der Soziologie, nicht nur um die Ursachen sozialer Probleme, sondern auch um praktische Lösungswege. Die USC bot ein Fachstudium für Sozialarbeit an, für das ich für den Herbst 1946 angenommen wurde.

Schon in der zweiten Woche meines Studiums wußte ich, daß ich das Mittel zur Bekämpfung des Elends im Iran gefunden hatte. Bisher wurde den Bedürftigen in meinem Land nur mit Almosen geholfen, aber die Sozialarbeit hatte Möglichkeiten entwickelt, die Ursachen der Armut und die Probleme direkt anzugehen: gutorganisierte Waisenhäuser, Altenheime und Heime für geistig Behinderte und Geisteskranke. Es gab in den USA Tausende von Familienhilfestellen, Kliniken und Trainingsprogrammen, in denen Sozialarbeiter nicht nur Menschen in Notlagen halfen, sondern ihnen auch beibrachten, wie sie aus eigener Kraft mit Scheidung, Krankheit, Körperbehinderung, Geisteskrankheit, Alter, Kündigung der Wohnung, Arbeitslosigkeit, Alkoholismus und anderen Schwierigkeiten fertig werden konnten. Das Ziel war, die Menschen nicht von Wohltätern und Beschützern abhängig werden zu lassen, sondern sie in die Lage zu versetzen, sich selbst zu helfen.

Mir wurde immer klarer, daß ich solche Einrichtungen auch in meinem eigenen Land aufbauen sollte – ich wollte den Menschen helfen, stärker zu werden und ihren Lebensstandard zu erhöhen, und ihnen Stolz und Selbstbewußtsein geben. In den Kursen und Praktika versuchte ich jede mögliche Information über soziale Einrichtungen und deren Organisation zu ergattern.

Ich lernte, wie man zu jedem möglichen Problem, von der Katastrophenhilfe bis zur Ausbildung, von mobilen Einsatzkliniken bis zur Kinderfürsorge, kurzfristige und langfristige Programme entwickelt. Ich verfolgte die Entwicklung der Sozialgesetzgebung in Kalifornien und Washington, studierte die amerikanischen Fürsorgegesetze, die politischen Programme für Kinder, Blinde und Behinderte, Arbeitslose, Rentner und alte Menschen. Selbständig schrieb ich an Dutzende von Staaten, um Informationen über die dortigen Hilfseinrichtungen und Heime zu erhalten, und ich bewahrte jedes ergatterte Dokument und die Literatur zu Kinderfürsorge, Erwachsenenbildung und Sozialhilfe auf. Ich studierte genau, wie private Hilfsorganisationen und Stiftungen funktionierten, wie sie zu Geld kamen, welche Forschungen und Studien sie machten, wie sie Programme einführten und dafür Freiwillige fanden und anlernten. Auf Konferenzen amerikanischer Sozialarbeiter, an denen ich als Studentin teilnehmen konnte, beobachtete ich fasziniert, wie die Amerikaner Ideen und Entscheidungen durchführten und planten.

Die Fakultät für Sozialarbeit an der USC war sehr bekannt, und meine Lehrer ermunterten mich, soviel wie möglich zu lernen. Die Rektorin Dr. Johnson, die in unserem Fach einen nationalen Ruf hatte, war eine stämmige, energische kleine Frau, die zwar diszipliniert war, aber unendlich viel Mitgefühl besaß. Ihr ganzes Leben hatte sie dem Kampf für soziale Reformen gewidmet, und von ihrem kleinen, vollgestopften Büro aus hatte sie ihre Schule zur besten in den Vereinigten Staaten gemacht. Sie war sehr freundlich, half mir, wann immer ich es brauchte, ermutigte mich und erzählte jedem, daß ich in meinem Land später einmal etwas sehr Gutes und Wichtiges aufbauen würde. Ich bewunderte sie wie auch meine anderen Lehrer sehr. Zu dieser Zeit steckte unser Beruf auch in Amerika noch in den Kinderschuhen, und unsere Lehrer und Praxisbetreuer gaben uns das Gefühl, wir könnten wie Ärzte die Krankheiten der Gesellschaft heilen. Durch diese engagierten Förderer wurden meine Vorstellungen davon, was ich im Iran machen wollte, immer deutlicher. Am Ende meines ersten Jahres wußte ich genau, worin meine Aufgabe bestand. Ich wollte den Beruf des Sozialarbeiters im Iran einführen.

Meine größte Freude am Ende dieses ersten Jahres, im Sommer 1947, war, daß ich Forugh treffen konnte. Er studierte Elektrotechnik an der University of Illinois. Wir trafen uns in Chicago, wo Forugh einem Sommerjob nachging. Um in seiner Nähe sein zu können, belegte ich Kurse in Sozialarbeit an der University of Chicago. Er war ein großer und äußerst gutaussehender junger Mann geworden, der umgänglich, klug und gesprächig war. Ich war sehr stolz auf ihn, und wir verbrachten unsere ganze Freizeit miteinander, wobei wir über die Familie, unsere eigenen Pläne und den Iran sprachen. Unser Land hatte gerade eine weitere Krise überstanden. Nachdem im März 1946 die Besatzungszeit zu Ende gegangen war, weigerten sich die Sowjets, ihre Truppen aus Aserbeidschan abzuziehen, weil sie eine Ölkonzession für den Norden des Iran erzwingen wollten. Durch die kluge Politik unseres Premierministers Qavvam as-Saltane und dank der Unterstützung durch die Vereinigten Staaten in den UN waren sie nach einem Jahr endlich abgezogen, aber in den nördlichen Provinzen hatte es viel Unruhe gegeben. Wieder einmal hatten wir erschreckt feststellen müssen, wie leicht die »Supermächte«, wie sie inzwischen genannt wurden, auf uns herumtrampeln konnten, wenn ihnen danach war.

In Moreland Hall, wo immer viel Aktivität herrschte, fühlte ich mich sehr wohl. Der Intercultural Club, der dort sein Hauptquartier hatte, war ein großer Erfolg. Er bot Diskussionsveranstaltungen zu internationalen Themen, Volkstanz- und Volksmusikabende sowie Vorträge an. Viele unserer Mitglieder stammten aus bekannten Familien Mexikos, Südamerikas, Chinas und Indiens, und als Clubpräsidentin versuchte ich diesen höflichen, elegant gekleideten jungen Männern zu helfen, die mich an meine Brüder erinnerten und so gar nicht zu den Kaliforniern in ihren Sporthemden passen wollten. Ich war zur Stelle, wenn es Probleme mit dem Studium oder dem Geld gab, und versuchte sie aufzuheitern, wenn sie krank vor Heimweh waren. Einige von uns stiegen oft miteinander in die staubigen Berge um Los Angeles, und dabei fühlte ich mich, als ginge ich wieder mit Forugh und den anderen Jungen durch die Berge über Resvanie. Ich war gern mit ihnen zusammen, denn ich hatte zwar auf Drängen meiner amerikanischen Freunde ein oder zwei Verabredungen absolviert, aber es war mir nie gelungen, mich an diese Sitte zu gewöhnen, und ich vermißte die männliche Gesellschaft meiner Brüder.

Sehr viele der neuen Studenten waren Inder, und zwar sowohl Hindus als auch Moslems. Ich hatte noch immer lebhafte Erinnerungen an Indien, die mich sehr beschäftigten, und oft mußte ich an mein Zusammentreffen mit dem jungen Revolutionär im Zug denken, denn in diesem Jahr gab es zwischen den Hindus und den moslemischen Indern in Moreland Hall viele hitzige Diskussionen. Der redegewandteste Sprecher auf seiten der Moslems war ein kaum zwanzigjähriger junger Mann namens Zulfikar Ali Bhutto, der aus einer prominenten Familie jenes Landes kam, das jetzt Pakistan hieß. Zulfi, wie wir ihn nannten, unterstützte begeistert den moslemischen Führer Jinnah, während die Hindus, die den Moslems zahlenmäßig überlegen waren, mit gleicher Inbrunst für Jawaharlal Nehru kämpften. Ich hörte beiden Seiten zu, ohne selbst Stellung zu beziehen, und war traurig, daß diese Unversöhnlichkeit der indischen Sache schadete. Das Blutvergießen zwischen Hindus und Moslems nach der indischen Unabhängigkeit im August 1947 erfüllte mich mit Sorge. Ich fragte mich, warum die Menschen nicht auch andere Standpunkte gelten lassen konnten, und ob wohl mein Freund aus dem Zug noch am Leben war.

Inzwischen gab es auch mehr Iraner an der USC, und unter ihnen waren auch Frauen. Viele der persischen Männer kamen in den Intercultural Club, die Frauen allerdings nicht. Natürlich wußten diese Iraner, wer zu welcher Familie gehörte, und gelegentlich war ich peinlich berührt, wenn mich Neuankömmlinge im Club mit *Schahsade-Chanom,* »Prinzessin«, ansprachen. Es wäre doch albern, dachte ich, mich mit einem derartigen Titel zu schmücken, wenn ich in Moreland Hall wie alle anderen die Toiletten putzte! Aber vor allem wollte ich vermeiden, daß es sich bis Teheran herumsprach, daß in Los Angeles eine Farman-Farmaian herumlief, die den Amerikanern, die die Qadscharen nicht von den Pahlawis unterscheiden konnten, erzählte, sie gehöre der kaiserlichen Familie an. Daher war ich ziemlich verblüfft, als eines Tages eine Mitbewohnerin kam und verkündete, wir hätten »eine persische Prinzessin an der USC«. Es dauerte einen Moment, bis mir klar wurde, daß sie nicht über mich sprach, sondern über ein neues iranisches Mädchen, das gerade in eines der Studentenwohnheime eingezogen war. An ihrem Namen erkannte ich, daß es sich um eine entfernte Kusine von mir handelte. Das Mädchen hatte eine Karte mit der englischen Aufschrift »Prinzessin Soundso« an ihrer Zimmertür befestigt. Ich hätte ihr gerne gesagt, daß sie sich dann doch auch wie eine Prinzessin benehmen sollte.

In meinem letzten Semester zogen Moreland Hall und der

Intercultural Club in ein größeres und teureres Gebäude um, und ich mußte daher mehr Geld verdienen und zusätzliche Hausarbeiten übernehmen. Die Mehrarbeit machte mir allerdings nichts aus, denn seit ich Forugh in Chicago getroffen hatte, fand ich die Trennung von meiner Familie noch schwerer zu ertragen. Außerdem hatte ich immer genug männliche Hilfe bei schweren Hausarbeiten, beim Malern und im Garten. Einer der Hindu-Studenten, ein schlanker, freundlicher und gewandter junger Mann aus Kalkutta, der Arun hieß, war oft bei uns. Er studierte an der Filmhochschule und sprach voller Bewunderung von seinem Vater, der, wie er sagte, ein wichtiger Mann in Indiens riesiger Filmindustrie war. Arun hatte große Träume, die er nach seiner Rückkehr nach Indien verwirklichen wollte. Als »Amerika-Heimkehrer« und mit dem Diplom der besten Filmhochschule der Welt in der Tasche, wollte er bei Filmen seines Vaters Regie führen. Wie ich stammte er aus einer großen Familie, die er sehr vermißte, und irgendwie war er immer anwesend, wenn ich jemanden brauchte, der mir ein Buch besorgte oder etwas zu essen kaufte. Bald begleitete mich Arun auch zu Partys und lud mich auf einen Hamburger ein, wenn er fand, daß ich zuviel arbeitete.

Obwohl ich ihn gern um mich hatte, ließ ich doch nicht zu, daß sich aus meiner engen Beziehung zu Arun mehr als eine Freundschaft entwickelte. Da ich mich durch solche Bindungen nicht von meinem Ziel abbringen lassen wollte, ging ich mit allen Männern freundschaftlich um, wurde aber mit niemandem intim. Mir war klar, daß mich eine Liebesgeschichte bei meinen Plänen stören würde. Bevor ich in den Iran zurückkehren konnte, benötigte ich noch zusätzliche Erfahrungen und Fähigkeitsnachweise in meinem Beruf. Zwar hatte ich eine Vorstellung davon, was ich verwirklichen wollte, wenn ich wieder zu Hause war, aber im Moment war ich nicht mehr als eine Frau mit guten Ideen und einem Abschluß in einem Beruf, den es nicht gab. Ich brauchte größere Glaubwürdigkeit, damit die Männer meines Landes auch auf meine Worte hörten. Darum plante ich nun, zunächst noch einige Jahre lang in den Vereinigten Staaten zu arbeiten und dann, wenn möglich, in ein Land des Nahen Ostens zu gehen, wo bereits Sozialarbeit geleistet wurde. So konnte ich Erfahrungen sammeln in einem Land, das meinem in der Struktur glich. Ich wußte auch, daß ich mir darüber hinaus einiges an Lehrerfahrung aneignen mußte, denn da Iraner Zusammenarbeit und gegenseitiges Vertrauen nicht gewohnt sind, würde ich lernen müssen, ihnen diese Fähigkeiten beizubringen.

Im Juni 1948 schloß ich mein Studium mit dem »Master of Social Work« ab, und damit besaß ich nun endlich eine anerkannte Berufsausbildung. Nach meinem Abschluß nahm ich eine Stelle bei einer Hilfsorganisation im Osten von Los Angeles an, dem International Institute of Los Angeles, das sich um asiatische und andere Einwanderer kümmerte. Dort hatte ich bereits ein Praktikum absolviert. Ich war in Moreland Hall so glücklich, daß ich vorhatte, auch während meines restlichen Amerikaaufenthaltes dort zu wohnen.

Aber kurz nach meinem Studienabschluß brach der enge Freundeskreis auseinander. Zulfi und viele andere waren schon abgereist, um ihre Ausbildung in Europa oder an anderen amerikanischen Schulen zu beenden, oder waren in ihre Heimatländer zurückgekehrt, während die Frauen, die mit mir das Studium begonnen hatten, entweder ebenfalls ihr Studium abgeschlossen hatten und weggezogen oder inzwischen verheiratet waren. Die einzige Familie, die ich in diesem riesigen Land hatte, löste sich allmählich auf. Bald würde ich wieder allein sein, eine unverheiratete Frau in einem fremden Land, während alle meine Freundinnen verheiratet waren und Kinder hatten. Moreland Hall schien wie ausgestorben, und trotz meines vollen Terminkalenders wurde ich immer deprimierter. Arun, einer von den wenigen, die noch geblieben waren, war ebenso allein und verzweifelt wie ich, und schließlich schlug er vor, daß wir doch heiraten sollten.

Ich versuchte, objektiv über seine Idee nachzudenken. Nur zu gerne hätte ich jetzt Dadasch oder jemand anderen aus meiner Familie bei mir gehabt, um mir Rat zu holen. Plötzlich erschien mir eine Heirat sinnvoll, denn auch wenn ich keine »Liebe« im westlichen Sinn empfinden konnte, mochte ich Arun doch, und wir respektierten einander. Inzwischen war ich siebenundzwanzig Jahre alt und lebte seit vier Jahren in Amerika. Damit war ich zwar nach amerikanischem Maßstab immer noch jung, aber in meinem Land waren Frauen in meinem Alter manchmal schon Großmutter. Die Erinnerungen an die einsamen Wochenenden im USC-Wohnheim tauchten vor mir auf, und zum erstenmal kam mir der Gedanke, daß ich mich durch meine Pläne für immer der Freude berauben könnte, ein Kind zu haben, und daß ich nie das Leben einer normalen Frau kennenlernen würde. Ich wollte wieder eine Familie haben – und diesesmal eine richtige. Ich mußte mich irgendwo verankern, und dazu wollte ich heiraten und glücklich sein, wie jede andere Frau auch.

Ich setzte mich hin und schrieb Dadasch und Chanom, daß ich heiraten wollte. Als Haupt der Familie hatte Dadasch selbstverständlich das Recht, mir diesen Schritt zu verbieten, aber ich wußte, daß er das niemals tun würde. Außerdem war ich mir sicher, daß sich Chanom über meine Heirat freute. Es tat mir weh, daß ich sie des Zeremoniells und der Feiern beraubte, die sich jede iranische Mutter für ihre Tochter erträumte. Aber im Iran lebten viele Inder, und vielleicht konnten wir ja eines Tages in mein Land zurückkehren. Dann könnte Arun dort Filme drehen. Ich bat Chanom, sich keine Sorgen zu machen. Eines Tages würde ich bestimmt zurückkommen. Und sie wußte, daß ich immer tat, was ich sagte.

Natürlich schrieb auch Arun nach Kalkutta, um die Genehmigung seiner Eltern einzuholen. Er war der älteste Sohn, was in Indien fast noch mehr bedeutete als in Persien. Es dauerte Wochen, bis der Antwortbrief eintraf, und als er endlich kam, war er knapp und kühl. Aruns Familie war tief enttäuscht über seine Entscheidung, eine unbekannte Frau zu heiraten, die zudem noch Ausländerin und Moslemin war. Aber sie hatte ihre Zustimmung erteilt, und wir fuhren zum Rathaus. Der diensthabende Beamte weigerte sich allerdings zunächst, die Trauung vorzunehmen. Erst als Arun ihm seinen Paß zeigte, der bewies, daß er Ausländer war und nicht, wie der Beamte seinem dunklen Aussehen nach vermutet hatte, ein amerikanischer Neger, der versuchte, eine weiße Frau zu heiraten, erklärte sich der Beamte bereit, uns zu trauen. Ich war wütend und tief erschüttert über diesen unwürdigen Vorfall und mußte mich mühsam daran erinnern, daß unser Glück nicht von derart bigotten Menschen abhing.

Meine Familie und meine Freunde schickten Geschenke und viele Glückwünsche. Arun wollte seinen Magister an der Filmhochschule machen, und da er bereits den Grad eines Bachelor hatte, sprach er voller Aufregung davon, daß er nun in einem der Studios ein Praktikum als Regieassistent machen wollte. Aber er fand keine Stelle und mußte sich mit einem Teilzeit-Studentenjob zufriedengeben. Ich hatte nichts dagegen, für unseren Lebensunterhalt zu sorgen, denn ich verdiente genug. Wir konnten uns sogar ein kleines Haus in der Nähe der Universität mieten, wobei wir eines der Zimmer an zwei Studentinnen vermieteten. Mit all unseren Freunden und den Untermieterinnen war es im Haus bald wieder so lebhaft wie in Moreland Hall, und mein Leben war wieder ausgefüllt.

Neben meiner Arbeit schrieb ich mich noch für Abendkurse und eine Lehrerausbildung an der USC ein. Bald stellte ich zu meiner großen Freude fest, daß ich schwanger war. Im Frühjahr 1949 brachte ich ein schönes, gesundes Mädchen zur Welt. Als ich es in den Armen hielt, beschloß ich, es »Mitra« zu nennen, ein Name, den ich in Bombay bei einer indischen Tanzveranstaltung gehört hatte und den ich mit der Schönheit des Tanzes verband.

Ich ging völlig auf in meiner Arbeit, meinen Lehrpraktika und der Sorge um Mitra, bis ich eines Tages rüde aus meinem Glück gerissen wurde. Meine Freundin und frühere Lehrerin Dr. Mary Crawford rief mich an und erzählte mir, daß die neu ernannte indische Botschafterin in Washington, Mrs. Pandit, die die Schwester Nehrus war, sich bei ihr nach mir erkundigt hatte. Aruns Familie hatte über die Botschaft Nachforschungen über ihre unbekannte Schwiegertochter angestellt. Da Mrs. Pandit Mary Crawford durch die internationale Frauenbewegung kannte, hatte Mrs. Pandit sie aus Washington angerufen. Mary Crawford hatte mich im besten Licht geschildert.

Offenbar war Mrs. Pandit zufrieden gewesen, denn es gab keine weiteren Nachfragen. Aber ich fühlte mich gedemütigt. Obwohl Arun seiner Familie regelmäßig schrieb, hatten wir seit unserer Hochzeit kein Wort von ihr gehört. In seinem Kulturkreis und auch in meinem gehört eine Schwiegertochter genauso zur Familie ihres Mannes wie eine richtige Tochter, und außerdem hatte ich gerade das Kind ihres ältesten Sohnes zur Welt gebracht. Jeder, der wissen wollte, wer ich war und aus welcher Familie ich stammte, konnte an mich direkt schreiben und mich fragen; sich hinter meinem Rücken nach mir zu erkundigen, empfand ich als beleidigend. Damit zeigte mir Aruns Familie, daß sie mich nicht als legitime Schwiegertochter ansah. Es dauerte lange, bis sich mein Zorn legte. Irgendwann beschloß ich dann, diesen unangenehmen Vorfall einfach zu vergessen und nicht weiter unnötig Energie zu verschwenden.

Als Arun im Juni sein Studium abschloß und sich ernsthaft um ein Praktikum als Regieassistent bemühte, war ich zuversichtlich, daß er eine Stelle finden würde. Zu unserer Überraschung mußten wir jedoch feststellen, daß er überhaupt keine Arbeit in einem Filmstudio bekam. Naiv wie wir waren, hatten wir angenommen, daß der Abschluß einer berühmten amerikanischen Filmhochschule ausreichte, um sofort einsteigen zu können. Jetzt erfuhren wir, daß es ohne Geld und Beziehungen so gut wie unmöglich war, in Hollywood ein Regiepraktikum zu bekommen.

Nachdem er von so weit gekommen und so lange studiert hatte, war Arun jetzt bitter enttäuscht. Nach einigen entmutigenden Monaten begann er, für Kodak zu arbeiten. Neben seiner Arbeit sah er sich weiter um, aber er verdiente sehr wenig. Es belastete ihn natürlich, daß seine Frau nicht nur in ihrem Beruf arbeiten konnte, sondern auch noch mehr zum Einkommen beitrug als er. Ich wußte, wie deprimiert er war. Aber wir hatten schließlich mein Einkommen, und außerdem halfen uns Untermieter und Freunde bei der Hausarbeit und kümmerten sich gelegentlich um Mitra, die einfach entzückend war. Ich war mir sicher, daß Arun Talent hatte, ich machte ihm Mut und bat ihn, nicht aufzugeben. Bestimmt würde er es durch Zähigkeit und harte Arbeit eines Tages schaffen, und in der Zwischenzeit machte es mir nichts aus, für unseren Unterhalt zu sorgen. Wir hatten ja alles, was wir brauchten. Ich hatte Mitra und war glücklich mit meiner Arbeit und der Lehrerausbildung, und so glaubte ich Geduld haben zu können. Im tiefsten Inneren wußte ich natürlich auch, daß wir, wenn es ganz schlimm kommen sollte, jederzeit in den Iran gehen konnten, wo uns meine Familie mit offenen Armen aufnehmen und uns helfen würde.

Während ich das Leben in Los Angeles genoß und mit Freude und Stolz zusah, wie Mitra heranwuchs, wurde das politische Klima im Iran immer stürmischer. Und im Auge des Wirbelsturms befand sich Schahsade's Neffe, Dr. Mohammed Mossadeq.

# 9. Der Löwe Gottes

*Und wofür steht Amerika? Vor allen anderen Dingen ist es die Souveränität eigenständiger Völker, für die Amerika steht.*

Präsident Woodrow Wilson, 29. Januar 1916

In den Jahren nach dem Zweiten Weltkrieg hatte ich mit Hilfe der Briefe von meiner Familie, der Lektüre einer iranischen Zeitung und dem wenigen, was Time und Newsweek berichteten, die Ereignisse zu Hause gespannt verfolgt. Während meiner Studienzeit in Los Angeles hatte Dr. Mossadeqs Popularität im Iran ungeheuer zugenommen. 1944 war er ins Parlament gewählt worden, und vor kurzem hatte er die Führung der Koalitionspartei Nationale Front übernommen. In unserer Familie war man sehr stolz darauf, daß unser Vetter die demokratische Verfassung des Iran verteidigte und alles daransetzte, um die Errichtung einer Diktatur zu verhindern. Seine unbeirrbare Opposition hatte ihm beim Volk jenes übermächtige Ansehen verschafft, das den Politikern vorbehalten bleibt, die wahrhaft gegen die Ungerechtigkeit kämpfen. Man nannte ihn den »Löwen Gottes«.

Dr. Mossadeq, der mittlerweile beinahe siebzig Jahre alt war, war ein unabhängiger, volksnaher Aristokrat, der die Meinung vertrat, daß die Regierung dem Volk zu dienen hatte und nicht das Volk der Regierung. Er war ein großgewachsener, schlaksiger Mann mit vorgebeugtem Gang, dessen kluge schwarze Augen energisch und humorvoll in dem schmalen Gesicht glitzerten. Seine Gehbehinderung war angeblich auf körperliche Mißhandlung während seines Gefängnisaufenthalts unter Resa Schah 1940 zurückzuführen. Aber trotz seiner Gebrechlichkeit war er ein mitreißender Redner und ein geschickter Politiker, der gelegentlich sogar weinte und in Ohnmacht fiel (von iranischen Politikern wird erwartet, daß sie bei öffentlichen Anlässen ihre Gefühle deutlich zeigen), wenn er gegen Einmischung von Ausländern in die inneren Angelegenheiten des Iran und gegen

Wahlbetrug wetterte. Er und die Nationale Front traten unter anderem für eine neutrale Außenpolitik ein, forderten politische Reformen und die Befreiung des Iran aus der wirtschaftlichen Abhängigkeit vom Ausland.

Dr. Mossadeqs offene Persönlichkeit, seine Klugheit, seine Wärme und die Liebe zum einfachen Volk begeisterten die Iraner ebenso wie sein Hang zum Dramatischen. Seinen Prinzipien blieb er ein Leben lang treu: Obwohl er fünfzig Jahre lang in der Politik tätig war, behaupteten nicht einmal seine ärgsten Feinde, Mohammed Mossadeq hätte jemals ein Bestechungsgeld angenommen oder wäre auf seinen Vorteil oder den seiner Familie ausgewesen. Auch ich war der Meinung, Dr. Mossadeq war der einzige, der den Mut und die nötige Weitsicht besaß, um unsere Nation zu einem eigenständigen, demokratischen und wahrhaft unabhängigen Land zu machen, wie das Gandhi und Nehru in Indien getan hatten. Doch noch gab es viele Hindernisse.

Lange Zeit schien Mohammed Resa Schah, dem der eiserne Wille seines Vaters abging, ein zaghafter, unsicherer junger Herrscher zu sein, der sich wenig in die Politik einmischte. Aber durch seine Thronbesteigung war er auch Oberbefehlshaber der Armee geworden, und wie Resa Schah tat auch er alles, um das Militär zu stärken. In jüngster Zeit war es ihm auch gelungen, sich auf Kosten des Madschles weitere Machtbefugnisse anzueignen, indem er durch Wahlbetrug kaiserliche und konservative Parteigänger ins Parlament und in hohe Positionen im Staatsapparat brachte.

Diese Maßnahmen machten ihn im Volk unbeliebt, das ihn aber noch aus einem weiteren Grund ablehnte: Wie sein Vater schaffte er es nicht, sich gegen den Einfluß der Briten zu wehren. Seit dem Ende der Besatzungszeit forderten die Iraner von ihrer Regierung die Durchsetzung der iranischen Rechte im Ölgeschäft. Ohne eine höhere Gewinnbeteiligung würden wir unsere enormen wirtschaftlichen und sozialen Probleme nie lösen können. Die AIOC war inzwischen einer der größten und reichsten Konzerne der Welt, und ihre Vertreter weigerten sich strikt, zuzulassen, daß der Iran auch nur ein einziges Pfund Sterling mehr verdiente, als er bislang erhielt. Weite Kreise im iranischen Volk mochten diese Behandlung nicht länger akzeptieren. Seit Jahren forderte Dr. Mossadeq die Verstaatlichung der iranischen Ölindustrie, was uns nicht nur einen gerechten Anteil an den Gewinnen verschafft hätte, sondern auch Englands Einfluß auf unsere inneren Angelegenheiten eingedämmt hätte. Dr. Mossadeq betonte immer wieder, daß es in diesem Kampf nicht nur um finanzielle Anteile ginge, sondern vor allem darum, daß der Iran sein Schicksal selbst in die Hand nehmen wollte und könnte. Aber der Schah hatte Angst, die Beziehungen zu London zu gefährden, und viele Leute nannten ihn im geheimen einen Handlanger der Briten.

Im März 1951 wurde Premierminister General Rasmara, den der Schah ernannt hatte, um im Parlament den neuen Ölvertrag mit den Briten durchzusetzen, von einem rechtsgerichteten religiösen Attentäter ermordet – ein Vorfall, der in der Öffentlichkeit mit großem Jubel begrüßt wurde. Das jagte den probritischen Abgeordneten im Madschles solche Angst ein, daß sie im April Dr. Mossadeqs Antrag zur Verstaatlichung der AIOC mit überwältigender Mehrheit annahmen. Um das Volk nicht gegen sich aufzubringen, bot der Schah daraufhin Ende April Dr. Mossadeq das Amt des Premierministers an und gab ihm damit die Möglichkeit, eine fortschrittliche und nationalistische Regierung zu bilden. Am 2. Mai 1951 unterzeichnete der neue Premier schließlich unter dem Jubel des Volkes das Gesetz zur Verstaatlichung der Ölindustrie. Dies war der Anfang einer langen Kette von tragischen Ereignissen, im Verlauf derer sich meine Einstellung und die vieler anderer Iraner zu Amerika grundsätzlich ändern sollte.

Auch Arun und ich feierten mit unseren iranischen Freunden in Los Angeles die politische Entwicklung. Ich war mir sicher, daß sich Amerika in der bevorstehenden Krise auf unsere Seite stellen würde, denn auch damals, als die Russen sich 1946 geweigert hatten, aus dem Norden des Iran abzuziehen, hatte Präsident Truman unsere Forderungen unterstützt. In Erinnerung daran, erklärte ich Arun, daß die amerikanische Regierung unser Recht auf Selbstbestimmung verteidigte und daher sicherlich keine britische »Kanonenbootpolitik« wie 1932 zulassen würde. Bestimmt wäre die britische Herrschaft im Iran vorüber – nun begänne das amerikanische Zeitalter.

Ich hatte auch ganz persönlich Grund zur Freude über die politische Entwicklung im Iran. Aus einem Brief meiner Schwestern erfuhr ich, daß der Premierminister meinen Bruder Dadasch, der sich durch ein erfolgreiches Malariabekämpfungsprogramm ausgezeichnet hatte, mit dem Amt des Gesundheitsministers betraut hatte. Diese Ernennung war insofern ungewöhnlich, als Dr. Mossadeq dafür bekannt war, daß er niemals Ämter an Verwandte vergab. Mein Stolz auf Dadasch kannte keine Grenzen.

Die Reaktion auf die Verstaatlichung des größten und reichsten britischen Konzerns außerhalb Großbritanniens ließ nicht lange auf sich warten. Die britische Öffentlichkeit tobte, und die Presse stellte Dr. Mossadeq als einen verrückten und fanatischen Orientalen hin, einen Extremisten, der eine britische Firma gestohlen hatte. Auf Zypern wurden Luftlandetruppen stationiert, und im Persischen Golf vor Abadan kreuzte ein britisches Kriegsschiff.

Dennoch schien zunächst eine Lösung möglich, denn Dr. Mossadeq war bereit, zu einer vernünftigen Regelung zu kommen. Die Vereinigten Staaten drängten die Briten zum Verhandeln und schickten daher in diesem Sommer Averell Harriman und weitere hochrangige Diplomaten nach Teheran und London. Aber die Gespräche scheiterten. London und die AIOC-Führung bestanden darauf, daß die Kontrolle über die Förderung und Vermarktung des Öls in britischer Hand bleiben müßte, womit natürlich auch der Einfluß auf unsere Wirtschaft und unsere inneren Angelegenheiten verbunden war. Dieser Forderung konnte Dr. Mossadeq jedoch auch dann nicht zustimmen, wenn er gewollt hätte, denn die öffentliche Meinung hatte sich so sehr gegen die Briten gerichtet, daß er diese Zustimmung möglicherweise mit seinem Leben bezahlt hätte. Verärgert brach die AIOC daraufhin die Verhandlungen ab. Im September schickte Dr. Mossadeq iranische Truppen zur Raffinerie nach Abadan, die dort während der Übernahme für Ordnung sorgen sollten. Weitere britische Kriegsschiffe tauchten im Golf auf, und London belegte das iranische Öl mit einem Embargo. Die britische Regierung glaubte, nur abwarten zu müssen, bis die Inkompetenz der Iraner und die zerstörerische Wirkung des Embargos Irans »verrückten« Premierminister zwangen, das britische Personal wieder einzustellen. Im Iran wurde die Entsendung der Truppen nach Abadan mit großer Freude begrüßt. Mohammed Mossadeq hatte der Welt gezeigt, daß ein kleines, bedrängtes Volk gegen eine der mächtigsten Nationen der Erde seine Rechte verteidigen konnte.

Natürlich war jeder davon überzeugt, daß die Amerikaner eine britische Invasion im Iran nicht dulden würden und daß London daher versuchen würde, Dr. Mossadeq durch geheimdienstliche Methoden innenpolitischen Schaden zuzufügen. In einem instabilen Land wie dem Iran ist es für fremde Agenten ein leichtes, Straßendemonstrationen und Aufstände anzuzetteln, und die Briten hatten gewiß genug Übung darin. Daher konnte man nie wissen, wie die scheinbar spontanen Äußerungen des Volkszorns zustande kamen.

Aber im Augenblick war ich wie die meisten Perser viel zu glücklich, um mir über mögliche britische Verschwörungen Gedanken zu machen. Dr. Mossadeq hatte die Tür zum Fortschritt aufgestoßen, wenn auch nur einen Spalt. Wenn Gott seinem alten Löwen genügend Zeit gab, dann konnten wir vielleicht endlich eine moderne Nation werden, eine, die auch von den anderen Nationen respektiert wurde.

Im Herbst 1951 geschah noch etwas anderes, was für mich persönlich sehr erfreulich war: Abbas besuchte uns einige Tage in Los Angeles. Er war inzwischen Verkaufsleiter der neuen National Iranian Oil Company, und seine Reise durch die Vereinigten Staaten diente dazu, amerikanische Ölfirmen dafür zu interessieren, der NIOC beim Verkauf und Vertrieb unseres Öls zu helfen. Nachdem er meine zahllosen Fragen bezüglich der Familie beantwortet hatte, erkundigten sich Arun und ich nach dem Fortgang der Verhandlungen.

Zu meiner Enttäuschung antwortete er düster, daß die großen amerikanischen Ölkonzerne ein Übergreifen der nationalen Bewegung auf Saudi-Arabien und andere Länder, in denen sie selbst Interessen verfolgten, befürchteten. Nur wenige Ölfirmen waren bereit, Hilfeleistungen für Dr. Mossadeq auch nur in Erwägung zu ziehen.

Das waren sehr schlechte Nachrichten. Die iranische Regierung war an einem Abkommen interessiert und hatte daher nicht mit einem Fehlschlagen der Gespräche mit den Briten gerechnet. Dazu verstärkte nun noch der Ölboykott den Druck auf die schwache iranische Wirtschaft. Abbas erklärte, daß der Premierminister zwar versuchte, das iranische Öl selbst zu vertreiben, daß aber die notwendige Ausrüstung fehlte. Auch wenn der Premierminister mit beachtlichem Erfolg für den Aufbau der Landwirtschaft warb, könnte man Staatsdiener wohl kaum mit Obst und Gemüse bezahlen. Falls das Embargo nicht durchbrochen werden konnte, würde es vermutlich zu einem Zusammenbruch der Wirtschaft und der Regierung kommen – und damit hätte London sein Ziel erreicht.

Abbas' Nachricht ängstigte mich um so mehr, als alle amerikanischen Zeitungen den Standpunkt der Briten und der großen amerikanischen Ölgesellschaften vertraten. Sie stellten Dr. Mossadeq durchgehend als einen alten, ahnungslosen Fanatiker und als ein »Werkzeug des Kommunismus« hin. Obwohl ich sicher war, ein Mann wie Harry Truman würde niemals zulassen, daß die Briten ein gewähltes Staatsoberhaupt absetzten, war ich entsetzt darüber, daß die Weltpresse den stärksten demokratischen Führer, den der Iran je gehabt hatte, derart angriff, anstatt ihm eine Chance zu geben.

Im Oktober 1951 besuchte Dr. Mossadeq dann die Vereinten Nationen in New York, um sich gegen den britischen Vorwurf zu wehren, die Übernahme von Abadan machte ihn zu einer Gefahr für den Weltfrieden. Er verteidigte seine Handlungsweise vor der UN mit Humor und Überzeugungskraft und so geistvoll, daß der Sicherheitsrat schließlich gegen die Briten stimmte. Sogar in den Vereinigten Staaten schien sich die öffentliche Meinung zu unseren Gunsten zu wenden. Ich war so glücklich, daß ich am liebsten getanzt und gesungen hätte. Mohammed Mossadeq war etwas gelungen, was noch kein Regierungschef aus dem Nahen Osten vor ihm geschafft hatte: Er war dem britischen Tiger auf den Schwanz getreten und war nicht gefressen worden!

Mitra war inzwischen ein fröhliches, gesundes Kind von zwei Jahren. Sie hatte große braune Augen und ein langes, schmales Gesicht, das sie offenbar aus der Familie meiner Mutter geerbt hatte. Unsere Freunde, ihre Kindergärtnerinnen und vor allem ich liebten sie über alles.

In meiner Ehe allerdings stand es schon seit längerem nicht mehr zum besten. Obwohl Arun sich sehr darum bemüht hatte, war es ihm nicht gelungen, Arbeit beim Film zu finden. Da er seine Hoffnungen und Pläne seinen indischen Klassenkameraden und allen unseren Freunden offen anvertraut hatte, war ihm sein Scheitern jetzt um so unangenehmer. Wie viele andere indische Studenten hatte er sich niemals richtig an das Leben in Amerika gewöhnen können, und seit einem Jahr sprach er immer häufiger davon, im Filmstudio seines Vaters in Indien Regie zu führen.

Unsere Ehe hatte in gegenseitiger Zuneigung und Respekt begonnen, und ich war unglücklich, daß er nun so unzufrieden und deprimiert war. Ich wollte zwar nicht, daß Mitra ihren Vater verlor, aber schließlich schlug ich doch vor, er sollte nach Kalkutta zurückkehren und seine Familie um Hilfe bitten. Ich selbst würde vorerst in Amerika bleiben, denn ich wollte nicht bei Menschen leben, die mich ablehnten. Wenn Arun sich später ein eigenes Haus leisten könnte, würden Mitra und ich nachkommen. Falls er in Indien keinen Erfolg hätte, könnte er jederzeit zurückkommen.

Anfangs zögerte Arun, aber nachdem wir ein Jahr lang ergebnislos diskutiert hatten, gab auch er zu, daß ein Besuch zu Hause die einzige Lösung war. Tief im Innern hegte ich allerdings voller Schuldbewußtsein den Wunsch, daß er tatsächlich erfolglos zurückkehrte. Ich bewunderte Indien zwar, aber ich wollte auf keinen Fall, daß Mitra dort aufwuchs. Außerdem traute ich seiner Familie nicht. Auch im Iran wurden Filmregisseure gebraucht, und es lebten bereits viele Inder dort. Falls sein Vater ihm nicht helfen konnte, würde ich ihm schreiben und vorschlagen, daß wir statt dessen in mein Heimatland zurückkehrten. Aber Arun war so glücklich, daß ich meinen selbstsüchtigen Wunsch unterdrückte. Im März 1952 fuhr er voller Hoffnung ab, und bald trafen fröhliche Briefe ein, zuerst aus New York und dann aus Paris. Danach riß der Kontakt ab.

Anfangs machte ich mir wegen des Ausbleibens der Briefe keine Sorgen; damals war selbst Post aus Europa oft mehrere Wochen unterwegs, und aus Indien brauchte ein Brief mitunter monatelang. Aber als ich im Frühsommer noch immer keine Nachricht von ihm hatte, wurde ich immer einsamer und trauriger. Unsere beiden Untermieterinnen hatten ihr Studium beendet und geheiratet, und das Haus war leer. Vor zwei Jahren war Dr. Jordan gestorben und kurz darauf auch seine Frau. Mit ihm war eine meiner wichtigsten Brücken zum Iran abgebrochen. Nun war ich schon seit acht Jahren fort von zu Hause, und wieder einmal hatte ich eine Familie, die ich mir aber selbst hier in Amerika aufgebaut hatte, verloren. Ich hatte zwar viele Freunde und auch Kontakt zu früheren Lehrern wie Arlien Johnson, die ich sehr mochte, aber ich hatte kein richtiges Heim, das lebendig und voller Menschen war. Oft mußte ich an die Einsamkeit meiner Mutter zu Beginn ihrer Ehe denken, was mir jedesmal Tränen des Selbstmitleids in die Augen trieb. Ich vertrieb sie, indem ich mir ins Gedächtnis rief, daß ich wenigstens finanziell unabhängig war. Anders als meine Mutter hatte ich einen Beruf, mit dem ich mich und mein Kind ernähren konnte.

Endlich erhielt ich einen Brief aus Kalkutta. Arun berichtete, er hätte im Studio seines Vaters keine Arbeit bekommen und ginge deshalb nach Bombay, um dort sein Glück zu versuchen. Aber er wäre nicht optimistisch. Dann schrieb er weiter, da ich ja einen Beruf hätte und außerdem eine ausgezeichnete Mutter wäre, sollte ich tun, was für mich und Mitra am besten wäre. In Indien könnte er uns nicht das Leben bieten, das wir in Amerika oder bei meiner Familie im Iran führen könnten.

Ich war sprachlos. Arun hatte die Position seines Vaters in der Filmindustrie immer in leuchtenden Farben geschildert, und ich hatte nie daran gezweifelt, daß er zu Hause Arbeit finden würde. Es war mir auch nie in den Sinn gekommen, daß er vielleicht nicht zurückkommen würde, wenn er keinen Erfolg hatte – schließlich hatte er eine kleine Tochter, die ihn brauchte. Aber nun kehrte er nicht zurück und wollte ganz offensichtlich auch nicht, daß wir nach Indien kamen. Mitra und ich waren damit in einer Situation, in die schon viele Frauen in meiner Heimat geraten waren: Wir waren verlassen worden.

Während unserer Ehe hatten Arun und ich nie gestritten, und auch jetzt sah ich keinen Sinn darin, ihn zu beschuldigen. Natürlich war ich wütend und erschüttert, aber gleichzeitig tat er mir auch leid, ich hatte mir nicht vorstellen können, meine eigenen Träume so leicht und schnell aufzugeben. Ich schrieb höflich zurück, daß es Mitra und mir gutginge. Dann drängte ich ihn, es weiter zu versuchen und nicht aufzugeben. Mittlerweile würde ich tun, was ich für das Beste hielt. Natürlich wußte ich nicht genau, wie es nun weitergehen sollte, aber ich würde mich bestimmt nicht aufdrängen. Ich hatte nicht die Absicht, ihn zu bitten, mich und meine Tochter aufzunehmen, wenn er uns nicht haben wollte.

Die nächsten Wochen war ich damit beschäftigt, meinen Schock, die Wut und die Traurigkeit zu überwinden und mein Leben neu zu ordnen. In Los Angeles hatte ich viele Freunde, eine Arbeit, die mir gefiel, und, was am wichtigsten war, hier konnte Mitra sehr leicht eine gute Ausbildung bekommen. Aber eigentlich band uns nichts wirklich an Los Angeles. Kurz bevor Aruns Brief eingetroffen war, hatte ich ein Schreiben von Julia Henderson bekommen, der Direktorin des neuen UN-Büros für Soziale Angelegenheiten. Auf Empfehlung von Arlien Johnson teilte sie mir mit, daß sie ausgebildete Sozialarbeiter für Projekte der UN im Nahen Osten suchte, und lud mich zu einem Vorstellungsgespräch nach New York ein.

Dieses Angebot schmeichelte mir sehr. Die jüngsten politischen Entwicklungen ließen mich ebenfalls an eine Rückkehr denken. London hielt das Ölembargo weiterhin aufrecht und zeigte kein Interesse an einer friedlichen Einigung. Der amerikanische Wahlkampf war in vollem Gange, und falls General Eisenhower, der Kandidat der konservativen Republikaner, gewann, konnte die AIOC mit größerer Unterstützung rechnen als bisher. Dr. Mossadeq hatte zudem innenpolitische Probleme, nicht zuletzt durch den Anstieg der Lebensmittelpreise und die zunehmende Arbeitslosigkeit.

Als Dr. Mossadeq Mitte Juli versuchte, die Armee, die Hauptstütze der Macht, unter Kontrolle zu bekommen, eskalierte die Situation. Die parlamentarischen Anhänger des Schahs und die Briten unternahmen den Versuch, Dr. Mossadeq zu stürzen, und dieser bat über den Rundfunk um die Unterstützung des Volkes. Nach fünftägigen Straßenkämpfen kehrte Dr. Mossadeq triumphierend in sein Amt zurück, und er schien beliebter und stärker zu sein denn je. Aber dieser Ausbruch der Gewalt erschreckte mich, denn ich fürchtete im Fall eines Sturzes der Regierung um Dadasch, Abbas und andere Mitglieder meiner Familie.

Ich beschloß, so schnell wie möglich heimzukehren. Dazu wollte ich zunächst mit Mitra nach New York gehen und mich bei der UN um eine Stelle bemühen. Außerdem wollte ich Batul-Chanoms Sohn Manutschehr besuchen, der inzwischen in New York lebte, und Forugh, der eine amerikanische Klassenkameradin geheiratet hatte und nun in Philadelphia arbeitete. Dazu kam noch die Tatsache, daß ich mit Mitra nicht in den Iran zurückkehren oder durch den Nahen Osten reisen konnte, solange ich sie nicht in meinen Paß eingetragen hatte. Auch das wollte ich in New York erledigen; der iranische Generalkonsul Mahmud Forrughi war ein enger Freund von Dadasch. Innerhalb eines Monats löste ich meinen Haushalt in Los Angeles auf, kündigte meine Arbeitsstelle und verabschiedete mich von meinen amerikanischen Freunden und Lehrern. Von Arun hatte ich nichts mehr gehört, daher schrieb ich ihm einen kurzen Brief, um ihn von meinen Plänen in Kenntnis zu setzen.

## II.

In der ersten Oktoberwoche 1952 kam ich in New York an. Der Präsidentschaftswahlkampf war auf dem Höhepunkt, und die Stadt summte in der klaren Herbstluft, als sei sie elektrisch geladen. Da ich nicht wußte, wie lange ich hierbleiben würde, und Manutschehr nicht belasten wollte, brachte ich Mitra nach Philadelphia zu Forugh und seiner Frau Jean, die selbst zwei kleine Töchter hatten. Dann ging ich zum iranischen Konsulat in der Fifth Avenue, wo ich erfuhr, daß meine Ehe im Iran nicht anerkannt wurde, weil Arun kein Iraner war und wir die Ehe nicht auf der Botschaft hatten registrieren lassen. Mitra war staatenlos.

Ich war außer mir vor Zorn und schrie die Angestellten des Konsulats an, ob ich vielleicht allein nach Hause fahren und eine Dreijährige hier ihrem Schicksal überlassen sollte? Mr. Forrughi zeigte viel Mitgefühl, konnte mir aber nicht helfen. Nach iranischem Gesetz konnte ein Kind die iranische Staatsbürgerschaft nicht über die Mutter bekommen. Da Arun nicht da war, um einen indischen Paß für Mitra zu beantragen, schlug Mr. Forrughi vor, daß ich mich für sie um die amerikanische Staatsbürgerschaft bemühen sollte, da Kinder, die in den Vereinigten Staaten geboren werden, automatisch amerikanische Staatsbürger sind. Mitra könnte dann mit einem amerikanischen Paß reisen. Allerdings würde sie für den Iran, das Heimatland ihrer Mutter, ein Visum brauchen.

Außer mir vor Wut, kehrte ich in Manutschehrs Wohnung zurück. Obwohl ich Mitra in der Liebe zu ihrem persischen Erbe erzog, war der Iran der Meinung, daß die persische Herkunft meiner Tochter bedeutungslos war, weil sie nur über die Mutter weitergegeben wurde. Am liebsten hätte ich laut geschrien und geflucht über die Gesetze meines Landes, die eine Frau für wertlos erklärten.

Ich schwor, daß ich nicht nachgeben wollte. Um Mitra doch noch als Iranerin in meinen Paß eintragen zu lassen, ging ich jeden Morgen zum Konsulat und wartete dort geduldig, aber vergeblich. Allmählich sah ich ein, daß es keine andere Möglichkeit gab, als die amerikanische Staatsbürgerschaft zu akzeptieren. Ich fürchtete, daß ich dafür längere Zeit in New York verbringen mußte, aber ich hatte kaum genug Geld für meine Rückkehr in den Iran, geschweige denn für eine Wohnung in New York. Schweißnaß lag ich nächtelang wach auf Manutschehrs Couch.

Als ich eines Morgens wieder einmal im Konsulat war, kam ich mit einem gutgekleideten Amerikaner ins Gespräch, der mir erzählte, daß er für Cities Service Oil arbeitete. Als ich das hörte, war ich sehr interessiert, denn Cities Service war eine der wenigen unabhängigen Ölgesellschaften, die bei Abbas' Besuch vor einem Jahr Interesse am Vertrieb unseres Öls gezeigt hatten. Erst vor einem Monat waren Berichte durch die Presse gegangen, leitende Angestellte dieser Firma hätten dem Iran einen vertraulichen Besuch abgestattet.

Leiter dieser Delegation war der Firmenchef W. Alton Jones gewesen, ein Selfmade-Multimillionär, der gute Beziehungen zum Außenministerium hatte und als enger Freund Eisenhowers galt. Die iranische Regierung stand kurz vor dem Bankrott, und in den Provinzen drohten Unruhen und Aufstände. Darum war Teheran sehr erfreut über Alton Jones' Interesse am iranischen Öl. Da er mit Eisenhower befreundet war, hoffte die iranische Regierung auch auf eine positive Haltung einer möglichen künftigen republikanischen Administration gegenüber dem Iran. Während des Besuches im Iran war es auch zu geheimen Gesprächen zwischen Jones und Dr. Mossadeq gekommen, bei denen Abbas gedolmetscht hatte. Als ich dem Angestellten der Ölgesellschaft erzählte, daß ich Abbas Parchides Schwägerin sei, bat er mich um meine Telefonnummer, und noch am gleichen Nachmittag erhielt ich eine Einladung von Mr. Jones.

Alton Jones war ein gutaussehender, tadellos gekleideter Mann um die Sechzig, der trotz seiner grauen Haare erstaunliche Jugendlichkeit und Energie ausstrahlte. Besonders angetan war ich von seinen hellgrauen Augen, die scharf, klar und außerordentlich freundlich dreinblickten. Voller Wärme berichtete er mir von der Zeit, die er bei meinem Schwager und bei dessen Familie verbracht hatte, und erklärte, daß ihm Abbas über unser Land die Augen geöffnet hatte. Das Elend der Dorfkinder im Iran hätte ihn besonders deshalb berührt, weil er selbst aus einer armen Bauernfamilie stammte. Seiner Meinung nach war Dr. Mossadeq kein Demagoge, kein Fanatiker und auch kein kommunistischer Sympathisant, sondern ein selbstloser, mutiger Führer, der Gerechtigkeit für den Iran verlangte. Außerdem sagte Mr. Jones, daß ihn der Anblick der langen iranischen Nordgrenze zur Sowjetunion sehr erschreckt hätte. Wenn nicht bald etwas geschähe, könnte es im Iran möglicherweise wie in China zu einer kommunistischen Revolution kommen. Das Öl könnte den Kindern helfen, die er gesehen hatte, und daher müßte die britische Regierung mit Mossadeq genauso zusammenarbeiten wie mit Nehru. Das wäre der Grund dafür, daß er uns beim Vertrieb des Öls helfen wollte.

Ich traute kaum meinen Ohren. Vorsichtig wagte ich anzumerken, daß die Briten wohl kaum stillhalten würden, solange Dr. Mossadeq an der Macht war, denn sie wollten Rache für das, was er getan hatte. Mr. Jones antwortete, daß ihm der Premierminister das gleiche gesagt hätte. Trotzdem würden in nächster Zeit einige Cities Service Ingenieure nach Abadan geschickt. Möglicherweise würden ihn die Briten deshalb verklagen, aber darüber ließe er sich keine grauen Haare wachsen. Die britische Embargo-Politik wäre einfach falsch.

Bevor ich noch Zeit hatte, diese erstaunliche Rede zu verdauen, erkundigte sich Mr. Jones nach dem Grund und der Dauer meines Aufenthaltes in New York. Als ich erklärte, daß ich auf dem Weg in den Iran war, aber durch die Paßprobleme meiner Tochter aufgehalten würde, fragte er mich, ob ich nicht daran interessiert wäre, für ihn zu arbeiten. Niemand bei Cities Service, erklärte er, wüßte irgend etwas über den Iran. Er benötigte jemanden, der Fragen zu diesem Thema beantworten und die Männer, die in den Iran fuhren, mit den nötigen Informationen versehen könnte. Außerdem könnte ich die amerikanische und ausländische Presse auswerten. Damit würde ich ihm einen Gefallen tun und zudem noch Dr. Mossadeq unterstützen.

Ich war zu verblüfft, um sofort zu antworten. »Nehmen Sie die Stelle doch wenigstens für einige Monate!« bedrängte mich Mr. Jones. Wenn Ike erst einmal gewählt war, sagte er, würde er die Krise bald lösen, und ich könnte nach Hause fahren.

Ich bedankte mich stammelnd, sagte aber, daß ich übers Wochenende über seinen Vorschlag nachdenken wollte. Am Freitag fuhr ich dann nach Philadelphia, um mich mit Forugh zu beraten, der mir riet, das Angebot anzunehmen. Zu Hause, wo die Nationale Front gerade in sich bekämpfende Einzelfraktionen zerbrach, könnte ich gar nichts tun, während ich auf diese Weise hier in Amerika dazu beitragen konnte, daß wieder Geld in den Iran floß.

Ich begriff, daß er recht hatte, und als ich wieder in New York war, teilte ich Mr. Jones mit, daß ich für ihn arbeiten würde. Er erkundigte sich nach meinen Gehaltsvorstellungen, und ich antwortete peinlich berührt, daß mein letztes Gehalt zweihundertsechs Dollar im Monat betragen hatte. So viel sollte er mir bezahlen. Mr. Jones sah mich erschrokken an. »Davon können Sie doch nicht leben!« sagte er. Und schließlich erklärte er, daß er mir fünfhundertfünfzig Dollar im Monat zahlen wollte.

Ich fand eine Zweizimmerwohnung in Forest Hills, in der Nähe eines guten Kindergartens und der U-Bahn. Jeden Tag fuhr ich nun aus Queens hinunter in jenes Amerika, das ich vor vielen Jahren auf dem Bild mit der Freiheitsstatue gesehen hatte, das Amerika der Wall Street. Jeden Tag fuhr ich mit einem der Fahrstühle aus der mit rotem Marmor getäfelten Empfangshalle hinauf in den achtzehnten Stock des Cities Service Gebäudes. Mein Zimmer lag auf dem gleichen Stockwerk wie Alton Jones' Büro, und wenn ich zu beschäftigt war, um mir etwas zu essen zu holen, dann wurde mir mein Lunch aus der Kantine im vierundsechzigsten Stockwerk ins Büro gebracht. In dieser luxuriösen Umgebung schien mein kleines Haus in Los Angeles ebenso weit entfernt wie der Iran. Meine Aufgabe bestand darin, für Mr. Jones eine Handbibliothek über den Iran zusammenzustellen und alles zu sammeln, was in der internationalen Presse und den Fachzeitschriften der

Ölindustrie über den Iran und Dr. Mossadeq veröffentlicht wurde, wobei ich die persischen, arabischen und französischen Artikel selbst übersetzte. Ich verfaßte einen kurzen Abriß der Geschichte der persischen Ölindustrie für den internen Gebrauch bei Cities Service.

Je mehr ich von meinem Wohltäter sah, desto mehr mochte ich ihn, denn er war ehrlich, freundlich und großzügig zu jedermann. Oft verfügte er über Informationen, lange bevor irgend etwas in der Presse zu lesen war, da er viele Kontakte innerhalb der Ölindustrie und im Außenministerium hatte und außerdem oft mit General Eisenhower zum Golfspielen oder auf die Jagd ging. Auch wenn ich inzwischen mit den zwanglosen Manieren der Amerikaner vertraut war, fand ich es doch immer noch seltsam, daß Mr. Jones, anstatt mich in sein Büro kommen zu lassen, wie das ein iranischer Millionär getan hätte, einfach an der Tür zu meinem Büro stehenblieb, um mir etwas zu einem Nahost-Thema weiterzugeben, was er gerade gehört hatte. Dann hörte er sich respektvoll an, was ich dazu zu sagen hatte.

Ich mochte ihn sehr gern, und natürlich war ich sehr erfreut, wenn er von seiner persönlichen Bewunderung für Dr. Mossadeq sprach. Er war ehrlich davon überzeugt, daß der Iran genau diesen Politiker brauchte, um Fortschritte zu machen und ein demokratisches Land zu werden und daß die Wahl Eisenhowers die Krise beenden könnte und zu wärmeren und engeren Beziehungen zwischen unseren Ländern führen würde. Zu meiner Überraschung entdeckte ich, daß viele der Angestellten bei Cities Service ähnlich dachten, und wieder einmal war ich gerührt über diesen Beweis amerikanischer Aufrichtigkeit. Ich dachte, daß vielleicht auch das britische Volk, das ja so berühmt war für seinen Sinn für Fairneß, anders über die Sache denken würde, wenn die Regierung und die Presse nicht solche Vorurteile verbreitet hätten. Voller Hoffnung schrieb ich an Dschabi und Abbas von dem guten Willen, den ich hier bei Cities Service kennenlernen durfte und der, wenn er sich im Verkauf von Öl niederschlug, unserem Volk vielleicht endlich Lebensmittel, Ausbildung, Arbeit und Sozialprogramme verschaffen konnte.

Kurz nach den Wahlen im November war Alton Jones noch fröhlich und zuversichtlich. Gleichzeitig bat er mich allerdings, an Abbas zu schreiben, daß sich Dr. Mossadeq in seinen Verhandlungen mit den amerikanischen Unterhändlern kompromißbereiter zeigen sollte. Seine Mitarbeiter hatten zwar festgestellt, daß Abadan von den iranischen Ingenieuren genauso kompetent geführt wurde wie vormals von den Briten, aber die AIOC und die großen amerikanischen Ölfirmen waren die einzigen, die über genügend Tanker verfügten, um das Öl aus Abadan abzutransportieren. Man müsse Dr. Mossadeq klarmachen, daß Öl nur von Tankern, nicht von Prinzipien bewegt werden konnte. Cities Service selbst sei zu klein, um die nötigen Schiffe aufzutreiben, was er Dr. Mossadeq auch gesagt hätte.

Ich war ebenfalls der Meinung, daß Dr. Mossadeq sich sehr stur verhielt. Aber ich erklärte Mr. Jones, daß Politik im Iran nicht so funktionierte wie in Amerika. Bei uns dachte jeder nur an seine eigenen Interessen und nicht an den Schaden, den er durch seine Handlungsweise dem ganzen Land zufügte. Wenn Dr. Mossadeq auch nur ein wenig nachgab, würden ihn seine Feinde als Freund der Briten denunzieren und seine Regierung stürzen oder ihn sogar ermorden lassen.

Mitte Oktober hatte Dr. Mossadeq eine Verschwörung aufgedeckt, an deren Spitze General Sahedi stand, ein Mann, den die Alliierten während ihrer Besatzung der Zusammenarbeit mit den deutschen Nationalsozialisten angeklagt hatten. Jetzt unterstützten die Briten Sahedi allerdings trotz seiner Vergangenheit.

Daraufhin hatte der Premierminister die diplomatischen Beziehungen zu Großbritannien abgebrochen und die riesige Botschaft in Teheran geschlossen, die seit jeher die Zentrale der britischen Intrigen gewesen war. Wie die meisten Iraner war ich sehr froh über diesen Schritt, der schon lange überfällig war, aber ich war mir sicher, daß die Briten nun versuchen würden, sich Dr. Mossadeqs mit amerikanischer Hilfe zu entledigen.

»Bitte sagen Sie Mr. Eisenhower«, flehte ich Mr. Jones an, »daß er nach dem Antritt seiner Präsidentschaft nicht auf die

Briten hören soll. Sie werden ihm sicher einreden wollen, Dr. Mossadeq sei ein Betrüger und ein Kommunist.«

Mr. Jones, der mein Mißtrauen den Briten gegenüber wohl übertrieben fand, versicherte mir, daß »die Leute in der Regierung« schon wüßten, was vor sich ging. Ike würde sich bestimmt nicht täuschen lassen. Aber ich war mir sicher, daß nicht ich zu mißtrauisch, sondern die Amerikaner zu naiv waren. Noch immer fürchtete ich, daß der konservative Eisenhower den Briten weniger Schwierigkeiten bereiten würde als vor ihm Truman, und darum hoffte ich, daß unser Premierminister die Verhandlungen abschließen konnte, ehe der neue Präsident im Amt war. Oft schrieb ich an Abbas, er sollte doch Dr. Mossadeq zu mehr Flexibilität und Kompromißbereitschaft drängen, wobei ich darauf verwies, daß Mr. Jones, der Vertraute von General Eisenhower, ebenfalls dieser Meinung war. Aber Abbas antwortete mir nur in neutralen Mitteilungen: »Ich habe Deine Botschaft an unseren Vetter weitergegeben, der Dir seine wärmsten Grüße übermitteln läßt.« Natürlich verstand ich, daß Irans Premierminister nicht sonderlich an Ratschlägen von seiner jungen Kusine aus New York interessiert war. Aber dennoch war ich mir sicher, daß mein Schwager ebenfalls Mr. Jones' Meinung war. Die Zeit zerrann uns zwischen den Fingern.

Trotz dieser Sorgen gefiel mir mein neues Leben. Mr. Jones stellte mich seiner Familie vor, und ich kam oft mit in New York lebenden Ausländern und Mitarbeitern der UN zusammen. Außerdem hatten wir viele persische Bekannte in New York, und ich lernte einige iranische Diplomaten kennen. Auf einer Dinnerparty traf ich dann Julia Henderson, die mich ursprünglich nach New York eingeladen hatte. Ich hatte vorgehabt, mit ihr Kontakt aufzunehmen, sobald die Ölkrise gelöst war. Mr. Jones versuchte über den Anwalt von Cities Services einen amerikanischen Paß für Mitra zu bekommen, und ich war sehr froh, daß ich nicht zwischen meiner Heimat und meiner Tochter wählen mußte.

Anfangs hatte ich Bedenken gehabt, Mitra allein in ihrem neuen Kindergarten zu lassen, aber sie schien die Trennung von mir ruhig und ohne Schwierigkeiten zu verkraften. Mit gemischten Gefühlen stellte ich fest, daß Mitra eine gewisse Unabhängigkeit zu entwickeln begann. Ich hatte Arun meine Adresse mitgeteilt, und nun erhielt ich einen sorgfältig formulierten Brief, in dem er mir Glück wünschte und mir die Vollmacht zur Auflösung unserer Ehe gab, falls ich das wollte. Ich vermutete, daß seine Familie eine passendere Ehefrau für ihn gefunden hatte und ihn daher zur Scheidung drängte. Aber ich wollte eine so wichtige Entscheidung nicht überstürzen. Außerdem wollte ich mir später nicht von Mitra sagen lassen, ich hätte ihrem Vater nicht genügend Zeit gegeben, sein Ziel in Indien zu erreichen. Ich antwortete daher nur, daß ich über seinen Vorschlag nachdenken würde. Falls ich mich für eine Scheidung entschied, würde ich es ihn wissen lassen. Dann versuchte ich die Angelegenheit zu vergessen.

Im Februar 1953 wurde ich wieder stark von den Ereignissen zu Hause in Anspruch genommen. Dr. Mossadeq hatte Fortschritte bei der Durchsetzung wichtiger sozialer und ökonomischer Programme gemacht, aber das Problem des Öls wurde immer drängender, und in den ländlichen Gegenden kam es zu Aufständen. Der Premierminister, der wußte, daß ihm die Erinnerung an Schahsade möglicherweise helfen konnte, in Fars Unterstützung zu finden, hatte Dadasch seines Amtes als Gesundheitsminister enthoben und ihn als Provinzgouverneur nach Schiras geschickt. Aber für die persische Ölindustrie zeichnete sich keine Lösung ab. Vor einigen Monaten hatte die jetzt abgewählte Truman-Regierung die Möglichkeit eines britisch-amerikanischen Ölkonsortiums vorgeschlagen, aber Dr. Mossadeq hatte diesen Vorschlag abgelehnt.

Im Winter und im Frühjahr war seine innenpolitische Stellung zunehmend kritischer geworden, nicht zuletzt deshalb, weil die Preise und die Arbeitslosigkeit immer weiter anstiegen. Der Premierminister hatte zwar für das Parlament einen Großteil der Macht zurückerobert, die der Schah an sich gerissen hatte, aber ihm fehlte die Kontrolle über das Militär. Noch immer mußte er sich auf Rundfunkappelle stützen, die jedesmal Massendemonstrationen zu seinen Gunsten zur

Folge hatten. Allerdings wurde ein Teil dieser Aktivitäten auf der Straße auch von der prosowjetischen kommunistischen Partei des Iran, der Tude, gesteuert. Um die öffentliche Ordnung aufrechtzuerhalten, hatte Dr. Mossadeq zeitweise sogar das ihm vom Parlament zugebilligte Recht wahrgenommen, den Ausnahmezustand auszurufen. Daraufhin warfen ihm seine Feinde vor, er strebte eine Diktatur unter seiner Führung an, während viele seiner Anhänger meinten, er griffe nicht genug durch und seine demokratischen Prinzipien und seine Verfassungstreue machten ihn anfällig für Extremisten von rechts und links. Es kam immer häufiger zu Gewaltakten, und im April 1953 wurde der ehrliche und gewissenhafte Polizeichef von Teheran, General Afschartus, der ein loyaler Anhänger Mossadeqs war, entführt, gefoltert und ermordet.

Nicht nur die Ereignisse selbst, sondern vor allem die Art, wie in den Vereinigten Staaten darüber berichtet wurde, machten mich wütend. Die amerikanische Presse spiegelte die Interessen der großen amerikanischen Ölkonzerne wider, die sich vor Verstaatlichungen in »ihren« Ländern fürchteten. Die Aufstände, Putschversuche und die Morde, die von den Gegnern Dr. Mossadeqs begangen wurden, waren für die amerikanischen Zeitungen Beweis genug, daß unser Premierminister, der weder ein Kommunist war noch die Tude-Partei in irgendeiner Weise förderte, ein irrer Extremist war, ein Werkzeug der Sowjetunion, und daß er langfristig »ein neues China« erschuf. Wie die anderen Iraner in New York war ich der Ansicht, daß die Briten auf diplomatischem Wege Druck auf die Eisenhower-Regierung ausübten und versuchten, die amerikanische Presse zu manipulieren. Aber wenn wir diese Gedanken unseren amerikanischen Freunden gegenüber äußerten, wurden wir für »paranoid« gehalten.

Was mir im Frühjahr 1953 am meisten Sorgen machte, war die veränderte Haltung von Mr. Jones. Vor der Amtseinführung des neuen Präsidenten war er stets guter Laune gewesen. Er hatte die zynischen Zeitungsartikel abgelehnt, in denen Dr. Mossadeq wegen seiner Kleidung, seines Aussehens und seiner Manieren verspottet wurde, und ich wußte, daß er sowohl vor als auch nach der Wahl den zukünftigen Präsidenten zu überzeugen versuchte, daß »wir mit Mossadeq einen Plan ausarbeiten müssen«. Aber im Januar waren seine Energie und sein Optimismus plötzlich verschwunden, und Mr. Jones kehrte immer bedrückter und launischer von seinen Besuchen aus Washington zurück. Seine früher so häufig gemachten Bemerkungen über die Freundschaft zwischen unseren beiden Ländern hörten plötzlich auf, und er wurde immer stiller. Am meisten erschreckte mich die Tatsache, daß das Licht in seinen ehedem so lebendigen grauen Augen erloschen schien. Ich war davon überzeugt, daß die Veränderungen, die ich an meinem Wohltäter feststellen mußte, bedeuteten, daß es den Briten gelungen war, Eisenhower auf ihre Seite zu ziehen. Damit stand Mr. Jones auf der Verliererseite.

Im Frühjahr lehnte Dr. Mossadeq einen gemeinsamen Plan der Briten und Amerikaner betreffs Ausgleichszahlungen ab, und Ende Mai schrieb er einen verzweifelten Brief an Präsident Eisenhower, in dem er den neuen amerikanischen Präsidenten dringend um wirtschaftliche Hilfe für den Iran ersuchte. Das Schreiben endete mit düsteren Andeutungen über die politischen Konsequenzen für unser Land, falls die Hilfe verweigert würde. Eisenhower ließ sich einen vollen Monat Zeit, ehe er eine kühle Ablehnung schrieb. Nun verbreitete sich in meinen Kreisen in New York das Gerücht, die Amerikaner würden den Schah und Sahedi unterstützen, falls Mossadeq gestürzt würde. Inzwischen wurde Mossadeq auch von vielen seiner Anhänger im Stich gelassen, und täglich kam es zu Straßenkämpfen zwischen religiösen Extremisten, Anhängern der Tude-Partei und der Polizei. Angesichts dieser verzweifelten Situation kündigte Dr. Mossadeq eine Volksabstimmung an, um den zögernden Schah zu zwingen, das Parlament aufzulösen. Dieser Schritt war natürlich überhaupt nicht mit der Verfassung vereinbar, und ich fand es schrecklich, daß ein ehedem demokratischer Politiker nun zu solchen Mitteln greifen mußte.

Aber er gewann die Volksabstimmung, und unser Parlament, der Madschles, wurde aufgelöst. Als sich im August dann jedermann fragte, ob unser alter »Löwe Gottes« wohl noch lange überleben würde, schien sich die Situation plötzlich zu seinen Gunsten zu wenden. Am Sonntag, dem 16. August, floh Mohammed Resa Schah aus dem Iran.

## III.

Ganz aufgeregt las ich am Montag morgen in den amerikanischen Zeitungen, wie es dazu gekommen war. Bereits am Mittwoch, so berichtete die New York Times, hatten die Tude-Zeitungen von einem royalistischen Staatsstreich gegen Dr. Mossadeq gesprochen. Am Samstag abend hatte der Schah einen gewissen Hauptmann Nasiri mit einem Brief zu Dr. Mossadeqs Residenz geschickt, in dem diesem seine Ablösung zugunsten General Sahedis mitgeteilt wurde. Aber vor der Residenz des Premierministers wurde Nasiri von Armeetruppen verhaftet, die den Premier unterstützten. Offenbar bekam der Schah nach diesem Vorfall Angst um seine eigene Sicherheit, denn am nächsten Tag bestieg er zusammen mit Kaiserin Soraya seinen Privatjet und flog über Bagdad nach Rom. Sahedi, der sich irgendwo in den Bergen versteckte, rief sich selbst zum rechtmäßigen Premierminister aus. Doch die Armee schien auf Dr. Mossadeqs Seite zu stehen.

Meine erste Reaktion war reines Entsetzen angesichts der Tatsache, daß der Schah sein Land in einer solchen Krise allein ließ. Außerdem ergab seine Flucht keinen Sinn. Dr. Mossadeq, selbst ein Aristokrat, hatte die Herrschaft des Schahs niemals in Frage gestellt und stets betont, daß er hinter der konstitutionellen Monarchie stand. Dennoch war ich in gewisser Weise auch erleichtert, denn vielleicht konnte Dr. Mossadeq nun eine Weile lang unbeschwerter regieren. Wenn sich die Lage beruhigt hatte, würde der Schah seinen Fehler sicherlich einsehen und in den Iran zurückkehren.

Aber schon am nächsten Tag wurde mein Optimismus zerstört. Nach der Flucht des Schahs kam es zu schlimmen Unruhen, bei denen Statuen des Schahs und seines Vaters umgestürzt wurden. Die Presse berichtete von kommunistisch gelenkten Angriffen gegen amerikanisches Eigentum und von Straßenkämpfen mit der Polizei. Dr. Mossadeq mußte die Ordnung wiederherstellen. Am Dienstag schlug er zu meinem Entsetzen die extremistischen Aufstände mit Hilfe der in Teheran stationierten Armee-Einheit gewaltsam nieder. Ich war erschüttert und hatte, wie viele Iraner in New York, vor allem Angst um meine Familie.

Als ich am Dienstag morgen, dem 20. August, das Radio einschaltete, während ich Mitras Frühstück vorbereitete, hörte ich die schockierende Nachricht: Die Regierung des Iran war gestürzt worden. Eine riesige aufgebrachte Menschenmenge hatte den Tod Mossadeqs und die Rückkehr des Schahs gefordert und dabei das Haus des Premierministers angegriffen und zerstört. Dr. Mossadeq war geflohen und hielt sich in einem Versteck auf.

Eilig brachte ich Mitra in den Kindergarten und kaufte auf dem Weg zur U-Bahn die Times. Die Schlagzeile auf der ersten Seite verkündete, daß bei den Kämpfen Hunderte von Menschen getötet worden waren. Meine Gedanken gingen wild durcheinander. Wie war es möglich, daß Mohammed Mossadeq, der noch immer das Idol vieler Iraner war, plötzlich derart unpopulär geworden war? Die kopflose Flucht des schwachen und unbeliebten Schahs konnte doch unmöglich so viele einfache Menschen auf die Straße bringen. Ich war mir sicher, daß eine dritte Kraft hinter diesen Aufständen steckte – vermutlich die Briten und Sahedis Anhänger.

Sobald ich mein Büro betreten hatte, rief ich Mahmud Forughi im Konsulat an. Als ich ihn endlich am Apparat hatte, teilte er mir mit, er versuche gerade herauszufinden, was eigentlich mit Dr. Mossadeq und den anderen Regierungsmitgliedern geschehen war. Niemand wußte, wer von Dr. Mossadeqs Familie und seinem unmittelbaren Umkreis verletzt oder getötet worden war.

Ich legte die Morgenzeitungen auf meinem Schreibtisch aus und studierte sie sorgfältig. Die Demonstration für den Schah hatte in Südteheran und im Basar begonnen, und gleichzeitig war eine Panzereinheit aus den Bergen herangerollt, in denen sich Sahedi versteckt hielt. Vor dem Haus Dr. Mossadeqs, das nicht weit vom Haus meiner Mutter entfernt lag, war es zu einem neunstündigen Gefecht gekommen, ehe die Panzer schließlich Wände des Gebäudes niederwalzten. Die Menschenmenge war hineingestürmt, doch der Premierminister hatte durch den Garten entkommen können.

Außerdem waren ein Telegrafenamt, mehrere Regierungsgebäude und die staatliche Rundfunkanstalt besetzt worden, während die Soldaten offenbar jeden Zivilisten gefangennahmen, den sie für einen Anhänger Mossadeqs hielten. Ein Ausgangsverbot war verhängt worden. Offenbar war die ganze Gegend um das Haus meiner Mutter ein einziges Schlachtfeld, und ich fragte mich verzweifelt, ob Abbas wohl noch lebte und was mit Dadasch in Schiras geschehen war.

Fieberhaft suchte ich in den verschiedenen Berichten nach weiteren Informationen. Der Schah und die Briten zeigten sich zufrieden über den Sturz der »Kommunisten«. Ich mußte weinen angesichts dieser Verlogenheit, die einen alten, halb lahmen Mann, der seinem Land fünfzig Jahre lang bedingungslos gedient hatte, nun zwang, um sein Leben zu laufen.

Um zehn Uhr kam Mr. Jones. Sein Gesichtsausdruck zeigte mir, daß er bereits über die Ereignisse Bescheid wußte. »Sie haben immer gesagt, daß Eisenhower so etwas nicht zulassen würde!« schleuderte ich ihm entgegen. Mit sorgenvollem und bekümmertem Blick erklärte Mr. Jones, er wüßte auch nicht, wie es dazu hatte kommen können. Seine Stimme klang entschuldigend. »Rufen Sie Mr. Eisenhower an und sagen Sie ihm, daß Dr. Mossadeq kein Kommunist ist! Man kann ihn nicht einfach umbringen!«

Beruhigend meinte Mr. Jones, er glaube nicht, daß wir viel tun könnten. Zu meiner Enttäuschung schien er mehr daran interessiert, mich zu beruhigen, als den Präsidenten anzurufen. Ich weinte und erklärte, daß ich mir große Sorgen wegen der Kämpfe in unserer unmittelbaren Nachbarschaft machte und um Abbas und Dschabi. Mr. Jones versprach mir, mich sofort zu verständigen, sobald er vom Außenministerium oder über Freunde in anderen Ölgesellschaften etwas Näheres erfuhr. Man brachte mir ein Radiogerät, und ich verbrachte den Tag damit, die neuesten Rundfunkmeldungen zu verfolgen und die Zeitungsberichte wieder und wieder zu lesen, während ich auf die Nachmittagszeitungen wartete. Am frühen Nachmittag rief ich nochmals im Konsulat an, aber dort wußte man immer noch nichts Neues.

Am Freitag erfuhren wir dann, daß sich Dr. Mossadeq General Sahedi ergeben hatte, der die Kontrolle über die Armee übernommen und Dr. Mossadeqs Berater und das Kabinett verhaftet hatte. Soldaten und Panzer unterbanden jegliche Demonstrationen der Nationalen Front und der Tude-Partei gegen das neue Militärregime. Noch immer wußte ich nichts über das Schicksal von Dadasch oder Abbas, aber das Konsulat empfahl mir, geduldig zu bleiben, da es mehr als zehn Tage dauern konnte, bis mich ein Telegramm erreichte.

Zwei Tage nach dem Umsturz kehrte Mohammed Resa Schah Pahlawi in den Iran zurück.

Es dauerte eine Woche, bis ich endlich erfuhr, daß kein Mitglied meiner Familie bei den Kämpfen verletzt oder gar getötet worden war. Wochen später erhielt ich einen Brief von Dschabi, in dem stand, daß sich Abbas und Dadasch in Sicherheit befänden. Da Abbas lediglich bei der National Iranian Oil Company angestellt war und kein politisches Amt innegehabt hatte, hoffte er, seine Arbeit bald wieder aufnehmen zu können. Aber Dadasch mußte sich wohl nach einem Posten im internationalen Gesundheitswesen umsehen, denn eine politische Karriere war für ein Familienmitglied von Mossadeq von nun an unmöglich.

Der Schah und Sahedi machten sich sofort daran, ihre Gegner auszuschalten. Außenminister Fatemi, Dr. Mossadeqs engster Mitarbeiter, wurde hingerichtet, der Justizminister ermordet, und andere wichtige Mitglieder der Nationalen Front wanderten ins Gefängnis. Die kommunistischen Führer, die die Regierung zu fassen bekam, ehe sie außer Landes fliehen konnten, wurden gefangengenommen, gefoltert und hingerichtet.

Dr. Mossadeq selbst war für Sahedi und den Schah allerdings ein Problem, denn ihn zu töten oder lebenslang gefangenzusetzen hätte ihn zum Märtyrer gemacht. Schließlich machte ihm die Regierung in einer Militärbaracke außerhalb von Teheran den Prozeß. Dort hoffte man das öffentliche Aufsehen in Grenzen halten zu können, doch der improvisierte Gerichtssaal war voll von Mossadeqs Anhängern, die seine Reden jeden Abend an ihre Freunde und Verwandten weitergaben. Bald wußte das ganze Land, was Mossadeq gesagt hatte, auch wenn kein einziges Wort seiner Verteidigungsrede in der zensierten Presse auftauchte.

Die amerikanische Presse stellte den wertvollsten und demokratischsten Führer unseres Landes als einen närrischen, alten Mann hin, der nun ein unwürdiges Spektakel in der Öffentlichkeit veranstaltete. Aber Dr. Mossadeq war nicht wegen seiner exzentrischen Manieren gescheitert, sondern deshalb, weil er sich hart und kompromißlos gegen eine Supermacht erhoben hatte. Was er auch falsch gemacht hatte, für uns blieb er ein Patriot, der an unsere Verfassung und an die Demokratie geglaubt hatte. Und Mohammed Mossadeq wurde nun für das bestraft, was er war – ein Iraner, der an seinen Prinzipien festhielt.

Dr. Mossadeq wurde für schuldig befunden und zu drei Jahren Gefängnis verurteilt, ein vergleichsweise mildes Urteil. Nach seinem Sturz wurden die Ölverhandlungen weitergeführt. Es wurde angekündigt, daß die Sahedi-Regierung fünfundvierzig Millionen Dollar Hilfe von den Vereinigten Staaten erhalten sollte. Außerdem würde der Iran in Zukunft mit fünfzig Prozent an den Ölgewinnen beteiligt. Die Anglo-Iranian Oil Company, die inzwischen in British Petroleum, BP, umbenannt worden war, würde vierzig Prozent der Beteiligung an einem internationalen Konsortium übernehmen, weitere vierzig Prozent sollten an die fünf größten amerikanischen Ölfirmen gehen und der Rest an einen holländischen und einen französischen Konzern. Wieder einmal geriet unser Öl, und damit unsere inneren Angelegenheiten, in die Hände fremder Länder – mit dem einzigen Unterschied, daß nun die Amerikaner ebensoviel zu sagen hatten wie die Briten.

In tiefer Depression und mit schwerem Herzen verfolgte ich diese Entwicklung. Jetzt wußte ich, wie albern es gewesen war, darauf zu hoffen, Mr. Jones' guter Wille allein könnte die geballte Überzeugungskraft der britischen Regierung und der amerikanischen Ölkonzerne aus dem Feld schlagen. Nun war es für mich sinnlos, weiterhin bei Cities Service zu arbeiten. Ich wollte endlich etwas Sinnvolles für mein Heimatland tun. Aber ich konnte nicht sofort nach Hause zurückkehren, denn mich packte Abscheu bei dem Gedanken, für das Sahedi-Regime zu arbeiten. Außerdem war es für mich wohl überhaupt unmöglich, als Verwandte von Dr. Mossadeq eine Stelle bei der Regierung zu finden.

Um Weihnachten herum wußte ich, daß ich nun handfeste Pläne machen mußte. Mr. Jones hätte mich gerne weiterbeschäftigt, und Mitra und ich hätten in New York ein angenehmes Leben führen können. Aber ich wollte endlich wieder bei meiner Familie sein, und nach den ernüchternden Ereignissen der letzten Monate drängte es mich, meine eigentliche Arbeit wiederaufzunehmen. Ich suchte Julia Henderson bei der UN auf, die mir für zwei Jahre eine Stelle bei der UNESCO anbot. Als Sozialberaterin für die Regierung des Irak sollte ich gemeinsam mit Beamten König Feisals einen Sozialplan erarbeiten und bei der Ansiedlung von Nomadenstämmen helfen. Als UN-Expertin würde ich auch an Sozialprojekten im gesamten Nahen Osten mitwirken und an Schulen unterrichten. Allerdings würde ich einen Großteil des ersten Jahres in der wilden und beinahe leeren Wüste des südlichen Irak bei beduinischen Nomaden verbringen müssen. Da Mitra die amerikanische Staatsangehörigkeit hatte, konnte sie die Amerikanische Schule in Bagdad besuchen. Die irakische Wüste war bestimmt kein idealer Aufenthaltsort für ein fünfjähriges Mädchen. Aber wir würden gemeinsam zu langen Sommeraufenthalten nach Teheran reisen.

Die Aussicht, mich von ihr trennen zu müssen, war schmerzlich, aber ich beschloß, das Angebot der UN trotzdem anzunehmen, denn damit bekam ich die Chance, meinen Beruf unter Menschen auszuüben, deren Kultur und Lebensstil dem meinen glich. Wenn ich im Spätfrühling aufbrach, konnten wir noch einen Monat in Teheran verbringen, ehe ich im Sommer nach Bagdad ging. Als ich Alton Jones mitteilte, daß ich eine Stelle bei der UN angenommen hatte, war er überrascht und enttäuscht. Aber ich erklärte ihm, daß es für mich in seiner Firma nichts mehr zu tun gab.

Zum Schluß bat ich ihn, noch einmal die Dienste seines Rechtsanwalts in Anspruch nehmen zu dürfen, weil ich beschlossen hatte, mich nun scheiden zu lassen. Ich war dankbar, daß Arun nicht verlangte, ich solle ihm Mitra überlassen, und verzichtete daher darauf, die richterliche Verfügung über den Unterhalt an ihn weiterzuleiten. Ich wollte kein Geld von einem Mann, der uns verlassen hatte. Meine einzige Sorge war, daß Mitra vielleicht den Rest ihres Lebens fragen würde, warum ihr Vater gegangen war. Aber vielleicht gelang es uns allen, der ganzen Familie, ihr diesen Vater zu ersetzen.

Als ich mich an meinem letzten Arbeitstag von Mr. Jones verabschiedete, dankte ich ihm von Herzen für all seine Freundlichkeit. Ich wußte, daß ich ihn sehr vermissen würde, wie alle meine aufrichtigen, offenen und großzügigen amerikanischen Freunde. Aber ich wußte auch, daß es ein Fehler gewesen war, auf Amerika zu hoffen. Wir konnten uns nicht auf mächtige Beschützer und Wohltäter verlassen, sondern nur auf uns selbst. Außerhalb des zerstörten Palastes meiner Kindheit gab es keine Schahsades.

Das Flugzeug, das ich im Juni 1954 bestieg, schien ewig zu brauchen, bis es endlich landete. Über Europa war der Himmel bedeckt, aber als wir uns der Türkei näherten, klarte es auf. Vom Fenster aus sah ich, wie das Grün der Wälder allmählich von der felsigen, steinigen grauen Wüste abgelöst wurde, die seit Urzeiten unverändert war. Dann färbte sich die Landschaft rötlich-braun, und in der Ferne konnte ich bereits die zerklüfteten Spitzen des Elbursgebirges sehen, das mein Land wie eine Mauer umgibt.

Und dann plötzlich, nach diesem endlosen Flug, war ich

da. Die ganze Familie hatte sich versammelt, und ich wurde unter Rufen, Schreien, Umarmungen und Strömen von Tränen begrüßt. Zehn Jahre und drei Monate war ich fort gewesen. Nun betete ich dafür, daß ich meine Familie nie mehr verlassen mußte.

Nachdem wir im Haus meiner Mutter meine Heimkehr gefeiert hatten und die ersten Gefühlsausbrüche vorüber waren, hatten wir uns viel zu erzählen. Die meisten meiner jüngeren Brüder und Schwestern und unsere anderen Geschwister hatten in Europa oder Amerika studiert, und Schahsade's jüngere Söhne waren Ingenieure, Architekten, Manager und Wissenschaftler geworden. Sowohl Männer wie Frauen hatten geheiratet und Familien gegründet, und insgesamt umfaßte der Clan der Farman-Farmaians nun beinahe einhundert Menschen.

Dadasch plante, für die Weltgesundheitsorganisation zu arbeiten. Er hatte in Tadschrisch, das nun mittlerweile fast eingemeindet war, ein großes, schönes Haus mit einem herrlichen Rosengarten gebaut, direkt am Eingang von Resvani, und Mitra und ich wohnten bei ihm. Dadasch und Chanom waren von meiner süßen, schönen Tochter sofort entzückt, wie auch meine anderen Geschwister und der Rest der Familie. In den Vereinigten Staaten hatte Forugh an Mitra Vaterstelle vertreten, und hier schien mein nächstjüngerer Bruder Ghafar diese Rolle übernehmen zu wollen, während Dadasch, dessen ruhiges Wesen dem meines Großvaters sehr ähnlich war, ihr Aghadschun wurde. Nun war es meine Tochter, die zusammen mit ihren Kusinen und Vettern gespannt Chanoms Geschichten lauschte.

Essatdoule war während meiner Abwesenheit gestorben, aber meine Mutter und meine anderen Stiefmütter sahen einander noch immer jeden Tag. Chanom war nun Mitte Fünfzig. Sie schien eher kleiner und zierlicher geworden zu sein als älter, aber sie wirkte auch entspannter und lachte häufiger – wenn auch immer noch nicht über Witze, die man sich über Mullahs erzählte. Teheran war sehr viel lauter und belebter als früher, und ich war erstaunt über die vielen Fahrzeuge. Vom Mehrabad-Flughafen starteten nun täglich Flugzeuge in

Länder, von denen die Generation meiner Großeltern nie etwas gehört hatte. In Nordteheran wurden neue Gebäude hochgezogen, und die Taxis, die Kinos im westlichen Stil und die Restaurants schossen aus dem Boden. Aber noch immer standen die Händler und die Schreiber auf den Stufen vor dem Hauptpostamt, und gelegentlich sah man sogar eine Kamelkarawane. Tatsächlich schien die Stadt sogar kleiner, als ich sie in Erinnerung hatte – ebenso wie Chanom. Plötzlich wurde mir bewußt, daß ich mittlerweile über dreißig Jahre alt war. Ich war nicht mehr das junge Mädchen, das vor zehn Jahren ausgezogen war, um die Welt zu erobern.

Von meiner Mutter, Dadasch, Dschabi, Abbas und anderen Familienmitgliedern erfuhr ich, was während des Aufstandes und bei Dr. Mossadeqs Prozeß geschehen war. Abbas erzählte mir, daß die einfachen Arbeiter und die Raufbolde aus dem Basar, die die Statuen des Schahs umgeworfen oder »Tod für Mossadeq« geschrien hatten, damit prahlten, daß sie dafür zehn Tage Lohn erhalten hätten. Jetzt ahnte jeder im Iran, daß der Aufstand mit den Dollars der amerikanischen CIA finanziert worden war.

Ich war verblüfft, denn ich konnte erst gar nicht glauben, daß die Nation, der meine lieben amerikanischen Freunde und Menschen wie Miß Doolittle, Dr. Jordan und Arlien Johnson entstammten, solche Dinge tun konnte. Aber dann fiel mir Mr. Jones' Gesichtsausdruck nach Eisenhowers Amtseinführung ein. Vielleicht hatte er zu diesem Zeitpunkt bereits über die Pläne Eisenhowers und der CIA Bescheid gewußt?

Voller Bitterkeit dachte ich nachts im Bett darüber nach, daß Amerika wirklich eine verschwenderische Nation war. Amerika hatte unsere Zuneigung weggeworfen wie es Lebensmittel wegwarf, die übrigblieben. Aus Angst vor dem Kommunismus und im Interesse der großen Ölgesellschaften hatte Amerika unser Land daran gehindert, seine Unabhängigkeit zu erlangen. Ich wußte, daß wir nie wieder wie früher an diese Nation glauben würden.

Kein Wunder, daß die Iraner allem und jedem mißtrauten. Wieder einmal war unser Traum von Selbstbestimmung zerstört worden. Aber wir durften nicht aufgeben. Wir mußten weiterkämpfen, um den Iran zu einem modernen Land zu machen.

Eines Tages würde ich für immer in den Iran zurückkehren, und dann würde ich versuchen, gegen das Mißtrauen und die Angst anzukämpfen, die uns verkrüppelten. Ich wollte meinem Volk beibringen, an etwas zu glauben, und ihm die Sicherheit vermitteln, daß wir unsere Probleme aus eigener Kraft lösen konnten. Damit hatte ich das gelernt, was Amerika mir beibringen konnte.

# III.
# Chanom

# 10. Zwanzig Menschen, die an eine Sache glauben

*Menschen sind wie Teile eines Körpers,*
*geschaffen aus einer Substanz.*
*Wenn ein Glied Schmerzen hat und leidet,*
*können die anderen nicht in Ruhe und Frieden leben.*

Aus dem *Leitwort der Teheraner Schule für Sozialarbeit* 1958–1979

Ein ungewöhnlich warmer Novemberwind erfüllte mein Büro mit dem Duft von Rosen, in den sich der Geruch von Staub und Autoabgasen mischte. Auch der Lärm der Baustellen und des Verkehrs, der inzwischen bereits zum alltäglichen Leben in der iranischen Hauptstadt gehörte, drang von ferne an mein Ohr. Fünf Jahre nach Mossadeqs Sturz glich der Nordteil von Teheran mit jedem Jahr mehr einer westlichen Großstadt.

Im April 1958 war ich zurückgekommen, und im August hatte ich mit Hilfe der Regierung eine private Berufsfachschule eröffnet, in der junge Iraner zu Sozialarbeitern ausgebildet werden sollten. Ich hatte vierzehn Jahre im Ausland verbracht, die lediglich von meinen Sommeraufenthalten daheim unterbrochen worden waren. Nach meiner Ausbildung in den USA war ich zunächst im Auftrag der UN bei den Beduinen gewesen, danach weitere zwei Jahre in der irakischen Hauptstadt. Ich hatte als Sozialarbeiterin sowohl in der Ausbildung und in der Forschung als auch in den Slums von Bagdad, den Lehmbehausungen der Nilbauern und in den schrecklichen Flüchtlingslagern der Palästinenser im Libanon gearbeitet. Angesichts dieser Erfahrungen kam es mir seltsam vor, daß ich nun erstmalig ganz normale junge Menschen in meiner Heimat ausbilden sollte.

Meine Arbeit für die Vereinten Nationen hatte mich mit großer innerer Befriedigung erfüllt, auch wenn das, was ich und die anderen Mitarbeiter bewegen konnten, letztendlich minimal war. Auch die Erkenntnis faszinierte mich, daß die Menschen und Kulturen in meinem Teil der Welt ebenso verschieden waren wie die im Westen. Auf dem Hintergrund meiner Erfahrungen in New York und meiner Verzweiflung über Mossadeqs Sturz waren die vier Jahre unter einfachen Menschen, denen ich mit dem, was ich zu geben hatte, helfen konnte, Balsam für meinen Körper und meine Seele.

Mitra hatte ich, nachdem sie ein Jahr lang in Bagdad bei mir gewesen war, auf die Dartington-Hall-Schule in Devonshire in England geschickt, die bereits meine Brüder Ghafar und Raschid besucht hatten. Ghafar hatte sich so rührend zu Hause um meine fünfjährige Tochter gekümmert, daß man sagen kann, daß er die Vaterrolle übernommen hatte. Um Mitra die schmerzliche Trennung von zu Hause zu erleichtern, hatte er dafür gesorgt, daß sie die Wochenenden und Feiertage in England mit einer Familie in Devonshire verbringen konnte, deren Kinder auch diese Schule besuchten.

Ich besuchte sie in London, sooft ich konnte, und die Sommermonate verbrachten wir gemeinsam in Teheran. Ich hatte aber auch den mir eigenen Freiheitsdrang bei ihr entdeckt, und im Sommer 1958 sollte ich feststellen, daß ich mich nicht getäuscht hatte. Nachdem meine Tochter sich die amerikanische Schule in Teheran angesehen hatte, erklärte sie unmißverständlich, daß sie lieber zu ihrer englischen Familie und ihren Freunden nach Dartington Hall zurückkehren wollte als diese Schule besuchen. Etwas traurig schickte ich sie wieder nach England zurück. Sie sollte die Erziehung und Ausbildung bekommen, die ich mir selbst immer gewünscht hatte. Gleichzeitig sagte ich mir, daß sie danach zurückkommen und für immer in meiner Nähe leben würde.

Während dieser vier Jahre, die ich für die UN gearbeitet hatte, hatte ich die politische Entwicklung in meiner Heimat mit größtem Interesse verfolgt. Die Unruhen der Mossadeq-Ära gehörten endgültig der Vergangenheit an. Sahedi und der Schah hatten die Nationale Front und die Tude-Partei zerschlagen. Der alte Premierminister, der versucht hatte, dem Schah die Kontrolle über das Militär zu entreißen, war zwar vorzeitig aus dem Gefängnis entlassen worden, lebte jedoch in einer Art Einzelhaft auf seinem Landsitz in Ahmadabad, neunzig Meilen nordwestlich von Teheran. Jegliche

Korrespondenz war ihm untersagt, und nur seine Frau und seine Kinder durften ihn jede Woche für ein paar Minuten besuchen. Es bestand keine Hoffnung, daß seine Verbannung irgendwann aufgehoben werden würde. Der Schah, so hieß es, haßte den alten, kranken Mann, dem es beinahe gelungen war, einen Schah zu einem Monarchen zu machen, der zwar regierte, aber nicht herrschte.

Mohammed Resa Pahlawi hatte jetzt keine Opposition mehr, die er hätte fürchten müssen. Der Madschles war wieder ein Akklamationsinstrument, die Wahlen wurden manipuliert, und jedes Parlamentsmitglied wurde vom Schah persönlich ausgesucht. Den persischen Zeitungen sowie dem staatlichen Rundfunk und Fernsehen war es verboten, Themen zu diskutieren, die der Hof oder die Pahlawi-Familie selbst nicht billigte; darüber hinaus konnten die Medien die Vereinigten Staaten ohne das Einverständnis des Hofes nicht kritisieren, weil der Schah Amerika zutiefst für seine Unterstützung dankbar war. Das Schlimmste jedoch war, daß eine gefürchtete neue Geheimpolizei namens SAVAK die Gewerkschaften bespitzelte, um Streiks zu verhindern, linksorientierte Aktivisten im Gefängnis verschwinden ließ oder sie außer Landes trieb. Es hieß, diese neugeschaffene Geheimpolizei war von der amerikanischen CIA und der israelischen MOSSAD ausgebildet worden. Aus den Reden des Schahs mußte man schließen, daß er ernstlich glaubte, daß Gott selbst und die göttliche Vorsehung ihn eingesetzt und mit der absoluten Macht betraut hatten. Doch die Menschen, die die Meldungen in der internationalen Presse verfolgten und sich gegenseitig informierten, wußten, welche tragende Rolle Amerika bei der Aufrechterhaltung seiner Macht spielte. Seit der Unterzeichnung des Ölabkommens im Jahr 1954 hatte der Schah einen Großteil unserer neuen Einkünfte für die Armee ausgegeben und darüber hinaus technische und militärische Hilfe der Amerikaner in Anspruch genommen.

Aus dem schlanken, zögerlichen jungen Monarchen aus den Tagen der alliierten Besatzung war ein steifer, reserviert wirkender Monarch geworden. Wie schon sein Vater zeigte sich auch der junge Schah seinem Volk nur in Uniform, als wollte er eine endlose Militärparade abschreiten. Aber er erwies sich als weitaus klügerer Politiker als sein Vater. Er erlaubte nicht nur seinen früheren Gegnern, erneut am öffentlichen Leben teilzunehmen, sondern er nahm sogar ehemalige Mossadeq-Anhänger und Kommunisten auf, allerdings unter der Bedingung, daß sie seine Politik in keinster Weise kritisierten. Er bemühte sich auch um das Wohlwollen des Klerus', dessen Interessen er im Gegensatz zu seinem Vater sehr wohl Rechnung trug. General Sahedi mußte gehen, als seine Bestechlichkeit und Korruption ihn zu einem politischen Risiko machten.

Ich hatte diese Entwicklung in Richtung Stabilität mit gemischten Gefühlen beobachtet. Resa Pahlawi hatte verhindert, daß wir uns zu einer politisch mündigen und innerlich gefestigten Gesellschaft entwickelten, und sein Sohn handelte jetzt auch nicht anders. Ebenso wie sein Vater hatte der Schah den Ehrgeiz, unser Land zu modernisieren. Zu diesem Zweck hatte er eine Planungsorganisation geschaffen, die die wirtschaftliche und technische Entwicklung überwachen sollte. In der Presse wurde der neue Iran, der unter der Führung von Mohammed Resa Pahlawi, »dem Licht der Arier«, »der Quelle aller Wohltaten«, »dem Vater der Nation«, entstehen sollte, über alle Maßen gepriesen. Auch von der Verbesserung der Lebensbedingungen der einfachen Menschen war die Rede, aber das blieben leider nur leere Worte.

Die Lebensbedingungen hatten sich seit meiner Schulzeit kaum wesentlich verändert. Der südliche Teil von Teheran war immer noch ein schmutziger, von Menschen wimmelnder Slum. Den wenigen öffentlichen Einrichtungen, die den Armen zur Verfügung standen, mangelte es an geschultem Personal. Die wenigen Ärzte und Krankenschwestern in den überfüllten Krankenhäusern waren ständig überlastet und überarbeitet. In den sechzigtausend Dörfern auf dem Land lebte der Großteil der Bevölkerung immer noch ohne Schulen, medizinische Versorgung, Elektrizität, fließendes Wasser oder auch nur die einfachsten sanitären Einrichtungen. Es gab keine Renten- und Arbeitslosenversicherung, keine Arbeitsämter, keine Berufsschulen – Dinge, die im industrialisierten Westen selbstverständlich waren. Die Menschen in unserem Land lebten nicht nur ohne konkrete Hilfe, sondern auch ohne Aussicht auf Hilfe und Verbesserung ihrer Situation. Ich wollte mit meiner Arbeit zweierlei erreichen: Zum einen wollte ich mit der Einführung von Sozialprogrammen den bedürftigen Menschen direkt helfen, und zum anderen hoffte ich, unsere Regierung von der Nützlichkeit moderner Sozialarbeit überzeugen und damit die staatliche Unterstützung sichern zu können. Ich wußte, daß Sozialarbeit im Iran nicht ohne staatliche Unterstützung möglich war, da es keine privaten Stiftungen gab, an die ich mich hätte wenden können. Kein Vorhaben konnte ohne die Unterstützung des Schahs oder einer ihm nahestehenden Person gelingen. Ich zögerte allerdings, mich an die Regierung zu wenden, denn die politischen Verhältnisse wurden mit jedem Jahr schlimmer. Während eines meiner Aufenthalte zu Hause hatte ich dem amerikanischen Sozialarbeiter Arthur Altmeyer bei der Erarbeitung einer UN-Studie für das iranische Arbeitsministerium, die die Bedürfnisse von Fabrikarbeitern erforschen sollte, geholfen. Was ich dabei an zynischer, feiger Speichelleckerei unserer Politiker und Beamten erlebt hatte, hatte mich zutiefst erschüttert. Nach Mossadeq schienen auf einmal alle Perser Mitglieder der Windpartei zu sein. Dazu kam, daß der Schah mir, wie allen Angehörigen der Qadscharen-Dynastie und besonders denjenigen, die mit Dr. Mossadeq verwandt waren, mißtraute, und so auch mir, obwohl ich »nur« eine Frau und deshalb doch »harmlos« war.

Aber die Farman-Farmaians besaßen aufgrund ihrer ausgezeichneten Verbindungen immer noch großen Einfluß im Iran. Verbindungen spielten im ganzen Nahen Osten eine große Rolle; das Gelingen einer Unternehmung hing davon ab, wie gut man jemanden kannte oder mit wem man verwandt war. Wenn ich nach Hause zurückkehrte und mich von der Politik fernhielt, war es vielleicht möglich, die Beamtenschaft zu umgehen und die Unabhängigkeit zu erreichen, die ich brauchte, um unsere sozialen Probleme in Angriff zu nehmen. Dann konnte ich endlich damit beginnen, meinen Traum zu verwirklichen, meinem Volk bei der Verbesserung seines Lebensstandards zu helfen. Ich war jetzt Mitte Dreißig. Ich sehnte mich danach, endlich wieder mit meiner Familie vereint zu sein und das, was ich mir vorgenommen hatte, in die Tat umzusetzen, auch wenn dies bedeutete, zunächst im Verborgenen zu bleiben und auf bessere Zeiten zu warten.

Im Dezember 1957 lernte ich in Bagdad während eines offiziellen Anlasses Abol Hasan Ebtehadsch kennen. Ebtehadsch, der vom Schah kurz zuvor zum Vorsitzenden der Planungsorganisation ernannt worden war, wollte unverzüglich wissen, warum ich nicht in unserem Heimatland arbeitete. Diese Frage machte ihn mir sogleich sympathisch. Je länger ich darüber nachdachte, desto einleuchtender schien sein Rat, im Iran zu arbeiten. Ich ließ also Julia Henderson wissen, daß ich meinen Vertrag mit der UN nicht verlängern, sondern statt dessen in mein Heimatland zurückkehren wollte, um dort den Beruf des Sozialarbeiters einzuführen.

Im darauffolgenden Frühjahr kehrte ich nach Teheran zurück. Da ich nicht sofort ein eigenes Haus hatte, zog ich zunächst zu meinem Bruder Dadasch. Als erstes überlegte ich, welche Verbindungen mir bei meinem Vorhaben nützlich sein konnten. Dadasch und einige andere Brüder empfahlen mir, unseren Verwandten Hossein Ala für mein Vorhaben zu gewinnen. Als Hofminister war Ala engster Mitarbeiter des Schahs.

Ich bewunderte den bereits betagten Ala, der bekannt war für seine Loyalität dem Schah gegenüber, der aber gleichzeitig für den einfachen Mann auf der Straße immer noch ein Held war, weil er als Botschafter bei den Vereinten Nationen in der Zeit, als die Russen sich geweigert hatten, Aserbeidschan zu verlassen, unser Land mit Würde und Mut vertreten hatte.

Zu meiner Freude stellte ich fest, daß ich an eine offene Tür geklopft hatte. Ala schenkte mir seine ungeteilte Aufmerksamkeit und trat als Vorsitzender für mich bei jener Kommission ein, die über die sozialen Einrichtungen im Land entschied. Ich wurde beauftragt, die Teheraner Schule für Sozialarbeit zu gründen und zu leiten. Die Schule sollte einzig und allein dem Erziehungsministerium unterstehen. Man stellte mir ein Kuratorium zur Seite, das sich aus den wichtigsten Ministern und mehreren Beamten zusammensetzte. Der jeweilige Hofminister sollte Vorsitzender des Kuratoriums sein, und es war vorgesehen, daß ich nur ihm und den Kuratoriumsmitgliedern verantwortlich war.

Meine Freude war grenzenlos. Als Direktorin einer unabhängigen Berufsfachschule würde ich selbständig entscheiden können, während mein Kuratorium für den notwendigen Einfluß sorgen würde, um Dinge ohne Einmischung von seiten des Hofes und der Beamten, deren Eifersüchteleien und Zaghaftigkeit in der Regel jede neue Idee im Keim erstickten, voranzutreiben. Endlich war es soweit: Nach all den Jahren hatte ich das, was ich brauchte, um mein Werk zu beginnen.

Dennoch hatte ich eigentlich nicht viel mehr als die guten Wünsche der Regierung und eine kleine monatliche Zuwendung. Es gab in unserer Sprache nicht einmal ein Wort für »Sozialarbeiter«, also mußte ich eines erfinden. Ich schuf den Ausdruck *madadgar,* was soviel heißt wie »der, der hilft«.

Die Aufgaben eines *madadgar* in unserem Land waren buchstäblich unbegrenzt und in jedem Fall dringend erforderlich. Die zukünftigen Sozialarbeiter sollten ihren Landsleuten Lesen und Schreiben beibringen, ihnen gewisse berufliche Fertigkeiten vermitteln, sich um die Versorgung von Kranken und Behinderten kümmern, den Frauen zeigen, wie sie ihre Neugeborenen besser versorgen, ihre dürftigen Einkünfte besser einteilen und die Anzahl ihrer Kinder bestimmen konnten. Sie sollten Fachleute engagieren, die bereit waren, in entlegene Dörfer zu gehen, um den Bewohnern Bewässerungsmethoden und Methoden zur Intensivierung der Landwirtschaft zu vermitteln. Dies waren nur einige der vordringlichsten Aufgaben, die von unserer Regierung in der Vergangenheit vernachlässigt worden waren. Was in den Familien und Dörfern tatsächlich gebraucht wurde, konnte zu diesem Zeitpunkt niemand mit Sicherheit sagen. Weder gab es Statistiken noch Fachliteratur, die darüber hätten Auskunft geben können, welche Anforderungen an einen bis dahin unbekannten Beruf gestellt wurden. Mit Sicherheit wußte ich nur, daß ich zuallererst die richtigen Schüler finden mußte, wenn ich mein Vorhaben erfolgreich verwirklichen wollte.

Das alte Haus, das ich in der Chiaban-e Tacht-e Dschamschid im Norden von Teheran gemietet hatte, bestand aus einem Wohnzimmer, das mir gleichzeitig als Büro diente, einem kleinen Schlafzimmer mit Blick auf den Garten, einem Eßzimmer, einem Keller mit Waschküche und Duschvorrichtung sowie einer Küche und mehreren Schlafzimmern im Obergeschoß. Aus diesen Schlafzimmern hatte ich mit Hilfe meiner Familie und meines Freundes Faruq, der mir bei der gesamten Organisation hilfreich zur Seite stand, zwei Klassenzimmer gemacht, in denen ich ungefähr zwanzig Schüler unterbringen konnte.

Da ich eine zweijährige kostenlose Ausbildung anbot und darüber hinaus denjenigen, die die Schule mit dem Diplom abschlossen, eine gutdotierte und angesehene Position versprach, mußte ich in der Auswahl meiner Schüler äußerst vorsichtig sein. Ihre Motivation durfte sich keinesfalls nur auf diese Anreize gründen, die in einem Land wie dem Iran beträchtlich waren. Ein *madadgar* mußte ein Mensch sein, der gewillt war, an eine Sache zu glauben, die nichts mit ihm selbst oder seiner Familie zu tun hatte. Ich konnte es mir nicht leisten, unsere Mittel an jemanden zu verschwenden, der diese Bereitschaft nicht mitbrachte und nur aus rein opportunistischen Motiven handelte. Ich war mir jedoch sicher, daß meine Schüler lernen würden, sich selbst und den anderen zu vertrauen und ihre Aufgaben mit dem notwendigen Durchhaltevermögen anzugehen, wenn ich sie von meiner eigenen Aufrichtigkeit und Entschlossenheit überzeugen konnte. Außerdem glaubte ich nicht, daß ich Müßiggänger und Zyniker ansprechen würde, denn Sozialarbeit im Iran war sicherlich nichts für jemanden, der sich bei der Arbeit ausruhen wollte.

Ich hatte einen anspruchsvollen Lehrplan für meine Schüler aufgestellt. Nach einer sechswöchigen Orientierungsphase sollten sie zwei Jahre lang sowohl Unterricht erhalten wie auch Praktika absolvieren, und zwar an sechs Tagen in der Woche.

Weitere Praktika waren für die Sommermonate vorgesehen. Auf dem Lehrplan standen Ernährung, Hygiene, Erste Hilfe, menschliche Entwicklung und Fortpflanzung, der Umgang mit Geld, Sozial- und Individualpsychologie.

Ich war überzeugt, daß es für meine Schüler gleich wichtig war, Verantwortungsgefühl gegenüber der Gemeinschaft zu entwickeln wie sich Fachkenntnisse anzueignen. In den iranischen Schulen, die ihre Schüler von jeher nicht zu urteilsfähigen Mitgliedern einer freien Gesellschaft erziehen wollten, sondern zu loyalen, unkritischen Untertanen, wurde kaum mehr als Lesen und Schreiben gelehrt und das Auswendiglernen von Fakten großgeschrieben. Eigenständiges Denken wurde von den jungen Menschen nicht gefordert. Junge Perser lernten, daß kritiklose Gehorsamkeit eine Tugend war, offene Kritik dagegen sowohl unhöflich als auch gefährlich, und lernten, wenn sie im Leben vorankommen wollten, daß sie keinesfalls Eigeninitiative an den Tag legen durften, sondern immer einen einflußreichen Fürsprecher brauchten. In der Schule erfuhren sie weder Vertrauen noch Verantwortlichkeit, noch wurden ihnen Grundsätze vermittelt, die über persönlichen Ehrgeiz und das Interesse der Familie hinausgingen, wie dies in Gesellschaften der Fall ist, deren Mitglieder am politischen Entscheidungsprozeß beteiligt sind. Es war deshalb in jeder Hinsicht wichtig, daß die Schule für Sozialarbeit ihre Schüler lehrte, Loyalität gegenüber der Gemeinschaft und Hilfe für andere höher zu bewerten als eigene Bequemlichkeit und eigene Interessen.

Meine Schüler sollten, um ihr Land lieben und verstehen zu lernen, seine Geschichte, seine Philosophie und seine Kultur kennenlernen. Außerdem mußten sie Kenntnisse in Soziologie und Statistik besitzen wie in den verschiedenen Untersuchungsmethoden, wenn sie für die sorgfältige Analyse gerüstet sein wollten, die notwendig war, um die sozialen Probleme zu untersuchen und Berichte abzufassen, die wiederum als Grundlage für notwendige Gesetzesreformen dienen sollten. Die Schüler mußten auch Englisch lernen, damit sie mit Kollegen in anderen Ländern in Gedankenaustausch treten konnten. Schließlich brauchten sie, um den Armen der Gesellschaft in Rechtsfragen zur Seite stehen zu können und um für sich selbst entscheiden zu können, welche Art von Gesetzgebung sie befürworten und unterstützen wollten, juristische und politische Kenntnisse.

Mit meinem kleinen Etat war es nicht leicht, Dozenten für all diese Kurse zu finden, doch es gelang mir, Dozenten der Teheraner Universität und der Pädagogischen Hochschule als Teilzeitlehrkräfte zu gewinnen. Als unschätzbare Hilfsquelle erwies sich auch hier, wie schon so oft, meine Familie. Fateme-Chanoms Sohn Hafes, der an der Universität von Stanford studiert hatte und jetzt an der Teheraner Universität Geschichte lehrte, erklärte sich bereit, unentgeltlich persische Geschichte und Kultur zu unterrichten, und mein Bruder Ala Verdi, einer der Söhne von Hamdam-Chanom, der an der Teheraner Universität Physiologie lehrte, war bereit, den Kurs Menschliche Entwicklung und Erste Hilfe zu übernehmen. Ghafars Frau Dschahan unterrichtete Englisch, und meine Schwester Homi, die ein College in England besucht hatte, übersetzte Fachartikel aus dem Englischen ins Persische, so daß die Schüler sofort mit der Lektüre der Fachliteratur beginnen konnten.

Am allerschwierigsten war es, ausgebildete Sozialarbeiter zu finden, die die Schüler bei ihren Praktika begleiten konnten. Ich hatte zu spät daran gedacht, Julia Henderson zu bitten, mir einige UN-Berater zur Seite zu stellen. Doch mein Glück ließ mich auch diesmal nicht im Stich: Sowohl zwei in Teheran lebende Amerikanerinnen als auch der Direktor von JOINT (International Joint Distribution Committee in Iran), einer amerikanisch-jüdischen Flüchtlingsorganisation, besaßen Universitätsabschlüsse in Sozialarbeit. Alle drei erklärten sich bereit, unseren Schülern während ihrer Praktika mit Rat und Tat zur Seite zu stehen.

Jede Schule braucht eine Bibliothek, und solange wir keine Bibliothek hatten, waren wir keine richtige Schule. Da mir dafür das Geld fehlte, suchte ich alle meine alten Schulbücher und Zeitschriften zusammen und stellte sie zusammen mit den fünfzig Büchern, die ich aus der Universitätsbibliothek ausgeliehen hatte, auf die Regale im Zimmer neben meinem Schlafzimmer. Mit der Bibliothek war zwar noch kein großer Staat zu machen, aber in die Mitte stellte ich den großen Eßtisch und die zwölf Stühle, die meine Mutter gespendet hatte. Dann schrieb ich an jeden Sozialarbeiter und an alle Buchhändler und Verlage, die ich kannte, und bat sie um Spenden jeglicher Art. Nach und nach bekamen wir Bücher in englischer Sprache von anderen Schulen für Sozialarbeit im Nahen Osten, in Indien, Großbritannien und den USA sowie Bücher über den Iran, persische Übersetzungen von Zola, Balzac und Flaubert, ja sogar eine Gesamtausgabe von Charles Dickens in persischer Sprache. Ganz besonders gerührt war ich über das Geschenk von Arlien Johnson, die mir, als sie emeritiert wurde, ihre gesamte persönliche Bibliothek zukommen ließ.

Ich hatte ungefähr dreißig von den vierzig Männern und Frauen, die einen Aufnahmeantrag gestellt hatten, aufgenommen. Das Mindestalter lag bei einundzwanzig Jahren. Die Männer hatten ihre zweijährige Militärzeit abgeleistet und bereits in dem einen oder anderen Beruf gearbeitet; die Frauen kamen alle aus gebildeten Elternhäusern – ungebildete Eltern hätten ihren Töchtern niemals eine Berufsausbildung ermöglicht –, waren modern gekleidet und durchweg engagiert. Ich hatte auch Schüler aufgenommen, die Minderheiten angehörten, darunter einen Armenier, einen Parsen sowie eine Jüdin und eine Bahai. Darauf war ich besonders stolz, denn ich hatte mir vorgenommen, daß die Teheraner Schule für Sozialarbeit allen Iranern zugute kommen sollte, nicht nur denen moslemischen Glaubens.

Zuerst mußten meine Schüler allerdings lernen, sich gegenseitig zu akzeptieren. Im Gegensatz zu den Frauen, die alle aus der Mittelschicht stammten, kamen die jungen Männer aus einfachen Arbeiterfamilien, größtenteils aus dem Süden von Teheran. Als gottesfürchtige Moslems rasierten sie sich nicht und trugen abgewetzte Anzüge und schmuddelige Krawatten. Trotzdem waren sie genau die männlichen

Schüler, die ich haben wollte: junge Männer, die einerseits danach trachteten, ihr eigenes Leben zu verbessern, andererseits aber einen Beruf ergreifen wollten, der sie in die Lage versetzte, die Not zu lindern, mit der sie tagtäglich konfrontiert wurden. Es war zu Anfang gar nicht anders zu erwarten, als daß sich diese Männer und Frauen mit größtem Mißtrauen begegneten.

Diese jungen Männer waren geradezu schockiert über die Frauen im Klassenzimmer, ebenso wie die jungen Frauen entsetzt waren über ihre schäbigen, altmodisch anmutenden Kommilitonen. Die Männer weigerten sich, neben den Frauen zu sitzen, und die Frauen weigerten sich, neben den Männern zu sitzen. Sie weigerten sich sogar, einander anzuschauen. Der schüchternste und unbeholfenste junge Mann, ein Bauernjunge namens Samani aus der kleinen Wüstenstadt Qom, hatte sich in der hintersten Ecke verkrochen und wagte nicht, auch nur ein einziges Wort zu sagen. Da ich mich noch gut daran erinnern konnte, wie ich mich damals in Gegenwart all der fremden Männer an meinem ersten Tag an der amerikanischen Universität geschämt hatte, hatte ich vollstes Verständnis für dieses Verhalten. Gegen diese Art des Mißtrauens konnte ich zunächst nichts tun. Nur ein einziger, ein fröhlicher Junge namens Kia, der Sohn eines Schneiders, hatte den Mut, mir ins Gesicht zu schauen, anstatt seine Augen demütig nach unten zu richten.

Als erstes versuchte ich meine Schüler zu lehren, sowohl sich selbst wie auch mich nicht aus traditioneller Sicht zu betrachten. Ich erklärte ihnen, daß ich, um Unabhängigkeit und Eigeninitiative zu fördern, erwartete, daß sie ihre eigenen Ansichten in unsere Diskussionen einbrachten, und daß sie darüber hinaus jederzeit Verbesserungsvorschläge bezüglich der Organisation der Schule machen konnten. Nicht jede Kritik, so erklärte ich ihnen, mußte unhöflich und respektlos sein. Ich wollte, daß sie lernten, wenn sie unserem Volk helfen wollten, eigene Ideen zu entwickeln. Ich ließ sie wissen, daß meine Tür jederzeit offenstand und daß ich immer ein offenes Ohr für ihre Schwierigkeiten und Beschwerden haben würde. Wenn wir die Probleme unseres Landes lösen wollten, mußten wir auch in der Lage sein, ohne Furcht darüber zu sprechen.

Um meinen Schülern die Angst zu nehmen und sie in ihrem Vertrauen zu bestärken, setzte ich in meinem Unterricht auf Ehrlichkeit. Die Schüler hielten sowohl dies wie auch meine Aufforderung, ihre unverhüllte Meinung kundzutun, zunächst für eine Falle; mit dieser Annahme hätten sie in den Schulen, die sie bisher besucht hatten, wohl kaum falschgelegen. Als ich während ihres ersten Examens erklärte, daß ich auf ihre Ehrlichkeit vertraute und das Klassenzimmer verlassen wollte, meldete sich der mutige Kia und fragte: »Chanom, heißt das, daß Sie nicht einmal durchs Schlüsselloch sehen?« Als ich ihnen die Bibliothek zeigte und erklärte, daß sie jedes Buch mit nach Hause nehmen konnten, reagierten die meisten Schüler, die zum Teil noch nie eine Bibliothek gesehen hatten, überrascht. Sie fragten mich, wie ich sie daran hindern wollte, die Bücher zu verkaufen.

Ich antwortete, daß Sozialarbeiter nur dann zusammenarbeiten könnten, wenn sie die Bedürfnisse anderer vor ihre eigenen stellten. Die Schüler zahlten kein Schulgeld und mußten auch nichts für ihr Essen bezahlen, und für finanziell schwache Schüler konnten wir mit dem Geld unserer Spender sogar einen Fonds einrichten. Außerdem hatte ich vor, das Geld unserer Spender auch für die Ausgaben einzusetzen, die während der Praktika anfielen, wie zum Beispiel für Fahrtkosten oder kleinere Einkäufe für besonders bedürftige Klienten. Ich erklärte den Schülern, daß sie ihre Ausgaben nicht belegen und die Notwendigkeit der Einkäufe nicht nachweisen mußten, sondern daß ich davon ausging, daß sie die Wahrheit sagten. Ein *madadgar* vertraute anderen immer, sofern er nicht guten Grund hatte, ihnen zu mißtrauen. Ich fügte hinzu, daß ich einem *madadgar* aus diesem Grund raten würde, einen anderen Beruf zu ergreifen, wenn er das ihm entgegengebrachte Vertrauen mißbrauchte.

Ich bestand außerdem darauf, daß die Männer während der Praktika, also beim Betreten der Wohnung eines Klienten, Jacke und Krawatte trugen und die Frauen langärmelige Oberteile, Röcke und Kopftücher. Richtige Kleidung und ein würdevolles Benehmen waren unerläßlich, wenn es darum ging, Fremde, vor allem altmodische Menschen, davon zu überzeugen, daß wir keine unreifen jungen Menschen waren, auf deren Rat sie nichts geben mußten, sondern ernsthafte und vertrauenswürdige Männer und Frauen.

Oberster Grundsatz für einen *madadgar* aber war, niemals und unter gar keinen Umständen »Geschenke« anzunehmen, höchstens eine Tasse Tee. Ein bestechlicher *madadgar* handelte nicht nur unehrlich, sondern auch unprofessionell: Wenn wir uns wie Beamte oder Polizisten verhielten, verwirkten wir das Vertrauen der Menschen. Es gäbe keinen Grund für sie, uns zu vertrauen und uns ernst zu nehmen, da wir in ihren Augen nur an uns selbst und unseren eigenen Vorteil dachten. Sollte einer von den Schülern gegen diesen Grundsatz auch nur ein einziges Mal verstoßen, würde ich ihn sofort von der Schule verweisen und dafür sorgen, daß der oder die Betreffende niemals in diesem Beruf würde arbeiten können.

Außerdem dürfte ein Sozialarbeiter niemals einem Bedürftigen seine Hilfe verweigern, bloß weil er dessen politische Ansichten nicht teilte. Unsere Aufgabe war es, die Gesellschaft zu heilen, ebenso wie Ärzte den Körper heilen, und daher mußten wir uns politisch genauso neutral verhalten wie sie. Unser einziges Ziel mußte es sein, zu lernen, wie wir unserem Volk helfen konnten. Aus diesem Grund würde sich die Teheraner Schule für Sozialarbeit nie mit Politik befassen, sei es die unseres Landes oder die eines anderen. Wir konnten es uns nicht erlauben, in die beschränkten, dogmatischen Denkweisen derjenigen zu verfallen, die sich vor allem Neuen fürchteten, denn wenn wir das täten, könnten wir die, denen wir helfen wollten, nur schwerlich davon überzeugen, daß neue Wege nur zu ihrem Vorteil waren. Für einen *madadgar,* so führte ich aus, war nicht nur ein Mensch des anderen Geschlechts gleichwertig, sondern auch ein Mensch anderer religiöser, anderer ethnischer und nationaler Zugehörigkeit. Daher bat ich die vier Schüler, die einer Minderheit angehörten, über ihren Glauben sowie Sitten und Gebräuche zu sprechen. Der Rest der Klasse sollte im Anschluß daran möglichst viele Fragen stellen. Später wollte ich auch Mitglieder der Christengemeinde einladen, damit wir auch mit diesem Glauben bekannt wurden.

Schon nach kurzer Zeit waren die Schüler der Minderheiten in die Klasse integriert, und bereits nach wenigen Wochen begannen meine Schüler, auch »Chanom« gegenüber ihre persönliche Meinung zu äußern. Allmählich besserte sich auch das Verhältnis der männlichen und der weiblichen Schüler untereinander. Die jungen Männer und Frauen waren zwar noch nicht so weit, daß sie sozialen Umgang miteinander pflegten, aber sie fingen immerhin an, im Klassenzimmer miteinander zu sprechen.

Die oftmals schockierenden Erfahrungen außerhalb der Schule trugen ebenfalls zum Abbau der sozialen Schranken bei. Die Schüler begleiteten mich an ihre zukünftigen Einsatzorte, und was sie dort zu sehen bekamen, war oftmals erschütternd: eine düstere Fabrik, in der kranke Männer bis zum Umfallen schufteten, ein überfülltes Krankenhaus, städtische Einrichtungen für die Ärmsten der Armen. Außerdem besuchten wir Dörfer südlich von Teheran, deren Älteste und Mullahs nur nach langem Zögern zugestimmt hatten, einigen von unseren Schülern zu gestatten, den Dorfbewohnern zu helfen.

In der Zwischenzeit bekamen einige der Schüler kalte Füße und verließen die Schule. Übrig blieben ganze zwanzig, doch diese waren um so eifriger bei der Sache. Da die Schüler zum großen Teil Stadtkinder waren, freuten sie sich überdies auf ihr erstes echtes Abenteuer außerhalb der gewohnten Umgebung. Nicht nur die farbenprächtigen Gewänder und Gebräuche der Dorfbewohner beeindruckten sie, sondern auch die Würde und stolze Selbstzufriedenheit der Menschen, die ohne Strom, ohne fließendes Wasser und ohne medizinische Versorgung leben mußten.

Mir kamen die Dorfbewohner in den Sinn, die ich auf meiner Reise nach Indien kennengelernt hatte, und ich entdeckte, daß meine Schüler dieselbe Widerstandsfähigkeit und Anpassungsfähigkeit auch bei den Iranern fanden. Mit diesen Eigenschaften hatte unser Volk jahrhundertelange

Isolation, Unterdrückung und Naturkatastrophen überlebt. Ich war mir sicher, daß diese jungen Menschen sich fortan nicht mehr nur als Mitglieder einer Familie oder eines Stammes oder als Bewohner einer Stadt oder einfach nur als Untertanen des Schahs verstehen würden, sondern vielmehr als Bürger eines Staates, einer Nation.

Nach Beendigung der Orientierungsphase begannen wir Anfang November mit der praktischen Arbeit, eine kritische Phase, der ich mit großer Skepsis entgegengesehen hatte. Mir war klar, daß es nun vom Erfolg der Schüler abhing und von dem Eindruck, den sie auf Beamte machten, die noch nie von Sozialarbeit gehört hatten, ob wir Hossein Ala und das Kuratorium davon überzeugen konnten, daß ihr Engagement und ihre finanzielle Unterstützung keine Fehler gewesen waren.

Natürlich machte ich mir auch Sorgen um das Wohl der Schüler, denn obwohl viele der aus dem Süden von Teheran stammenden jungen Männer wußten, was Armut bedeutete, hatte doch noch keiner von ihnen, mit Ausnahme vielleicht von Samani, der vom Land kam, jemals das Elend in den ländlichen Gegenden und den Slums gesehen. Einige der Teheraner Einrichtungen für die Armen waren buchstäblich nichts anderes als Lagerstätten für ungewolltes menschliches Leben, die von korrupten, tyrannischen Bürokraten geleitet wurden. Die gehobenen Beamten der Stadt zogen es vor, diese Angestellten nach Gutdünken schalten und walten zu lassen. Ich wußte, daß meine Schüler dort mit den niedersten Mitgliedern unserer Gesellschaft arbeiten würden.

Dies war uns allen bereits bewußt geworden, als wir während der Orientierungsphase zwei solche Einrichtungen besucht hatten. Was wir dort zu sehen bekamen, schockierte selbst mich, obwohl ich nach vier Jahren Sozialarbeit im Nahen Osten einiges gewöhnt war. In einer heruntergekommenen Irrenanstalt, deren Insassen nicht von Ärzten, sondern von brutalen Wärtern betreut wurden, hatten wir mit ansehen müssen, wie die ärmsten der Patienten in fensterlosen Kellerzellen, die seit Jahren nicht mehr gesäubert worden waren, angekettet vor sich hin vegetierten. Noch entsetzlicher aber war der Anblick der Kinder in einem städtischen Waisenhaus, das in einem ehemaligen Bauernhof in dem Dorf Aminabad südlich von Teheran untergebracht war. Dort fanden wir ungefähr dreihundert elternlose Kinder, die jüngsten im Säuglingsalter, die ältesten circa zwölf Jahre alt, die, vergessen von Gott und der Welt und bewacht von ungebildeten, oftmals brutalen Männern und Frauen mit krimineller Vergangenheit, ihr Dasein fristeten. In einem der Schlafsäle hatten wir Dutzende von schweigenden, abgemagerten Babys und Kleinkindern angetroffen, die einfach auf dem Boden lagen. Aufgrund der Unwissenheit oder Gleichgültigkeit ihrer »Betreuer« beziehungsweise der Leitung des Waisenhauses waren sie so zurückgeblieben, daß sie sich nur kriechend fortbewegen konnten.

Diese Entdeckungen riefen bei uns allen Mitleid, Ekel und Zorn hervor. Nicht nur ich, die Schüler, die Lehrer und mein Freund Forough waren entsetzt, sondern auch unsere Hausmeister, ein Ehepaar mittleren Alters namens Mahmad und Mochtoram, Sara, eine arme Frau, die ich als Haushälterin eingestellt hatte, und Hossein, ein junger Mann, der sehr stolz darauf war, sich um unser einziges Fahrzeug, einen alten Jeep, kümmern zu dürfen, den uns das Arbeitsministerium zur Verfügung gestellt hatte. Am Tag nach unserem Besuch in der Irrenanstalt kam meine Schülerin Schole in Tränen aufgelöst in mein Büro und fragte: »Chanom, ist das mein Land? All die elenden Kreaturen, die nur eine halbe Stunde weg von meinem Zuhause dahinvegetieren? Ich kann es nicht ertragen! Ich verlasse Sie und die Schule.«

Nun geschah, was ich befürchtet hatte: daß nämlich die Schüler aufgeben würden, noch bevor wir wirklich angefangen hatten. Ich konnte und wollte nicht auf Schole verzichten, auf eine intelligente und warmherzige junge Frau, in die ich große Hoffnungen gesetzt hatte. Doch der Anblick der Kinder hatte auch mir schlaflose Nächte bereitet, und ich reagierte mit Zorn, anstatt vernünftig mit ihr zu reden. Ob sie etwa glaubte, wollte ich wissen, daß man den Menschen, die wir gesehen hatten, half, indem man sich aus dem Staub machte? »Sie sind jung und gesund und stammen aus guter Familie«, fuhr ich sie an. »Wenn wir hart arbeiten und uns nicht entmutigen lassen, dann können wir Dinge verändern. Sie müssen bleiben und beweisen, daß Sie, eine iranische Frau, etwas für Ihr Land tun können!« Ich konnte sie jedoch im Moment nicht aufhalten.

Ich war überglücklich, als Schole am nächsten Tag zurückkam. Unter Tränen und erschöpft ließ sie mich wissen, daß sie trotz allem ein *madadgar* werden wollte. Ihr Vater, ein gläubiger Moslem, hatte ihr gut zugeredet. Der Koran, so hatte er ihr erklärt, würde uns anweisen, denen zu helfen, die unserer Hilfe bedürften. Trotz meiner Freude und Erleichterung über ihre Rückkehr befürchtete ich, daß die Belastung, der die Schüler ausgesetzt waren, noch manche überfordern würde. Aus Erfahrung wußte ich, daß es falsch gewesen wäre, auf schnelle Erfolge zu hoffen. Auch ich wollte schnellstens etwas für das Waisenhaus und das Heim für die geistig Behinderten tun, aber ich wußte auch, daß dies erst möglich war, wenn ungeduldige Schüler wie Schole etwas mehr Erfahrung hatten.

Ich hatte dafür gesorgt, daß die Schüler ihre praktische Arbeit entweder in Teheran selbst oder aber in Einrichtungen verrichteten, in denen ich Freunde hatte oder wenigstens Bekannte. In die städtischen Einrichtungen konnte ich sowohl Männer wie Frauen schicken, in die Dörfer dagegen nur Männer und auch nur Moslems, da die Bewohner die jungen Frauen für Prostituierte gehalten hätten, und die Mullahs niemals einen Armenier oder Parsen akzeptiert hätten.

Aus meiner eigenen Erfahrung konnte ich den jungen Männern den Rat geben, einfach nur ihren Beistand anzubieten und ansonsten Geduld zu haben. Wenn ein Dach gedeckt werden müßte, sollten sie ihre Hilfe anbieten. Benötigte ein Kind Schuhe für den Schulweg, sollten sie das Geld dafür aus unserem Fonds nehmen. »Es wäre verkehrt, wenn ihr euch den Menschen aufdrängen würdet, auch wenn das, was ihr in der Schule gelernt habt, dagegen spricht. Ihr müßt statt dessen versuchen, das Vertrauen der Menschen zu gewinnen, indem ihr tugendhaft und demütig seid und den Alten und der Religion euren Respekt erweist. Die Dorfbewohner werden dann ganz allmählich eure Vorschläge anhören, das Wasser reinigen und die Straßen sauberhalten, und dann könnt ihr ihnen zeigen, wie sie ihre Probleme, wenn sie zusammenhalten und zusammenarbeiten, selbst lösen können.«

Durch meine Arbeit im Irak wußte ich auch, daß meine Schüler zuallererst den Mullah des Dorfes aufsuchen mußten. Einige Mullahs würden ihre Hilfe annehmen, andere würden ihnen dagegen mit Mißtrauen begegnen und ihnen entgegenhalten, es sei Gottes Wille, daß die Dorfbewohner leiden und im Schmutz leben und daß es gottlos sei, diesen Willen in Frage zu stellen. Dann durften meine Schüler auf keinen Fall widersprechen, denn das würde die Mullahs lediglich erzürnen und ihnen als Grund dienen, sie als Regierungsspitzel oder Steuereintreiber anzuschwärzen.

»Ihr müßt«, fuhr ich fort, »statt dessen alles tun, um den Mullah zu überzeugen. Wenn seine Frau eine Arznei braucht, bringt ihr sie beim nächsten Besuch mit. Wenn seine Tochter kurz vor der Niederkunft steht, sorgt ihr für ein Fahrzeug, das sie rechtzeitig in die nächste Entbindungsklinik bringt. Wenn die Dorfbewohner schließlich sehen, daß der Mullah eure Hilfe annimmt, werden sie daraus schließen, daß er euch nicht für Spitzel oder Steuereintreiber hält. Und wenn irgend jemand sagt, daß es gottlos ist, Dinge zu verändern, indem man die Straßen säubert oder die Apfelbäume gegen Würmer spritzt, erwidert ihr mit allem Respekt: ›Wer sich selbst hilft, dem hilft Gott auf doppelte Weise.‹ Irgendwann kommt ihr auf diese Weise ans Ziel.«

Die übrigen Schüler arbeiteten allesamt in städtischen Einrichtungen: im überfüllten Universitätskrankenhaus, in der riesigen Entbindungsklinik, in einem halbwegs ordentlichen Waisenhaus, das vom Roten Löwen und der Sonnengesellschaft (einer dem Roten Kreuz entsprechenden Organisation) geleitet wurde, in einer Klinik für die Arbeiter in der Ölindustrie und in einem jüdischen Kinderheim und einem JOINT-Krankenhaus im Ghetto. Dabei kümmerten sie sich sowohl um die Patienten dieser Einrichtungen als auch um deren Familien.

Eine Zeitlang wußte ich nicht recht, was ich mit dem wortkargen Samani machen sollte. Er war ein typischer Iraner vom Land, großzügig und mitfühlend, aber allzeit bereit, eher seine Fäuste sprechen zu lassen anstatt seinen Verstand. Durch einen Einsatz in der Stadt konnte er bestimmt sehr viel lernen, aber ich wußte auch, daß er uns in große Schwierigkeiten bringen könnte, falls sein Temperament mit ihm durchging. Schließlich entschied ich mich dafür, ihn in die Männerabteilung des Universitätskrankenhauses zu schikken. Viele der Patienten dort stammten aus ländlichen Gegenden, die seine derbe, ehrliche Einfachheit schätzen würden. Aber meine Befürchtungen sollten sich doch bald bewahrheiten. Schon nach kurzer Zeit erhielt ich überraschenden Besuch von seiner Praxisbetreuerin, einer freundlichen Sozialarbeiterin mittleren Alters, deren Mann an der Universität lehrte. Voller Entsetzen erklärte sie mir, Samani hätte zwei Aufseher bei dem Versuch erwischt, Essen zu stehlen, das für einen Patienten bestimmt war, woraufhin er sie hinausgezerrt und halb totgeschlagen hatte.

Ich setzte mich unverzüglich mit dem sehr aufgebrachten Krankenhausdirektor in Verbindung, bei dem ich mich in aller Form entschuldigte. Dann bat ich Hossein, sich in den Jeep zu setzen und Samani zu mir zu bringen. Als er vor mir stand, fragte ich ihn vollkommen ruhig, wie er bloß auf die Idee gekommen war, diese Männer zu schlagen. Der reumütig dreinblickende Samani antwortete, er habe nur meine Anweisung befolgt, daß ein *madadgar* bei der Lösung sozialer Probleme Eigeninitiative zeigen sollte. Dort, wo er herkam, hieß die Lösung für Stehlen Prügel.

Es dauerte einige Minuten, bis ich mich gefaßt hatte. Dann erklärte ich ihm, daß ich unter Eigeninitiative etwas anderes verstand. Sozialarbeiter ließen sich nicht wie unreife, ungebildete Menschen von ihren Gefühlen überwältigen, sondern benutzten ihren Verstand. Möglicherweise hätten die Aufseher selbst hungrige Familien zu versorgen, und dann ließen sie sich auch durch Prügel nicht vom Stehlen abhalten. Hätte er statt dessen mit ihnen gesprochen, hätte er vielleicht den Grund für ihre Missetat erfahren und schließlich vielleicht nicht nur das Problem des Patienten, sondern auch ihr Problem und das ihrer Familien lösen können. Bei der Lösung sozialer Probleme käme es zuerst auf die Abklärung an, und dann erst könnte man konstruktive Lösungen finden.

Schon bald hatte ich alle Hände voll zu tun, damit die anfängliche Begeisterung nicht völlig erlahmte. Zwei Schüler, die ich in das NIOC-Krankenhaus geschickt hatte, erschienen eines Tages schmutzig, blaugeschlagen und verängstigt in meinem Büro. Man hatte sie für SAVAK-Spitzel gehalten, und eine aufgebrachte Menschenmenge hatte sie zusammengeschlagen. Die Sicherheit meiner Schüler machte mir ständig Sorgen, denn es gab viele gefährliche Situationen.

Kaum ein Abend verging, an dem sich nicht ein Schüler an meiner Schulter ausweinte. Die kluge, gefühlvolle Schole, die ich ins JOINT-Krankenhaus im jüdischen Ghetto geschickt hatte, beklagte sich ständig über ihren Praxisbetreuer, der ihr nicht erlaubte, ihre Familien mit Geld und Kleidung zu versorgen. Sie wollte wissen, warum es ihr nicht gestattet war, Geld aus unserem Fonds für die von ihr betreuten Familien auszugeben. Warum mußte sie sich darauf beschränken, dem Ehemann eine Arbeit zu verschaffen oder für die Beaufsichtigung der kleinen Kinder zu sorgen, damit die älteren zur Schule gehen konnten? Sie wollte jetzt etwas für diese Menschen tun. Sie war jedoch nicht die einzige, die sich bei mir darüber beklagte, daß sie den arbeitslosen Männern, den kranken Frauen und unterernährten Kindern nicht sofort helfen konnte, oder sich über die Überbelegung der Einrichtungen, die Gleichgültigkeit oder Ungeduld der Ärzte und die korrupten Beamten beschwerte.

Ich versuchte sie alle zu trösten, so gut ich konnte, und ihnen klarzumachen, daß wir mit schnellen Lösungen wie Bestrafungen oder Wohltaten den Menschen eigentlich nicht halfen, denn dadurch machten wir sie nur von uns abhängig, ohne daß sich etwas an den Ursachen ihrer Armut änderte. Es kam vielmehr darauf an, ihnen mit sehr viel Geduld dabei zu helfen, ihr Einkommen und ihren Lebensstandard selbst zu verbessern. Ich versicherte meinen Schülern auch, daß wir unseren Schützlingen im Waisenhaus und in der Irrenanstalt bald helfen würden. Aber echte, dauerhafte soziale Veränderungen konnten nur das Ergebnis sorgfältigen Überlegens sein. Sie konnten nicht über Nacht oder mit Gewalt herbeigeführt werden, sondern nur durch eine echte Bewußtseinsveränderung. Und soziale Veränderungen hingen vor allem davon ab, daß man so hart arbeitete, wie man nur konnte, und die Arbeit auch dann weiterführte, wenn alle äußeren Umstände dazu angetan waren, einen zu entmutigen.

Gegen Ende des ersten Semesters hielt ich die Klasse für ausreichend gerüstet, um mit der Arbeit im Heim für geistig Behinderte und im Waisenhaus zu beginnen. Bei unserem Besuch in Aminabad hatten wir mehrere ungenutzte Gebäude gesehen. Geistig kranke Menschen wären sicherlich auf einem ehemaligen Bauernhof mit seinen Wiesen und Gärten sehr viel besser aufgehoben als dort, wo sie sich jetzt befanden. Warum sollten wir also nicht versuchen, die Insassen dieses Heims aufs Land umzusiedeln und für eine medizinische Betreuung zu sorgen und die Kinder dafür in die Stadt zu bringen? Dann hätten wir die Kinder in unserer Nähe, und wir könnten uns intensiver um ihre Betreuung kümmern.

Die Schüler waren begeistert. Da wir dazu aber die Unterstützung der Stadt benötigten, schlug ich vor, unseren Plan dem Bürgermeister von Teheran zu unterbreiten, der Mitglied des Kuratoriums unserer Schule war.

Der Bürgermeister hieß Musa Moham, und obwohl er Mitglied des Kuratoriums war, wußte ich von ihm nur, daß er, ebenso wie seine Vorgänger, noch nie einen Fuß über die Schwelle einer städtischen Einrichtung für die Armen gesetzt und auch an keiner Kuratoriumssitzung teilgenommen hatte. An einem der nächsten Tage suchte ich ihn in seinem Büro im Rathaus auf, wo es von Angestellten und Bittstellern nur so wimmelte. Das, was ich von ihm sah, sah wenig vielversprechend aus. Moham war ungefähr fünfundsechzig Jahre alt, kahlköpfig und fett. Sein rundes Gesicht war von fahler Blässe und seine ganze Erscheinung die eines typischen persischen Politikers: Er wirkte wie ein aufgeblasener Beamter, der von seinem voll bepackten Schreibtisch aus denen, die dafür bezahlt hatten, Gunstbeweise erteilte. Ich war mir sicher, daß er noch nie in seinem Leben gezwungen gewesen war, sich mit Menschen zu befassen, die ihn nicht interessierten. Ich fragte mich, ob ich ihn überhaupt dazu bringen konnte, mir zuzuhören.

Ich kam deshalb sofort zur Sache. Da Moham nicht die leiseste Ahnung hatte, wer ich war, stellte ich mich vor und erklärte ihm dann höflich, aber bestimmt, daß meine Schüler und ich festgestellt hätten, gewisse soziale Einrichtungen, für die er verantwortlich war, befänden sich in einem desolaten Zustand. Sicher wäre ihm dieser Zustand bisher verschwiegen worden, denn die Stadt gab ja eine beträchtliche Summe für den Unterhalt dieser Einrichtungen aus. Ihm würde bestimmt an einer Verbesserung der Situation gelegen sein.

Der Bürgermeister starrte mich völlig fassungslos an. »Welche Einrichtungen?« fragte er verblüfft.

»Das Städtische Waisenhaus beispielsweise in Aminabad, Agha, das Sie noch nie mit einem Besuch beehrt haben. Ich wünschte«, seufzte ich, als wäre mir der Gedanke eben gekommen, »Sie könnten die Kinder mit eigenen Augen sehen. Ich bin sicher, daß Sie mich dann viel besser verstehen könnten.«

Moham nickte freundlich. »Aber ja«, antwortete er, »ich werde das Waisenhaus irgendwann einmal besuchen.« Dann wandte er sich wieder den Papieren auf seinem Schreibtisch zu. Ich bewegte mich nicht von der Stelle, sondern blieb schweigend auf meinem Platz sitzen. Als er nach einer Minute aufsah, schien er mehr als überrascht, daß ich immer noch vor ihm saß.

»Warum besuchen Sie das Waisenhaus nicht gleich morgen früh?« fragte ich.

Er schien verblüfft, und einen Augenblick lang sagte er gar nichts. Es schien, als wüßte er nicht, ob er verärgert oder einfach nur neugierig sein sollte ob dieser scheinbar aus guter Familie stammenden Frau, die sich schlicht weigerte, sein Büro zu verlassen. Doch dann schien auf einmal sein Interesse zu erwachen. »Also gut«, sagte er betont großmütig, »ich werde morgen früh hinfahren.«

Ich war glücklich, aber nicht bereit, mich allein mit dieser Zusage zufriedenzugeben. »Wunderbar«, sagte ich, »ich werde ebenfalls hinfahren, denn ich habe dort Verschiedenes zu erledigen. Darf ich Sie begleiten?«

Als es ihm jetzt dämmerte, daß ich ihn überlistet hatte, runzelte er die Stirn. Er blieb jedoch bei seiner Zusage. »Kommen Sie morgen früh um zehn in mein Büro«, antwortete er mürrisch. »Ich werde Sie in meinem Wagen mitnehmen.«

»Nein danke, Agha«, erwiderte ich, »ich werde Sie mitnehmen, und zwar in meinem Volkswagen. Wenn Sie diesen Kindern wirklich helfen wollen, dann müssen Sie mit mir allein hinfahren ohne ein großes Gefolge, an dem die ganze Stadt erkennt, daß Sie nach Aminabad fahren. Nur so können Sie verhindern, daß Ihr Direktor von Ihrem Besuch Wind bekommt und schnell noch alles für Sie vorbereitet. Ich möchte, daß Ihr Besuch eine Überraschung wird.«

Er schien jetzt dermaßen verärgert, daß ich nicht überrascht gewesen wäre, wenn er seine Zusage doch noch zurückgezogen hätte. Doch als Hossein und ich am nächsten Morgen vorfuhren, wartete er bereits auf uns. Als wir in Aminabad eintrafen, rannte der Pförtner sofort ins Büro, um unsere Ankunft zu melden. Bereits nach wenigen Minuten kam der Direktor mit den Worten »Der Herr Bürgermeister, welche Ehre!«, gefolgt von mehreren seiner Lakaien, auf uns zugeeilt. Moham, der mir zu meiner Überraschung auf der Fahrt geduldig zugehört hatte, als ich ihm von den Zuständen im Waisenhaus berichtete, verlangte, die Unterkünfte der Kinder zu sehen. Nachdem der Direktor mir einen bösen Blick zugeworfen hatte, führte er uns zuerst in den Schlafsaal der kleinen Jungen. Sie waren so abgemagert, daß ihre Arme und Handgelenke wie dünne Zweige aus den Ärmeln ihrer grauen Uniformen hingen. Dann gingen wir in den Saal, in dem die Kleinkinder untergebracht waren. Wir sahen etwa vierzig Kinder, die allesamt auf einem dünnen Teppich lagen oder saßen. Einige Babys versuchten trotz ihrer verkümmerten Gliedmaßen zu krabbeln, während die etwas älteren ihre ausgemergelten Körper mit den aufgeblasenen Bäuchen, auf denen riesige Köpfe saßen, hin- und herwiegten. Mit ihren großen, tiefliegenden Augen, die ins Leere starrten, glichen sie winzigen, uralten Menschen.

Selbst für mich, die ich die Kinder nicht zum erstenmal sah, war der Anblick erschütternd, und ich hatte Mühe, nicht in Tränen auszubrechen. Als ich mich zum Bürgermeister umdrehte, entdeckte ich voller Entsetzen, daß sein Gesicht und sein Hals purpurrot angelaufen waren. Völlig fassungslos stand er da und starrte auf die ausgehungerten Kinder. Dann hob er seine Hand und schlug sich in ungläubiger Qual an die Stirn. Tränen liefen ihm über seine Hängebacken. Er gab keinen Laut von sich, sondern wiegte sich ebenso wie die Kinder vor und zurück und schlug sich weiterhin an die Stirn. Ich war wie versteinert. Ich begriff, daß Moham tatsächlich nicht die leiseste Ahnung von den Zuständen hier gehabt hatte und daß er jetzt nicht nur schockiert, sondern zutiefst beschämt war. Und ich hatte diesen armen, alten Mann hierher gezerrt und ihn gezwungen, sich sein Versagen mit eigenen Augen anzusehen. Was wäre geschehen, wenn er einen Herz- oder Schlaganfall erlitten hätte?

Schließlich faßte er sich wieder und wischte sich mit seinem großen weißen Taschentuch das Gesicht ab. Eilig schlug ich vor, in die Stadt zurückzukehren. Im Auto saß Moham zunächst nur schweigend neben mir. Als ich ihm jedoch von unserem Plan erzählte und erklärte, wie meine Schüler und ich mit seiner Hilfe den Kindern helfen konnten, versicherte er mir, daß wir alles haben sollten, was wir brauchten. Ich ließ ihn wissen, daß ich den Zorn der beiden Direktoren fürchtete und mich deshalb um die Sicherheit meiner Schüler sorgte. Moham versprach, sich darum zu kümmern, daß die beiden uns keine Schwierigkeiten machen würden.

Am nächsten Tag erteilte ich Hossein den Auftrag, zwei Schülerinnen nach Aminabad zu fahren, damit sie dort einem Arzt und einigen Krankenschwestern zur Hand gehen konnten, während die anderen Schüler den Umzug der Insassen der Irrenanstalt vorbereiten sollten. Nach wenigen Tagen hatte Mohams Büro eine Ernährungsfachfrau ausfindig gemacht, die der iranischen Regierung von der UN-Ernährungs- und Landwirtschaftsorganisation zur Seite gestellt worden war. Sie erklärte sich bereit, die Arbeit im Waisenhaus sofort aufzunehmen und so lange dort zu bleiben, bis die Babys kräftig genug für einen Umzug waren. Durch Anzeigen in verschiedenen Zeitungen suchte ich Frauen, die lesen und schreiben konnten und die gerne mit Kindern arbeiten wollten. Die Frauen sollten als Gegenleistung eine kostenlose Ausbildung in moderner Kinderpflege erhalten. Nach Beendigung der Ausbildung erwartete sie eine Dauerstellung und der offizielle Titel »Mutter« der Kinder, deren neues Zuhause wir herrichteten.

Die Renovierung der Irrenanstalt dauerte fast drei Monate. Ich fuhr jeden Tag hin, um mir ein Bild über den Fortgang der Arbeiten zu machen. Alle zwanzig Schüler halfen in ihrer Freizeit mit. Ja selbst die gesünderen Insassen versuchten sich nützlich zu machen, als sie erfuhren, was wir für die Kinder tun wollten. Die schlimmste Arbeit wartete im Keller auf uns. Die kleinen Zellen, in denen die gewalttätigen Insassen angekettet gewesen waren, waren jahrelang nicht gereinigt worden, und der Schmutz und die Exkremente türmten sich fast einen Meter hoch. Zu Anfang wären wir beinahe verzweifelt, doch dann erhielten wir unerwartete Hilfe: Ein jüdisch-persischer Sanitäringenieur namens Naser Sumech, der in London studiert hatte und nun für den JOINT arbeitete, bot uns seine Mithilfe an. Er und zwei andere Männer kamen jeden Nachmittag, um den Boden mit viel flüssigen Desinfektionsmitteln aufzuweichen. Am jeweils nächsten Vormittag kamen sie wieder, um den aufgeweichten Schmutz mit Schaufeln auszuräumen. Der Gestank war so fürchterlich, daß ich mich auf eine Flucht meiner Schüler gefaßt machte, doch als Samani, Kia und die anderen sahen, wie eifrig die jüdischen freiwilligen Helfer bei der Arbeit waren, besorgten auch sie sich Stiefel und Schaufeln. Anschließend wuschen sie die Zellenwände mit Seife und Wasser ab.

In der Zwischenzeit hatten sich die Schülerinnen und Forough der oberen Stockwerke angenommen. Sie hatten geschrubbt, geputzt und gestrichen, bis alles wie neu aussah. Freunde und Verwandte schenkten uns Teppiche, Bilder und

Vorhänge. Moham schickte Maurer, die den Hof ausbesserten. Als sie fertig waren, pflanzten unsere Schüler zusammen mit unserem Hausmeister Mahmad Bäume und Blumen für die Kinder. Im Frühjahr siedelten wir sie in ihr neues Zuhause um. Moham stellte Dr. Nesam, einen Neuropsychiater von der Universität, als neuen Direktor für das Waisenhaus ein, und wir ersetzten die unfähigen Schwestern und Helfer durch die freundlichen »Mütter«, die wir ausgebildet hatten.

Ich hatte gehofft, daß wir in der Lage sein würden, wenigstens einen Teil der Verwandten der Kinder ausfindig zu machen, doch es stellte sich heraus, daß das Waisenhaus keine Karteien geführt hatte, und die meisten Kinder waren zu klein gewesen, als sie nach Aminabad gekommen waren, als daß sie ihren Namen oder ihre Familien gekannt hätten. Dies bereitete uns viel Kopfzerbrechen, denn ohne Namen und Geburtsurkunde konnten wir im Herbst kein Kind zur Schule schicken. Dazu kam, daß es für ein Mädchen ohne Vater und Mutter unmöglich war zu heiraten. Das Schockierendste an dieser Namenlosigkeit war jedoch, daß die finsteren Aufseher, die ihre Arbeit in Aminabad haßten, in ihrer Verachtung die Kinder nur mit Tiernamen angesprochen hatten. Die Kinder kannten sich also nur als »Hase«, »Hund« oder »Ratte«. Wir hatten außerdem festgestellt, daß die Kinder nicht nur von Läusen und Würmern befallen waren, an Tuberkulose und zahlreichen anderen Krankheiten litten, sondern oftmals weder spielen noch sprechen konnten, weil ihre Aufseher ihnen beides untersagt hatten.

Das Leid dieser Kinder hatte mich viele schlaflose Nächte gekostet. Ich mußte daran denken, wie Schahsade sich immer um die Kinder im Palast gekümmert hatte, gleichgültig, ob es seine eigenen waren oder die anderer Eltern. Für ihn waren alle Menschen wichtig. Gott, so hatte er immer gesagt, habe für alle Platz. Aber weil die, die unser Land regierten, sich nicht um das Wohlergehen der Menschen kümmerten, waren aus diesen Kindern »Tiere« geworden.

Wir sorgten also dafür, für jedes dieser Kinder eine neue Identität zu schaffen. Zwei Monate lang saßen Beamte an einem Tisch im Garten und stellten Geburtsurkunden aus, nachdem ein Arzt anhand der Zähne der Kinder deren ungefähres Alter bestimmt hatte. Unsere Schüler erfanden dann für jeden Jungen und jedes Mädchen einen Vater, eine Mutter und einen Geburtstag. So wurde aus »Hund« »Abbas, vier Jahre alt, Sohn von Sakine und Hasan« und aus »Ratte« »Leila, sieben Jahre alt, Tochter von Rabab und Ali«. Im Hochsommer war diese Arbeit schließlich beendet. Meine Schüler und ich hatten dafür gesorgt, daß diese Kinder nicht durchs Leben gehen mußten mit dem Gefühl, ein Niemand zu sein.

Der Erfolg hatte auch meine Schüler verändert. Unsere gemeinsamen Erfahrungen und Erlebnisse hatten den letzten Rest ihrer Schüchternheit über Bord gespült und uns zu einer großen Familie gemacht. Die jungen Männer und Frauen redeten und lachten jetzt ganz ungeniert miteinander und benahmen sich wie gute Freunde.

Kia war zu einem großen Teil für diese neue Freundschaft und das Vertrauen verantwortlich. Auch während der schlimmsten Putz- und Renovierungsarbeiten hatte er uns oft zum Lachen gebracht, indem er uns unter anderem immer wieder vormachte, wie Moham versucht hatte, sich in meinen kleinen Volkswagen zu zwängen. Schließlich war es Kia gelungen, das Eis zu brechen.

Die jungen Männer achteten jetzt auch sehr viel mehr auf ihre Körperpflege; ich bestand darauf, daß jeder, der kein fließendes Wasser zu Hause hatte, einmal in der Woche unsere Dusch- und Waschvorrichtungen im Keller benutzte. Ich bemerkte sogar, daß die jungen Männer sich ab und zu von Sia, der der Sohn eines Schneiders war, Ratschläge in punkto Kleidung holten. Die Schüler legten immer mehr Wert auf »Professionalität« und auf die Einhaltung unserer Wertmaßstäbe. Mir selbst machte es große Freude, für solch saubere, kompetente, moderne junge Sozialarbeiter verantwortlich zu sein. Ich war stolz darauf, daß die Schüler immer mehr Selbstvertrauen entwickelten, weil sie feststellen konnten, daß sie tatsächlich etwas bewirkten und erreichten. Dies war besonders wichtig, weil diese ersten Schüler Vorbilder für die nachfolgenden sein würden. Tatsächlich wurden die ersten Schüler später »die Planierraupen« genannt.

Im zweiten Jahr besserte sich die Lehrersituation ein klein wenig. Julia Henderson schickte mir Teilzeitlehrer und Praxisbetreuer, und Fulbright half uns mit Wissenschaftlern aus, die den Schülern Kenntnisse auf dem Gebiet der Sozialforschung vermittelten. Ich verbrachte viel Zeit damit, mit unseren Behörden über Arbeitsstellen für meine Schüler zu verhandeln. Ich hatte bereits ausgezeichnete Gehälter und Sozialleistungen ausgehandelt, die dem *madadgar* finanzielle Sicherheit und Ansehen boten: Es wurde festgelegt, daß unsere Absolventen ein Gehalt und Zusatzleistungen vergleichbar denen eines Gymnasiallehrers erhalten sollten. Was blieb, war die undankbare Aufgabe (unendlich aufreibender als die Arbeit in den Slums), unzählige skeptische und mißtrauische Beamte und Geschäftsleute davon zu überzeugen, wie wichtig es war, daß sie der Sozialarbeit eine konkrete Chance gaben.

Inmitten all dieser Schufterei geschah etwas, was mich aufs äußerste erzürnte: Mehrere aufgebrachte Schüler suchten mich auf, um mir mitzuteilen, daß die Stadtverwaltung und eine der Wohlfahrtseinrichtungen, die von der kaiserlichen Familie unterstützt wurden, ihre eigenen Schulen für Sozialarbeit gründen und Schüler in nur wenigen Wochen zum Sozialarbeiter ausbilden wollten. Diese sogenannten »ausgebildeten Sozialarbeiter« sollten dann die gleichen Berufschancen wie meine Absolventen haben.

Ich war so zornig wie noch nie. Nachdem meine Schüler und ich alles daransetzten, um höchstmögliche Maßstäbe für unseren Beruf zu setzen und zu verwirklichen, versuchten nun andere, sich ins gemachte Nest zu setzen, nachdem bekannt geworden war, daß Chanom Farman-Farmaian ihren Schülern gute Gehälter und Titel wie »Direktor« gesichert hatte (wir Perser lieben Titel).

Dieses Nachahmen war typisch für den Hang der Perser zur Imitation, der sicherlich mit dem berühmten persischen Überlebensinstinkt zusammenhängt. Ich mußte bei dieser Gelegenheit an eine kleine Geschichte denken, die uns meine Mutter erzählt hatte. Sie handelte davon, wie Hadschi, der Pilger, auf seinem Weg von Mekka einen Schatz gefunden hatte. Als der Hadschi nach monatelanger mühsamer Pilgerfahrt erschöpft und durstig nach Hause zurückkehrte, kam ein Mann auf ihn zu, der den Aufbruch des Hadschis vom Wegesrand aus beobachtet hatte und nun die neuen Reichtümer sah.

Er sagte: »Hadschi, ich freue mich über deinen Reichtum! Ich will dein Partner sein!« »Aber du hast die ganze Zeit hier im Sand gesessen«, antwortete der Hadschi. »Wie kannst du mein Partner werden wollen?« Und der andere erwiderte: »Hat nicht das Schicksal mich hierher gesetzt, auf den Pfad eines Reichen? Ich bin bei dir, und deshalb werde auch ich reich und erfolgreich sein!«

Zum Glück konnte ich in diesem Fall auf meine Verbindungen zurückgreifen: Auf meine Bitte hin erließ der Justizminister ein Gesetz, das besagte, daß nur ein Absolvent einer anerkannten Schule für Sozialarbeit im Iran oder anderswo den Titel *madadgar* tragen durfte. Das bedeutete das Ende der neuen »Schulen«.

Am Ende unseres zweiten Schuljahres hatte ich allen Schülern des ersten Jahres gutdotierte Stellen besorgt, und im Juni 1960 hielten wir unsere erste Abschlußfeier ab.

Normalerweise war es niemandem außer dem Schah, seinen Ministern und der königlichen Familie gestattet, sich in der Öffentlichkeit hervorzutun. Ich war jedoch der Meinung, daß meine Schüler, die so hart gearbeitet hatten, wenigstens einen Tag lang geehrt werden sollten. Mit Ausnahme einer kurzen Einführung von mir, einer Danksagung des Rektors der theologischen Fakultät an der Universität und einer Rede unseres Ehrengastes, Hossein Ala, sollten die Schüler selbst für die Gestaltung verantwortlich sein. Ich ließ Programme drucken, auf denen alle Mitarbeiter der Schule, angefangen von den Lehrern bis hin zu unseren Dienstboten, namentlich genannt waren.

Da mehrere Schüler Berichte über die Probleme von Dorfbewohnern geschrieben hatten, ließ ich diese für die Gäste vervielfältigen; ich wollte, daß jeder eine Vorstellung von unserer Arbeit bekam und auch wußte, wie fleißig und gründlich meine Schüler arbeiteten.

Es war der stolzeste Tag in meinem Leben, als Samani, Schole und Kia vor den Augen ihrer Verwandten im Rampenlicht auf der Bühne standen. Noch nie zuvor in der Geschichte meines Landes hatten so viele ehrenwerte Persönlichkeiten eine ganze Stunde lang den Söhnen und Töchtern einfacher Ladenbesitzer, kleiner Fabrikbesitzer, von Handwerkern und Bauern applaudiert. Noch nie zuvor hatten einfache junge Männer und Frauen und ihre glücklichen Familien an einem Empfang teilgenommen und so vielen Regierungsbeamten, Ministern und Botschaftern die Hand geschüttelt und waren mit ihnen fotografiert worden. Das Schönste war, die strahlenden Gesichter meiner Schüler am nächsten Tag in der Zeitung zu sehen. Der Stolz und die Freude meiner Schüler und ihrer Familien führten dazu, daß ich beschloß, die kommenden Abschlußfeiern genauso abzuhalten wie diese erste.

Natürlich hatte ich auch Moham eine Einladung geschickt. Er hatte dem Waisenhaus sofort nach Beendigung der Renovierungsarbeiten einen Besuch abgestattet. Als er sah, wie die Jungen und Mädchen in ihren sauberen Kleidern mit ihren »Müttern« spielten und lachten, hatte es den Anschein, als würde er am liebsten selbst tanzen und lachen. Solange er im Amt war, hat er mich mindestens einmal in der Woche angerufen, um mich zu fragen, ob ich oder meine Schüler irgend etwas brauchten oder ob er irgend etwas für uns tun könnte.

Eines Tages, als wir uns gerade über die zahllosen Probleme unseres Landes unterhielten, beugte Moham sich zu mir herüber und flüsterte: »Sie wissen doch, wir befinden uns auf einer Brücke über dem Nichts.«

Etwas verwundert fragte ich, was er damit meinte. »Ich meine«, antwortete er wieder ganz leise, »daß unsere Gesellschaft eine Brücke ohne Grundmauern ist. Es gibt keine Gerechtigkeit, und jeder kümmert sich nur um sich selbst und um das Wohl seiner eigenen Familie. Ich weiß nicht, wie wir es bisher geschafft haben, und vor allem, wie es weitergehen soll. Es ist ein Wunder, daß es uns immer noch gibt, daß die Brücke noch nicht zusammengebrochen ist.«

Seine Stimme klang unheilvoll. Zwar war auch ich kein Freund unserer Politik, doch was mein Freund hier andeutete, überraschte selbst mich. Soweit ich wußte, war der Schah vollkommen sicher. Er hatte die Armee, er hatte die SAVAK, und er besaß das überaus wichtige Wohlwollen der Amerikaner. Er hatte sämtliche Gegner in die Knie gezwungen. Wer also sollte den Pahlawis gefährlich werden können?

Was mein Leben und meine Situation anbetraf, war ich optimistischer als jemals zuvor. Die Schule wurde größer und größer, ich hatte viele Schüler, wir begannen mit neuen Untersuchungen, und wir machten uns für eine soziale Gesetzgebung stark, die Frauen und Kindern mehr Rechte und mehr Schutz einräumte. Bereits sechs Monate nach meiner Rückkehr hatten wir die erste Familienplanungsklinik eingerichtet, und im zweiten Jahr hatten wir Hilfsprogramme für arme Gefängnisinsassen und deren Familien sowie für jugendliche Straftäter erarbeitet. Wir hatten auch große Fortschritte in der Verbesserung der Situation der Prostituierten sowie der staatlichen Arbeitshäuser gemacht. Mein Ziel war es, letztere von Gefängnissen für die Armen in Berufsschulen zu verwandeln. In Aminabad waren nach und nach alle Angestellten durch ausgebildete Krankenschwestern ersetzt worden. Die Patienten dort hatten angefangen, ihr eigenes Gemüse anzupflanzen. Auch die Kinder in der Stadt machten große Fortschritte. Die etwas größeren gingen zur Schule, und die kleineren waren jetzt auf dem Entwicklungsstand, der ihrem Alter entsprach. Die Ernährungsfachfrau, die sich um sie gekümmert hatte, überreichte uns sogar ein Fotoalbum, in dem sie die Fortschritte der Kleinen festgehalten hatte. Als ich die Freude meiner Schüler über diesen unbestreitbaren Beweis dafür sah, daß es praktische Lösungen für unsere Probleme gab, wußte ich, daß es Iraner gab, die verstanden, daß wir etwas für unser Land tun konnten, wenn wir es nur versuchten. Den Anfang hatten wir gemacht, zwanzig Menschen, die an eine Sache glaubten.

Ich hielt Moham für zu pessimistisch. Ich hatte gelernt, daß man, sofern man sich von der Politik fernhielt, sehr wohl etwas erreichen konnte, und darüber war ich glücklich und stolz. Ich wollte die Schule langsam vergrößern, wollte mehr junge Menschen ausbilden, die an sich selbst und an unser Land glaubten, die dann ihrerseits ihren Glauben weitervermitteln konnten. Ich war davon überzeugt, daß der *madadgar* unserem Land etwas Solides und Reales geben konnte. Wir, Irans Sozialarbeiter, würden die Grundpfeiler der Brücke bauen.

# 11. Zittern und Beben

*... Sie sind tot, sie wissen es bloß noch nicht. Es ist mir gleichgültig, welche Revolution dafür verantwortlich ist. Irgend jemand wird ihnen den Garaus machen. Sie sind passé. Es ist nur noch eine Frage der Zeit.*

Senator Hubert H. Humphrey vor dem Senatsausschuß für Internationale Beziehungen über die Regierung des Schahs von Iran, 15. Juni 1961

Die sieben oder acht Jahre Arbeit nach unserer ersten Abschlußfeier waren die befriedigendsten, aber auch mühsamsten meines Lebens. Im Laufe dieser Jahre erarbeiteten wir verschiedene neue Hilfsprogramme, Forschungsprojekte und Gesetzesvorlagen, letztere vor allem, um die Situation in den Gefängnissen sowie die staatliche Fürsorge für Frauen und Kinder zu verbessern und um das gesetzliche Mindestalter für die Eheschließung neu festzulegen. Natürlich konnte die Schule die gewaltigen Probleme des Landes – Armut, Überbevölkerung und Rückständigkeit – nicht alleine bewältigen, aber sie konnte zeigen, wie man im Kleinen mit der Bewältigung dieser Probleme anfängt. Je länger wir arbeiteten, desto deutlicher wurde, daß die für ihr Mißtrauen und ihren Zynismus bekannten Iraner durchaus erkennen konnten, daß Menschen, wenn sie sich einig sind und zusammenarbeiten, Probleme lösen und neue Lebensmöglichkeiten schaffen können.

Im Frühling 1961 verursachte eine Schneeschmelze im Elbursgebirge eine Überschwemmung, die die Barackensiedlung in Dschavadie, in der Tausende von armen Landbewohnern lebten, fast vollständig zerstörte. Meine Schüler und ich hatten nach kurzer Zeit eine Versorgungsstation für die Kinder der Opfer eingerichtet. Bald darauf schenkte uns jemand ein kleines Haus für eine ständige Kinderversorgungsstation. Dort unterwiesen unsere Schüler und die freiwilligen Helfer die Mütter der Kinder in Kinderpflege, Ernährung, Körperpflege und Familienplanung. Schon bald strömten Hunderte von Frauen in diese Station, und daraufhin nahmen meine Schüler und ich Kontakt zur Stadtverwaltung, zu Geschäftsleuten und reichen Privatpersonen auf, die wir um finanzielle Unterstützung für ein Gemeindesozialzentrum baten. Die Spenden ließen tatsächlich nicht lange auf sich warten. Der damalige Bürgermeister stellte uns einen Bauplatz für das neue Gebäude zur Verfügung, und Menschen, die ich gar nicht oder nur wenig kannte, suchten mich in der Schule auf, um Geld, Land oder Baumaterial zur Verfügung zu stellen. Es wurden auch Fonds eingerichtet für Schüler, die der finanziellen Unterstützung bedurften.

Langsam verbreitete sich die Kunde, daß sich meine Schüler durch Eigenschaften auszeichneten, die in unserem Land mehr als selten waren: Ehrlichkeit und die Bereitschaft, sogar schwere und schmutzige Arbeit zu verrichten, um anderen Menschen zu helfen. Unser Ruf wurde noch besser, als meine Schüler nach einem schrecklichen Erdbeben, das einen Großteil der Stadt Qasvin im Nordwesten von Teheran dem Erdboden gleichgemacht hatte, zusammen mit dem dortigen Hilfskommando die Menschen unter den Trümmern hervorzogen, die Hunderte von Toten zählten, sich um Verletzte und Obdachlose kümmerten und für verwaiste Kinder sorgten. Schole, Samani und zahlreiche andere Absolventen der Schule ließen sich beurlauben, um an der Seite der anderen Freiwilligen zu schuften. Im Jahr 1962 begannen wir mit einem vierjährigen Ausbildungsprogramm, an dessen Ende ein B. A. stand (Bachelor of Arts), ein international anerkannter Abschluß in Sozialarbeit, und schon bald bewarben sich mehr Schüler, als wir aufnehmen konnten.

Ich trug mich schon lange mit dem Gedanken, eine Sekretärin einzustellen, und entschied mich schließlich für eine freundliche und gläubige junge Jüdin namens Esther. Außerdem mußte ich zahlreiche neue Lehrer aus anderen Ländern gewinnen, um zusätzliche Kurse im vierjährigen Ausbildungsprogramm abhalten zu können. Oft reiste ich in verschiedene Länder des Nahen Ostens, wo ich auf Konferenzen über soziale Fürsorge und Einrichtungen für Kinder und Frauen in Entwicklungsländern sprach. Außerdem empfing ich viele ausländische Besucher und frühere Kollegen, korrespondierte mit Schulen für Sozialarbeit und Universitäten in verschiedenen Ländern des Nahen Ostens, Indien, auf den Philippinen, in Europa und den Vereinigten Staaten von Amerika. Da es eines meiner wichtigsten Ziele war, den Unterricht an unserer Schule irgendwann einmal ausschließlich mit iranischen Lehrkräften zu bestreiten, lagen mir diese ausländischen Kontakte sehr am Herzen, denn sie boten die Möglichkeit, daß sich unsere Absolventen im Ausland fortbilden konnten. Zusätzlich zu meiner beruflichen Arbeit wurde ich immer häufiger als Dame d'honneur, also als Begleiterin oder Führerin ausländischer Staatsgäste, verpflichtet, denn der Regierung lag daran, zu demonstrieren, daß im Iran nun auch Frauen berufstätig waren. Auf diese Weise lernte ich viele interessante und faszinierende Menschen kennen, darunter Jawaharlal Nehru und seine Tochter Indira Gandhi.

Ich hatte mir in Tadschrisch ein zweistöckiges Haus mit Garten und Swimmingpool gekauft, in dem ich mich sehr wohl fühlte. Eine Haushälterin und ein Gärtner waren die einzigen Angestellten. Das von einem eisernen Zaun umgebene Haus befand sich auf unserem alten Anwesen Resvanie, fernab vom Lärm der Hauptstraße und des Basars von Tadschrisch. Jeden Tag, außer am Freitag, verließ ich das Haus bei Sonnenaufgang oder noch früher und kam meist nicht vor acht oder neun Uhr am Abend zurück.

Bei meiner Rückkehr im Jahr 1958 hatte ich bereits geahnt, daß ich nicht wieder heiraten würde. Zum einen hätte ich nicht den vielen Pflichten einer iranischen Ehefrau der gehobenen Gesellschaftsschicht nachkommen und gleichzeitig die Schule leiten können. Zum anderen hätte, wäre ich verheiratet gewesen, die Gefahr bestanden, daß mich früher oder später ein Gegner – denn natürlich hatte unsere Schule aufgrund ihrer Arbeit viele Gegner – beschuldigt hätte, meine Verbindungen zur Regierung zu nutzen, um das Geschäft oder die Interessen meines Mannes zu fördern. Eine persönliche Freundschaft mit einem unverheirateten Mann, mit dem ich nicht verwandt war, kam natürlich überhaupt nicht in Frage. Selbst mein harmloser und öffentlicher Besuch in Mohams Büro und unsere Fahrt nach Aminabad waren nicht unbemerkt geblieben: Dadasch hatte mich deswegen zur Rede gestellt und darauf hingewiesen, daß in unserem Land eine Frau nicht wie im Westen machen und hingehen konnte, was und wohin sie wollte.

Dennoch führte ich ein geselliges Leben, das sich wie bei jeder anderen iranischen Frau hauptsächlich im Kreis der Familie mit Essenseinladungen, Besuchen, Geburtstagsfeiern, Verlobungsfeiern, Hochzeiten, Begräbnissen und zahlreichen anderen Gelegenheiten abspielte. Bei solchen Zusammenkünften versichern sich die Perser der allumfassenden Liebe und des Schutzes ihrer Familie.

Im Kreis der Menschen, die mich liebten und denen mein Wohlergehen am Herzen lag, fragte ich mich immer wieder, wie ich zehn Jahre ohne meine Familie ausgekommen war. Dadasch war erst kurz vorher von der Weltgesundheitsorganisation nach Saigon versetzt worden, um das dortige Büro zu leiten, aber Forugh war inzwischen zusammen mit Jean und den drei Töchtern in den Iran zurückgekehrt und hatte sich in Tadschrisch niedergelassen, ebenso wie unser jüngster Bruder Raschid, der zusammen mit Forugh ein Ingenieurbüro eröffnet hatte. Ghafar und seine Frau Dschahan und meine verheirateten Schwestern Homi und Sori wohnten zwar nicht in unserer Nähe, aber Chorschid und ihr Mann hatten sich auf Schahsade's altem Anwesen niedergelassen, wie auch Fateme-Chanoms fünf Söhne: Alinaqi und Alidad, die mit mir zusammen zur Schule gegangen waren, Kave, der zusammen mit Ghafar eine Telekommunikationsgesellschaft gegründet hatte, und Hafes, der mit Jody, einer begabten amerikanischen Künstlerin, verheiratet war, die auch unserer Schule einige ihrer Kunstwerke stiftete. Zusammen mit mir und meiner Stiefmutter Fateme-Chanom, die seit der Zerstörung des Palastes in Resvanie lebte, sowie Hamdam-Chanoms Sohn Chodadad, der mit seiner amerikanischen Frau Joanna in Tadschrisch wohnte, lebten damit insgesamt acht Farman-Farmaians und ihre Familien in diesem neuen »Palast«. Ich hatte also buchstäblich Dutzende von Brüdern, Schwestern und Schwägerinnen um mich, mit denen ich mich unterhalten und denen ich mein Herz ausschütten konnte.

Mitra, die mein ganzer Stolz war, war inzwischen zu einer schlanken, dunkelhaarigen, anmutigen Schönheit mit großen dunklen Augen herangewachsen. Sie hatte immer noch ein ruhiges und einnehmendes Wesen, und während ihrer Sommeraufenthalte bei uns wurde sie von meinen Brüdern und Schwestern, ihrer Großmutter und ihren Cousins überallhin mitgenommen. Im August fuhren wir beide ans Kaspische Meer, wo Farugh und Homi ein riesiges Familientreffen vorbereitet hatten. Zwei Wochen lang lebte die ganze Familie in Zelten. Wir redeten, schwammen, gingen am Ufer spazieren, spielten Bridge und sahen den Kindern zu. Mitra war der Liebling der ganzen Familie, und ich war sehr froh, sie so glücklich zu sehen und zu wissen, daß es ihr auch ohne Vater nicht an Liebe mangelte. Arun und ich hatten seit unserer Scheidung keinen Kontakt mehr, und für mich war dieses Kapitel in meinem Leben beendet.

Meine Mutter war mittlerweile über sechzig Jahre alt. Im Jahr vor meiner Rückkehr war sie aus dem alten »Eisenbahnhaus« in der Chiaban-e Sepah ausgezogen. Jeden Samstag, am ersten Arbeitstag der Woche, lud sie sämtliche Kinder Schahsade's zum riesigen Mittagsbuffet in ihr neues Heim ein. Da sie ganz in der Nähe der Schule wohnte, aß ich fast jeden Tag mit ihr zu Mittag. Obwohl ich sicher war, daß sie es gern gesehen hätte, wenn ich wieder geheiratet hätte, wußte ich, daß sie stolz auf mich war. Außerdem war sie geradezu vernarrt in Mitra. Nur ein einziges Mal fragte sie fast beiläufig nach der Religion meines Mannes. Ich antwortete fröhlich, aber knapp, daß wir »die gleichen Überzeugungen« hatten. Danach erwähnte meine Mutter Arun nie wieder.

Ich hatte meine Mutter noch nie so heiter und zufrieden erlebt. Ihre Tage brachte sie damit zu, Tee zu trinken, zu plaudern, einzukaufen, mit Fateme-Chanom die heiligen Stätten zu besuchen (Batul weigerte sich immer noch, die beiden zu begleiten), ihre Kinder und Enkelkinder zu besuchen und große Portionen Reis zu kochen für die armen Verwandten ihrer Dienstboten. Das neue Haus, das meine Brüder für sie gebaut hatten, verfügte über eine geräumige Küche, in der sie auch das große samstägliche Buffet vorbereitete. In ihrem Zimmer befand sich ein kleines Waschbecken, damit sie die vorgeschriebene fünfmalige tägliche Händewaschung vor dem Gebet verrichten konnte, ohne nach unten in den Hof gehen zu müssen. Am meisten freute sie sich darüber, daß das Haus quadratisch war, denn für Chanom bedeutete ein quadratisches Haus, daß die Verluste der Vergangenheit überwunden waren. Nun hatte sie ihre Selbstachtung wiedergefunden und war nicht mehr hilflos. Jetzt hatte sie keine Angst mehr vor dem, was Gott ihr als nächstes zugedacht hatte. Die Abschaffung des Schleiers hatte sie Resa Pahlawi längst vergeben, und seiner Grausamkeit gedachte sie nur noch mit einem Kopfschütteln. Oft bemerkte sie, man müsse fairerweise zugeben, daß die Pahlawis letztendlich doch nicht so schlecht waren und daß es schlimmer hätte kommen können. Selbst Resa Pahlawi habe gute Taten vollbracht: Unter der Herrschaft der Qadscharen habe man keine zwei Schritte tun können, ohne Angst vor Soldaten oder Banditen haben zu müssen. Dem habe Resa ein Ende gemacht, und dank der neuen Straßen, die sein Sohn bauen ließ, könne sie jedes Heiligtum besuchen, ohne Angst haben zu müssen.

Ich konnte kaum glauben, wie sehr sie sich verändert hatte. Sie lachte und freute sich, äußerte niemals ein böses Wort und war stolz auf uns alle. Seit ich damals unser Land verlassen hatte, hatten vor allem im Leben der Frauen gewaltige Veränderungen stattgefunden. Dinge, die meine Mutter einst verwirrt und bestürzt hatten, störten sie jetzt überhaupt nicht mehr. Sie fand es völlig in Ordnung, daß junge Frauen im Ausland studierten, alleine reisten und einen Beruf erlernten. Ihren Freunden und Verwandten redete sie sogar zu, mir ihre Töchter zu schicken, damit ich sie zu Sozialhelferinnen ausbilden konnte. Junge Männer und selbst junge Frauen in unseren Kreisen entschieden nun selbst, wen sie heiraten wollten. Obwohl viele meiner Brüder und Halbbrüder Ausländerinnen und sogar Frauen geheiratet hatten, die nicht unserem Glauben angehörten, verkündete unsere Mutter, die sich mit all ihren Schwiegertöchtern bestens verstand, daß sie diese neue Mode weder besser noch schlechter fände als die alten Traditionen.

Meine Mutter und ich kamen sehr gut miteinander aus. Das einzige, was unser Verhältnis ein wenig trübte, war ihr Verdacht, daß ich versuchte, Gottes Pläne zu durchkreuzen, indem ich die natürlichen Beziehungen zwischen Mann und Frau verhinderte. So interpretierte sie nämlich meine Bemühungen um Geburtenkontrolle und Schwangerschaftsverhütung.

Die Geburtenrate im Iran zählte zu den höchsten in der ganzen Welt, und ich wußte, daß das rapide Wachstum unserer Bevölkerung eines unserer vordringlichsten Probleme war. Weil Eltern immer noch Kinder in die Welt setzten, für die sie nicht sorgen konnten, schickten viele ihre Kinder auf die Straße, wo sie entweder für die Familie betteln oder sich alleine durchschlagen mußten. Andere setzten ihre Kinder auf den Stufen einer Moschee aus, von wo sie dann an Orte wie Aminabad gebracht wurden. Obwohl es unabdingbar war, daß iranische Frauen lernten, wie sie eine Schwangerschaft verhindern konnten, und daß sie begriffen, daß sie anders keine Möglichkeit hatten, aus der Armut herauszukommen, hatte man im Iran im Gegensatz zu anderen moslemischen Ländern dieses schwerwiegende Problem noch nie ernsthaft in Angriff genommen. Im Nahen Osten sind die Menschen auch heute noch davon überzeugt, daß es wichtig ist, viele Kinder zu haben, und daher war es sehr schwer, traditionell denkende Perser wie meine Mutter davon zu überzeugen, daß Geburtenregelung nicht gegen Gottes Wille verstößt.

Seit der Eröffnung unserer Schule war eine verheiratete, zuverlässige, verantwortungsvolle junge Frau und Mutter namens Minu für eine Familienplanungsorganisation zuständig, die ich mitgegründet hatte. Diese Organisation hatte sich zum Ziel gesetzt, im Teheraner Entbindungskrankenhaus eine Abteilung einzurichten, in der junge Mütter lernten, wie sie die Zahl ihrer Kinder selbst bestimmen konnten. Unsere Organisation mußte äußerst diskret vorgehen und durfte nicht gegen das islamische Gesetz verstoßen. Seit 1953 konnte sich der Klerus zwar nicht mehr öffentlich gegen die Regierung zur Wehr setzen, weshalb es nach außen hin so aussah, als wäre der Einfluß der Religion in unserer Gesellschaft, vor allem im »westlich« wirkenden Norden von Teheran, zurückgegangen, doch niemandem, der Kontakt mit einfachen Menschen pflegte (das hieß keinem, denn jeder hatte Dienstpersonal), konnte verborgen bleiben, wieviel Macht die Mullahs immer noch besaßen. Sie bestimmten auch jetzt noch über das Leben von Millionen von Iranern.

Die Al Ashar-Universität in Kairo, die wichtigste Lehrstätte des islamischen Glaubens in der Welt, hatte jedoch einen Erlaß zur Geburtenkontrolle herausgegeben, in dem auch Passagen aus dem Koran zitiert wurden, in denen der Prophet die Gläubigen anweist, sich um die Gesundheit und das Wohl von Frauen und Kindern zu kümmern. Dieser Erlaß besagte, daß Geburtenkontrolle nicht gegen das islamische Gesetz verstößt, weil die Planung von Kindern der Gesundheit der Frauen und dem Wohlergehen der ganzen Familie zugute kommt. Als ich jedoch meine Mutter davon zu überzeugen versuchte, daß Geburtenkontrolle rechtmäßig war, wollte sie mir nicht glauben. Familienplanung, so erklärte sie, verhöhne den Willen Gottes. Männer und Frauen seien dazu bestimmt, zu heiraten und Kinder zu haben, und ich würde versuchen, genau das zu verhindern. »Der, der uns Zähne gegeben hat, gibt uns auch Brot«, pflegte sie zu sagen. »Wenn eine Frau ein Kind haben soll, dann bekommt sie eins, und es ist eine Sünde, wenn der Mensch eingreift.«

»Sie sagt doch nicht, daß unsere Diener einander nicht beiwohnen sollen«, warf bei solchen Gesprächen Batul-Chanom ungeduldig ein. »Im Gegenteil, sie sagt sogar, daß Mann und Frau mit dieser kleinen weißen Pille ihren ehelichen Pflichten noch besser nachkommen können, weil sie sich keine Sorgen mehr machen müssen.« Und wenn dann meine Mutter kurz aus dem Zimmer ging, drehte sich meine Stiefmutter zu mir um und flüsterte: »Ich verstehe genau, was du willst. Weißt du, was ich am meisten bedauere? Daß ich nicht mehr jung genug bin, um dir zu helfen!«

Umgekehrt pflegte meine Mutter zu sagen, sobald ihre Freundin hinausgegangen war: »Sie kann sagen, was sie will, und du kannst so viele kleine weiße Pillen verteilen, wie du willst, denn es wird nicht funktionieren. Wenn Gott will, daß eine Frau ein Kind bekommt, dann bekommt sie auch eins, auch wenn sie die kleine weiße Pille nimmt.« Doch der gesunde Menschenverstand meiner Mutter und ihr angeborener persischer Pragmatismus gewannen irgendwann die Oberhand über ihr Mißtrauen. Schließlich sah sie ein, daß es gut war, wenn die Frauen nicht mehr zehn oder zwölf Kinder haben mußten, die sie ihr Aussehen und ihre Gesundheit kosteten.

Nichtsdestotrotz war die Fähigkeit meiner Mutter zum Umdenken begrenzt. Obwohl sie meine Schule, die den Armen half, befürwortete und großzügig spendete, lehnte sie es ab, bei unseren Abschlußfeiern anwesend zu sein. Sie wußte genau, daß ich mich sehr über ihr Kommen gefreut hätte, aber sie konnte sich nicht überwinden, in der Öffentlichkeit zwischen Männern zu sitzen, selbst wenn sie einen *tschador* trug. Auch wenn ich sie verstand, war ich darüber sehr traurig. Unter Mohammed Resa Pahlawi konnte jede Frau selbst entscheiden, ob sie einen Schleier tragen wollte oder nicht, und ich wollte meine Ansichten niemandem aufdrängen. Zuviel Eifer war fanatisch und einengend; diese Eigenschaft band unser Volk an die Vergangenheit und hinderte es daran, Fortschritte zu machen.

In diesem Punkt sollten wir immer geteilter Meinung bleiben. Aber trotzdem mußten wir einander so annehmen, wie wir waren. Sie verkörperte den traditionellen und ich den modernen Iran, und ich wußte, daß sie ihre lebenslangen Überzeugungen nur um meinetwillen nie ablegen würde.

## II.

Seit 1958 spendeten meine Familie und meine Freunde ständig Geld, damit sich die Schule über Wasser halten konnte, aber trotzdem war unsere finanzielle Situation Anlaß zu ständiger Sorge. Das Haus in der Chiaban-e Tacht-e Dschamschid, in dem unsere Schule untergebracht war, war nicht nur teuer, sondern auch viel zu klein für unsere achtzig Schüler, auch wenn die Armee im Auftrag von Hossein Ala noch ein paar Baracken gezimmert hatte, die als Klassenzimmer dienten. Ich konnte es mir jedoch nicht leisten, ein größeres Gebäude zu mieten, denn die kleine Zuwendung vom Kuratorium reichte kaum für Miete, Lehrmittel und Gehälter aus. Schon immer hatte ich die finanzielle Unterstützung wohlhabender Gönner der gehobenen Gesellschaftsschicht in Anspruch nehmen müssen, doch ich begriff bald, daß es sehr schwer war, einen Reichen dazu zu bringen, sich von seinem Geld zu trennen, wenn dieser noch nie von einem *madadgar* gehört hatte. Unsere ständig prekäre finanzielle Situation erinnerte uns auch immer daran, auf welch wackligen Füßen die Sozialarbeit in unserem Lande immer noch stand. Trotz des Ansehens, das wir durch unser vierjähriges Ausbildungsprogramm gewonnen hatten, und trotz der Unterstützung einzelner Beamter wie Hossein Ala oder einiger Freunde in den Ministerien, waren weder meine Schule noch mein Beruf bei der Regierung hoch angesehen.

Eines Morgens im Herbst 1958 hatte mich ein Anruf des Büros von Hossein Ala aus dem Unterricht geholt. Ich wurde gebeten, ihn unverzüglich aufzusuchen. Als ich vor meinem Mentor stand, lächelte er mich beruhigend an und erklärte, daß der Schah sich für meine Schule interessierte. Ich sollte deshalb am nächsten Morgen um zehn Uhr zu einer Audienz im Marmorpalast erscheinen.

Ich war entsetzt. Bisher hatte ich immer gehofft, daß Hossein Alas Unterstützung und die meiner Kuratoriumsmitglieder ausreichende Sicherheiten für meine finanzielle Unterstützung waren. Den Gedanken, mich eines Tages an den Schah wenden zu müssen, hatte ich immer weit weggeschoben. Jetzt begriff ich, daß das Überleben der Schule davon abhing, ob ich einen positiven Eindruck auf den Schah machte. Allein der Gedanke an ein persönliches Zusammentreffen mit ihm ließ mich schier verzagen.

Natürlich war ich es gewohnt, mit Ministern und Diplomaten wie Hossein Ala zu verkehren, von denen ich einige auch bei informellen Anlässen im Kreise meiner Familie traf. Niemand in meiner Familie hegte einen Groll gegen den jungen Schah, auch wenn sein Vater enteignet und gemordet hatte. Aber ich wußte nichts über ihn persönlich, außer daß er an der Spitze unserer Gesellschaft stand. Generäle und Höflinge machten sich das Privileg streitig, vor ihm zu kriechen und ihm die Füße zu küssen. In Briefen wurde er mit Titeln wie »Schatten Gottes« oder »Zuflucht des Universums« angesprochen.

Es war völlig unmöglich, eine Einladung in den Marmorpalast auszuschlagen. In meiner Angst fragte ich Hossein Ala, was denn ein Gespräch mit dem Schah zu bedeuten habe.

Der kleine, freundliche Hossein Ala, der für seinen Humor bekannt war, schaute mich vergnügt an und sagte, es bedeute, daß ich einen Hut tragen müsse.

Ich trage aber keine Hüte, was vielleicht damit zusammenhängt, daß ich immer daran denken muß, wie meine Mutter auf die Einführung von westlichen Hüten unter Resa Pahlawi reagiert hatte. Voller Nervosität erwiderte ich deshalb, daß ich Hüte nicht leiden könne und auch noch nie einen Hut besessen hätte, selbst in Amerika nicht. Auf persisch heißt Hut *kola,* und da Wortspiele bei uns sehr beliebt sind, lächelte mich der Hofminister an und sagte: »Aber Sie besitzen doch wenigstens eine Coca-*kola?*« Als er sah, daß sein kleiner Scherz mich – wie beabsichtigt – zum Lachen gebracht hatte, fügte er hinzu, daß es einzig darum ginge, dem Schah unsere Arbeit zu erklären und ansonsten seine Fragen zu beantworten.

Am nächsten Morgen plagten mich allerlei widersprüchliche Gefühle. Ich wußte zwar, daß auch Mohammed Resa Pahlawi den Fortschritt wollte, aber sein Vater hatte unter »Fortschritt« große Gebäude, breite Straßen und westlich gekleidete Iraner verstanden. Ihm war es nie darum gegangen, daß man Menschen hilft, sich selbst zu helfen. Der Schah war dafür bekannt gewesen, daß er keine Kritik duldete, und wenn der Sohn so war wie der Vater, dann wußte ich nicht, wie ich ihm klarmachen sollte, daß sozialer Fortschritt ebenso wichtig war wie technischer. Dazu kam, daß er mir vermutlich nicht mehr als drei oder vier Minuten seiner Zeit schenken würde – selbst Hossein Ala gewährte mir nie mehr als fünf – und ich nur dann sprechen durfte, wenn ich gefragt wurde. Eigentlich hatte ich nicht die leiseste Ahnung, wie man mit einem Herrscher spricht. Ich wußte nur, daß Hossein Ala, sollte ich vor dem Schah etwas Falsches sagen, uns in Zukunft nicht mehr unterstützen würde. Dann würde es der Schule und der Sozialarbeit so ergehen wie so vielen neuen Ideen in unserem Land: Sie würden einfach ad acta gelegt.

Über dem Tor des Palastes wehte neben der grünweißroten Fahne des Iran die blaue Fahne der Pahlawis. Ich wartete, bis der Torwächter meinen Namen auf seiner Liste gefunden hatte. Im Schatten der zwei riesigen goldenen Statuen, die Palastwachen aus der Zeit Darius' des Großen darstellten, standen ganz in der Nähe zwei große Soldaten der Kaiserlichen Garde, deren Aufgabe darin bestand, den Herrscher zu beschützen. Diese Soldaten wurden auch »die Unsterblichen« genannt, und sie zeigten durch ihre Halstücher, die vom gleichen Blau waren wie die Fahne, daß sie zur Eliteeinheit des Schahs gehörten. Sie erinnerten mich an den gestürzten Resa Pahlawi, der in seine Kaiserliche Garde nur reinrassige Arier aufgenommen hatte. Ein blaugekleideter Diener führte mich an Blumenbeeten und Zypressen vorbei durch die Gärten des Schahs, die einst Schahsade und Essatdoule gehört hatten.

Nach scheinbar endlosen weißen Korridoren und vorbei an Dutzenden von kleinen Büros und Konferenzräumen, gelangten wir in ein Vorzimmer, wo mir befohlen wurde zu warten. Ich setzte mich auf ein besticktes Sofa gegenüber einer riesigen Flügeltür. Auf beiden Seiten der Tür standen zwei gutaussehende junge Männer in den schönsten Seidenanzügen, die ich je gesehen hatte. Diese Adjutanten des Schahs, von denen es insgesamt etwa ein Dutzend gab, stammten allesamt aus den besten iranischen Familien und waren eigens dafür ausgewählt worden, einmal in der Woche einen Tag lang die Tür des Schahs zu bewachen und ihn auf Staatsbesuchen zu begleiten. Einer der beiden war der Sohn einer mir bekannten reichen Landbesitzerfamilie aus Aserbeidschan, aber er blickte nur geradeaus und ließ sich nicht anmerken, daß er mich schon einmal gesehen hatte.

Während ich unglücklich und verängstigt auf die großen Türen und die unbeweglichen Adjutanten starrte, wurde mir plötzlich die Ironie dieser ganzen Situation bewußt. Einst hatte mein reicher und mächtiger Vater dort gelebt, wo ich jetzt saß. Dann hatte Resa Pahlawi im Garten meines Vaters einen prächtigen Palast erbaut, den er einige Jahre lang bewohnt hatte. Aber Resa war von den Alliierten gestürzt worden, und nun diente dieser Palast seinem Sohn Mohammed Resa als Bürogebäude.

Ich mußte darüber nachdenken, wie oft sich schon im Laufe unserer Geschichte das Blatt gewendet hatte und das Leben der Menschen schnell und von Grund auf verändert worden war. Ich begriff auch, daß das Wissen um die Möglichkeit plötzlicher, gewaltsamer Veränderung tief im persischen Denken und Fühlen verankert ist. Eroberer und fremde Völker kamen und gingen, Dynastien wurden errichtet und stürzten, sie wechselten einander ab wie das sich wiederholende Muster eines Teppichs. Im Laufe der Jahrtausende hatten wir Kunst, Humor und Dichtung hervorgebracht, um unsere Sorgen zu vergessen, hatten an unserem Stolz festgehalten und versucht, die Erdbeben und Umstürze möglichst unbeschadet zu überleben. Dieses sich ständig wiederholende und doch immer wieder neue Muster der persischen Geschichte war der Grund, warum Schahsade sich so sehr um seine Kinder gesorgt hatte. Es war auch dafür verantwortlich, warum alle Iraner die Kunst des Überlebens am besten beherrschten, gleichgültig, ob es sich um Schahsades oder Dorfbewohner, um gebildete Kleriker oder ungebildete Zeltmacher, um wohlhabende Händler oder Bettler in Lumpen handelte.

Nach ungefähr zehn Minuten ging die Tür auf, und ich wurde in ein riesiges, wunderschönes Büro mit creme- und jadefarbenen Wänden und Vorhängen geleitet. Der Boden war mit großen, prachtvollen Teppichen aus Isfahan ausgelegt, an den Wänden hingen wunderschön gerahmte persische und europäische Gemälde, und Blumenvasen und wertvolle Antiquitäten zierten jeden Schrank und jeden Hocker. In der Mitte des Raumes befand sich ein langer, niedriger, mit wunderschönen Einlegearbeiten verzierter Tisch, an dessen Enden sich jeweils ein Sofa und ein Sessel befanden. Auf dem Tisch stand ein herrlicher Rosenstrauß. Einen Augenblick lang glaubte ich, mich in Schahsade's Büro zu befinden, und beinahe hätte ich meine mühsam errungene Selbstbeherrschung verloren. Als ich in den prächtigen Raum hineinstolperte, war mir, als hörte ich die Stimmen meiner Mutter und meiner Stiefmütter beim Freitagsbesuch bei meinem Vater. Dann sah ich den Schah. Er stand auf der anderen Seite des Raumes neben seinem Schreibtisch vor dem Fenster.

Als er mich sah, bewegte er sich zum Tisch hin. Ich kreuzte die Arme über der Brust und deutete eine leichte, höfliche Verbeugung an, genauso wie wir es damals bei Schahsade gemacht hatten. »Salam ...«, setzte ich an, um sogleich innezuhalten, denn zu meiner Bestürzung wußte ich nicht, wie ich ihn anreden sollte. Davon hatte Hossein Ala nichts gesagt. Schnell fügte ich hinzu: »Majestät«.

Er nickte und bedeutete mir näher zu kommen, und mit unbehaglichem Gefühl durchquerte ich den Raum. Der Schah nahm an dem einen Ende des Tisches in der Nähe seines Schreibtisches Platz und deutete auf den Sessel am anderen Ende. Ich setzte mich, und erst jetzt hatte ich Gelegenheit, mir mein Gegenüber genau anzusehen. Der Schah war ein ungefähr vierzigjähriger schlanker Mann mit grauen Schläfen und aufrechter Haltung. Zu meinem Erstaunen sah ich, daß er nicht wie in der Öffentlichkeit in Uniform gekleidet war, sondern einen ganz normalen dunkelgrauen, perfekt sitzenden Tuchanzug trug. Ganz nebenbei registrierte ich, daß der Anzug nicht ganz so gut aussah wie der, den der Sohn des Landbesitzers draußen im Vorzimmer trug.

Der Schah lächelte und sagte dann mit leiser, liebenswürdiger Stimme: »Man hat mir berichtet, daß Sie in Amerika studiert haben und jetzt zurückgekehrt sind.« Ich war verblüfft darüber, daß er die Stimme und das Benehmen eines Gentleman hatte. Obwohl ich mir vorher keine großen Gedanken über ihn gemacht hatte, war ich eher auf einen groben, despotischen, ungebildeten Soldatensohn vorbereitet gewesen als auf einen redegewandten und weltmännischen Mann, der mich an meine eigenen Brüder erinnerte. Ich war dermaßen erstaunt und verwirrt, daß ich einen Augenblick lang sprachlos war. Dann brachte ich irgendwie ein »Ja, Majestät« heraus. »Bevor ich für die Vereinten Nationen arbeitete, habe ich Sozialarbeit studiert.«

»Aha.« Der Schah lehnte sich ganz lässig in seinem Stuhl zurück und schien sich seine nächste Frage zu überlegen. Nach mehreren Sekunden sagte er dann: »Man hat mir berichtet, daß Sie hier in Teheran eine Schule für Sozialarbeit eröffnet haben.«

»Ja, das stimmt.«

Er zog die Augenbrauen hoch. »Aber war das denn notwendig?« fragte er freundlich. »Wir haben doch im Iran bereits soziale Einrichtungen. Die Stadt Teheran verfügt über Krankenhäuser, Waisenheime und so weiter. Meine eigene Familie kümmert sich darum.«

Einen Moment lang war ich verwirrt, doch dann begriff ich: In persischer Sprache lautete der korrekte Name unserer Schule »Teheraner Schule für soziale Einrichtungen«. Ich überlegte sorgfältig, bevor ich antwortete: »Ja, Majestät, aber meine Schule soll Fachkräfte ausbilden, die später in den kaiserlichen und städtischen Einrichtungen arbeiten können.«

Etwas unsicher unterbrach ich meine Erklärung, aber als ich sah, daß er darauf wartete, daß ich weitersprach, ergriff ich die Gelegenheit beim Schopf. Jetzt war ich nur noch darauf bedacht, die mir verbleibende Zeit so gut wie möglich zu nutzen. Ich vergaß darüber sogar, ihn mit Majestät anzusprechen. »Sehen Sie, Agha, es ist wichtig, daß wir gutausgebildete Männer und Frauen haben, um den Bedürftigen in diesen Einrichtungen zu helfen. Ein *madadgar* muß viel wissen und viel können, und deshalb ist eine gründliche Ausbildung notwendig. In den Waisenheimen beispielsweise ...«

Erschrocken hielt ich inne, denn sein freundliches Gebaren war plötzlich verschwunden, und seine Augen wirkten bedrohlich. Er hob den Kopf und runzelte die Stirn. »Die Waisenhäuser?« wollte er wissen. »Was ist mit den Waisenhäusern? Man berichtet mir, daß unsere Waisenhäuser sehr gut sind.«

Ich hatte offenbar ein heißes Eisen berührt, denn die Ehefrauen hoher Minister und Generäle wetteiferten um die Gunst der Kaiserin und der Schwestern des Schahs, Prinzessin Aschraf und Prinzessin Schams, indem sie den Krankenhäusern und Waisenheimen, die von den Wohlfahrtseinrichtungen der kaiserlichen Familie unterhalten wurden, Geld zukommen ließen. »Man« konnten also sehr wohl die Frauen der kaiserlichen Familie sein. Natürlich wollte ich auf keinen Fall andeuten, daß die Einrichtungen, um die sie sich kümmerten, schlecht geführt wurden. Sicherlich hätten sämtliche Beamte in der Stadt auf der Schließung meiner Schule bestanden, wenn bekannt geworden wäre, daß ich in Gegenwart des Schahs die Zustände in diesen Heimen kritisiert hatte.

Als ich noch über meine Antwort nachdachte, wurden wir durch das Eintreten eines vornehmen alten Dieners mit weißen Handschuhen unterbrochen. Er näherte sich dem Schah mit einem Tablett, auf dem ein Glas Tee stand, und stellte es nun mit einer Verbeugung vor ihn hin. Der Teeglashalter und die Untertasse waren aus reinem, glänzendem Gold, und das Tablett war eine feine Goldarbeit aus Isfahan. Neben der Untertasse stand ein goldener Zuckerbehälter mit einer kleinen goldenen Zange. Der Schah gab zwei Stück Zucker in sein Glas, bevor er den Tee mit einem winzigen goldenen Löffel umrührte.

Ich nutzte diese Pause, um mich zu sammeln. Während ich auf dieses wunderschöne Teeservice starrte, das höchstwahrscheinlich mehr wert war als das, was die meisten Menschen in unserem Land in zehn Jahren verdienten, fragte ich mich, ob irgendein Mensch dem Schah schon jemals die ungeschminkte Wahrheit gesagt hatte. Der Gedanke daran, daß meine nächsten Worte das Schicksal der Schule womöglich besiegeln konnten, war schrecklich, aber es blieb mir nichts anderes übrig, als seine Frage bezüglich der Waisenhäuser zu beantworten. Ich mußte ihm die Wahrheit so schonend wie möglich beibringen. »Nein, Majestät«, sagte ich mit Bestimmtheit, »bedauerlicherweise sind unsere Waisenhäuser nicht gut. Sie sind sogar weit davon entfernt, gut zu sein, denn gute soziale Einrichtungen ohne Fachpersonal zu führen, ist ein Ding der Unmöglichkeit. Zum gegenwärtigen Zeitpunkt werden die meisten Kinder von Menschen versorgt, die nichts von Kinderpflege verstehen. Niemand kümmert sich darum, ob diese Kinder zur Schule gehen oder einen Beruf erlernen, weshalb viele Kinder als Bettler auf der Straße landen, wenn sie das Waisenhaus verlassen.« Angstvoll hielt ich inne.

Als der Schah sein Glas abstellte, lag seine Stirn immer noch in Falten, und es folgte eine lange Pause. Da ich mir nicht sicher war, ob diese Stille Mißfallen bedeutete oder nicht, bereitete ich mich innerlich darauf vor, schnellstens aus dem Raum zu eilen, sollte er mich zornig hinauswerfen.

»So«, murmelte er schließlich mit immer noch sanfter Stimme, »das ist aber interessant. Man hat mir berichtet, daß die Kinder im Waisenhaus sehr viel besser aufgehoben seien als bei ihren Eltern zu Hause.«

Ich antwortete, daß es für die Kinder in der Tat besser war, wenn sie ein Dach über dem Kopf hatten und nicht auf der Straße schlafen mußten. Aber wäre es nicht doch besser, wenn man sich richtig um sie kümmerte, wenn man ihren Eltern beibrachte, wie sie die Größe ihrer Familie begrenzen konnten, und wenn man Männer und Frauen ausreichend ausbildete, damit sie Geld verdienen konnten, um ihre Kinder auch zu ernähren? Ich erklärte, daß ausgebildete Fachkräfte viel leisten konnten und daß auf lange Sicht gesehen nicht nur die Kinder, ihre Familien und die Gesellschaft davon profitieren würden, sondern auch der Staat, weil er dann weniger für den Unterhalt der Heime ausgeben mußte.

Bei meinen letzten Worten wurde der Schah noch nachdenklicher, und jetzt sprudelten die Fragen nur so aus ihm heraus. Ab und zu schwieg er ein Weilchen, um über das, was ich gesagt hatte, nachzudenken. Ich blieb einfach ruhig sitzen und wartete, bis er das Gespräch wieder aufnahm. Seine Fragen waren gezielt und intelligent. Trotzdem blieb ich auf dem Sprung, um den Raum nötigenfalls auf schnellstem Wege zu verlassen.

Irgendwann sprang der Schah völlig unvermittelt von seinem Platz auf, drehte sich um und marschierte zu seinem Schreibtisch. Voller Unbehagen stand ich auf, weil ich befürchtete, ich hätte seine Zeit zu lange in Anspruch genommen. Er ging jedoch lediglich zum Telefon und griff nach dem Hörer. Dann hörte ich, wie er sagte, daß die Teheraner Schule für Sozialarbeit in Zukunft zwanzigtausend Rial im Monat erhalten sollte. Jetzt begriff ich, daß er mit seinem Schatzmeister sprach. Danach kehrte er zu seinem Sessel zurück, stellte einige weitere Fragen, bevor er sich plötzlich erhob und mir zunickte.

Ich erhob mich ebenfalls, verbeugte mich und verließ den Raum. Im Vorraum wartete der Diener auf mich, der mich wieder durch die langen Korridore zurückgeleitete. Zwanzigtausend Rial im Monat, das waren nur ungefähr dreihundert Dollar und eine Kleinigkeit für einen Mann, der seinen Tee aus einer goldenen Tasse trank, aber zwanzigtausend Rial waren dennoch mehr als zehn Prozent unseres monatlichen Budgets. Außerdem war der ideelle Wert unermeßlich. Ich konnte es kaum erwarten, zögernden Spendern ganz sanft unterzujubeln, daß sogar der Schah persönlich unsere Arbeit großzügig unterstützte. Ich hatte erreicht, was sich Hossein Ala für mich gewünscht hatte. Nun sah ich auf meine Uhr und bemerkte zu meiner Überraschung, daß die Unterredung fast fünfundvierzig Minuten gedauert hatte.

Ich war geradezu euphorisch. Nicht zum ersten Mal im Leben dankte ich Gott für meinen weitsichtigen und praktischen Vater, der mir immer wieder Mut gemacht hatte, meiner Intuition zu folgen und meinem Ziel treu zu bleiben. Außerdem war ich froh, daß ich ein so optimistisches Wesen besaß, das ich in meinem Beruf gut gebrauchen konnte. Sozialarbeit hieß, Menschen die Möglichkeit zu geben, ihr Leben in die Hand zu nehmen. Offenbar hatte Mohammed

Resa Pahlawi beschlossen, auch der Sozialarbeit diese Möglichkeit zu geben. Ich war glücklich, erleichtert und dankbar.

## III.

Eines Nachmittags im Januar 1962 kam mein Bruder Hafes zu mir in die Schule. Vollkommen verstört berichtete er, daß die Sicherheitskräfte des Schahs am Morgen das Gelände der Teheraner Universität besetzt hatten, um die Studenten an einer friedlichen Demonstration gegen die Inhaftierung von drei Studenten, die die Regierung kritisiert hatten, zu hindern. Armeekommandos hatten die Gebäude gestürmt und Möbel, Bücher und sonstiges Inventar zerstört. Auch Hafes' Auto, das vor der historischen Fakultät geparkt gewesen war, war in dem ganzen Tumult zertrümmert worden. Die Soldaten hatten Studentinnen belästigt und mehrere Studenten fast zu Tode geprügelt. Mein Bruder war fest entschlossen, mit seiner Frau Jody und seinen Kindern nach Amerika zu gehen, sobald er dort einen Lehrauftrag bekam.

Ich war bestürzt und furchtbar traurig darüber, daß ich ihn und meine Schwägerin, die ich sehr gern hatte, verlieren sollte. Aber ich wußte auch, daß Hafes keine Wahl blieb, wenn er an einem Ort leben wollte, wo er arbeiten, schreiben und seine Meinung frei äußern konnte. Auch Ala Verdi beschloß, das Land zu verlassen.

Voller Sorge suchte ich nach einer Erklärung dafür, wie der Schah, der sich ernsthaft für bessere Waisenhäuser, Krankenhäuser und Berufsschulen einsetzte, nicht begreifen konnte, daß wir in der Lage sein mußten, unsere Meinung zu äußern, ohne dafür angegriffen oder verhaftet zu werden.

In der Tat hatte es ungefähr zwei Jahre nach meiner einzigen Privataudienz bei ihm den Anschein gehabt, als wäre er bereit gewesen, mehr Redefreiheit und echte politische Mitwirkung zu gestatten, Dinge, die ich und viele andere Iraner sehnlichst erhofften. Obwohl unsere beiden politischen Parteien, die der Schah im Jahr 1957 selbst gegründet hatte, vom Volk »Ja-Partei« und »Ja-Majestät-Partei« genannt wurden, hatte der Schah 1960 öffentlich erklärt, die Demokratie zu befürworten. In jüngster Vergangenheit schien er sogar daran zu denken, freie Wahlen zu gewähren, und der Nationalen Front war es gelungen, einen ihrer Vertreter in den Madschles zu schicken.

Durch Freunde und Verwandte, die im Parlament saßen, und aus der internationalen Presse wußten wir, daß die amerikanische Regierung den Schah zu Reformen drängte, die dem Einfluß des Kommunismus entgegenwirken sollten. Im Mai 1961 ernannte der Schah widerstrebend Dr. Ali Amini, einen unabhängigen, progressiven Politiker, auf Druck der Amerikaner zum Premierminister und machte ihn zum Verantwortlichen für die Agrarreform. Die Amerikaner hofften, aus unserem ungebildeten, armen Landvolk ein Volk von reichen Bauern machen zu können, das für den Kommunismus weniger empfänglich war.

Sowohl die Mittelklasse als auch die Arbeiterklasse litten unter den steigenden Preisen. Deshalb kam es im ganzen Land immer häufiger zu Streiks und Protestveranstaltungen. Viele gebildete Iraner, Studenten und Akademiker, erinnerten sich daran, daß das Leben unter Mossadeq sehr viel freier und demokratischer gewesen war. Die Stimmung im Land war bedrohlich.

Das brutale Vorgehen der Armee auf dem Universitätsgelände hatte mich erschüttert. Wie alle anderen wußte auch ich, daß jeder Protest in unserem Land als »subversiv« galt. Es war kaum ein Jahr her, daß der ehrliche und reformbereite Abol Hasan Ebtehadsch beim Schah in Ungnade gefallen war, weil er sich in der Öffentlichkeit kritisch über unsere Abhängigkeit von der Hilfe der Amerikaner ausgesprochen hatte. Dieser hochgeachtete Mann, den ich in Bagdad kennen- und schätzengelernt hatte, war daraufhin ohne Gerichtsverhandlung verhaftet worden und sieben Monate lang eingekerkert gewesen, bevor er endlich wieder auf freien Fuß gesetzt wurde. Ich wußte, sollten meine Schüler und ich an Protestveranstaltungen gegen die Regierung teilnehmen, wurde die Schule sofort geschlossen. Außerdem mußten die Sozialarbeiter immer damit rechnen, von den Beamten, die ihnen bereits jetzt mit Mißtrauen begegneten, als politische

Unruhestifter abgestempelt zu werden und ihre Arbeit zu verlieren. Die Vorstellung, daß die Soldaten auf meine Schüler schießen könnten, versetzte mich in Angst und Schrecken.

Der Sturm auf die Universität machte nur noch deutlicher, daß ich uns unbedingt aus der Politik heraushalten mußte. Ich erklärte meinen Schülern, daß wir natürlich über soziale Probleme sprechen mußten, wenn wir sie lösen wollten, daß wir jedoch das System nur von innen heraus verändern könnten, indem wir geduldig daran arbeiteten, den Lebensstandard des Volkes zu verbessern. Wir mußten Untersuchungsergebnisse veröffentlichen, um bei der Regierung ein Problembewußtsein zu schaffen und Beamte über ihre Verantwortung für andere aufzuklären. Keiner von uns war stark genug, sich gegen Maschinengewehre und Geheimpolizei aufzulehnen. Wenn wir es dennoch versuchten, würde es uns das Leben kosten.

Dr. Amini blieb nur achtzehn Monate im Amt, bevor ihn der Schah wieder absetzte. Fast ein Jahrzehnt nach dem Sturz von Mossadeq wurde er immer noch von dem Gedanken verfolgt, jemand könnte stark genug werden, ihn zu Fall zu bringen. Er ersetzte Amini kurzerhand durch Asadollah Alam, einen seiner ältesten Freunde und engsten Berater.

Zu unserer Überraschung bemühte sich der Schah im Januar 1963 zum erstenmal um die Unterstützung des ganzen Volkes. Er kündigte ein umfassendes neues Reformprogramm an, das als »Weiße Revolution« bekannt wurde. Zu den ersten Maßnahmen gehörten die Einführung des Wahlrechts für Frauen, eine allgemeine Wahlreform, eine Landreform, eine Gewinnbeteiligung für iranische Fabrikarbeiter und die Bekämpfung des Analphabetentums.

Ich war voller Freude und Hoffnung. Endlich hatte die Regierung beschlossen, ein Programm zur Verbesserung der Lebensbedingungen aufzustellen, ein Programm, das den Menschen diente!

Meine erste Euphorie verlor sich jedoch schon bald, als der Schah die gesamte Führungsspitze der Nationalen Front verhaften und ins Gefängnis werfen ließ. Sie hatte gegen das Reformprogramm protestiert, da die Reformen ihrer Meinung nach weder die soziale Gerechtigkeit noch die Redefreiheit, noch die parlamentarische Demokratie förderten. Außerdem hatte die Nationale Front zu einem Boykott der Volksabstimmung über die Weiße Revolution aufgerufen. Nach der Volksabstimmung verkündete die Regierung, daß neunundneunzig Prozent der Wahlbeteiligten für die Weiße Revolution gestimmt hätten. Dieses Ergebnis war so unwahrscheinlich, daß es jeder für eine glatte Lüge hielt, mit der die ausländische Presse und vor allem die amerikanischen Medien beeindruckt werden sollten.

Ich war zornig, frustriert und verwirrt. Obwohl ich wußte, daß das Reformprogramm auch als Vorwand diente, sich der Nationalen Front zu entledigen, wollte ich meinem Land die damit verbundenen Möglichkeiten nicht vorenthalten. Ich hatte deshalb dafür gestimmt; es war das erste Mal, daß ich als Frau überhaupt eine Stimme hatte. Aber warum mußte der Schah seine Kritiker einsperren und die Ergebnisse einer Abstimmung über Reformen fälschen, die vom Großteil der Bevölkerung ohnehin begrüßt wurden? Der Kernpunkt des Programms, die Reform unserer veralteten und ungerechten Landverteilung, wurde sogar von alten Grundbesitzerfamilien wie der meinen befürwortet. Begriffen denn der Schah und sein Premierminister Alam nicht, daß dem Volk nichts anderes übrigblieb als einer Regierung zu mißtrauen, die ständig log und schwindelte, auch wenn sie es gar nicht nötig hatte?

Im Mai 1963 berichtete mir Hossein eines Tages ganz aufgeregt: »Chanom, der heilige Mann ist wieder in Qom und predigt gegen den Schah.«

Kurz vorher waren während eines gewalttätigen Übergriffs der Regierungstruppen mehrere Studenten der berühmten theologischen Universität in Qom, der Feisie, zu Tode gekommen. Vorausgegangen waren Proteste gegen die Landreform (die Kirche gehörte zu den größten Grundbesitzern im Iran). Obwohl unsere Medien nicht über diese Ereignisse berichteten, wußten selbst des Lesens unkundige Menschen wie Hossein und die anderen Dienstboten in der Schule und natürlich auch unsere Schüler über diesen Vorfall Bescheid. Sie hatten es entweder von Verwandten aus Qom gehört oder in ihren Moscheen, im Gespräch mit Freunden im Basar oder im Teehaus. Schon häufiger hatte Hossein einen Mullah namens Chomeini erwähnt. Ich selbst wußte nur, daß er Geistlicher war und an der Feisie lehrte und daß er, wie viele orthodoxe Geistliche, sowohl die Landreform als auch das Wahlrecht für Frauen ablehnte. Seinen außergewöhnlichen Mut bewunderten jedoch alle.

Mehrere Wochen lang hörten wir nichts mehr von ihm. Doch dann hielt er zum Aschura-Fest im Trauermonat Moharram, das Anfang Juni im Gedenken an das Martyrium von Emam Hossein gefeiert wird, eine glühende Predigt gegen den Schah. Resa Pahlawis Sohn sei das Werkzeug von Ausländern, von Bahais und Juden, die sich verschworen hätten, den Islam zu zerstören. Er sagte sogar, daß der Schah entthront würde, wenn er weiterhin an seinem gottlosen Kurs festhielt. Am nächsten Tag wurde Chomeini verhaftet und nach Teheran gebracht.

Die Nachricht, daß die Regierung einen ehrwürdigen Mullah von der Feisie verhaftet hatte, verbreitete sich im Basar wie ein Lauffeuer. Innerhalb weniger Stunden hatten Mullahs, Theologiestudenten und Basarhändler Wände und Mauern mit dem Bild Chomeinis beklebt. Während der anschließenden Demonstration brüllten Tausende von Menschen regierungsfeindliche Parolen. Es dauerte nicht lange, bis das Militär aufmarschierte. Aber im sicheren Glauben, daß iranische Soldaten nicht auf ihre Landsleute schießen würden, marschierten die Demonstranten weiter. Doch die Armee schoß.

Daraufhin kam es in der Hauptstadt und anderen Städten zu schlimmen Krawallen. Das brutale Vorgehen der Regierung setzte die gesamte Wut frei, die sich seit der Rückkehr des Schahs im Jahr 1953 angesammelt und aufgestaut hatte. Nicht nur Handwerker, Händler und Studenten, sondern auch Lehrer, Fabrikarbeiter, Angestellte und Anhänger der Nationalen Front, von denen die meisten wahrscheinlich noch nie von Chomeini gehört hatten, gingen auf die Straße, um die Polizisten und Soldaten mit Stöcken und Steinen zu bewerfen. Sie stürmten Regierungsgebäude und schändeten den armenischen Friedhof. Meine Schüler, die Dienstboten und ich warteten in der Schule, die sich nur wenige Kilometer nördlich vom Basar befand, voller Angst und Schrecken auf die bruchstückhaften Berichte, die uns von Leuten zugetragen wurden, die Verwandte in den umkämpften Stadtteilen hatten. Die Innenstadt war ein einziges Schlachtfeld, und niemand wußte, wie viele verletzt oder tot waren.

Die Menschen waren erschüttert und verwirrt angesichts dieser Ereignisse. Ich kannte niemanden, der nicht davon überzeugt gewesen war, daß die SAVAK und die Armee das Land vollkommen unter Kontrolle hatten. Die schreckliche Gewaltanwendung der Regierung war auch vom politischen Standpunkt aus sinnlos. Immer wieder hatte der Schah versucht, sich die Unterstützung des Basars zu sichern, und mit dem neuen Reformprogramm wollte er die Gunst des einfachen Volkes gewinnen, jenes Volkes, das seine Soldaten jetzt niedermetzelten. War es möglich, daß er tatsächlich glaubte, die Demonstranten im Basar, die die Freilassung eines alten Mullahs forderten, waren »subversiv«? Unsere Sozialarbeiter, die in den umkämpften Stadtteilen arbeiteten, hatten berichtet, daß viele der Toten und Verletzten offensichtlich aus ihren Dörfern in die Stadt gekommen waren, um Obst und Gemüse zu verkaufen. Sie hatten sich den Protesten ganz spontan angeschlossen. Diese Menschen waren keine gekauften Rowdys oder politische Extremisten, sondern einfache, gläubige Menschen, die davon überzeugt waren, daß die Regierung durch die Verhaftung eines ehrwürdigen Mullahs der Religion schadete. Wie konnte ein Herrscher, der von seinem »göttlichen Auftrag« sprach und sich selbst als »Vater« der Nation bezeichnete, so wenig Verständnis für die Gefühle des Volkes haben und verbieten, daß es diese auch ausdrückte?

Am dritten und letzten Tag der Krawalle hörte ich zu meinem großen Bedauern, daß der Schah Hossein Ala von seinem Posten als Hofminister enthoben hatte, nachdem dieser versucht hatte, ihn zur Rücknahme des Schießbefehls zu bewegen. Schon bald erfuhr ich die Hintergründe dieser schändlichen Entlassung. Am zweiten Abend der Krawalle hatte Hossein Ala acht der treuesten Berater des Schahs in sein Haus gebeten. Dort hatten alle geschworen, am nächsten Tag den Schah zu bitten, der Armee den Befehl zum Einstellen des Feuers zu geben. Um sich beim Schah einzuschmeicheln, war ein General um fünf Uhr am nächsten Morgen in den Palast geeilt, wo er vor dem Schlafzimmer des Schahs wartete, bis er ihm von der »Verschwörung« berichten konnte. Alle »Verschwörer« einschließlich meines freundlichen Mentors wurden sofort unter Arrest gestellt. Hossein Ala war danach ein gebrochener Mann und starb kurz darauf.

Das Kabinett realisierte sofort, daß die Krawalle eine politische Katastrophe gewesen waren. Wenige Tage nach ihrem Ende erhielt ich einen Anruf von Premierminister Alam, mit dem ich bisher kaum zu tun gehabt hatte. Er erklärte, seine Regierung wollte die Opfer und ihre Familien für die erlittenen Verluste entschädigen. Zu diesem Zweck hätte er eine Kommission, bestehend aus Ministern und dem angesehenen Händler Hadschi Agha Madschd, ins Leben gerufen. Laut Hadschi Agha Madschd, den die Männer im Basar als Vertreter ihrer Interessen vorgeschlagen hatten, trauten die Bewohner des Südteils von Teheran niemandem außer Chanom Farman-Farmaians Sozialarbeitern.

Wenigstens vertrauten sie irgend jemandem. Alle Schüler unserer Schule meldeten sich zur freiwilligen Mitarbeit an den Untersuchungen für die Kommission, die insgesamt zwölf Monate in Anspruch nahmen. Nachdem Hadschi Agha Madschd die Menschen im Basar und in den Slums informiert hatte, konnten wir Hunderte von Fällen überprüfen, und jede Woche leitete ich die Berichte meiner Schüler an das Justizministerium weiter, in denen die monatlichen Bedürfnisse und Ausgaben jeder Familie genau aufgelistet waren. Jeder einzelne Vorschlag wurde befolgt, aber bei keiner unserer Besprechungen wurden der Schah und sein Schießbefehl erwähnt. Die Regierung behauptete auch weiterhin, die Krawalle seien von subversiven Elementen und

»reaktionären Geistlichen« angezettelt worden. Die persische Presse bezifferte die Zahl der Toten mit zweihundert; der ausländischen Presse gegenüber erklärte Premierminister Alam, die Zahl der Toten beliefe sich auf sechsundachtzig, die Zahl der Verletzten auf einhundertfünfzig. Die Schule befaßte sich jedoch mit mehr als eintausend Familien, und wir vermuteten, daß die Dunkelziffer doppelt so hoch war.

## IV.

Diese tragischen Ereignisse erwiesen sich für die Schule als unerwarteter Segen. Dank der ausgezeichneten Arbeit meiner Schüler erkannte die Regierung endlich den Wert von Sozialarbeitern. Ich bekam eine regelmäßige Zuwendung, und 1964 konnten wir sogar in ein neues dreistöckiges schönes Gebäude mit großem Garten umziehen, das in einer schönen Wohngegend am Fuße der Berge am Nordrand der Stadt lag. Jetzt konnten wir Hunderte von Schülern aufnehmen. Die Schule verfügte nun über eine Cafeteria, eine Bibliothek, zahlreiche Klassenräume und Lehrerzimmer sowie einen Kopier- und Druckraum. Auf diese Weise konnten wir die Fakten, die wir über die sozialen Bedürfnisse unseres Landes in Erfahrung brachten, auch veröffentlichen. Ich zeichnete Pläne für ein Auditorium und ein weiteres Gebäude, in dem die Familienplanungsorganisation sowie die Verwaltung unserer Gemeindesozialzentren untergebracht werden sollten. Den Garten, der später auch der Öffentlichkeit zugänglich gemacht wurde, bepflanzten wir mit Blumen und Bäumen und schmückten ihn mit Steinbänken und Springbrunnen. Mein Büro lag auf der Nordseite des Hauptgebäudes, so daß ich von hier aus immer die Berge vor Augen hatte.

Um nach einem langen Arbeitstag wenigstens etwas Sport zu treiben, war ich nach meiner Rückkehr aus dem Irak Mitglied im Kaiserlichen Sportclub geworden. Ich nutzte jede Gelegenheit, auf dem schön angelegten Gelände spazierenzugehen oder Tennis zu spielen.

Außerdem hatte ich seit der Gründung der Schule alle

Schüler, die gerne wanderten, eingeladen, mich immer am Freitag in die Berge oberhalb von Schemiran zu begleiten. Auf den hohen Gebirgspässen und in den langen Tälern entdeckten wir viele abgelegene Dörfer, in denen dreißig, vierzig oder hundert Familien lebten, die man nur mit Packtieren und zu Fuß erreichen konnte. Auf diese Weise erfuhren wir sehr viel über die Bedürfnisse der isolierten Landbevölkerung, die siebzig Prozent unserer Bevölkerung ausmachte. Samani, dem in der Stadt die frische Landluft fehlte, und noch zwei weitere Schüler begleiteten mich mehr oder weniger regelmäßig. An jedem Freitag machte ich mich um sechs Uhr früh mit Thermoskanne, Wasserflasche und Brotzeit mit drei oder mehr Schülern auf den Weg. Wir marschierten in der Regel mehrere Stunden, bis wir eines der winzigen Dörfer erreichten, wo wir uns unter einer Weide niederließen und unser Essen auspackten, das wir dann mit den freundlichen und neugierigen Dorfbewohnern teilten. Meistens kamen wir dadurch ins Gespräch und erfuhren dabei, wie viele Kinder im letzten Jahr gestorben waren, wie viele Männer gezwungen gewesen waren, sich Arbeit in der Stadt zu suchen, wie viele Kinder nicht zur Schule gehen konnten und so weiter.

Bald waren mir Absolventen wie Samani und meine anderen Wandergefährten, meine Sekretärin Esther und Dienstboten wie Hossein so sehr ans Herz gewachsen, daß sie für mich beinahe zur Familie gehörten. Tatsächlich suchten viele meiner Schüler und Absolventen wie auch meine Diener oft meinen Rat. Nicht selten kannte ich ihre Hoffnungen und Sorgen besser als die meiner alten Freunde, und nie ließ ich ein Problem unbeachtet. Stets sorgte ich dafür, daß ein jeder das bekam, was er brauchte, denn ich wußte, daß diese Hilfe oftmals darüber entschied, ob seine Verwandten genügend zu essen hatten oder hungrig blieben.

Die Bande zwischen uns wurden mit jedem Jahr stärker, und ich wußte, daß ich mir der Liebe und Dankbarkeit dieser Kollegen und ihrer Familien gewiß sein konnte. Umgekehrt vertraute ich diesen treuen Freunden ebensosehr wie meiner eigenen Familie.

Wenn Mitra im Sommer nach Hause kam, wanderte sie mit uns in den Bergen und begleitete uns in die Wüstenprovinzen und die Dörfer südlich von Teheran. In einem Sommer besuchte ich mit ihr, unseren beiden regelmäßigen Wandergefährten und Samani dessen Heimatstadt Chomein. Wir übernachteten alle auf dem Boden im Wohnzimmer seiner Mutter. Auch Ajatollah Chomeini stammte aus Chomein, er hatte den Namen seiner Heimatstadt angenommen.

Nach den Unruhen war es still um ihn geworden. Ruhollah Chomeini war acht Monate in Haft gewesen, bevor er im Frühjahr 1964 entlassen wurde. Außerdem hatte die SAVAK heimlich Hunderte von politischen Aktivisten verhaftet, verhört und ins Gefängnis gesteckt. Die Führer der Nationalen Front, die vor der Volksabstimmung inhaftiert worden waren, waren inzwischen freigelassen worden, aber die meisten enthielten sich danach jeder politischen Aktivität und zogen sich entmutigt und zermürbt ins Privatleben zurück. Es war offensichtlich, daß es keinen zweiten Mossadeq geben würde und daß der Schah sein Ziel erreicht hatte: Er besaß die ungeteilte Macht.

Seit 1953 hatte das Volk nicht vergessen, daß an der Unterdrückung durch den Schah und seine Regierung auch das Land schuld war, das ihm wieder zur Macht verholfen hatte und ihm half, die absolute Herrschaft zu erhalten. Amerika unterstützte unsere Regierung nicht nur mit Entwicklungshilfegeldern, sondern es verkaufte dem Schah auch Waffen und militärische Ausrüstung. Die Sicherheitskräfte, die gegen die Demonstranten vorgegangen waren, waren in amerikanischen Jeeps gefahren, auf denen zwei ineinander verschlungene Hände abgebildet waren, das Symbol der iranisch-amerikanischen Freundschaft. Natürlich hatten viele Iraner amerikanische Freunde oder schickten ihre Söhne und Töchter zum Studium nach Amerika. Die Iraner mochten die Amerikaner als Einzelmenschen, denn viele von ihnen waren großzügig und herzlich. Beispielsweise hatte der amerikanische Frauenclub in Teheran der Schule für Sozialarbeit mehrere freiwillige Helfer zur Verfügung gestellt und großzügige Spenden gemacht. Doch hatte in den Augen der Iraner die amerikanische Regierung Mossadeq gestürzt, sie hatte geholfen, eine schreckliche Geheimpolizei auszubilden, und sie benutzte ihre Macht dazu, unseren Monarchen für eigene Zwecke zu mißbrauchen, so wie vormals die britische Regierung. Viele iranische Studenten sahen in den USA eine brutale militärische Macht, die im kleinen, schwachen Vietnam intervenierte. Außerdem war Amerika die wichtigste Stütze Israels, und Israel war in den Augen der meisten Iraner verantwortlich für das Leid ihrer moslemischen Glaubensbrüder, der Palästinenser, die in Flüchtlingslagern ein schreckliches Dasein fristeten.

Im Oktober 1964 verabschiedete der Madschles auf Drängen der Amerikaner ein Gesetz, das allen amerikanischen Militärangehörigen und ihren Familien volle diplomatische Immunität zusicherte. Das Gesetz wurde vom Volk mit Zorn aufgenommen, denn sowohl Mossadeq als auch Resa Pahlawi hatten alles getan, um ähnliche Abkommen abzuschaffen, die die Briten, die Russen und andere Nationen uns aufgezwungen hatten.

Kurz danach erhielt das Parlament einen amerikanischen Kredit in Höhe von zweihundert Millionen Dollar, und wir hatten den Eindruck, als wäre die iranische Souveränität für ausländisches Geld verkauft worden. Binnen vierundzwanzig Stunden hatte der alte Chomeini, von dem man seit seiner Haftentlassung nichts mehr gehört hatte, das Immunitätsabkommen als Werk des Teufels verdammt und jene schamlosen Politiker angeklagt, denen amerikanische Dollars mehr bedeuteten als Gerechtigkeit.

Diesmal gab es keine Demonstrationen, denn die Menschen hatten zuviel Angst. Aber in den Moscheen wurden Flugblätter mit Chomeinis aufrührerischen Reden verteilt, und in den Basaren wurden Kassetten verkauft, damit auch die des Lesens Unkundigen seine Predigten hören konnten. Hossein, der sich das Band bei einem Freund angehört hatte, erklärte mir voller Zorn, was das Immunitätsgesetz nach Meinung des heiligen Mannes bedeutete: Ab sofort konnten amerikanische Soldaten sogar den Schah auf der Straße überfahren, ohne daß sie dafür bestraft werden konnten. Wenn jedoch er als Iraner einem amerikanischen Hund einen Fußtritt versetzte, konnte er dafür sofort gehängt werden.

Die Predigt machte Chomeini wieder zu einem Helden, und nun wollte die SAVAK dafür sorgen, daß der lästige alte Fanatiker dem Regime nicht mehr länger schaden konnte. Er wurde erneut verhaftet und ohne große Umstände über die Grenze in die Türkei abgeschoben. Danach hörte man lange Zeit nichts mehr von den Mullahs und von Chomeini.

Im Herbst 1966 eröffneten wir das neue Dschavadie-Gemeindesozialzentrum, das von einem Absolventen unserer Schule geleitet wurde. Hier sollten unsere Sozialarbeiter und die freiwilligen Helfer Lesen und Schreiben unterrichten, Kurse in Kinderpflege und Ernährung sowie Gesundheitsvorsorge und Hygiene abhalten. Auch handwerkliche Kurse wurden angeboten, um Frauen die Möglichkeit zu geben, das Einkommen ihrer Familien aufzubessern. Zu diesem neuen Zentrum gehörte außerdem eine moderne Familienplanungsklinik, in der eine Ärztin und mehrere Krankenschwestern tätig waren, die vom Internationalen Verband für geplante Elternschaft, kurz IPPF genannt, ausgebildet worden waren. Der Verband, dem unsere Schule angehörte, stellte uns Arzneimittel und Fachliteratur zur Verfügung.

Kaiserin Farah, die uns mit finanziellen Spenden unterstützte, stattete Dschavadie und seinem Familienplanungszentrum noch im gleichen Jahr einen Besuch ab. Beim Anblick der vielen ausgemergelten Frauen, die mit Neugeborenen auf den Armen und zahlreichen kleinen und größeren Kindern auf die Ärztin warteten, fragte sie mich sofort, was sie noch tun könne, um zu helfen. Ich erklärte, daß sie meiner Meinung nach am meisten half, wenn sie sich für die Geburtenkontrolle in unserem Land einsetzte. So ist es zum größten Teil ihr Verdienst, daß die iranische Regierung im Jahr 1967 ein landesweites Familienplanungsprogramm einführte, das dem Gesundheitsministerium unterstand. Auch der human eingestellte und allgemein hochgeschätzte kirchliche Würdenträger Ajatollah Schariatmadari sprach sich für dieses Programm aus. Damit konnte erreicht werden, wozu die Schule allein nie in der Lage gewesen wäre. Millionen von Frauen, vor allem auch in den ländlichen Gebieten, erfuhren endlich von der Möglichkeit der Familienplanung.

Wir bauten nun immer mehr Sozialzentren, denn man stellte uns genügend Land für Dutzende von Zentren in den städtischen Slums und in den Provinzen zur Verfügung. Mit jedem Zentrum konnten wir Tausende von Menschen erreichen und ihnen Hilfe im Bereich Gesundheit, Ernährung, Kindertagesstätten, Berufsausbildung, Familienplanung und Erziehung anbieten.

Dr. Mossadeq, jener Mann, der einst in so vielen von uns die Hoffnung genährt hatte, daß wir unser Schicksal selbst bestimmen konnten, war jetzt weit in den Achtzigern. Er war an Rachenkrebs erkrankt und litt noch immer an einem alten Magengeschwür. Anfang 1967 wurde sein Gesundheitszustand bedenklich. Die Regierung stimmte deshalb zu, daß unsere Cousins Gholam und Ahmad, Dr. Mossadeqs ältester Sohn, ihren Vater ins Krankenhaus nach Teheran brachten, das seine Mutter Nadschm as-Saltane gegründet hatte. Als nach fast zwei Monaten offensichtlich war, daß ihm keine ärztliche Kunst mehr helfen konnte, brachte man ihn wieder nach Hause, wo er von einer Krankenschwester rund um die Uhr betreut wurde. Der Schah fürchtete ihn noch immer und ordnete deshalb die ständige Beobachtung des Hauses durch die SAVAK an.

Dr. Mossadeqs Frau, Sia as-Saltane, war bis zu ihrem Tod eine gute Freundin meiner Mutter gewesen, und natürlich war sein Sohn Gholam mit Dadasch eng befreundet, so daß ich im Laufe der Jahre meine Cousins regelmäßig gesehen hatte. Sia as-Saltane und Gholam hatten uns immer erzählt, daß Dr. Mossadeq große Stücke auf seinen Onkel Schahsade gehalten hatte. Seiner Meinung nach war Schahsade ein Mann gewesen, der nach vorne schaute und nicht zurück. Ich konnte Dr. Mossadeqs Haus nie betreten, ohne an die Vergangenheit zu denken, an den Tag in New York, als ich in der Zeitung gelesen hatte, daß dieses Haus von einer aufgebrachten Menschenmenge überfallen und geplündert worden war.

Im Gegensatz zu jedem anderen aristokratischen persischen Haushalt gab es hier keine alten Teppiche, keine Antiquitäten, die seit Generationen im Familienbesitz waren. Alles glänzte und sah billig und neu aus. Die Einrichtung des Hauses sagte mehr als tausend Worte über das tragische Schicksal der Familie.

Da ich mir die Qual und Pein vorstellen konnte, die Dr. Mossadeq in seiner Isolation litt, wünschte ich mir oft, ihn besuchen zu können. Ich hatte Ahmad mehrere Male gebeten, mich mitzunehmen, notfalls unter einem Vorwand, doch er hatte jedesmal geantwortet, daß die SAVAK jeden kannte und daß es deshalb sinnlos war, es überhaupt zu versuchen. Im März 1968 durfte ich meinen Onkel dann doch besuchen, denn das Ende nahte.

Am nächsten Tag ging ich in die Chiaban-e Kach. Ahmad führte mich die Treppen hinauf in das abgedunkelte Zimmer seines Vaters. Man hatte ihn in seinem Bett aufgerichtet und das weiße Laken hochgezogen. Neben ihm auf einem Tischchen standen allerlei süßlich riechende Arzneien. Als wir an seinem Bett standen, sagte mein Cousin: »Vater, Sattareh ist hier.«

Ich hätte beinahe geweint. Sein langes, freundliches Gesicht, das für mich und meine Landsleute das Symbol unseres Stolzes auf uns und unser Land war, war durch Krankheit und Haft ausgemergelt. Ich begriff, daß der Tod schon die Hand nach ihm ausgestreckt hatte.

Unter großer Anstrengung reckte er sich mir entgegen, um mich mit einem Kuß zu begrüßen. Da ich befürchtete, meine Stimme könne mir den Dienst versagen, beugte ich mich nach vorn. Er lächelte. *»Dochtar-da-i«,* sagte er mit klarer Stimme. »Tochter meines Onkels, ich freue mich, dich zu sehen.«

Ich sah ihn an. Obwohl seine Stimme nur ein heiseres Flüstern war, sprach er klar und bestimmt. Seine Augen waren wach und funkelten wie immer, und ich entdeckte in ihnen seine alte Tatkraft. Ich begriff, daß er sich im Inneren nicht verändert hatte.

»Erinnerst du dich, Vater, wie Satti all die Briefe an Abbas geschrieben und dich gebeten hat, den Briten gegenüber nicht so stur zu sein?« fragte Ahmad mit einem Lächeln. Dr. Mossadeq lachte lautlos und bejahte. Dann fragte er mich nach meiner Arbeit. In wenigen Sätzen erzählte ich ihm von der Schule für Sozialarbeit und ihren Zielen. Er nickte, aber ich sah, daß er zu schwach war für ein längeres Gespräch. Ich nahm seine Hand und hielt sie lange, ohne zu sprechen.

In der darauffolgenden Woche, zu Beginn von Nourus, starb er. Ich kann mich nicht erinnern, daß die Presse darüber berichtet hätte. Die Menschen erfuhren von seinem Tod auf die gleiche Weise, wie sie von seinem Prozeß erfahren hatten: auf die persische Art, von Familienmitgliedern, von Dienstboten oder Verwandten. Aber der Schah hatte immer noch Angst und erlaubte deshalb weder ein öffentliches Begräbnis noch Trauerfeiern. Der letzte Wunsch Dr. Mossadeqs, neben den Iranern in Teheran begraben zu werden, die während der Proteste anläßlich seiner versuchten Absetzung im Jahr 1952 ihr Leben gelassen hatten, wurde nicht erfüllt. Ahmad und Gholam beerdigten ihren Vater in Ahmadabad.

# 12. Die Brücke über dem Abgrund

*Ein Herrscher, der der Tyrannei verfällt,*
*zerstört sich selbst.*

Sadi

Zu Ende des Jahrzehnts wurde die Weiße Revolution als riesiger Erfolg dargestellt. Es hatte den Anschein, als machten wir uns auf in eine Art Goldenes Zeitalter und rasten mit halsbrecherischer Geschwindigkeit der Zukunft entgegen. Millionen von armen Dorfbewohnern hatten kleine Landparzellen zugeteilt bekommen. In modernen Fabriken wurde vom Hubschrauber bis zu Textilien alles hergestellt. Eine bessere gesundheitliche Versorgung der Bevölkerung führte dazu, daß unzählige Babys am Leben blieben, die zuvor infolge von Mangelernährung und Krankheit gestorben wären. Man baute neue Straßen, Dämme, Eisenbahnlinien, Flughäfen, Krankenhäuser und Schulen, in denen Millionen von jungen Menschen erzogen werden sollten. Millionen junge Menschen, deren Väter und Mütter noch ungebildet gewesen waren, träumten plötzlich von bis dahin nie gekanntem Wohlstand, Ansehen und Respekt.

Das Land geriet in einen Rausch der Bewunderung für alles Westliche. Im Norden von Teheran wurden Spirituosengeschäfte, internationale Hotels, Gucci-Läden und Kentucky-Fried-Chicken-Schnellrestaurants, westliche Kinos und Discos eröffnet. Jeder, aber vor allem die Jugend, war gierig nach europäischer und amerikanischer Kleidung, nach Filmen und Musik.

Eine solche Entwicklung hätte im Westen höchstwahrscheinlich niemanden gestört, aber in unserem Land waren Anstand und Gehorsam gegenüber den Eltern die Säulen des Familienlebens und infolgedessen auch die Säulen der Gesellschaft. Viele Menschen hatten das Gefühl, daß wir nicht nur versuchten, mit dem Westen gleichzuziehen, sondern daß wir versuchten, der Westen zu werden. Viele Eltern und viele der älteren Generation, selbst Menschen meiner Gesellschaftsklasse, waren schockiert und wütend über den Einfluß der westlichen Sitten auf ihre Kinder, auf die Kultur und das sittliche Verhalten der Menschen allgemein. Ich war immer davon ausgegangen, daß wir von den westlichen Problemlösungsmethoden im sozialen Bereich lernen konnten, und natürlich wollte ich, daß es auch in meinem Land Kläranlagen gab und Fabriken, die Verbrauchsgüter herstellen. Doch unsere kritiklose Bejahung und Übernahme westlicher Produkte, westlicher Kultur und des westlichen Lebensstils beunruhigten auch mich. Dschalal Al Ahmad, ehemaliger Rektor einer Landschule und Autor von Büchern über das ländliche Leben, hatte einen Ausdruck geschaffen, um jene Iraner zu beschreiben, die glaubten, unsere eigene Kultur sowie unsere Sitten und Gebräuche seien Relikte aus der Vergangenheit. Er nannte sie »vom Westen infiziert« (andere haben diesen Ausdruck durch »vom Westen vergiftet« ersetzt), und dieser Ausdruck ist inzwischen ein geflügeltes Wort.

Irgendwann im Jahr 1967 oder 1968 hatte ich Dschalal Al Ahmad zusammen mit einigen anderen Freunden zum Tee eingeladen. Es wurde eifrig darüber diskutiert, was man gegen die »Infizierung« machen könnte. Ich fragte den Erfinder dieses berühmten Ausdrucks nach seiner Lösung für das Problem.

Al Ahmad, ein gutaussehender, grauhaariger Mann, der seine Gefühle gern hinter einem zynischen, aber liebreizenden Grinsen verbarg, lächelte und nahm sein Teeglas in die Hand. Die Untertasse auf dem Tisch ragte ein wenig über die Tischkante hinaus. »Schauen Sie her, ich finde den Platz für die Tasse gar nicht gut«, sagte er. Er schob die Tasse auf die Seite der Untertasse, die über die Tischkante hinausragte. »Ich möchte sie hierher stellen.«

Ich spürte plötzlich eine Beunruhigung, die nichts mit meiner Teetasse zu tun hatte. »Aber sie wird hinunterfallen!« rief ich. »Wollen Sie etwa alles zerstören, was Ihnen nicht gefällt?«

»Ja«, antwortete er mit Genugtuung. »Das ist meine Lösung.«

»Nein«, rief ich erregt, »es ist keine Lösung, einfach alles nur kaputtzumachen. Wenn wir die Dinge nicht so mögen, wie sie sind, müssen wir daran arbeiten, und zwar so lange, bis wir eine Möglichkeit gefunden haben, sie besser zu machen.«

Diese Unterhaltung beschäftigte mich noch lange. In der neuen, modernen Welt, die wir mit solch rapider Geschwindigkeit bauten, mußte unser Land an etwas Konstruktives glauben, denn es schien, als würden die traditionellen Werte, die uns so lange Kraft gegeben hatten, durch rein materielle Dinge wie Autos, Jeans und Hamburger ersetzt. Doch seit Mossadeq hatte niemand mehr mit einem konstruktiven Programm aufgewartet. Das Volk beklagte sich nur ständig: über die Unterdrückung durch den Schah, die Korruption der Regierung, die fehlende Pressefreiheit und die »westliche Vergiftung«. Obwohl es allen besserzugehen schien als früher, wollten doch alle nur noch mehr. Seit vielen Jahren machten sich in unserem Land Zorn und Unzufriedenheit breit, nicht nur wegen der Regierung, sondern auch wegen vieler anderer Dinge des täglichen Lebens. Außerdem wuchs der Neid vieler Iraner, die jetzt nur noch auf materiellen Wohlstand und auf das eigene Fortkommen bedacht waren, auf diejenigen, die Erfolg hatten, anstatt daß sie denen nacheiferten, die etwas für ihr Land taten. Die Stimmung erinnerte mich an die gehässige, uneinige Atmosphäre nach der Abdankung von Resa Pahlawi.

In der Zwischenzeit hatte die Schule fast zwei Dutzend Sozialzentren und Familienplanungszentren in Teheran und auf dem Land eingerichtet, und das Diplom der Schule für Sozialarbeit gewann an Ansehen. Im Jahr 1970 nahm ich einen zweijährigen, international anerkannten Kurs in den Lehrplan auf, der mit einem Magisterabschluß endete. Zahlreiche unserer Absolventen gingen im Anschluß daran ins Ausland, um sich noch weiterzubilden.

Ich war allerdings auch beunruhigt darüber, wie sehr die Schule gewachsen war. Ich wollte zwar, daß sie größer wurde, damit wir unsere Hilfsprogramme und Netzwerke ausdehnen konnten, aber das Wachstum bedeutete auch, daß ich nicht mehr alle Schüler persönlich kannte. Inzwischen konnte ich mich längst nicht mehr persönlich davon überzeugen, daß jeder Schüler, den wir aufnahmen, aus uneigennützigen Motiven handelte. Vor Aufnahme in die Schule wurden die Bewerber, die allesamt ausgezeichnete Noten vorweisen mußten, von einer Kommission, die aus Samani und anderen erfahrenen Lehrkräften bestand, geprüft, um mögliche Opportunisten auszusortieren. Trotzdem befürchtete ich, daß sich die um sich greifende materielle Einstellung in der Gesellschaft auch auf die Schule auswirken würde. Viele unserer männlichen Schüler, die aus bescheidenen Verhältnissen stammten, begannen ihre Ausbildung vor allem im Gedanken daran, daß die Schule sie mit einer warmen Mahlzeit am Tag versorgte, und weniger um zu lernen, selbständig zu denken und den Armen zu helfen. Außerdem hofften sie, zur Weiterbildung ins Ausland geschickt zu werden und danach vielleicht von den Verbindungen unserer vornehmen Kuratoriumsmitglieder Gebrauch machen zu können, um sich eine einträgliche Stellung zu sichern. Da ich immer weniger Schüler persönlich kannte und umgekehrt immer weniger Schüler mich kannten, mußte ich mich in zunehmendem Maße darauf verlassen, daß ihnen das verantwortungsvolle Denken über den Lehrplan vermittelt wurde, statt sie durch mein Beispiel anzuleiten.

Die Ansicht, ich sei jedermanns mächtige Fördererin und Gönnerin, war weit verbreitet, und ein Beispiel für diese Einstellung wurde schließlich zum lästigen Ärgernis. Es hatte kaum ein Schuljahr gegeben, in dem sich nicht jemand darüber beklagt hatte, daß wir »Schule für Sozialarbeit« und nicht »Universität für Sozialarbeit« hießen. Natürlich war ich meinem Grundsatz treu geblieben, meine Schüler zu ermutigen, Verbesserungsvorschläge zu machen. Die Bitte um Umbenennung beantwortete ich immer damit, daß wir eine »Schule« bleiben mußten, solange wir den Abschluß nur in einem Fach gewährten, und daß wir dies nicht einfach ändern konnten, indem wir uns »Universität« nannten. Ich muß zugeben, daß meine Antwort, nachdem diese Klage jedes Jahr vorgebracht wurde, auch jedes Jahr knapper ausfiel. Meine wiederholt vorgebrachte Erklärung schien allerdings auf taube Ohren zu stoßen, und irgendwann fing ich an, mich über das Murren und Nörgeln aufzuregen. Schließlich stand unsere Schule jeder anderen Berufsfachschule im Iran in nichts nach.

Allmählich empfand ich diese Art von Egoismus als besorgniserregend. Ich hatte das Gefühl, daß sich mit dem materialistischen Denken auch Undankbarkeit und Treulosigkeit bei meinen Landsleuten immer mehr ausbreiteten. Am deutlichsten zeigte sich dies bei Schülern und Absolventen, die ich zur Weiterbildung ins Ausland geschickt hatte. Nicht selten weigerten sie sich, zurückzukehren und das, was sie der Schule und ihrem Land schuldeten, zurückzubezahlen, indem sie die Arbeit verrichteten, zu der sie sich ursprünglich bereit erklärt hatten.

Ein ganz besonders schändliches Beispiel für dieses Verhalten hinterließ einen bleibenden Eindruck bei mir. Im Jahr 1971 oder 1972 kam ein ehemaliger Schüler in mein Büro, dem ich eine Lehrerstelle an der Schule angeboten hatte. Er war vor kurzem in den Iran zurückgekehrt, nachdem er auf unsere Kosten ein Studium in Amerika abgeschlossen hatte.

Vor diesem Zusammentreffen hatte ich geglaubt, diesen Menschen ziemlich gut zu kennen. Ich hielt ihn für einen durchschnittlichen, wenig interessanten Mann, der sich kaum von anderen Schülern unterschied. Er stammte aus einer armen Arbeiterfamilie im Süden von Teheran. Jetzt betrat er mein Büro in einem schreiend grellroten, karierten Anzug, der sehr amerikanisch wirkte. Als ich ihn mit seinem Nachnamen begrüßte, was ich selbst bei engen Freunden wie Samani tat, verschlug es mir zunächst die Sprache, denn ich erfuhr, daß er seinen Namen geändert hatte. Sein neuer Name klang vornehm und erinnerte nicht mehr an das arme Dorf, aus dem er stammte. Während er sich abschätzend in meinem Büro umsah, erklärte er in überheblichem Ton, daß er nicht in der Lage sei, die angebotene Stelle anzunehmen. Er habe nun zwei Jahre lang in Amerika studiert, spreche Englisch, habe einen Universitätsabschluß und sei damit jemand. Er habe es daher nicht nötig, hierzubleiben und Sozialarbeiter auszubilden, die dann in den Slums arbeiteten. Mit diesen Worten verließ er mein Büro.

Ich war außer mir vor Zorn. Als ich an diesem Abend nach Hause kam, ging ich schnurstracks zum Haus meines Bruders Chodi, Hamdams Sohn. Er arbeitete damals bei der staatlichen Planungsorganisation, die unter anderem dafür verantwortlich war, Studenten ein Studium im Ausland zu ermöglichen. Ich war so empört, daß ich den Tränen nahe war, und bat meinen Bruder, mir zu erklären, wie so etwas geschehen konnte.

Chodi stand auf und umarmte mich. Während er mir beruhigend auf den Rücken klopfte, sagte er: »Nimm's nicht persönlich, meine Liebe. Die Planungsorganisation schickt jedes Jahr Hunderte von Studenten ins Ausland, die nicht zurückkommen. Die Regierung sorgt dafür, daß unsere jungen Menschen lernen, wie man Dämme baut und in Krankenhäusern arbeitet, aber nicht, wie man seinen Verstand gebraucht. Sie lernen Loyalität gegenüber dem Schah, aber nicht gegenüber ihrem Land, und sie haben eine Regierung vor Augen, die nur an sich selbst denkt. Warum sollten sie sich anders verhalten als die Regierung?«

Auch Kia, der im Waisenhaus für Knaben arbeitete, lachte nur, als ich ihm von dem Vorfall erzählte, und sagte leichthin: »Aber Chanom, hat Ihnen denn noch niemand erzählt, wie die Iraner in Wirklichkeit sind? Wir gehen dahin, wohin der Wind uns treibt.«

Ich antwortete, daß dies natürlich für manche Menschen zutraf, daß ich mich aber für eine schlechte Lehrerin hielte, wenn ich Menschen nicht beibringen konnte, über ihren eigenen begrenzten Horizont hinauszuschauen. Er und alle anderen »Planierraupen« seien doch der Beweis dafür, daß man die Menschen zum Denken erziehen konnte. Davon war ich jetzt noch ebenso überzeugt wie am Anfang.

Je älter ich wurde, desto wichtiger wurde es mir, mich gelegentlich von den Anstrengungen der Arbeit zu erholen und mich aus dem überfüllten, schmutzigen Teheran zurückzuziehen. 1968 hatte ich ein Grundstück in Galandvak gekauft, einem kleinen Dorf, das etwa fünfundvierzig Autominuten von der Schule entfernt lag. Das Grundstück befand sich in einem breiten Gebirgstal zwischen Obstgärten und Getreidefeldern. Nachdem ich die Felsbrocken und Steine weggeräumt hatte, pflanzte ich eigenhändig Obstbäume, in der Hauptsache Apfelbäume. Sobald ich dann genügend Geld hatte, baute ich ein kleines Haus für mich und eins für den Gärtner und seine Familie, die sich um das Grundstück kümmerten, wenn ich nicht dasein konnte. Ich verbrachte jedes Wochenende dort, und wenn ich konnte, fuhr ich auch unter der Woche hin. Ich freute mich an meinem Obstgarten und dem kleinen Haus. Wenn ich zum Fenster hinaussah, sah ich jenseits des Dorfes mit seinen flachen Blechdächern und seiner winzigen Moschee die schneebedeckten Berge, die für mich Heimat bedeuteten.

Zuweilen fragte ich Samani, ob irgend jemand in seiner Familie etwas von unserem berühmten Landsmann, dem Geistlichen Chomeini, gehört hatte, der inzwischen in den Stand eines Ajatollah erhoben worden war. Natürlich hatte unsere zensierte Presse nicht ein einziges Wort über ihn verloren, seit er 1964 in die Türkei abgeschoben worden war. Er schien sich in Luft aufgelöst zu haben. Samani schüttelte lediglich den Kopf und zuckte mit den Schultern; er hatte nur gehört, daß der alte Knabe nun im Irak war.

Im Oktober 1971 richtete der Schah, der sich einige Jahre zuvor zum Schahinschah, zum »Kaiser«, gekrönt hatte, verschwenderische Feierlichkeiten in Persepolis aus. Gefeiert wurde der 2500. Jahrestag der Gründung des persischen Weltreiches durch Kyros II., d. Gr., und natürlich er selbst. Die Feierlichkeiten, die in der ganzen Welt mit Interesse verfolgt wurden, verschlangen angeblich mehr als einhundert Millionen Dollar. Wenige Tage nach dem Ereignis teilte mir Hossein mit, daß der Mullah in seiner Moschee eine vernichtende Rede des Ajatollah Chomeini gegen den Schah verlesen hätte.

Der des Landes verwiesene Geistliche lebte und lehrte seit seiner Verbannung in Nadschaf, der heiligen Stadt der Schiiten im Irak, und von dort wurden seine Predigten in die iranischen Moscheen geschmuggelt. Seine Predigt gegen die

Feier in Persepolis war vernichtend. Er nannte den Schah einen Feind des Islam, dem es gleichgültig war, ob sein Volk hungerte, und der außerdem Öl an Israel, den größten Feind des Islam, verkaufte. Immer wieder hätten die Schahs von Iran die Seiten im Buch der iranischen Geschichte durch ihre Verbrechen besudelt. Der Islam war gegen die Monarchie.

Damit griff Ajatollah Chomeini zum erstenmal die Monarchie direkt an. Selbst die amerikanische Presse, die in der Regel keine Kritik am Schah äußerte, beäugte die schwindelerregenden Kosten für die Feier mit Mißtrauen. Der Schah schien sich jedoch seiner Position vollkommen sicher, nicht zuletzt deshalb, weil das Einkommen aus den Ölverkäufen unaufhörlich stieg. Außerdem war die Weiße Revolution offensichtlich ein Erfolg, und unser Land wurde zunehmend zu einer militärischen Macht. Er ignorierte sowohl die Predigt als auch die Kritik aus dem Ausland. Im gleichen Jahr hörten wir zum erstenmal Gerüchte über Untergrundaktivitäten, und der Widerstand der iranischen Studenten im Ausland schien immer stärker zu werden. Mit seinem Verhalten wässerte der Schah Chomeini wie einen langsam wachsenden Baum und machte ihn zum uneingeschränkten Anführer der religiösen Opposition. Aber ich und viele andere Iraner wußten davon nichts. In meinen Kreisen geriet die Predigt schon bald in Vergessenheit und mit ihr auch der Name Chomeini.

Meine eigene Frustration hatte weniger mit der Neigung unserer Regierung zu Prunk und Pracht zu tun als mit der Tatsache, daß sie uns die Veröffentlichung unserer Untersuchungsergebnisse im sozialen Bereich untersagte. Außerdem schien niemand in der Regierung gewillt, sich die Wahrheit über die Weiße Revolution einzugestehen.

Das Programm des Schahs hörte sich, oberflächlich betrachtet, sehr gut an. Wir konnten auch tatsächlich Fortschritte verzeichnen, und zwar nicht nur auf technischem Gebiet, sondern auch bei der Bekämpfung des Analphabetentums, bei der Stärkung der Rechte von Frauen und Kindern und auf einigen anderen Gebieten. Die Realität stimmte allerdings keineswegs mit den übertriebenen Behauptungen der Regierung über die sogenannte »Schah-Volk-Revolution« überein. Zwei Drittel der Bevölkerung verdienten immer noch weniger als siebzig Dollar im Monat, in den meisten ländlichen Gegenden gab es keinerlei medizinische Versorgung, und die Wohnungssituation im Südteil von Teheran geriet aufgrund des ständigen Zustroms von Landbewohnern völlig außer Kontrolle. Die Folge waren immer neue Slums und Elendsviertel.

Die Schule für Sozialarbeit veröffentlichte regelmäßig Berichte, aus denen hervorging, daß nicht genügend Arbeitsstellen, nicht genügend Wohnmöglichkeiten, nicht genügend Schulplätze und nicht genügend soziale Einrichtungen vorhanden waren. Trotzdem gelang es der Regierung durch ihre Vernebelungstaktik, die sich auf Einschüchterung und Zensur der Presse, auf Lügen, Versprechungen, Propaganda und großartige Behauptungen gründete, die Bevölkerung im dunkeln zu lassen.

Selbst die Mitglieder der Regierung, die unsere Arbeit insgeheim befürworteten, waren nicht bereit, für uns einzutreten. 1965 hatte der Schah den ehemaligen Beamten des Außenministeriums Amir Abbas Hoveyda zum Premierminister ernannt. Hoveyda war ein gemütlicher, schlagfertiger, pfeiferauchender Politiker, der alle potentiellen Gegner des Schahs rücksichtslos beseitigte und gute Aussichten hatte, der dienstälteste Premier in der modernen Geschichte des Iran zu werden. Er behauptete, daß lediglich eintausendvierhundert Iraner mit dem Schah unzufrieden waren, und es gelang ihm, fast alle Mitglieder der Regierung dermaßen einzuschüchtern, daß er einen Abgeordneten, der die Tollkühnheit besaß, sich nach einem Antrag zu erkundigen, mit den Worten zum Schweigen brachte: »Hören Sie, mein Guter, ich bin nicht Ihr Premierminister, sondern der Premierminister seiner Majestät.«

Eines Tages fragte ich einen hohen Beamten im Gesundheitsministerium, einen gebildeten und kultivierten Mann, den ich seit Jahren kannte, warum er sich weigerte, Informationen bezüglich der ländlichen Gebiete, die ich ihm gegeben hatte, an Hoveyda weiterzuleiten. »Sind Sie nicht der Mann, der immer davon gesprochen hat, wieviel er für die ländlichen Gebiete tun will?« wollte ich wissen. »Warum sagen Sie dem Schah oder Hoveyda nicht einfach, daß es im ganzen Land kein einziges Dorf gibt, das über einen ständigen medizinischen Betreuer oder eine eigene Krankenstation verfügt?«

»Ja, wissen Sie, Chanom, das ist so«, sagte mein Freund. »Sehen Sie sich den Stuhl an, auf dem ich sitze. Dieser Stuhl beeinflußt den Menschen, der auf ihm sitzt: Er zwingt diesen Menschen dazu, sich ständig und überall nur zu verbeugen und zu sagen ›Ja, Majestät‹. Deshalb müssen Sie zum Schah und zu Hoveyda jemanden schicken, der nicht auf so einem Stuhl sitzt.«

Die Kaiserin war der einzige Mensch, der die Wahrheit über das Leben der einfachen Menschen wissen wollte. Ich gehörte inzwischen den Vorständen mehrerer wohltätiger Organisationen an, die von ihr gefördert wurden. Durch diese Tätigkeit traf ich Kaiserin Farah des öfteren in ihrem Büro, um mit ihr über neue Sozialzentren und die anderen Aktivitäten der Schule zu sprechen. Ihr mußte man nicht schmeicheln, und sie wurde niemals zornig, wenn ich ihr die Wahrheit sagte. Wann immer es ein Problem in einem Zentrum gab, zu dessen Lösung sie beitragen konnte, war sie zur Stelle. Sie kam zur Eröffnung eines jeden neuen Sozialzentrums, gleichgültig, wie weit sie dafür reisen mußte. Ihr Erscheinen war für uns in zweierlei Hinsicht wichtig: Es förderte die Arbeitsmoral unseres Personals und meiner Schüler und zeigte der Bevölkerung, daß die Kaiserin unsere Arbeit unterstützte.

Unglücklicherweise hielten unsere Minister ihr gegenüber mit ihrer Meinung ebenso hinter dem Berg wie dem Schah und Hoveyda gegenüber, und in Sitzungen wurden ihr die dreistesten Lügen aufgetischt. Das machte mich wütend, weil ich wußte, daß sie die Wahrheit hören wollte. Ich rüstete mich für jede Sitzung mit den nötigen Schriftstücken und statistischen Unterlagen. Die anderen Vorstandsmitglieder erfreute ich damit herzlich wenig, sie versuchten sogar, mich hinauszudrängen.

Damals war ich bereits dafür bekannt (andere hätten vielleicht das Wort »berüchtigt« gebraucht), daß ich nur selten Reden hielt, und wenn ich es doch tat, waren es kurze Reden. Einige Familienmitglieder machten sich Sorgen, weil ich ihrer Meinung nach zuwenig Begeisterung für die Politik der Regierung zeigte und den Schah zu selten lobte. Aber ich konnte einfach nicht. Ich wollte die Schule aus der Politik heraushalten. Außerdem haßte ich die Reden der persischen Beamten und Politiker. Ich errötete allein schon bei dem Gedanken an die Reaktion der Kaiserin, hätte ich bei der Eröffnung eines unserer Zentren gesagt: »Majestät, Ihr Gemahl ist wunderbar, Ihre Kinder sind wunderbar, und Sie selbst sind wunderbar.«

Inzwischen war es der SAVAK gelungen, die Menschen so einzuschüchtern, daß über Widerstand gegen die Regierung nicht einmal mehr nachgedacht wurde. Obwohl wir wußten, daß es terroristische Anschläge gab, waren doch alle erstaunt, als die Presse im Winter 1971 die Gefangennahme und Exekution von dreizehn bewaffneten Untergrundkämpfern meldete, die eine Polizeistation am Kaspischen Meer überfallen und dabei drei Polizisten getötet hatten. Meine Schüler, meine Lehrkräfte und ich nahmen den schlechten Witz sehr ernst, der besagte, daß, wo immer drei Menschen zusammentrafen, einer von ihnen der SAVAK angehörte. Die Geheimpolizei, die General Nasiri unterstand, hatte auch in jedem Klassenzimmer ihre Spitzel. Zu Beginn eines jeden Schuljahres machte ich deshalb meinen Schülern unmißverständlich klar, daß unsere Gespräche über soziale Probleme nie politisch werden durften, weil nicht jeder vertrauenswürdig war. Ich stellte auch klar, daß ich weder über den Schah noch über sein Regime diskutieren wollte. Da schon die Erwähnung des Schahs ausreichte, um den Schülern angst zu machen, mußte ich diese Ermahnung nicht wiederholen.

Hin und wieder erhielt ich einen persönlichen Brief von der SAVAK mit dem Vermerk »Vertraulich«, in dem man mir mitteilte, daß irgend jemand, den ich an der Schule beschäftigen wollte, für »nicht ausreichend loyal« befunden worden war. Ich pflegte diese Briefe zu ignorieren und der betreffenden Person dennoch eine Stelle zu geben. Das hatte in der Regel zur Folge, daß wenige Tage später ein Mann im dunklen Anzug bei mir im Büro erschien, um mir mitzuteilen, dieses betreffende Individuum »gefährdet die nationale Sicherheit«. Irgendwie gelang es mir jedesmal, ruhig zu bleiben, nach Tee und Gebäck zu läuten und zu erwidern, daß ich mich über das Bemühen der SAVAK um die nationale Sicherheit sehr freute. Auch ich würde für die nationale Sicherheit arbeiten, indem ich Menschen zeigte, wie sie ihr Leben verbessern konnten, und ich ihnen Hoffnung und Vertrauen in die Zukunft gab. Die betreffende Person müßte ich einstellen, weil sie ihr Fachgebiet beherrschte. Auch würde diese Person niemals über Politik sprechen. Ob die SAVAK etwa glaube, daß ich mich meinem Land gegenüber nicht loyal verhalten würde?

Meistens hatte ich mich zu diesem Zeitpunkt so in Rage geredet, daß der anonyme Besucher eilig seinen Tee austrank und mir versicherte, daß jedermann wüßte, was Chanom Farman-Farmaian für ihr Land tun würde, bevor er sich hastig entfernte und mich mit meiner Wut allein ließ. Man schickte jedesmal einen anderen Mann, was ich für äußerst ungeschickt hielt. Trotzdem gab ich mich, was die Sicherheit der Schule oder meine eigene anbetraf, keinen Illusionen hin.

Einmal kamen spätabends Beamte der SAVAK in die Schule und verhafteten in der Bibliothek eine Gruppe von Schülern. Entsetzt und wütend setzte ich mich ins Auto und fuhr so schnell ich konnte zum Haus des Hofministers. Dort drängte ich den Mitarbeiter Alams, diesem mitzuteilen, daß ich ihn dringend sprechen mußte. Zu meinem Entsetzen erfuhr ich, daß der Hofminister den Abend beim Schah verbrachte, aber wenige Minuten später rief er unerwartet an. Verzweifelt bat ich ihn, für die Freilassung meiner Schüler zu sorgen. Eine halbe Stunde später meldete er sich erneut und erklärte mir, General Nasiri hätte von der ganzen Sache nichts gewußt. Das Ganze wäre ein Versehen gewesen. Er gab mir eine Telefonnummer und wies mich an, der Person, die das Gespräch entgegennahm, auszurichten, die Schüler wären sofort auf freien Fuß zu setzen. Ich sollte sagen, daß die Agenten eine falsche Information erhalten hatten. Ich tat, wie mir geheißen, und noch in derselben Nacht waren meine Schüler frei.

Dieser Vorfall versetzte mich in Angst und Schrecken. Ich war verantwortlich für die Sicherheit meiner Schüler, und ich wollte auf keinen Fall, daß die Schule irgendwelche Schwierigkeiten bekam. Mehrere Monate später erfuhr ich von einem Verwandten, der die richtigen Leute bei der SAVAK kannte, daß die Geheimpolizei jemanden gesucht hätte, der angeblich Verbindungen zu Terroristen unterhielt und offenbar von unserer Schule aus telefoniert hatte. Es wunderte mich nicht im geringsten, daß die SAVAK auch unsere Telefone abhörte, aber ich war schockiert darüber, daß jemand in unserer Schule unter Verdacht stand. Ich wußte natürlich, daß jeder, wirklich jeder, die Gebäude betreten und ein Telefon benutzen konnte, denn die Türen der Schule standen immer offen.

Es bestand kein Zweifel daran, daß an allen Schulen des Landes radikale Gruppen immer mehr an Boden gewannen. So erfreute sich der begabte und charismatische junge Intellektuelle Dr. Ali Schariati bei vielen jungen Menschen, auch einigen meiner eigenen Schüler, einer immer größeren Beliebtheit. Dr. Schariati, der sich mit dem Marxismus beschäftigt hatte, vertrat die Ansicht, daß jeder Schiite durch seinen Glauben dazu aufgefordert war, sich gegen Ungerechtigkeit, Unterdrückung, westlichen Imperialismus, internationalen Zionismus und die entwürdigende »westliche Vergiftung« aufzulehnen. Schariatis neue Auslegung des Islam gab den jungen Iranern an Schulen und Universitäten eine Möglichkeit, ihre tiefe Frustration über die Richtung, die unser Land unter der Pahlawi-Herrschaft eingeschlagen hatte, zu überwinden. Seine Reden, die auf Kassetten erhältlich waren, wurden auch in ländlichen Gebieten gehört.

Da ich selbst auch neugierig auf Schariati war, gab ich dem Drängen meiner Schüler nach und lud ihn zu einem Vortrag in unserem Auditorium ein. Seine Werke waren nicht verboten, und indem ich meinen Schülern gestattete, das zu hören, was sie hören wollten, verstieß ich nicht gegen meinen Grundsatz, mich aus der Politik herauszuhalten. Dr. Schariati übte in seinem Vortrag keine offene Kritik an der Regierung, sondern belegte seine Botschaft mit Allegorien und Beispielen aus der Geschichte. Ich hielt ihn für einen begabten Redner. Schon bald danach wurde er von der SAVAK verhaftet und ins Gefängnis geworfen; seine Schriften wurden verboten.

Die Schüler ließen das Plakat, auf dem sein Vortrag angekündigt worden war, zur Erinnerung an seinen Besuch am Eingang des Hauptgebäudes hängen. Jeden Tag, wenn ich die Schule betrat, sah ich es. Hin und wieder fragte ich mich, wen die SAVAK damals eigentlich hatte verhaften wollen, und ich hoffte, daß die gesuchte Person nicht aus unseren Reihen war. Sozialarbeit bedeutete, etwas zu schaffen, und nicht, etwas zu zerstören, und ich fand nicht, daß ich meinen Kopf in den Sand steckte. Mittlerweile schien in unserem Land jede Äußerung gefährlich zu sein. Wir konnten nicht einmal etwas so Harmloses sagen wie: »Ich bin nicht gegen die Monarchie, sondern gegen die Unterdrückung unserer Verfassung, gegen die Korruption und die Ungerechtigkeit in unserer Regierung und Gesetzgebung, gegen die Zerstörung unserer Rechte und unserer Freiheit und gegen die Abwertung unserer alten persischen Kultur zugunsten einer gedankenlosen Nachahmung des Westens. Und ich möchte, daß diese Dinge ein Ende haben.«

Seit meiner Rückkehr in den Iran vor mehr als zehn Jahren hatte meine erste Sorge immer der Erziehung und Ausbildung meiner Tochter Mitra gegolten. 1966 hatte sie die Schule in England beendet und war dann an ein kleines College in Florida gegangen. Jetzt war sie eine anmutige, vernünftige und ruhige junge Dame. Bei dem Gedanken an ein Studium in den Vereinigten Staaten war mir nicht ganz wohl gewesen, aber ich wußte, es war unnötig, mir Sorgen zu machen. Mitra war, obwohl sie nach außen eher weich wirkte, sehr wohl in der Lage, für sich selbst zu sorgen, ebenso wie ich es in ihrem Alter gewesen war. Sie hatte keine Schwierigkeiten, Freundschaften zu schließen, und zwar gleichermaßen mit Männern und Frauen. Einige dieser Freunde hatte sie in den Sommermonaten mit nach Teheran gebracht, damit sie mich und all ihre anderen »Eltern« kennenlernen konnten. Ich freute mich, als sie im Juni 1970 das College abschloß und sich für ein Pädagogikstudium an der Universität von Indiana entschied. Da sie mehrere Sommer lang als freiwillige Helferin in einem unserer Zentren ausgeholfen hatte, durfte ich hoffen, daß sie eines Tages nach Hause zurückkehren würde, um ihr Wissen für unser Land einzusetzen. Sorgen machte ich mir nur darüber, daß ihre Ausbildung so gänzlich westlich war, denn mir war wichtig, daß sie nie ihr orientalisches Erbe vergaß. Sie sollte sich immer dessen bewußt sein, daß nicht alle Weisheit und nicht nur Gutes aus dem Westen kamen. Daher schenkte ich ihr zum College-Abschluß eine sechswöchige Reise in den Fernen Orient. Auf dem Weg nach Tokio, wo ich an einer Konferenz teilnehmen sollte, wollten wir Neu-Delhi, Nepal, Bangkok, Hongkong, Manila und natürlich Japan besuchen.

Was Indien anbetraf, hatte ich gemischte Gefühle, denn ich hatte mit Mitra nie über ihren Vater gesprochen. Die alte Adresse, die ich von Arun in Kalkutta hatte, steckte ich in meine Handtasche. Als wir in unserem Hotel in Neu-Delhi ankamen, holte ich tief Luft und sagte zu Mitra, daß wir ihren Vater in Kalkutta besuchen könnten. »Du weißt, daß er dich liebt. Ich bin sicher, daß er dich gern sehen würde ...«, begann ich verlegen.

»Nein, Mama, das ist nicht notwendig. Wenn er mich geliebt hätte, wäre er bei mir geblieben«, antwortete Mitra sanft, aber bestimmt. Mir fiel ein Stein vom Herzen, als ich sah, daß meine Tochter wußte, was sie wollte. Ich war sehr stolz auf meine erwachsene Tochter und auf meine Familie, die ihr das gegeben hatte, was sie brauchte.

Als Mitra im Frühjahr 1972 kurz vor dem Abschluß ihres Studiums stand, schmiedete ich bereits Pläne für ihre endgültige Rückkehr und ihre Arbeit in unseren Sozialzentren.

Doch im Juni wurde ich jäh aus meinen Träumen gerissen. Voller Freude erklärte mir meine Tochter am Telefon, daß sich ihre eigenen Zukunftspläne um einen großen, gutaussehenden amerikanischen Studenten drehten, den sie im September heiraten wollte. Sie erinnerte mich daran, daß sie Mike in einem Sommer nach Hause mitgebracht hatte. Wir hätten ihn alle gemocht. Daher war sie sicher gewesen, daß ich ihre Wahl gutheißen würde.

Mir wäre beinahe der Telefonhörer aus der Hand gefallen. Beim besten Willen konnte ich mich nicht an »Mike« erinnern, denn Mitra hatte so viele Freunde mitgebracht. Ich war so glücklich gewesen, sie um mich zu haben, und so beschäftigt mit meiner Arbeit, daß ich nie auf den Gedanken gekommen war, einer ihrer Freunde könnte ihr mehr bedeuten als die anderen. Auch nachdem ich mich vom ersten Schock erholt hatte, war ich noch immer entsetzt. Sie hatte immer davon gesprochen, zu reisen und einen Beruf zu haben, und jetzt wollte sie all das aufgeben und heiraten? Doch einen Augenblick später hörte ich mich sagen, daß ich mich an Mike erinnerte und ihn für einen netten jungen Mann hielte. Aber wollte sie sich tatsächlich schon so früh binden? Wäre es nicht besser, noch zwei, drei Jahre zu warten, damit sie all die Dinge tun konnte, von denen sie immer geträumt hatte? Doch Mitra hatte sich entschieden. Und als ich daran dachte, wie sehr ich selbst gegen die althergebrachte Tradition gekämpft hatte, damit ich mein Leben so leben konnte, wie ich es wollte, wußte ich, daß ich nicht versuchen durfte, sie von ihrem Entschluß abzubringen.

Anstatt meine Tochter zu Hause willkommen zu heißen, flog ich daher wenige Monate später nach Bloomington, Indiana, um meinen künftigen Schwiegersohn kennenzulernen. Das einzige, worauf ich bestand, war, daß Mitra, wie es sich für eine iranische Tochter gehörte, im Kreis ihrer Familie heiratete. Es gelang mir, drei Mitglieder unserer Familie zu versammeln: meinen Bruder Raschid, der eine Reise nach New York plante, Jody, Hafes' Frau, die aus Austin, Texas, kommen sollte, und meine Nichte Susu, die mittlere Tochter von Forugh und Jean, die an der Universität von Georgia studierte. Als ich das strahlende Gesicht meiner Tochter sah, die unter einem großen Baum vor einer lächelnden Standesbeamtin stand, war auch ich glücklich und zufrieden. Der anschließende Flug nach Hause kam mir sehr lang vor, und viele, viele Stunden vergingen, bis die Erkenntnis, daß meine Tochter niemals mit mir in Tadschrisch leben und niemals an der Schule arbeiten würde, langsam in mein Innerstes durchdrang.

Ich mußte an die Französinnen denken, von denen Dadasch mir vor langer Zeit in dem Café auf der Chiaban-e Lalesar erzählt hatte, an die Frauen, die allein an den kleinen Tischen in den Cafés in Paris saßen und dort ihre Mahlzeiten einnahmen. Damals hatte ich nur verstanden, daß er mir sagen wollte, daß ich nicht schüchtern sein durfte und keine Angst haben durfte, wenn ich mich in der Welt der Männer bewegte. Jetzt begriff ich, daß mein Bruder mich auch auf die Einsamkeit hatte vorbereiten wollen, die ein Leben außerhalb der Normen mit sich bringt.

Ich war froh, daß ich mich nach meiner Rückkehr in die Arbeit stürzen und darüber meine persönlichen Sorgen vergessen konnte. Wir hatten inzwischen genügend Spenden in Form von Geld und Land erhalten, um fünfzig bis sechzig neue Zentren überall im Land bauen und einrichten zu können. Die Schule war zu einer Art Renommierprojekt im Nahen Osten geworden, so daß ich nicht nur viele Besucher empfing, sondern auch selbst viel reisen mußte. Ich gehörte auch dem Vorstand der Internationalen Vereinigung der Schulen für Sozialarbeit an und war ehrenamtliche Vizepräsidentin des Internationalen Verbandes für geplante Elternschaft. Außerdem sprach ich regelmäßig im Rundfunk über soziale Themen. In der Schule war ich für die Beschaffung von Spenden verantwortlich, außerdem war ich Mentorin, Problemlöserin der Familie und Beichtmutter in einem. Im Jahr 1972 hatte ich mit Hilfe des Erziehungsministeriums ein Programm ins Leben gerufen, um Sozialarbeiter in Schulen zu schicken, die die Kinder über ihre Pflichten als Staatsbürger aufklärten. Ich wußte, daß wir gegen die SAVAK und die Lügen der Regierung machtlos waren, aber ich war dennoch davon überzeugt, daß wir den heranwachsenden Iranern ein

Gefühl der Verpflichtung gegenüber ihrem Land vermitteln konnten.

Bedauerlicherweise nahm die Entwicklung in unserem Land eine Richtung, die solche Bemühungen zunichte machte. Im Jahr 1973 erhöhten die OPEC und der Schah den Preis für Rohöl, was im Westen zur sogenannten »Ölkrise« führte, bei uns aber zu einer Art Goldrausch.

In der Vergangenheit war im Iran eigentlich nie unterschieden worden zwischen dem Staatssäckel und dem Privatsäckel des Herrschers. Auch der jetzige Schah behandelte das Staatseinkommen so, als wäre es sein eigenes, über das er nach Belieben verfügen konnte, und niemand in der Regierung erhob dagegen Einspruch. Es war eine neue Klasse von Neureichen entstanden, und auf der Chiaban-e Lalesar wimmelte es plötzlich nur noch so von großen europäischen Limousinen, die vor den Geschäften von Charles Jourdan und Cartier den Verkehr blockierten. Völlig unbekannte Männer bevölkerten plötzlich die französischen Restaurants und Nachtclubs im Norden von Teheran, und ihre Frauen flogen nach Paris zum Friseur und zum Schneider. Sie gaben Partys, auf denen russischer Wodka und Delikatessen von Maxim's gereicht wurden. Ihren Kurzurlaub verbrachten sie in St. Moritz und Monte Carlo.

Diese demonstrative Geldverschwendung war für die einfachen Menschen eines armen Volkes, zu denen auch meine Schüler und Lehrer zählten, eine berauschende, explosive Droge. Es hatte zwar schon immer wohlhabende Grundbesitzerfamilien gegeben, doch die gaben in der Öffentlichkeit ihr Geld ausschließlich für wohltätige Zwecke aus. Das Volk war geblendet von diesem neuen und auffälligen Luxus, den sich Menschen leisteten, die ihr Geld ganz offensichtlich nicht durch harte Arbeit verdient hatten. Wenn die Regierung diese Menschen, die nicht aus mächtigen und einflußreichen Familien stammten, über Nacht reich machen konnte, nur weil diese die richtigen Verbindungen hatten, dann konnte sie doch das gleiche für alle tun, oder nicht?

Diese Sucht nach schnellem Reichtum gesellte sich zu der brodelnden Unzufriedenheit, die sich seit zwanzig Jahren aufgestaut hatte. Ich fragte mich allmählich, was passieren würde, wenn diese hohen Erwartungen eines Tages unweigerlich enttäuscht würden. Durch die Investitionen der Regierung in die Wirtschaft entstanden neue Fabriken und Arbeitsplätze, was zur Folge hatte, daß immer noch mehr arme Landbewohner nach Teheran strömten. Diese Investitionen ließen jedoch auch die Inflationsrate in die Höhe schnellen. Außerdem war ein Großteil der Arbeitsplätze in der Rüstungsindustrie entstanden, und diese gingen, da nur wenige Iraner über die notwendigen Kenntnisse verfügten, an ausländische Arbeitskräfte. Niemand konnte mit der Inflation Schritt halten, und doch vergingen viele immer noch vor Neid, weil sie nicht alles hatten, was sie wollten – und viele wollten alles.

Eines Tages im März 1975 verkündete der Schah die Abschaffung des politischen Zweiparteiensystems. Von nun an sollte es nur noch eine Einheitspartei geben, die den Namen »Partei der Neuerer« trug. Jedermann sollte dieser Partei beitreten, und wer das nicht wollte, konnte zum Außenministerium gehen, sich einen Paß holen und das Land verlassen. Als ich den Hofminister fragte, ob meine Schule ebenfalls beitreten mußte, bejahte er meine Frage. Er begründete das damit, daß so jedermann seine Loyalität beweisen könnte. Er fand die Idee großartig.

Gedemütigt und empört besorgte ich mir ein Gruppenaufnahmeformular, das ich unterzeichnete und es dann unwillig und traurig auf den Tisch vor der Bibliothek auslegte, damit meine Schüler und Lehrer es ebenfalls unterzeichnen konnten. Hatte uns der Schah nicht 1960 erklärt, daß er an die Demokratie und an das Zweiparteiensystem glaubte? Warum brach er sein Wort jetzt?

Als ich Kia meine Gedanken mitteilte, zuckte er nur mit den Schultern. Warum denn nicht, wenn nur eintausendvierhundert Menschen gegen die Regierung waren, wie Hoveyda behauptete? Dann fragte er, ob ich schon den neuesten Slogan gehört hätte, der bei der letzten kaiserlichen Geburtstagsparade gerufen wurde. Die Zuschauer hatten nicht *»Dschavid Schah«,* »Lang lebe der Schah« gerufen, sondern

*»Tschapid Schah«,* »Der Schah verpraßt unser Geld«. Die Regierung hatte keinen Unterschied gehört.

Schon bald war allen klar, daß auch das bißchen Rede- und Meinungsfreiheit, das wir noch gehabt hatten, der Vergangenheit angehörte. Mit Hilfe der SAVAK mischte sich die neue Partei bald in jeden Lebensbereich ein. Um nicht im Gefängnis zu landen, reichte es nun nicht mehr aus, keine offene Kritik zu äußern. Schriftsteller, Lehrer, Intellektuelle und Künstler, die die Weiße Revolution nicht begeistert genug verherrlichten, wurden als »Marxisten« angeklagt, geschlagen, gefoltert, eingesperrt und zu öffentlichen Geständnissen gezwungen. Dutzende von führenden Geistlichen wurden verbannt oder ins Gefängnis gesteckt. So gut wie jeder hatte das mysteriöse Verschwinden eines Familienmitgliedes zu beklagen, eines Freundes oder des Freundes eines Freundes.

Inzwischen wohnte ich fast nur noch in meinem kleinen Haus in Galandvak, wohin ich mich jeden Abend zurückzog. Das Haus war für mich zu einem Refugium geworden. Ich liebte die saubere Luft und die friedliche Stille des Obstgartens, der im Winter von Gazellen und Gemsen besucht wurde, die an den schneebedeckten Zweigen der Apfelbäume knabberten. Durch mein Haus auf dem Land hatte ich außerdem eine gute Entschuldigung, um Einladungen in Nachtclubs und zu den Partys des Jet-sets abzulehnen, bei denen Angehörige des kaiserlichen Hofes sowie Ausländer und Botschaftsangehörige zugegen waren. Die SAVAK hatte auch hier ihre Spitzel überall und beobachtete jeden, der sich mit Amerikanern und anderen Ausländern unterhielt.

In den ersten Jahren nach meiner Rückkehr hatte ich oft die Gesellschaft von Ausländern, vor allem von Amerikanern, gesucht. Ungeachtet der Rolle, die die CIA beim Sturz von Mossadeq gespielt hatte, hoffte ich, daß meine Ansichten und die anderer Iraner, die nicht mit dem Hof in Verbindung standen, irgendwie zur amerikanischen Botschaft oder zur Iranisch-Amerikanischen Gesellschaft vordringen würden. Wenn das amerikanische Außenministerium nur wüßte, wie groß Unmut und Ärger des Volkes waren und wie viele Probleme unter der scheinbar glatten Oberfläche schlummerten, die sich den westlichen Besuchern präsentierte, dann würde die amerikanische Regierung, so glaubten wir, den Schah zwingen, echte politische Freiheit zuzulassen. Wenn ich überhaupt mit jemandem ehrlich über die Unterdrückung durch die Regierung sprechen konnte, dann war das ein Amerikaner.

Doch leider waren unsere amerikanischen Gäste nicht an unseren politischen Problemen interessiert. »Ja, ja, aber der Schah tut doch so viel für das Land! Sie machen doch so große Fortschritte«, war das einzige, was ich zu hören bekam, wenn ich zu erklären versuchte, wieviel bei uns im argen lag.

Damals begriff ich endlich, daß jedes Land ein anderes Land lediglich unter dem Gesichtspunkt der eigenen Interessen sieht. Trotzdem wuchsen meine Verwirrung und meine Wut angesichts der Tatsache, daß die Amerikaner sich einfach weigerten, offenkundige Fakten anzuerkennen. Die Pahlawi-Stiftung beispielsweise, offiziell eine Wohltätigkeitsorganisation, diente dazu, die Einnahmen aus den Ölverkäufen in kaiserliche Wirtschaftsunternehmungen, Zuwendungen für den Hof und allerlei einflußreiche Projekte umzuleiten. Vor allem die Verwandten des Schahs waren in ihrer Habgier unersättlich. Die von der Regierung veröffentlichten Statistiken und Zahlen über die Erfolge der Weißen Revolution und über die Stärke der inländischen Opposition waren schamlose Lügen, und doch verschlangen die amerikanische Presse und Regierung diesen Propagandaköder mit Haut und Haar. Warum, so fragte ich mich, waren die Amerikaner bloß so leichtgläubig und so blind?

Nur meine gelegentlichen Zusammenkünfte mit der Kaiserin vermochten meinen ständigen Zorn und meine Enttäuschung über die politische Situation im Land ein wenig zu lindern. Im Laufe der Jahre hatte ich Kaiserin Farah schätzen- und liebengelernt, weil sie warmherzig und intelligent war und ein aufrichtiges Wesen hatte. Sie setzte sich vor allem für ihre ärmsten Untertanen und besonders für die Frauen ein. Ich war ihr zutiefst dankbar für ihre Unterstützung wie auch für ihre Bereitschaft, sich die Wahrheit anzuhören. Außerdem gehörte sie zu den wenigen Menschen, die einen direkten Zugang zum Schah hatten, der sich scheinbar immer mehr von seinem Volk und dessen Gefühlen entfernte. Obwohl ich wußte, daß auch ihr Einfluß auf ihn begrenzt war, weil sie in ständigem Wettstreit mit seinen Schwestern lag, hoffte ich, daß ihn auf diesem Weg wenigstens ein kleiner Teil der Informationen erreichte, die ich ihr zutrug.

Einmal stiegen wir während der Eröffnung eines neuen Sozialzentrums in einer der Barackensiedlungen hinauf aufs Dach eines Gebäudes. Ich deutete auf die einzige asphaltierte Straße zwischen den erbärmlichen Hütten und erkundigte mich, ob sie eigentlich wisse, daß diese Straße erst vor zwei Tagen, und zwar zu Ehren ihres Besuches geteert worden war. Daraufhin murmelte sie: »Vielleicht sollte ich öfter kommen.« »Ja, Majestät«, antwortete ich, »das sollten Sie, denn jeden Fortschritt, den wir in diesem Land machen, machen wir für Sie und Ihren Mann.«

Im Jahr nach der Einführung der Einheitspartei wachten die Menschen eines Morgens auf, um zu erfahren, daß der Schah den moslemischen Kalender abgeschafft hatte. Mit sofortiger Wirkung sollte alles im Iran, angefangen von Geburtstagen über religiöse Feiertage bis hin zu historischen Ereignissen nicht mehr ab der Hedschra, dem Auszug des Propheten Mohammed aus Mekka nach Medina, datiert werden, sondern vom Beginn der persischen Monarchie an, die schon über dreitausend Jahre bestand. Wir schrieben also nicht mehr das moslemische Jahr 1355, sondern das »monarchische« Jahr 3225.

Die neue Zeitrechnung war ein gezielter Schlag gegen den Klerus. Mit ihrer Einführung erklärte der Schah, daß der moslemische Kalender einer modernen neuen Gesellschaft nicht genügte. Er behandelte das Land wie sein persönliches Spielzeug und hatte sich so weit von unserer Realität entfernt, daß er sich eine surreale Wirklichkeit aufbaute und sogar die Zeit neu einteilte.

Dabei wurden wir von der Realität wie von einer anwachsenden Flut bedrängt. Um der galoppierenden Inflation Einhalt zu gebieten, bemühte sich die Partei der Neuerer nun, die Staatsausgaben einzuschränken. Bedauerlicherweise wurden dabei nicht die Ausgaben für das Militär oder für die im Westen vorzeigbaren Atomkraftwerke gekürzt, sondern die Ausgaben für den Wohnungsbau und für soziale Projekte. Dabei fehlte es der Bevölkerung oft am Notwendigsten, und auch das wurde von Tag zu Tag teurer.

Zu den größten Mißerfolgen der Weißen Revolution gehörte die Landreform. Sie war von Männern durchgeführt worden, die von Landbewohnern und Landwirtschaft herzlich wenig Ahnung hatten und davon auch gar nichts wissen wollten. Die Parzellen, die man verteilt hatte, waren nicht groß genug, so daß eine Familie von ihren Erträgen nicht leben konnte. Außerdem hatte man die einfachen Bauern, die jahrhundertelang unter dem Befehl von Großgrundbesitzern gestanden hatten, weder mit dem Wissen noch mit den nötigen Mitteln ausgestattet, die sie gebraucht hätten, um als moderne Landwirte wirtschaften zu können. Die wenigen Genossenschaftsbanken, die man zu ihrer Unterstützung eingerichtet hatte, wurden von den Dorfbewohnern selbst geplündert. In der Folge hatten Millionen von gesunden Iranern ihre angestammte Heimat verlassen und sich mit ihren Familien auf den Weg in die Städte gemacht, nachdem sie jahrelang zugesehen hatten, wie ihre neuen Traktoren, die sie nicht reparieren konnten, auf ihren kleinen Feldern verrosteten. Aus dem Strom war eine Flut geworden, denn ein Zehntel der iranischen Bevölkerung war in die Hauptstadt und andere Städte abgewandert. Eine Katastrophe zeichnete sich ab. Waren wir vorher noch in der Lage gewesen, unsere Bevölkerung durch die eigene Landwirtschaft halbwegs zu versorgen, mußten wir jetzt riesige Mengen von Lebensmitteln einführen, während gleichzeitig Tausende von iranischen Dörfern menschenleer zurückgelassen wurden.

Die Regierung kümmerte sich in erster Linie darum, die amerikanischen Waffen zu bezahlen und die Armee zu unterhalten, die um vieles größer war als jede vorstellbare Bedrohung. Aber sie war immer noch nicht in der Lage, genügend Arbeit, Wohnungen und Schulen sowie ausreichende medizinische Versorgung für die vielen Menschen in den Slums und Barackensiedlungen bereitzustellen. Von fünf Millionen Teheranern lebten vier Millionen, meist ungebildete und vom Leben in der Stadt enttäuschte Menschen, unter menschenunwürdigen Bedingungen im Südteil der Stadt. Für diese entwurzelten armen Menschen war die moderne Gesellschaft des Schahs ein gottloser Fluch.

Auch unsere neue Angestelltenklasse mußte feststellen, daß ihre Hoffnungen sich nicht erfüllt hatten. Nur wenige hatten ihren Traum vom Reichtum verwirklichen können. Viele mußten angesichts der Inflationspolitik der Regierung, die schließlich zu einer plötzlichen Wirtschaftskrise führte, erleben, wie ihre Träume von Autos, Häusern und einem Urlaub in Europa wie Seifenblasen zerplatzten. Die einzigen wahren Nutznießer des neuen Ölreichtums waren die vielen Ausländer, die im Norden von Teheran lebten und einkauften; nicht nur die Ingenieure und Facharbeiter, die aufgrund des Mangels an iranischen Fachleuten aus Indien, Korea, von den Philippinen und aus anderen Ländern geholt worden waren, sondern in allererster Linie die Amerikaner. Die meisten Amerikaner, die jetzt in Teheran arbeiteten, waren ursprünglich als technische Berater durch Vermittlung der amerikanischen Armee und internationaler Unternehmen ins Land gekommen. Für den Durchschnittsiraner lebten diese Menschen wie Könige. Sie hatten eigene Gemeinden mit eigenen Schulen, eigenem Rundfunk und Fernsehen und eigenen Sportclubs. Den meisten Persern genügte schon ein Spaziergang durch Nordteheran als Beweis dafür, daß der Schah wieder einmal die Hoffnungen seines Volkes verkauft hatte. Was hätte die Unterjochung des Iran durch Amerika besser verdeutlichen können als die Tatsache, daß Richard Helms, der ehemalige Direktor der CIA, die zum Sturz Mossadeqs beigetragen und die SAVAK mitgeschaffen hatte, jetzt amerikanischer Botschafter im Iran war? War er ernannt worden, damit Washington der iranischen Regierung leichter Anweisungen erteilen konnte?

So entstand aus Enttäuschung, Neid und Unterdrückung, durch die Lügen der Regierung, durch Korruption und Ungerechtigkeit eine gefährliche, explosive Mischung, die sich nicht entladen konnte. Die ungebildete, unpolitische Bevölkerung war ja gar nicht in der Lage, die Rundfunkansprachen zu verstehen, die der Schah und seine falschen, neunmalklugen Minister hielten. Sie suchten Trost und Erklärung für ihr Elend bei denjenigen, die schon immer das Symbol waren für Rechtschaffenheit und für den Willen Gottes: bei den Mullahs am Freitag in der Moschee. Aber unter den Iranern im Ausland, an den Universitäten und technischen Hochschulen sowie unter den Arbeitern bildete sich im geheimen eine aktive Untergrundbewegung, die von Ajatollah Chomeinis beharrlicher, kompromißloser Opposition gestützt und von Dr. Ali Schariatis Werken inspiriert wurde. Deren Botschaft lautete: Der Islam kämpft gegen die Unterdrückung und die wirtschaftliche Ausbeutung der Massen.

Wenn sich in einem Damm hoch oben in den Bergen Risse bilden, bemerken die Menschen im Tal zunächst nichts. Wie die meisten gebildeten Iraner wußte auch ich nur etwas von den Anti-Schah-Demonstrationen im Ausland, weil ich darüber in der ausländischen Presse gelesen hatte. Mitunter vernahmen wir Gerüchte über eine Untergrundbewegung, deren Mitglieder der Schah geringschätzig als »islamische Marxisten« bezeichnete. Was wir jedoch nicht wußten, war, daß allmählich selbst den Beamten am Hof die Korruption, die Ungerechtigkeit und die Trägheit der Pahlawi-Sippe zuviel wurden.

In jenen Tagen wünschte ich mir oft, so scharfsichtig zu sein wie mein Vater und die Zukunft voraussehen zu können. Erst vor kurzem war ich während eines Besuches des damaligen mexikanischen Präsidenten, Luis Echeverria Alvarez, auf seltsame und eindringliche Weise an Schahsade erinnert worden. Die Echeverrias wohnten mit ihren Begleitern im Golestan-Palast, der früheren Residenz der Qadscharen. Am ersten Abend, nachdem ich meiner Pflichten als Dame d'honneur entbunden worden war, schlenderte ich zu dem Zimmer, das mir zugewiesen worden war, und bewunderte dabei die wunderschönen Antiquitäten. Mein Auge fiel auf einen ganz besonders schönen, farbenprächtigen und wertvollen Teppich. In früheren Zeiten war es Brauch und Sitte gewesen, daß die anonymen Weber das Zeichen oder den Namen des Adligen in den Teppich einwoben, der ihn in Auftrag gegeben hatte. Als ich mich bückte, entdeckte ich auf einmal ein mir vertrautes Schriftzeichen: Ich sah den Namen meines Vaters.

Wie durch einen Zauber fühlte ich mich plötzlich Schahsade ganz nahe. Der Gedanke an ihn erinnerte mich daran, standhaft zu bleiben, so wie er es gewesen war. Weder der Verlust materieller Güter noch politisches und persönliches Unglück hatten seinen Willen geschwächt. Die Schönheit des Teppichs war mit seinem Namen so dauerhaft und unauslöschlich verbunden wie Veränderung und Aufruhr mit der persischen Geschichte, und die Erinnerung an seinen unbezähmbaren Willen gab mir Trost und Mut. Ich wußte, daß ich die Arbeit der Schule gegen alle Widerstände fortführen würde.

Im Frühjahr 1976 eröffnete mir Schole, daß sie mit ihrem Mann, der der marxistischen Untergrundbewegung angehörte, in die Vereinigten Staaten gehen wollte. Auch Kia wollte weg. Nachdem er vier Jahre lang mit wachsender Frustration und Bitterkeit gegen die Korruption im Waisenhaus gekämpft und doch nichts bewirkt hatte, konnte er die Zustände jetzt nicht mehr länger ertragen. Er wollte nach Amerika gehen und dort ein Bekleidungsgeschäft eröffnen.

Der Verlust zweier ehemaliger Schüler, die mir ans Herz gewachsen waren, schmerzte mich sehr. Traurig antwortete ich, daß ich es Kia nicht verübeln konnte, wenn er aufgab. Doch ich selbst wollte die Hoffnung nicht aufgeben. Ich war immer noch davon überzeugt, daß wir unsere Probleme lösen konnten, wenn wir nur hart genug arbeiteten. Die Schule nahm immer mehr neue Schüler auf; im nächsten Jahr rechnete ich mit fünftausend Bewerbern, und ich beabsichtigte, unsere Gemeinde- und Familienplanungsprogramme auszudehnen. Je leichter das Leben für die Menschen in unserem Land wurde, desto naheliegender war es auch, auf die Wichtigkeit von sozialen Verpflichtungen und auf die Pflichten als Staatsbürger hinzuweisen, womit wir in Ansätzen bereits begonnen hatten. Wir konnten tatsächlich etwas verändern, und deshalb wollte ich mich doppelt anstrengen und nach vorne schauen. Aber Kia sagte traurig: »Liebste Chanom, ich respektiere Ihre Ansicht, aber ich wäre nicht so optimistisch, was die Veränderung des Charakters unserer Landsleute anbetrifft.«

Das Jahr 1976 war auch ein gutes Jahr für mich. Im Juni kamen Mitra und Mike mit meinem kleinen Enkelsohn Kayvon für neun Monate in den Iran, damit mein Schwiegersohn in Ruhe seine Doktorarbeit schreiben konnte. Ich brachte die meisten meiner Sachen nach Galandvak und überließ ihnen das Haus in Tadschrisch. Mitra bildete während dieser Zeit in einem unserer Kinderhorte Erzieherinnen aus. Im Sommer unternahmen wir gemeinsame Reisen in die Provinzen und wanderten sehr viel. Diese kurzfristige Erfüllung meiner Träume machte mich sehr glücklich, und ich freute mich besonders darüber, daß ich sah, wie sehr Mitra den Iran liebte.

Als sie im Februar 1977 mit ihrer Familie in die Vereinigten Staaten zurückkehrte, war ich nicht mehr verzweifelt. Mitra war wieder schwanger, und das Kind sollte im August zur Welt kommen. Der Besuch hatte mich so glücklich gemacht, daß ich im Frühjahr meine ganzen Ersparnisse nahm, um eine Anzahlung für eine noch im Bau befindliche Vierzimmerwohnung im Norden von Teheran zu leisten. Dann schrieb ich Mitra, daß ich die Wohnung für sie gekauft hatte, für den Fall, daß sie und Mike mit den Kindern irgendwann im Iran leben wollten. Ansonsten stünde die Wohnung Kayvon und dem zweiten Kind zur Verfügung. Ich wollte, daß meine Enkel das Land kennenlernen konnten, dessen Geschichte und Kultur das Erbe war, das ihnen ihre persische Großmutter hinterließ. Ich wollte, daß sie seine Vergangenheit kannten und wußten, daß ihnen ein Platz in seiner Zukunft gewiß war. Ich war mir sicher, daß ich mein Land nie verlassen würde. Ich wollte nichts weiter, als hier leben und sterben.

# 13. Der Mann mit dem Mikrophon

*Eine neue Dynastie kann sich die Macht über eine herrschende Dynastie nur durch Ausdauer sichern und nicht durch einen Überraschungsangriff.*

Ibn Chaldun

Als Anfang 1977 der Zorn und die Enttäuschung des Volkes immer deutlicher zu spüren waren, bot eine unerwartete Veränderung der politischen Lage Anlaß zu neuer Hoffnung.

Es schien, als bedeuteten die überall verbreiteten Menschenrechtserklärungen des neuen amerikanischen Präsidenten Jimmy Carter, daß Regierungen, die ihren Völkern keine politische Freiheit gewährten, in Zukunft auf amerikanische Waffen und Entwicklungshilfe verzichten mußten. So zumindest wurde die amerikanische Position vom Schah und auch von seinen Gegnern interpretiert.

Der Schah begann daraufhin sozusagen über Nacht mit der Einführung kleiner Reformen, denen weitere folgen sollten. Die Pressezensur wurde so weit gelockert, daß die Minister des Schahs kritisiert werden durften, nicht jedoch der Schah selbst. Mitarbeitern des Internationalen Roten Kreuzes wurde erlaubt, Gefängnisse zu besichtigen und mit Gefangenen zu sprechen.

Im Mai stattete der amerikanische Außenminister Cyrus Vance dem Iran einen Besuch ab. Angeblich legte er dem Schah nahe, den Wünschen Präsident Carters nachzukommen und größere Redefreiheit zu gewähren, wenn er den Thron nicht verlieren wollte. Bald darauf beschlossen ein paar Mutige, die neue politische Situation zu testen. Der tapfere Journalist Hadschi Sayyed Dschavadi schrieb einen offenen Brief an Premierminister Hoveyda, in dem er die Frage stellte, warum Hoveydas Lügenregierung eigentlich Millionen für die SAVAK und andere Sicherheitskräfte ausgab, wenn die Opposition angeblich nur aus eintausendvierhundert Menschen bestand. Im Juni veröffentlichten Dr. Schapur Bachtiar und zwei weitere hochgeachtete Führer der Nationalen Front einen offenen Brief an den Schah, in dem sie ohne Umschweife erklärten, daß unser Land im Chaos versank aufgrund von Mißwirtschaft, Korruption, Unmoral, Speichelleckerei, Gewalt und Mißachtung der Rechte und Würde des Volkes von seiten der Regierung. Sie drängten auf die Freilassung politischer Gefangener und auf die Wahl einer von der Mehrheit des Volkes gestützten Regierung sowie auf zahlreiche Reformen. Andernfalls, so hieß es, waren die Tage des Schahs und seiner Regierung gezählt.

Diese tapferen Briefe riefen bei mir und allen liberalen Iranern Bewunderung und Freude hervor. Endlich hatte jemand den Mut besessen, dem Schah zu sagen, daß er den Willen seines Volkes nicht länger unterdrücken durfte. Bachtiar und seine Mitstreiter wurden als Helden gefeiert. Das Staunen nahm kein Ende, als der Schah, anstatt die Briefschreiber verhaften zu lassen, Hoveyda aus seinem Amt entfernte und ihm den Posten des Hofministers übertrug. Zum neuen Premierminister ernannte er Dschamschid Amusegar, einen ehrlichen, unabhängigen Mann, der auch als Hoveydas Innenminister genügend Mut besessen hatte, dessen Politik zu kritisieren. Ich war begeistert und glücklich über diese Entwicklung, auch wenn sich meine Freude darüber, daß Hoveyda jetzt Vorsitzender meines Kuratoriums war, sehr in Grenzen hielt. Immer neue Briefe wurden veröffentlicht, für die Rechtsanwälte, Schriftsteller, Politiker und Intellektuelle verantwortlich zeichneten. Auch Menschenrechtsgruppen wurden gegründet.

Ich hoffte, daß der Schah jetzt endlich die Gelegenheit ergreifen und Bachtiar zum Leiter eines Untersuchungsausschusses berufen würde, der das Unrecht in unserem Land aufdecken und Reformen vorschlagen sollte. Meiner Meinung nach hatte ein guter Herrscher die Aufgabe, sein Augenmerk auf die einfachen Menschen und ihre Gefühle zu richten und berechtigte Kritik nicht einfach zu ignorieren.

Nun war klar, daß der Schah nicht mehr zur totalen Zensur und Unterdrückung der vergangenen Jahre zurückkehren konnte. Wenn er jedoch gehofft hatte, durch die teilweise

Aufhebung der Beschränkungen die Unzufriedenen zu besänftigen, dann hatte er sich getäuscht, denn genau das Gegenteil geschah. Der Zorn des Volkes, eine Mischung aus unterdrücktem Groll, vergeblichen Hoffnungen und Rückschlägen in den vergangenen zwei Jahren, konnte sich nun endlich entladen. Sowohl Kommunisten als auch andere radikale Gruppen warben vor allem an Universitäten um Anhänger. Mullahs und andere Geistliche forderten mit Demonstrationen in Qom und in der Nähe der Hauptstadt die Rückkehr von Ajatollah Chomeini.

Homi, Sori und Ghafars Frau Dschahan beschlossen, ihre Kinder, die in Europa zur Schule gingen, nicht wie sonst im Sommer nach Hause kommen zu lassen, sondern sie statt dessen in Europa zu besuchen. Männer und Frauen, die friedlichen Oppositionsgruppen angehörten, wurden überfallen und verprügelt. In den Häusern und Büros derer, die offene Briefe unterzeichnet hatten, explodierten Bomben.

Ich hielt mich zu dieser Zeit in den Vereinigten Staaten auf, denn Mitra hatte ein Mädchen zur Welt gebracht. Da ich bei der Geburt von Kayvon nicht bei ihr gewesen war, wollte ich wenigstens mein zweites Enkelkind als Neugeborenes sehen. Es erhielt den persischen Namen Juni. Ich hatte mir fest vorgenommen, diese Zeit mit meiner Tochter zu verbringen, obwohl es mir sehr schwer gefallen war, mein Land gerade in einer solch kritischen Situation zu verlassen. Schariati war im Sommer in seinem Exil in London gestorben, und man hatte die SAVAK für seinen Tod verantwortlich gemacht. Studentenunruhen waren die Folge gewesen.

Als ich fast zwei Monate nach Beginn des Schuljahres zurückkehrte, mußte ich feststellen, daß meine Befürchtungen berechtigt gewesen waren. Die Stimmung im Land war aufgeheizt, und im Verlauf weniger Monate hatte die Lehre vom »Islamischen Marxismus« viele Anhänger gewonnen. Viele junge Männer ließen sich einen Stoppelbart oder einen langen Bart wachsen, um die Abkehr vom Westen und ihre Hinwendung zum islamischen Glauben zu bekunden. Auch in meiner Schule trugen immer mehr junge Männer hochgeschlossene Hemden ohne Krawatten, um zu zeigen, daß sie nicht »verwestlicht« waren. Von Kollegen an der Universität, wo die gewalttätigen Demonstrationen weiter anhielten, erfuhr ich, daß seit Beginn des Semesters viele junge Frauen den schwarzen *tschador* oder schwarze Kleidung trugen, um so ihre Solidarität mit dem Islam, der marxistischen Theorie sowie der PLO zu demonstrieren. Radikale islamische Studenten an der Universität forderten die Trennung der Geschlechter auf dem Universitätsgelände. Auch in einer meiner Klassen befand sich eine junge Frau, die sich in schwarzem Pullover, schwarzem Rock, schwarzem Kopftuch und dicken schwarzen Strümpfen seltsam unter den anderen Schülerinnen in ihren hübschen, hellen Kleidern ausnahm. Ihr blasses, ungeschminktes Gesicht wirkte starr und gleichzeitig anklagend und erinnerte an eine fanatische Nonne.

Ich hatte nicht die Absicht, irgend jemandem vorzuschreiben, wie er sich zu kleiden hatte, doch der Anblick dieser jungen Frau wirkte auf mich wie eine Ohrfeige. Obwohl diese junge Frau gebildet war und einen modernen Beruf ergreifen wollte, hüllte sie sich in Gewänder, die Strenggläubigkeit verkündeten, und bedeckte ihren Kopf wie eine ungebildete Dorfbewohnerin oder eine alte Frau. Was wir im Iran ganz bestimmt nicht brauchen konnten, war ein engstirniger Fanatismus, der persönliche Freiheit und neue Ideen ablehnte. Diese junge Frau zeigte mit ihrer Kleidung, daß sie nicht nach vorne, sondern zurückgehen wollte.

Die zornige Stimmung im Land war jetzt auch im alltäglichen Leben zu spüren. Sogar die Luft schien vergiftet von Frustration und Zorn, und jedermann war unruhig und nervös. Etwa in der Mitte des Schuljahres erschien eines Tages der Leiter des fachwissenschaftlichen Bereichs nicht zum Unterricht. Von Esther und Sami erfuhr ich, daß er mir meine Kritik während einer Konferenz übelgenommen hatte. Wenige Tage später teilte er mir in einem Brief mit, daß er von seinem Amt zurücktrat.

Dieser Mann war einer meiner drei Wandergefährten, die mich in den vergangenen zwanzig Jahren regelmäßig begleitet hatten. Ich kannte seine Familie, er kannte meine Familie, wir hatten Erfolge, Widrigkeiten und Hoffnungen miteinander geteilt, und ich hatte ihn bisher für einen meiner engsten Freunde gehalten. Er war einer meiner ersten Schüler gewesen und mein Schützling dazu. Während seiner Schulzeit hatte ich ihm eine gute Praktikumsstelle besorgt und danach eine ausgezeichnete Stellung als Sozialarbeiter. Als er sich später beruflich verbessern wollte, hatte ich ihn für eine Beförderung vorgeschlagen, mich dafür eingesetzt, daß er ein zweijähriges Stipendium für ein Studium an einer amerikanischen Universität erhielt, und ihn nach Rückkehr zum stellvertretenden Rektor der Schule ernannt. Ich hatte seiner Familie geholfen, als sie in Schwierigkeiten gewesen war, und ihn am Telefon getröstet, wenn er mich von Amerika aus anrief und über Heimweh klagte.

Jetzt hatte er mir inmitten dieses turbulenten Schuljahres ohne jede Erklärung den Rücken gekehrt. Ich war verletzt und schockiert angesichts einer so wenig professionellen Einstellung.

## II.

Ich wage zu behaupten, daß im Herbst 1977 niemand im Iran den Sturz des Schahs auch nur im entferntesten vorausgesehen hat. Der Schah stützte sich auf eine Armee, in der eine halbe Million Soldaten diente, die von hochdotierten, treuen Generälen befehligt wurden und deren Spitze Tausende von »Unsterblichen« bildeten. Obwohl wir wußten, daß uns die Regierung mit ihrer Propaganda und ihren Lügen über die Stärke der Armee ständig Sand in die Augen streute, mußten wir doch annehmen, daß sie wenigstens teilweise die Wahrheit sagte, denn auch die ausländischen Medien berichteten von der starken Militärmacht Iran. Der Schah schien so unbesiegbar wie alle Gottkönige auf dem Thron des Kyros'.

Im Herbst wurde dann zum erstenmal deutlich, daß der Schah gar nicht unbesiegbar war. Zusammen mit Kaiserin Farah besuchte er Präsident Carter und dessen Frau in Washington. Der Besuch sollte der erste von einer Reihe von Austauschbesuchen sein. Als das Paar von Präsident Carter und seiner Frau auf dem Rasen vor dem Weißen Haus begrüßt wurde, hatten sich mehrere hundert iranische Studenten und andere Schahgegner zu einer Demonstration eingefunden. Die amerikanische Polizei ging mit Tränengas gegen die Demonstranten vor, aber das Tränengas wurde vom Wind in die Gesichter der beiden Ehepaare geweht.

Zu unserer großen Überraschung sahen wir am nächsten Tag in allen internationalen Zeitungen, wie sich der Schah mit einem Taschentuch die Tränen aus dem Gesicht wischte. Dieser Anblick löste einen Schock im ganzen Land aus, und selbst die entschiedensten Gegner des Schahs waren empört. Mir tat es leid, daß unser Land durch die unbeabsichtigte Demütigung unseres Herrschers sein Gesicht verloren hatte. Es war, als hätte ein glatter und glänzender Spiegel Risse bekommen. Ein Vierteljahrhundert lang hatte der Schah sein Volk durch seine Armee und seine grausamen Sicherheitskräfte in Angst und Schrecken versetzt. Jetzt war es einer Handvoll Studenten gelungen, ihn zum Weinen zu bringen. Zum erstenmal begriff das Volk, daß der Schah nicht Gott war, sondern ein menschliches Wesen, das verletzlich war wie jeder andere auch.

Die große Frage, die sich nun jedermann stellte, lautete: Würde Amerika seine Haltung gegenüber dem Iran nach dem Gegenbesuch von Präsident Carter ändern oder nicht? Wir waren davon überzeugt, daß der Schah stets tat, was die amerikanische Regierung von ihm verlangte. Viele Iraner, darunter auch ich, hofften und erwarteten, daß der Schah und Präsident Carter während des Besuches der Carters Ende Dezember, also zum westlichen Neujahr, die Gelegenheit nutzen würden, um endlich den Beginn einer neuen politischen Ära anzukündigen. Wir erwarteten uns Pressefreiheit und ein offenes Regierungssystem. Viele hofften sogar, daß der Schah gezwungen würde, wie zu Zeiten von Mossadeq die Macht an das Kabinett und den Madschles abzutreten und den Oberbefehl über die Armee niederzulegen.

Am 31. Dezember 1977 hörten Millionen von Menschen im Radio die Reden der beiden Staatsoberhäupter, die direkt übertragen wurden. Aber von einer neuen Ära war nicht die Rede. Präsident Carter lobte den Schah ob seiner »großartigen Führung«, die ihm nicht nur die Liebe und Bewunderung seines Volkes eingebracht, sondern auch unser Land zu einer »Insel der Stabilität« in diesem von Unruhen heimgesuchten Teil der Welt gemacht hätte.

Unsere erste Reaktion war Ungläubigkeit, dann folgten Verachtung und ein Gefühl der Beleidigung. Wie war es möglich, so fragten wir uns, daß die Vereinigten Staaten so unwissend waren und die Wahrheit so wenig kannten? Waren die Amerikaner wirklich so dumm?

Präsident Carter war weit davon entfernt, den Schah zu veranlassen, die Wiederherstellung der Demokratie anzukündigen. Seine Rede implizierte vielmehr, daß dessen Politik von der amerikanischen Regierung gebilligt wurde und daß er alles getan hatte, um den amerikanischen Interessen gerecht zu werden. Der Schah folgerte daraus nicht zu Unrecht, daß er, nachdem er die Schraube der Unterdrückung mit der linken Hand gelockert hatte, sie jetzt mit der rechten wieder anziehen konnte. Die Regierung glaubte, daß sie, was die Behandlung ihrer Gegner anbetraf, wieder freie Hand hatte, und ihr erster Schlag galt der religiösen Opposition. Durch das Netzwerk der Moscheen, das das ganze Land überzog, fanden die glühenden Predigten des Ajatollah Chomeini aus Nadschaf eine breite Zuhörerschaft. Der Schah, der nur im internationalen Kommunismus und im »Islamischen Marxismus« eine echte Gefahr sah, hielt den alten Geistlichen allerdings lange Zeit für ungefährlich.

Am 7. Januar 1978, eine Woche nach der Abreise der Carters, erschien ein Artikel in einer Teheraner Zeitung, der angeblich vom Informationsminister des Schahs stammte. Darin wurde der Klerus beschuldigt, zusammen mit dem internationalen Kommunismus an der Zerstörung der Weißen Revolution zu arbeiten. Ajatollah Chomeini wurde in schlimmster Form verleumdet und als britischer Agent bezichtigt. Am nächsten Tag fanden sich religiöse Führer, Studenten und Einwohner von Qom zu einem Protestmarsch zusammen. Die Regierung, die nun den Druck von seiten der Amerikaner nicht mehr fürchtete, befahl, die Menge mit

Waffengewalt auseinanderzutreiben. Dabei wurden Dutzende von Menschen getötet und Hunderte verletzt. Unter den Opfern befanden sich viele Mullahs und Theologiestudenten. Zum erstenmal seit 1963 hatten die Krawalle nicht auf einem Universitätsgelände stattgefunden, sondern auf den Straßen einer iranischen Stadt.

Dieser Vorfall erschütterte das ganze Land. Ich war sicher, daß der Schah diese schrecklichen Ereignisse zum Anlaß nehmen würde, die Gefühle seines Volkes endlich ernst zu nehmen und nicht länger »subversive Subjekte« für die Unruhen verantwortlich zu machen. Vielleicht würde er nun doch eine rechtschaffene Kommission ernennen, die nach den Gründen für unsere Unzufriedenheit forschen sollte. Doch wieder fiel ihm nichts anderes ein, als den »marxistischen Terroristen« die Schuld zu geben. Bald danach richtete Hoveyda trotz der Trauer um die Toten ein verschwenderisches Fest anläßlich der Veröffentlichung eines Buches aus, das der Schah geschrieben hatte. Die Kunde von dieser Gefühllosigkeit verbreitete sich unter den Menschen im Südteil von Teheran wie ein Lauffeuer. Dennoch gelang es der Partei der Neuerer am nächsten Tag, drei Millionen Anhänger zu mobilisieren, die »freiwillig« für den Schah marschierten.

All das verursachte mir Übelkeit. Menschen waren verwundet und getötet worden. Die Toten waren noch nicht ganz unter der Erde, und Hoveyda hatte nichts Besseres zu tun, als seinen Herrn mit Champagner zu feiern und Freiexemplare des Buches zu verteilen. Begriff nicht einmal er, daß das Leben und Sterben eines Volkes wichtiger waren als die Wahrung des Scheins? Es war, als schmückte der Hof bereits die Bahre für sein eigenes Begräbnis.

In diesem Winter und im darauf folgenden Frühjahr wurde unser Land von einer Welle der Gewalt, der Trauer und wieder Gewalt überrollt, wie wir sie zu unseren Lebzeiten noch nicht gesehen hatten. Unsere Religion fordert, daß jeder Tote, also auch die Toten vom Januar in Qom, nach vierzig Tagen mit einer Gedenkfeier geehrt wird. So fanden im Februar in mindestens zwölf Städten riesige Demonstrationen, an denen sich auch Frauen und Kinder beteiligten, im Gedenken an diese Toten statt. Als es in Täbris zu Unruhen kam und die örtliche Polizei sich weigerte, auf die Demonstranten zu schießen, ordnete die Regierung den Einsatz von Soldaten und Panzern an. Unzählige wurden verletzt und getötet. Während der Trauerfeiern zu Ehren dieser Toten im März kam es wiederum zu riesigen Protestmärschen, in deren Verlauf die Demonstranten gegen die Polizei kämpften und religiöse Fanatiker alle Symbole der »Verwestlichung«, derer sie habhaft werden konnten, zerstörten: ausländische Banken, Luxushotels, Spirituosengeschäfte und Kinos. Hunderte wurden getötet und Tausende verletzt. Jeder Tod lieferte nicht nur vierzig Tage später einen Grund für eine neue Demonstration, sondern trieb die Familien der Toten und Tausende von Mittrauernden in die Arme der religiösen Opposition.

Deren Führung schien allmählich ihr Ziel zu erreichen. Im Spätfrühling mußte General Nasiri als Chef der SAVAK gehen, der Schah kündigte freie und offene Parlamentswahlen an und versprach wieder einmal mehr Reformen. Er hielt jedoch weiterhin an seiner Meinung fest, daß die Trauermärsche und Proteste von Umstürzlern angezettelt worden waren. Er verweigerte sogar das Gespräch mit der Nationalen Front, die er jetzt nur noch als »Verräter« bezeichnete. Während er auf der einen Seite Entgegenkommen zeigte, verstärkte er auf der anderen seinen Polizeiapparat. Er wirkte dabei zugleich schwach und grausam, niemals jedoch beständig oder wirklich entschlossen. Sein Wankelmut war für mich und viele andere um so erschreckender, weil immer mehr Menschen an den Trauermärschen und Gedenkdemonstrationen teilnahmen. Jeden Monat wurde deutlicher, daß die Mullahs mehr und mehr an Einfluß gewannen, da sie sich auf Ajatollah Chomeinis eindringliche Predigten, ein zunehmend gutorganisiertes Netzwerk von Moscheen, nachbarschaftlichen Komitees und auf Untergrundgruppen in den Städten stützen konnten.

Unsere Arbeit in den Sozialzentren wurde immer schwieriger, und Unterricht in der Schule fand so gut wie überhaupt nicht mehr statt. Darum hielt ich im Mai Kurzexamina ab und schickte nach einer Abschlußfeier, die kürzer war als sonst üblich, alle in die Sommerferien. Die Aufregung in unserem Land überforderte vor allem meine Schüler und die jüngeren Lehrkräfte. Millionen von Iranern waren nach 1953, dem Jahr der Rückkehr des Schahs, geboren und aufgewachsen. Seit sie denken konnten, waren der Schah und die SAVAK allmächtig gewesen, doch auf einmal forderte jemand diese gewaltige Kraft heraus.

Ende Mai überreichte mir Hossein eine Kassette mit einer der Predigten von Ajatollah Chomeini. »Sie müssen sich anhören, was der Meister zu sagen hat, Chanom«, sagte er ganz aufgeregt. (Ajatollah Chomeinis Bewunderer nannten ihn jetzt einfach »Agha« oder »Meister«.) »Es ist so, wie ich Ihnen schon gesagt habe – der Meister sagt, wir müssen uns vom Schah befreien!«

Er warf mir einen unschuldigen, aber wissenden Blick zu. Hossein war wie die meisten einfachen Menschen ein treues Mitglied der Windpartei, und in seinen politischen Ansichten war er weniger neutral als absolut wankelmütig. Er und die anderen Bediensteten der Schule sprachen zwar über Chomeinis Ansichten, steuerten aber keine eigene Meinung in der einen oder anderen Richtung bei. Sie warteten ab, in welche Richtung der Wind blies.

Natürlich war ich gespannt darauf, Ajatollah Chomeini endlich selbst zu hören, und als ich nach Hause kam, hörte ich mir das Band sogleich an. Es war schon so oft abgespielt worden, daß manches nicht klar verständlich war, doch das, was ich hörte, war gewaltig, eindrucksvoll und erschreckend. Für den Ajatollah gab es zwei Sorten von Menschen: die Unterdrücker und die Unterdrückten. Der Hauptunterdrücker war der Westen, der mit seiner imperialistischen Kriegsmaschinerie ein Land besetzt hielt, das keine noblen Hotels, unanständige Kinos und Alkohol brauchte, sondern Lebensmittel und Wohnungen. Und während uns der Westen seine unmoralische Lebensweise aufzwang, verkaufte sein anmaßender und atheistischer Sklave, der Schah, unser Öl an eben diese Imperialisten und an Israel. Er beutete die Getretenen aus, unterdrückte unsere Verfassung und versagte dem Volk

Gerechtigkeit. Das Volk mußte sich erheben und ihn samt seiner vom Westen verdorbenen Gesellschaft stürzen.

Ich war verwirrt, schockiert und aufs äußerste beunruhigt. Natürlich wollte ich Gerechtigkeit , aber ich wollte nicht, daß alles, was der Schah geschaffen hatte, zerstört wurde. Ich wollte eine offene, ehrliche Regierung, die sich vor dem Parlament verantwortete, und eine demokratische Gesellschaft, an der alle teilhaben konnten. Mir war der Fanatismus in der Predigt zuwider, denn ich hielt ihn für unvereinbar mit dem Geist der Toleranz, den die Geschichte unseres Landes und die religiöse Tradition lehrten. Was mich jedoch am meisten beunruhigte, war, daß Ajatollah Chomeini anscheinend kein konstruktives Programm anbot.Ich fragte mich, wodurch er das, was wir hatten, ersetzen wollte.

Gleichzeitig war ich tief beeindruckt von der Predigt, deren eindringliche Wirkung durch ihre einfache Sprache erzielt wurde. Ajatollah Chomeini wußte ganz genau, wie er »die Unterdrückten und Entrechteten« ansprechen mußte. Er redete genauso wie ein Dorfmullah und verwendete Wörter, die jedem Arbeiter und jeder Hausfrau geläufig waren. Natürlich war es erfreulich, daß er Verständnis hatte für die Bedürfnisse der einfachen Menschen und daß er unsere Verfassung und ein gerechtes Regierungssystem unterstützte. Jetzt verstand ich auch, warum Hossein und unsere anderen Dienstboten so begeistert von ihm waren. Ajatollah Chomeini war ein Mann nach ihrem Herzen, einfach, unnachgiebig und unbestechlich, und seine Botschaft wurde von jedermann verstanden: Den Armen im Lande war das, was ihnen zustand, zu lange vorenthalten worden. Und dieser alte Mann, der in all den Jahren keinen einzigen Moment lang von seinem Ziel abgewichen war, forderte nun, daß sie ihren Unterdrücker stürzten und sich ihren gerechten Anteil einfach nahmen.

Im Juni und Juli war es auf den Straßen ruhig. Während der Sommermonate fand in unserer Schule kein Unterricht statt, denn die Schüler absolvierten ihre Praktika. Wie immer führte ich die Bewerbungsgespräche für das kommende

Schuljahr. Im Herbst würde sich die Teheraner Schule für Sozialarbeit zum erstenmal der mehr als eintausend Studenten rühmen können, vorausgesetzt, es gab überhaupt ein nächstes Schuljahr. Es dauerte nicht mehr lange, bis ich daran ernsthaft zu zweifeln begann.

Um der Inflation Einhalt zu gebieten und damit den Unruhen Zündstoff zu nehmen, gestattete der Schah seinem Premierminister Amusegar, die Staatsausgaben zu kürzen. Die Kürzungen führten jedoch zu Massenentlassungen und folglich zu noch mehr Unzufriedenheit. Plötzlich stellten Tausende, wenn nicht Millionen, von Arbeitern und entwurzelten Landbewohnern, deren tägliches Brot von den Regierungsprojekten im Städte- und Wohnungsbau abhing, fest, daß sowohl die Arbeit als auch das Geld knapp wurden.

Nun geriet das ganze Land in Aufruhr. Überall fanden Streiks und Massenprotestaktionen statt, bei denen es immer wieder zu Ausschreitungen kam. Polizei und Armee schlugen brutal zu. In Isfahan kam es zu furchtbaren Massakern.

Die schlimmste Katastrophe ereignete sich in Abadan. Als der Schah am 19. August den 25. Jahrestag seiner Rückkehr auf den Thron feierte, kamen in Abadan fast vierhundert Menschen, in der Hauptsache Frauen und Kinder, in einem Feuer um, das in einem Kino ausgebrochen war.

Die Regierung schob die Schuld auf religiöse Fanatiker, doch niemand glaubte ihren Aussagen. Die meisten hielten es für wahrscheinlicher, daß die SAVAK dieses schreckliche Verbrechen begangen hatte. Als die Toten in einem Massenbegräbnis beigesetzt wurden, verlangten Tausende von Verwandten und andere Trauernde den Sturz des Schahs und seiner Dynastie.

Nicht zum ersten Mal versuchte der Schah, die Schuld an den Problemen des Landes dem Westen in die Schuhe zu schieben. Der Westen, so erklärte er drei Tage nach dem Feuer im französischen Fernsehen, unterstütze ihn nicht mehr, sondern hetze statt dessen seine Feinde auf. Gleichzeitig drohte er, daß sein Sturz auch negative Folgen für Amerika und Großbritannien haben würde. Und wieder machte er einen Rückzieher, indem er Premierminister Amusegar durch seinen alten Kameraden Dschafar Scharif-Emami ersetzte. Ich war über diese zweifelhafte Wahl gar nicht erfreut. Scharif-Emami war der Chef der berüchtigten Pahlawi-Stiftung gewesen und trug den Spitznamen »Mister Fünf Prozent«, nach der Höhe seines Schmiergeldes für die Vermittlung zwischen westlichen Firmen und der Regierung. Erneut versprach der Schah baldige freie Wahlen und eine parlamentarische Regierung. Politische Häftlinge wurden freigelassen, die Presse durfte über Arbeitskämpfe und über die Opposition berichten, und der neue Premierminister bemühte sich sogar um eine Einigung mit der Nationalen Front.

Den gläubigen Moslems kam er entgegen, indem er den verhaßten »monarchischen« Kalender und das Ministerium für Frauenangelegenheiten wieder abschaffte. Er ging sogar so weit, daß er eine Säuberungskampagne startete, um sich bekannter Persönlichkeiten zu entledigen, von denen man wußte oder annahm, daß sie Bahais waren. Dazu zählte auch Hoveyda, dessen Vater angeblich ein Bahai gewesen war.

Für kurze Zeit schienen diese Strategien Erfolg zu haben. Regierung, Nationale Front und gemäßigte religiöse Führer schienen tatsächlich fähig zusammenzuarbeiten. Vielleicht würden sie das Land sogar langsam zu den demokratischen Wahlen führen, die der Schah versprochen hatte? Doch dann ereignete sich ein weiteres Unglück, das das Feuer in Abadan wie ein Vorspiel erscheinen ließ.

Am 4. September bewegten sich riesige Protestzüge durch die Straßen der Hauptstadt. Die Menschenmenge, die sich aus Männern und Frauen aller Klassen und verschiedener politischer Richtungen zusammensetzte, schrie wie aus einer Kehle die bekannteste Parole der Oppositionsbewegung: *»Allahu akbar, Chomeini rabar«:* »Gott ist allmächtig, Chomeini ist unser Führer.« Im Laufe der nächsten drei Tage schlossen sich immer mehr Menschen den friedlichen Demonstrationen an. Allmählich veränderte sich die Stimmung, bis schließlich über eine halbe Million Menschen in Sprechchören den Sturz des Schahs forderten. Sie verlangten den Abzug aller Amerikaner aus unserem Land, die Rückkehr von Ajatollah Chomeini aus dem Exil und, zum ersten Mal, eine islamische Republik. An Hauswänden, in Hauseingängen und auf Fahnen las man jetzt die Botschaften: »Tod dem Schah und den Imperialisten«, »Ajatollah Chomeini muß heimkehren«, »Wir wollen eine islamische Republik«.

Am Freitag, dem 8. September, versammelten sich Tausende von Menschen zu einem Sitzstreik auf dem Dschale-Platz in Südteheran. Niemand wußte, daß der Schah am Abend zuvor sein Kabinett gezwungen hatte, das Kriegsrecht zu verhängen. Als die Menge sich weigerte, sich auf Befehl der Soldaten zu zerstreuen, eröffneten diese das Feuer und schossen blindlings auf die wehrlosen, friedlichen Menschen. Diese Soldaten unterstanden einem General, der eben erst zum Gouverneur der Hauptstadt ernannt worden war, einem Mann, der schon einmal im Juni 1963 angeordnet hatte, auf Demonstranten zu schießen. Auf dem Dschale-Platz sah es danach aus wie auf einem Schlachtfeld, und es gab unzählige Verletzte und Tote. Das Massaker dauerte einen ganzen Tag, und der 8. September ging als »Schwarzer Freitag« in die Geschichte des Iran ein.

Diese grausamen Ereignisse zerstörten jede Hoffnung auf einen politischen Fortschritt, ja sogar auf eine Rückkehr zur Normalität. In jeder Gemeinde und in jeder Stadt bildeten bärtige junge Männer mit Unterstützung der Moscheen Komitees, die von Haus zu Haus zogen und die Bewohner drängten, sich den Protesten anzuschließen. Sie verteilten Flugblätter und Kassetten mit Ajatollah Chomeinis Predigten. Überall wurde gestreikt – auf den Ölfeldern und in den Raffinerien, in den chemischen Fabriken und in anderen wichtigen Industriezweigen. Die Massendemonstrationen gingen weiter.

Die Demonstranten wurden mit jedem Tag zahlreicher und mutiger, denn die Menschen hatten ihre Angst vor der SAVAK verloren. Die Männer rasierten sich nicht mehr und trugen Hemden ohne Krawatten, die Frauen kleideten sich schwarz und legten den islamischen Schleier an. Eines Tages wollte einer unserer Schüler einem Cousin, den er ganz stolz als Mitglied der Modschahedin vorstellte und der erst vor kurzem nach einer sechsmonatigen Haft aus dem Gefängnis entlassen worden war, die Schule zeigen. Selbst die Polizei wurde Brandstiftern gegenüber immer nachsichtiger, die Feuerwehr löschte die Brände in Banken und Spirituosengeschäften nicht mehr, die Zivilgerichte weigerten sich, Demonstranten zu verurteilen. Der Druck von seiten der Mullahs und der Untergrundkämpfer wurde stärker, und das Volk wartete einfach ab, um sich im richtigen Augenblick für die richtige Seite zu entscheiden.

Natürlich konnten wir keinen Unterricht abhalten, weil Hunderttausende von Beamten und privaten Arbeitnehmern streikten und sich dem Heer der Demonstranten zugesellten und damit das ganze Land lahmlegten, darunter auch die meisten unserer Sozial- und Familienplanungszentren.

Angesichts des offensichtlichen Erfolges der Haßkampagne von Premierminister Scharif-Emami gegen religiöse Minderheiten, bat ich die beiden Bahais, unsere einzige jüdische Mitarbeiterin, Esther, und unsere armenischen Lehrkräfte, so lange (bezahlten) Urlaub zu nehmen, bis sich die Lage beruhigt hatte.

Ich schickte auch einen amerikanischen Wissenschaftler nach Hause, dem ich sein gesamtes Jahresgehalt bezahlte, denn ich konnte für seine Sicherheit nicht mehr garantieren.

Am Tag nach dem Massaker versicherte der amerikanische Präsident Carter den Schah seiner Freundschaft und der zukünftigen Unterstützung Amerikas. Für die Menschen in unserem Land wirkte das, als hieße die Regierung der Vereinigten Staaten die Bluttat, die die meisten ohnehin für das Werk der CIA und der Briten hielten, auch noch gut. »Raus mit dem Sklaven Amerikas«, schrie die Menge. »Fünfzig Jahre Monarchie, fünfzig Jahre Lug und Trug! Gott ist allmächtig, Chomeini ist unser Führer!«

Anfang Oktober überredete die iranische Regierung den irakischen Präsidenten Saddam Hussein, Ajatollah Chomeini auszuweisen. Diese Aktion, mit der die Regierung die Verbreitung der Kassetten und Predigten aus Nadschaf einzudämmen hoffte, war ebenso kurzsichtig wie der Artikel, der zu den Unruhen im Januar geführt hatte. Da die iranische Regierung keine Wünsche in bezug auf den weiteren Verbleib Chomeinis äußerte, reiste dieser nach Frankreich, wo er sich mit seinem ganzen Haushalt in der Nähe von Paris niederließ. Von dort aus ging seine Botschaft nun mit Hilfe der westlichen Medien in die ganze Welt.

Jetzt sahen die einfachen Menschen zum erstenmal Fotos von Ajatollah Chomeini. Auf den Bildern saß er in schlichtem grauem Gewand sowie schwarzem Umhang und Turban in einem karg eingerichteten Zimmer auf einem einfachen Gebetsteppich und hielt ein Mikrophon in der Hand. Seine Botschaft war noch immer die gleiche: Er forderte eine islamische Regierung und behauptete, wenn Korruption, westlicher Imperialismus und Zionismus erst einmal abgeschafft und die Herrschaft des Korans und der Gesetze Gottes gefestigt wären, würden alle Bürger außer den Bahai-Ketzern religiöse und politische Freiheit erhalten. Ganz wichtig war, daß in der neuen Gesellschaft die Armen all die Dinge kostenlos bekommen sollten, die sie zu einem guten Leben brauchten: Wasser, Wohnungen, Benzin, Elektrizität und Transportmittel. Die Mitglieder der Opposition strömten zu dem gemieteten Haus in Neauphle-le-Château, um dem Ajatollah ihre Aufwartung zu machen. Wenn sie dann nach Hause zurückkehrten, priesen sie seine Einfachheit, seine Frömmigkeit und sein Engagement für den Kampf gegen Imperialismus, Ungerechtigkeit und Korruption. Jeder im Iran konnte nun die Interviews hören, die er für das persische Programm der BBC gab.

Obwohl die Regierung darüber empört war, übertrug die BBC unzensierte, oppositionsfreundliche Berichte über die Streiks und Unruhen.

Ende Oktober griff die Welle der Zerstörung von Kinos, Spirituosengeschäften und anderen sichtbaren Zeichen der Korruption der Pahlawi-Dynastie und der »Imperialisten« auch auf kleinere Städte über. Durch die Ausdehnung des Streiks der Ölarbeiter wurde nun nicht einmal mehr die Menge Öl gefördert, die das Land für den Eigenbedarf brauchte. Der Schah, der einsah, daß sein Premierminister Scharif-Emami nichts ausrichten konnte, suchte verzweifelt nach einem geeigneten Ersatz.

Gerüchte besagten, daß der Schah Dr. Ali Amini das Amt übertragen wollte, jenem Mann, den er bereits 1961 einmal zum Premierminister ernannt hatte. Das war die erste gute Neuigkeit seit Monaten, aber der Schah weigerte sich dann, auf Aminis Bedingungen einzugehen.

Als ich das hörte, vergrub ich mein Gesicht in den Händen. Was würde als nächstes passieren? Der Schah war zugleich unerbittlich und schwach. Die einfachen Menschen wollten seine Regierung stürzen, weil sie ihn und Amerika nicht nur für die Unterdrückung und die Korruption verantwortlich machten, sondern für sämtliche Enttäuschungen ihres Lebens. Ajatollah Chomeinis Reden verleiteten sie zu dem Glauben, daß ein anderer die erhofften Wunder für sie vollbringen würde. Aber woher sollten diese Wunder kommen? Keiner, auch nicht der Ajatollah selbst, schien irgendeinen Plan zu haben.

## III.

Die Schule war wie ausgestorben, doch weil ich entschlossen war, allen zu beweisen, daß Sozialarbeiter nicht aufgaben, fuhr ich jeden Tag von Galandvak in die Stadt und war immer pünktlich in meinem Büro. Ich hielt den Kontakt mit den wenigen Sozialzentren in Teheran und den Provinzen, in denen noch gearbeitet wurde. Esther, die sich zu Hause langweilte, bestand darauf, in die Schule zu kommen, und auch Hossein tauchte meist auf, und ebenso unser Nachtwächter und Hausmeister, Sabi, ein dünner, aber fleißiger junger Mann vom Land, der in einer der Barackensiedlungen lebte. Sabi brachte mir immer Tee, wenn er das Gefühl hatte, daß ich zuviel arbeitete. Auch einer unserer Gärtner, ein mürrischer alter Mann, war meistens anwesend. Gelegentlich schauten noch Samani und Minu vorbei.

Seit dem Schwarzen Freitag half mir eine Gruppe von ungefähr zehn Schülern Geld zu sammeln, von dem wir Arzneien und Verbandsmaterial für das Städtische Krankenhaus kauften.

Eines Nachmittags Anfang November erhielt ich einen Telefonanruf von einem unserer Sozialzentren, die wir für die Frauen im Bordellviertel der Stadt eingerichtet hatten. Das Viertel hieß Qale oder »Festung«, da es von einer Mauer umgeben war. Der aufgeregte Direktor erklärte mir, daß eine Meute von »Bärten«, so wurden die fanatischen Anhänger des Klerus' mittlerweile genannt, damit drohe, das ganze Viertel niederzubrennen. Die Polizei und die Feuerwehr weigerten sich einzugreifen.

Voller Entsetzen rannte ich aus meinem Büro und befahl Sabi, ein paar Studenten zusammenzutrommeln. Ich packte alle in meinen Kombi und fuhr so schnell ich konnte in Richtung Süden, vorbei an vernagelten Geschäften, Straßenbarrikaden und mehreren kleineren Gruppen von singenden Demonstranten. Als wir eine halbe Stunde später im Sozialzentrum ankamen, stieg aus einigen der erbärmlichen kleinen Häuser bereits Rauch auf. Mehrere Frauen standen mitten auf der Straße und verfluchten lauthals ihre Peiniger. Die bärtigen, schwarzgekleideten Unruhestifter zogen mit ihren Fackeln und Kerosindosen bereits weiter zum nächsten Haus.

Ich war entsetzt. Die Frauen im Qale waren Analphabetinnen und häufig rauschgift- und alkoholabhängig. Viele waren vom Land in die Stadt gelockt oder direkt ins Bordell verkauft worden. Damit waren sie Ausgestoßene und konnten nicht zu ihren Familien zurückkehren. Diese bemitleidenswerten Frauen waren vollkommen schutzlos, sie waren die ärmsten und hilflosesten Kreaturen im ganzen Land.

Direkt auf der anderen Seite der Mauer befanden sich Feuerwehrhaus und Polizeistation, doch nicht ein einziger Uniformierter war in Sicht. Ich war außer mir vor Empörung, als ich begriff, daß Polizei und Feuerwehr lieber das ganze Viertel abbrennen ließen, als sich den »Bärten« entgegenzustellen.

Die Studenten und die männlichen Angestellten des Sozialzentrums hatten sich ein paar Eimer besorgt und mit dem Löschen begonnen. Zu Fuß rannte ich zur Polizeistation, wo ich einen beschämt dreinblickenden Hauptmann anflehte, den Frauen zu Hilfe zu kommen. Auch wenn diese Frauen in den Augen der Religion Sünderinnen waren, so durften sie und die anderen Bewohner des Viertels nicht ebenso sterben wie die Frauen und Kinder in Abadan. »Sie wissen, daß das Unrecht ist«, erregte ich mich. »Wenn Sie und Ihre Männer gottesfürchtige und fromme Menschen sind, dann müssen Sie den Schwachen helfen, gleichgültig womit diese ihren Lebensunterhalt verdienen!« Schließlich willigte er ein, ein paar Polizeibeamte hinzuschicken.

Daraufhin rannte ich zur Feuerwehrwache, wo ich dem zögerlichen Hauptmann erklärte, daß ich unbedingt die Hilfe seiner Männer brauchte. Als wir ankamen, hatten die Schüler sowie der Direktor und die Angestellten des Sozialzentrums das Feuer im ersten Haus fast gelöscht. Beschämt rannten die Feuerwehrmänner schließlich zur Feuerwehrwache zurück, um ihre Geräte zu holen. Als schließlich auch blaue Polizeiuniformen auftauchten, ergriffen die Unruhestifter die Flucht. Ich rief den Polizisten zu, die Fanatiker zu ergreifen und zu verhaften, aber sie schienen taub zu sein. Nach ungefähr vier Stunden waren schließlich alle Feuer gelöscht, die die »Bärte« gelegt hatten, und ich fuhr mit meinen erschöpften Schülern zur Schule zurück. Ich vermutete, daß sie die Aufrührer kannten, aber weil Chomeini von so vielen unserer Schüler verehrt wurde, selbst von solchen, die nicht religiös waren, hielt ich es für klüger, sie nicht zu fragen, ob diese Raufbolde zu seinen Anhängern gehörten.

Wenige Tage später rief mich der Assistent eines hohen Geistlichen an, dessen Name mir unbekannt war. Der Anrufer erklärte, der Geistliche habe von dem Vorfall im Qale gehört. »Ajatollah Mahmud Taleqani spricht Ihnen sein Lob aus für Ihre Tat. Sie haben gut und mutig gehandelt.«

Überrascht und etwas verlegen murmelte ich etwas ins Telefon und legte auf, denn ich konnte die Bedeutung des Anrufes nicht einschätzen. Wie die meisten unpolitischen und nicht religiösen Menschen kannte ich keinen Führer der religiösen Opposition, ausgenommen Ajatollah Chomeini und Ajatollah Schariatmadari, und diese auch nur dem Namen nach. Noch am gleichen Tag fragte ich Dadasch, ob er wüßte, wer Taleqani war, aber auch er wußte es nicht. Von Abbas erfuhren wir schließlich, daß Ajatollah Taleqani der populärste und zugleich humanste aller Mullahs war. Obwohl er gegenwärtig mit den radikalen Modschahedin in Verbindung stand, war er früher ein treuer Anhänger Mossadeqs und der Nationalen Front gewesen. Auch Ahmad Mossadeq kannte ihn gut. Erst vor kurzem war Taleqani aus politischer Haft entlassen worden.

Ich war überrascht und fragte mich, wie er wohl von dem Vorfall im Qale erfahren hatte, der angesicht all dessen, was auf unseren Straßen passierte, eher unbedeutend war.

Am 4. November kam es dann zu den schlimmsten Unruhen, die Teheran bis dahin gesehen hatte. Vor der Universität schossen Soldaten auf Studenten, als diese im Gedenken an den 14. Jahrestag der Ausweisung von Ajatollah Chomeini in den Irak versuchten, ein Denkmal des Schahs umzustürzen. Am nächsten Tag fanden sich Hunderttausende zu Protestmärschen in der Innenstadt zusammen. Europäische Geschäfte auf der Chiaban-e Lalesar, öffentliche Gebäude, Banken, Verwaltungszentren ausländischer Firmen und das britische Botschaftsgebäude gingen in Flammen auf. Die Demonstranten errichteten Straßenbarrikaden, um den Panzern, von denen aus auf unbewaffnete Menschen geschossen wurde, den Weg zu versperren.

Am späten Nachmittag ließ sich der Schah mit einem Hubschrauber über die Stadt fliegen, um die verkohlten Ruinen zu besichtigen. Es hieß, er war bestürzt, verwirrt und einem Nervenzusammenbruch nahe, weil die Amerikaner sich jedes Kommentars zur weiteren Vorgehensweise enthielten.

Am Abend des 6. November hielt der Schah eine Ansprache im Fernsehen. Mit Tränen in den Augen und zitternder Stimme erklärte er, das Volk habe sich zu Recht gegen Unterdrückung und Korruption erhoben. Er, der Herrscher, habe die »revolutionäre Botschaft« vernommen, unterstütze sie und wolle »vergangene Fehler« wiedergutmachen. Deshalb habe er Scharif-Emami entlassen und eine Militärregierung eingesetzt. Der neue Premierminister hieß General Gholam Resa Ashari.

Der Schah blieb weiterhin ein vollkommen unfähiger

Herrscher. Ich war verzweifelt. Das Volk wollte ihn nicht mehr, aber er war nicht bereit, abzutreten. Auch seine neue Militärregierung war von vornherein zum Scheitern verurteilt. General Ashari war ein alter, kranker Mann, der nicht die Kraft hatte, sich gegen die Mullahs, die eifersüchtigen Generäle des Schahs und den Schah selbst zu behaupten. Als der Schah die Bedingungen Dr. Aminis abgelehnt hatte, hatte er sein eigenes Todesurteil unterschrieben.

In einer Antwort auf die Rede des Schahs ließ Chomeini aus Paris verlauten, daß der Schah abdanken und sich vor einem islamischen Gericht verantworten müßte. Das Volk sollte weiterkämpfen, bis die Monarchie zerstört war. Mehdi Basargan und Karim Sandschabi, zwei der angesehensten Führer der Nationalen Front, flogen zu Chomeini nach Paris, wo sie sich den Forderungen des Geistlichen nach Einführung einer demokratischen, islamischen Republik anschlossen. Die Nationale Front, so hieß es, schließe nun jedes Mitglied aus, das den Schah und die gegenwärtige Regierung weiterhin unterstütze.

Gleichzeitig tat der Schah so, als bekämpfte er Korruption und Unterdrückung, indem er zahlreiche Regierungsbeamte verhaften ließ, darunter auch den berüchtigten General Nasiri und seinen treuen alten Diener Hoveyda. Obwohl Hoveyda in meinen Augen ein schlechter Premierminister gewesen war und zwölf wertvolle Jahre verschwendet hatte, hielt ich diese Tat für verabscheuungswürdig. Anstatt zurückzutreten, machte der Schah seine Diener zu Sündenböcken. Er war vollkommen blind und unfähig zu begreifen, was wir von ihm wollten, von ihm und nicht von seinen Lakaien. Sobald Sandschabi und Basargan nach Teheran zurückgekehrt waren, ließ er auch sie als Verräter verhaften.

Das ganze Jahr über hatten viele hohe Beamte, die die Zeichen der Zeit zu deuten wußten, große Vermögen außer Landes geschafft. Viele, die durch den Ölboom und durch Korruption reich geworden waren, hatten das Land bereits verlassen. Nach der Ansprache des Schahs am 6. November reisten nun auch viele aus: Ärzte, Industrielle und Freiberufler, die im Westen studiert hatten. Ungefähr eine Woche nach dieser Fernsehansprache rief mich ein guter Freund an, ein Arzt, der bei der Einführung der Familienplanung sehr aktiv gewesen war. Er teilte mir mit, daß er sein Haus verkauft hatte und mit seiner Frau und seinen Kindern nach London ging. Er riet mir dringend, alles zu verkaufen und ins Ausland zu gehen. Ich war erstaunt über seine Entscheidung und hielt ihm entgegen, daß er nicht gehen dürfte. Er habe doch nichts Unrechtes getan, und ich auch nicht.

Mein Freund erwiderte, daß es bald keine Rolle mehr spielen würde, was er getan oder nicht getan hatte. Da er in England studiert hatte, war er in den Augen derer, die für eine islamische Republik kämpften, genau wie ich »vom Westen vergiftet« und darüber hinaus Agent der Imperialisten und Zionisten. »Vielleicht wird Chanom Farman-Farmaians heldenhafte Arbeit für die Armen beim Agha mehr gelten als die Arbeit eines einfachen Arztes. Aber ich bin mir ziemlich sicher, daß ich nicht in dem Iran leben möchte, den er schaffen will. Glaub mir, Satti, es ist Zeit zu gehen.«

Ich war schockiert, denn ich konnte einfach nicht glauben, daß er mir ernsthaft vorschlug, ich sollte mein Land verlassen. Ich hatte keineswegs diese Absicht, denn meine Brüder, unsere jüngste Schwester Chorschid und alle Söhne meiner Stiefmütter waren entschlossen zu bleiben. Die Farman-Farmaians hatten nie Geld ins Ausland geschafft und es nie anderswo als im eigenen Land investiert. Wir waren eine alte Familie, und wir trugen Verantwortung. Ich selbst konnte die Schule nicht im Stich lassen, und meine Brüder mit ihren großen Firmen mußten sich um ihre Angestellten kümmern. Wir gehörten nicht zu denen, die an die Riviera flüchteten, wenn es zu Hause brenzlig wurde, denn wir wollten die, die von uns abhängig waren, nicht ihrem Schicksal überlassen, wie das die feigen Beamten und korrupten Neureichen getan hatten, die nur ihr Geld in Sicherheit bringen und ihre eigene Haut retten wollten. Was meine »antiislamische Haltung« anbetraf, so hatte ich mit Sicherheit nichts zu fürchten. Wer würde mir wohl Schaden zufügen wollen? Ich hatte mein ganzes Leben in den Dienst der »Besitzlosen« gestellt. Wenn Sozialarbeit nicht islamisch war, dann war nichts islamisch.

Jeden Tag verstärkte sich mein Gefühl, daß auch unsere Familie allmählich auseinanderfiel. Ich vermißte die Frauen, die im Ausland waren, und vor allem Mitra, Kavyon und meine kleine Enkelin. Mir war, als bräche ein Stein nach dem anderen aus den Grundmauern der Existenz unserer Familie. Erst vor kurzem hatten wir feststellen müssen, daß auch Chanom nicht mehr sehr lange unter uns sein würde.

Mit der körperlichen und seelischen Gesundheit meiner inzwischen über achtzigjährigen Mutter hatte es in den letzten Jahren nicht zum Besten gestanden. Nach dem Tod von Batul-Chanom im Jahr 1975 hatte meine Mutter ihre Lebensfreude verloren. Sie war nur glücklich, wenn sie von der Freundin sprechen konnte, mit der sie sich so oft über die Mullahs gestritten und die sie immer zum Lachen gebracht hatte.

Ihre Trauer hatte ihr schließlich den Lebensmut geraubt. In letzter Zeit war sie sogar zu schwach gewesen, das Bett zu verlassen. Dschabi verbrachte inzwischen die Nacht in ihrem Haus, und Dadasch und die übrigen Kinder besuchten sie jeden Tag. Um Dschabi zu entlasten, übernachtete ich einoder zweimal in der Woche bei meiner Mutter, anstatt nach Galandvak zu fahren. Zuweilen drang das Geräusch von Autohupen in ihr Schlafzimmer. Als sie einmal danach fragte, beruhigte Dschabi sie mit den Worten: »Mach dir keine Sorgen, Chanom. Es ist nur eine Demonstration. Du weißt doch, gegen den Schah.«

»Ja«, sagte jemand anderer, um sie zu necken, »Ajatollah Chomeini kehrt zurück und übernimmt die Macht. Die Armen bekommen kostenlos Benzin und eine Freifahrkarte nach Qom. Bist du damit zufrieden, Chanom?«

Meine Mutter sah gar nicht glücklich aus. »Gott bewahre uns davor, daß die Mullahs an die Macht kommen«, sagte sie. »Die Religion soll Religion bleiben.«

Ende November wurde Chanoms Zustand besorgniserregend, und Dadasch brachte sie in das private Pars-Krankenhaus, wo sie sehr viel besser versorgt werden konnte als zu Hause. Von ihrem Zimmer aus blickte man auf den breiten Elisabeth-Boulevard, von wo die Rufe »Gott ist allmächtig.

Chomeini ist unser Führer« nach oben drangen. Manchmal fürchtete sie sich, wenn sie den Lärm draußen hörte.

Eines Mittags, als in der Schule nichts zu tun war, fuhr ich ins Krankenhaus. Chanom schlief, als ich ihr Zimmer betrat und mich ans Bett setzte. Ein Gefühl der Dankbarkeit stieg in mir hoch, hatte sie doch die letzten Jahre ihres Lebens noch genießen dürfen! Schahsade hatte ihr nie Schmuck geschenkt, aber sie war immer mit dem zufrieden gewesen, was Gott ihr gegeben hatte. Manchmal, wenn sich eine jüngere Verwandte mit den Geschenken ihres Mannes brüstete, hob sie den Kopf und sagte voller Stolz, aber mit einem Augenzwinkern: »Ja, ja, junge Frau, schöne Ringe hast du, aber Schahsade hat mir viel schönere Juwelen geschenkt. Sabbar«, sagte sie mit einem Blick auf Dadasch, »ist mein Diamant. Dschabi ist mein gottesfürchtiger Smaragd in Grün, der Farbe des Propheten, und Satti ist mein feuriger Rubin. Forugh und Ghafar und Raschid sind meine Granate und Opale, Homi und Sori und Chorschid meine Perlen und Saphire. Du siehst, ich bin reich.«

Das Hupen draußen auf der Straße riß mich aus meinen Tagträumen. Genau in dem Moment wachte meine Mutter auf und sah mich an. In ihrem Blick lag keine Angst. Ihre Augen waren auf das Amulett gerichtet, das ich an diesem Tag um den Hals trug. Ich hatte es vor etlichen Jahren in Ägypten gekauft: ein schwarzer Onyx, der mit winzigen Diamanten in Form von arabischen Buchstaben eingefaßt war. Da es eines der wenigen Schmuckstücke war, die ich besaß, hatte meine Mutter es oft gesehen.

»Wirklich schön«, sagte Chanom und lächelte.

Kurz darauf fiel sie ins Koma und starb, ohne noch einmal das Bewußtsein erlangt zu haben. Wir hielten eine einfache Trauerfeier im engsten Familienkreis ab, weil die nervösen Soldaten des Schahs immer wieder auf Trauernde schossen. Erst viel, viel später fiel mir wieder ein, daß meine Mutter auf das Amulett geschaut hatte. Die winzigen Steine waren wahrscheinlich die letzten Buchstaben, die meine Mutter vor ihrem Tod gesehen hat. Die kleinen Diamanten gestalteten das Wort »Allah«.

# IV.
# ERDBEBEN

## 14. Schwarzer Rauch und Feuer

*Immer dann, wenn der Perser vom Enthusiasmus für einen Menschen, eine Lehre oder eine Sache ergriffen wird, überschreitet sein Heldenmut alle Grenzen.*

Edward Granville Browne
*The Persian Revolution of 1905–1909*

Am 2. Dezember, dem Beginn des zehntägigen Moharram-Festes, nahm die Gewalt auf den Straßen wieder zu. Ajatollah Chomeini rief dazu auf, sich zusammenzuschließen, sich zu opfern wie einst Emam Hossein und zu kämpfen, bis die Soldaten ihre Waffen wegwarfen. Menschenmengen füllten die Straßen, zornige Männer mit Bärten und Frauen in schwarzen Schleiern erhoben die Fäuste und schrien Parolen. Setzte man einen Fuß in die Stadt, hatte man das Gefühl, im Auge eines Wirbelsturms gefangen zu sein. Bis zu einer Million Menschen wälzten sich gleich einem schwarzen Fluß über die Chiaban-e Schah Resa.

General Asharis Militärregierung konnte gegen Chomeini nichts mehr ausrichten, denn jetzt standen nicht mehr nur die Armen hinter ihm, sondern auch weite Teile der Mittelklasse. Selbst ich konnte mich trotz meiner großen Vorbehalte der allgemeinen Aufregung nicht entziehen. Dieser zerbrechlich wirkende, einfache alte Mann, der seine Kraft und Ernsthaftigkeit durch seine jahrelangen Entbehrungen und seinen unerbittlichen Haß auf die Pahlawis bewiesen hatte, sprach nun endlich im Namen aller Hosseins, Sabis und Maschdis. Seit Mohammed Mossadeq hatte keiner unserer Führer mit solcher Überzeugung, Festigkeit und Begeisterung im Interesse der Millionen Namenlosen gesprochen. Verkriecht euch nicht in eure Häuser, lautete die Botschaft des Agha. Wer nach Hause geht, ist ein Verräter. Glaubt nicht, was der Schah und seine Regierung euch gestern gesagt haben, sie lügen. In einer islamischen Republik wird es keine Ungerechtigkeit mehr geben, wir werden die Verfassung wieder achten, die Regierung wird für euch sorgen, anstatt euch auszubeuten und zu unterdrücken, und ihr werdet alles haben, was ihr braucht, und zwar umsonst.

Es kam zu blutigen Straßenschlachten. Nachts standen Hunderttausende in bitterer Kälte auf ihren Dächern und riefen: »Gott ist allmächtig!«, und Tausende hüllten sich in weiße Gewänder und trotzten der Ausgangssperre, die die Militärregierung verhängt hatte. In der Nachfolge Emam Hosseins und seiner Familie marschierten sie durch die Straßen und waren bereit, den Märtyrertod für die Revolution zu sterben. An Aschura, dem letzten Tag des Moharram-Festes, führten Karim Sandschabi und Ajatollah Taleqani einen Demonstrationszug von zwei Millionen Menschen durch die Stadt an. Die Demonstranten forderten die Rückkehr von Ajatollah Chomeini, die Abschaffung der Monarchie, eine islamische Regierung und soziale Gerechtigkeit. Hossein erzählte mir aufgeregt, daß die Mullahs in den Moscheen verkündet hatten, daß als Zeichen Gottes die Gesichtszüge des Agha auf dem Mond erscheinen würden. In der benannten Nacht stiegen Millionen von Iranern auf ihre Dächer, um das Wunder zu bestaunen. Ich widersprach Hossein nicht.

Überall hörte man Schüsse, denn die Armee feuerte immer wieder in die dichtgedrängten Menschenmengen. Doch die Demonstranten bewarfen die Panzer und Soldaten mit Nelken. »Brüder in der Armee«, riefen sie, »warum tötet ihr eure Brüder?« Als diese schauerlichen Worte aus Millionen von Kehlen erklangen, schienen sie sich wie das Rauschen des Meeres zu einer einzigen Stimme zu vereinen. Ajatollah Chomeini behielt recht: Weinende junge Soldaten, die es müde waren, auf ihre Landsleute zu schießen, rissen sich ihre Abzeichen von der Brust, stolperten in die Menge und überließen ihre Gewehre den Demonstranten. Es wunderte mich nicht, daß mit jeder Woche mehr junge Männer aus der Armee desertierten.

In den vergangenen Monaten waren zudem immer mehr bedrohlich wirkende Vergeltungskommandos aufgetaucht. Es handelte sich dabei um bewaffnete junge Männer, die die Straßen unsicher machten und einzelne Armeepatrouillen und kleine Polizeistationen angriffen. Im Gegensatz zu den

Rowdys, die das Qale gestürmt hatten, gaben sich diese Gruppen ein militärisches Aussehen. Einige von ihnen hatten sich Armeefahrzeuge verschafft, und viele trugen dicke grüne Parkas, Armeekleidung oder Che-Guevara-Mützen und Stirnbänder. Andere vermummten sich mit Motorradhelmen, Skimasken, Sonnenbrillen oder Wollmützen, die sie tief ins Gesicht zogen. Ich erfuhr, daß einige von ihnen angeblich von der PLO in Syrien, Libyen, Osteuropa sowie in China und Nordkorea ausgebildet worden waren.

Niemand wußte, wer diese Guerillakämpfer waren oder woher sie kamen. Inzwischen waren fast ein Dutzend Namen für diese Untergrundbewegungen im Umlauf: Tude, Modschahedin, Fedajin, Hesbollah. Daneben gab es eine Reihe von radikalen Studentengruppen. Es war unmöglich zu erkennen, welcher Bewegung eine Guerillagruppe angehörte oder welches Ziel sie verfolgte. Für mich waren alle »die von der Straße«. Sie waren mit Gewehren und halbautomatischen Schußwaffen ausgerüstet, die ihnen scheinbar das Recht gaben zu tun, was sie wollten.

Eines Nachmittags hörte ich von meinem Büro aus Schüsse. Da dies jedoch in diesen Tagen nichts Besonderes war, war ich zunächst nicht ernsthaft beunruhigt. Wenn ich mein Büro verließ, nahm ich immer eine kleine Kamera mit, da ich ab und zu Dinge fotografierte, die ich später ausführlicher untersuchen wollte. Diese Kamera nahm ich nun und ging auf den Gang hinaus, wo Sabi, der Nachtwächter, und mehrere aufgeregte Schüler vor der Glastür standen und auf die Straße hinaussahen. Dort parkten mehrere kleine Lieferwagen, um die sich eine Handvoll bewaffneter Männer drängte. Ich wollte gerade in mein Büro zurückkehren, als drei dieser Männer direkt auf die Eingangstür zumarschiert kamen. Wortlos drängten sie uns beiseite und liefen die Treppe hinauf, die zum Dach führte. Vier weitere Männer gingen vor der Eingangstür in Position; die Läufe ihrer halbautomatischen Gewehre waren auf die Straße gerichtet. Einer der Männer kniete direkt vor der Tür, neben dem Pfeiler mit dem Plakat, das an Ali Schariatis Vortrag erinnerte.

Ich war nahe daran, sie zurechtzuweisen und sie wissen zu

lassen, daß sie nicht einfach so hereinplatzen konnten, zögerte aber, denn diese Männer besaßen Schußwaffen. Es wäre töricht gewesen, unsere Sicherheit aufs Spiel zu setzen. Ich wußte, daß meine Schüler mich beobachteten und gespannt darauf warteten, was ich tun würde. Als ihre Lehrerin war ich ihr Vorbild, und ich wollte nicht, daß sie den Eindruck gewannen, daß Sozialarbeiter Partei ergreifen durften. Wir wußten nicht einmal, auf wen diese Menschen schießen wollten. Ich kam mir vor wie ein Elternpaar, in dessen Haus Diebe eingedrungen waren. Einerseits wollte ich meinen Kindern zeigen, daß ich in meinem eigenen Haus nicht hilflos war, aber andererseits wußte ich nicht, wie ich das anstellen sollte.

Während ich den Eindringlingen erstaunt und zornig nachsah, stellte ich plötzlich fest, daß ich gar nicht wußte, auf welcher Seite meine Schüler standen. Es war immerhin möglich, daß sie in diesen Guerillas, auch ohne sie zu kennen, Freiheitskämpfer sahen. Selbst Sabi, der mir treu ergeben war, hätte es vielleicht nicht gutgeheißen, wenn ich die Anhänger von Ajatollah Chomeini aufgefordert hätte, unser Gebäude zu verlassen.

Plötzlich überkamen mich Zweifel. Wer war ich in den Augen dieser jungen Männer? War ich für sie eine Sozialarbeiterin, die auf der Seite der »Besitzlosen« stand? Oder war ich einfach nur die Rektorin einer großen und wohlhabenden Schule, die Verbindungen zu einer Regierung unterhielt, die von Ajatollah Chomeini gestürzt werden sollte? Bestand meine Aufgabe in ihren Augen lediglich darin, sie mit einem Abschluß zu versorgen, der ihnen ein gutes Gehalt und einmal im Jahr einen Urlaub im Ausland verhieß?

Einer plötzlichen Eingebung folgend, drehte ich mich um und folgte den Guerillas auf das Dach. Als ich mich umschaute, sah ich zu meiner Erleichterung, daß mir keiner der Schüler gefolgt war. Das war gut so, denn so konnten sie glauben, was sie wollten. Auf diese Weise hatte es wenigstens nicht den Anschein, als ließe ich mich von diesen Rowdys in meiner eigenen Schule herumschubsen!

Ich trat auf das Dach hinaus. Die Guerillas knieten am

Rand, hielten ihre Gewehre auf ein Wohnhaus auf der anderen Seite gerichtet, schossen aber nicht. Ich hatte keine Angst, denn jetzt wußte ich, daß sie nicht hinter mir her waren. Ich trat näher an den Rand des Daches, und immer noch zornig, aber auch neugierig beobachtete ich sie einige Minuten lang. Dann machte ich ohne nachzudenken ein paar Bilder von ihnen. Einer, der den Verschluß klicken hörte, drehte sich zu mir um, aber eine Frau mit einer Kamera in der Hand schien ihn nicht sonderlich zu beeindrucken, denn er wandte sich sogleich wieder seiner Aufgabe zu. Ich machte noch mehr Fotos. Dann wartete ich ungefähr fünfzehn Minuten, aber nichts geschah. Schließlich war ich des Wartens überdrüssig, ging die Treppe hinunter und zur Tür hinaus, wo ich die Männer fotografierte, die vor dem Poster von Schariati auf der Straße standen. Danach kehrte ich mit dem Gefühl in mein Büro zurück, daß ich in meinem eigenen Reich doch nicht ganz machtlos war.

Nach mehreren Stunden hörte das Schießen auf, und die Guerillas fuhren weg. Sabi brachte mir Tee und erzählte mir dabei, daß er gehört habe, die Männer hätten jemanden gesucht.

Mitte Dezember gerieten die Gewalttätigkeiten schließlich völlig außer Kontrolle. Die Situation in der Stadt war katastrophal. Den Krankenhäusern mangelte es an Ärzten und Krankenschwestern, an Material und Arzneien, die Notaufnahmen waren überfüllt. Überall sah man Menschen mit Verbänden und Krücken. Die Polizei blieb wie jedermann in ihren sicheren vier Wänden und weigerte sich einzuschreiten, denn inzwischen konnte jeder zu den religiösen Fanatikern gehören. Viele der Toten und Verletzten waren zwölf- und dreizehnjährige Knaben, die als Kuriere eingesetzt worden waren.

Sobald meine Schüler und ich erfuhren, daß irgendwo gekämpft wurde, setzten wir uns in einen Landrover und fuhren auf schnellstem Weg zum Ort der Kämpfe. Während der Fahrt mußte einer der Studenten eine weiße Fahne aus dem Fenster halten, damit alle wußten, daß hier ein Rettungsteam unterwegs war, auf das nicht geschossen werden durfte. Häufig kam es vor, daß die Menge der Demonstranten vor dem betreffenden Kino oder der Bank bereits geflohen war, wenn wir ankamen, und nur noch einige verletzte oder sterbende Menschen auf dem Pflaster lagen. Da ich wegen des Todes meiner Mutter immer noch Trauerkleidung trug, war meine Kleidung den Zuständen im Land angemessen. Die Herzen von Millionen von Persern waren erfüllt mit Haß auf den Schah und seine ausländischen Helfer, die laut Aussage des Agha allesamt für das Leid und die Opfer all dieser Märtyrer zur Verantwortung gezogen werden würden.

Fast jeden Tag berichtete sowohl die iranische wie auch die ausländische Presse, daß der Schah bei den Botschaftern der Vereinigten Staaten von Amerika und England Rat suchte. Und eben jetzt, so hieß es, konnten sich Botschafter William Sullivan, Außenminister Vance und Zbigniew Brzezinski, Vorsitzender des Nationalen Sicherheitsrates, auf keinen Kurs einigen. Das Weiße Haus, das uns einen Herrscher aufgedrängt hatte, dem es gelungen war, jede andere Führungskraft im Land zu vernichten, schien keine Lösung für den Fall bereit zu haben, daß der Schah gestürzt werden könnte. Wenn das Außenministerium sich jetzt noch nicht darüber im klaren war, welche Position es einnehmen sollte, dann stellte sich die Frage, was die CIA eigentlich all die Jahre in unserem Land getan hatte. Was hatte die große amerikanische Botschaft gemacht, was die hilfreichen iranischen Geschäftsleute und die vielen guten Freunde am Hof und in General Nasiris Büro? Die amerikanische Regierung schien ebenso blind, verwirrt und verzweifelt wie der Schah.

Die antiamerikanische Gesinnung im Volk trat mit zunehmender Gewalt immer offener zutage. Da die Feindseligkeiten und Belästigungen einzelner Amerikaner in den Basaren und von seiten der eigenen Hausangestellten zunahmen, hatten private amerikanische Firmen bereits viele ihrer Angestellten außer Landes gebracht. Vom Zorn gegen die USA war auch unsere Familie betroffen, denn meine Schwägerin Jean befand sich noch immer im Iran. Sie und Forugh waren von Tadschrisch in eine Wohnung in der Stadt gezogen. Forugh, der Weihnachten mit der jüngsten Tochter in London verbringen wollte, machte sich Sorgen um Jean.

Ende Dezember befand sich das ganze Land im Generalstreik, und in den Armee- und Luftwaffenstützpunkten gehörte Sabotage zur Tagesordnung. Händler und Ladenbesitzer versteckten Lebensmittel und andere Gebrauchsgüter aus Angst vor Plünderung, und die Krawalle und Schießereien wurden mit jedem Tag schlimmer. Täglich desertierten Hunderte von Soldaten und händigten ihre Waffen den Männern des Ajatollahs aus. Der Schah, der kein Blutbad riskieren wollte, befahl seinen Soldaten, das Feuer einzustellen, aber seine Generäle, die keinen Sinn darin sahen, die Soldaten dann auf die Straße zu schicken, wurden mit jedem Tag ungehaltener über die Unentschiedenheit des Schahs. Er war niedergeschlagen und verließ seine Gemächer kaum noch.

Man mußte einfach Mitleid mit ihm haben. Die Kaltblütigen unter seinen Generälen plädierten dafür, den Volksaufstand von der Armee niederwalzen zu lassen, aber der Schah war nicht fähig, den Befehl zur Erschießung von Hunderttausenden oder sogar Millionen von Iranern zu erteilen. Den größten Schmerz bereitete mir der Gedanke an die Kaiserin. Es hieß, sie versuchte, ihrem Mann neue Kraft und neuen Mut für einen konstruktiven Kurs zu geben.

Der Schah setzte unterdessen seine Gespräche mit Botschafter Sullivan fort. Die amerikanische Regierung verlangte, daß die Regierungsgewalt einem zivilen Premierminister und einem Regentschaftsrat übertragen wurde. Alle waren davon überzeugt, daß es nicht mehr lange dauern konnte, bis die Amerikaner den Schah zur Abdankung zwangen. Endlich erklärte der Schah am 29. Dezember, daß er, vorausgesetzt, der Madschles stimmte zu, General Ashari durch Schapur Bachtiar ersetzen wollte.

Meine Familie und ich atmeten zum erstenmal seit Monaten auf und schöpften neue Hoffnung. Jetzt lautete die große Frage: Wer sollte das Land wieder vereinen? Der törichten jahrelangen Eifersucht des Schahs auf Männer mit Führungsqualitäten hatten wir es zu verdanken, daß die Liberalen keinen starken, charismatischen Führer wie Chomeini hatten. Bachtiar und die anderen Politiker der Nationalen Front waren anständige, ehrenwerte Männer, aber keiner von ihnen war ein zweiter Mossadeq, ein Mann des Volkes, dem sowohl die Gebildeten wie die Ungebildeten folgten. Inzwischen schienen selbst viele Liberale wie ich in der Rückkehr des Ajatollah Chomeini einige Vorteile zu sehen. Obwohl viele seiner Ansichten beunruhigend oder einfach unrealistisch waren, war er doch zweifelsohne ein Mann, der in seinem Glauben unerschütterlich war und die Fürsorge für die Armen unterstützte. Im Gegensatz zu seinen Aussagen von 1963 schien er jetzt sogar Frauen an der Politik beteiligen zu wollen. Er hatte öffentlich verkündet, daß der Klerus nicht an der Macht im Land interessiert war und daß er sich selbst ausschließlich als religiösen Führer betrachtete.

Ich mußte daran denken, daß meine Mutter vor ihrem Tod gesagt hatte, Religion sollte Religion bleiben. Religiöse Iraner glaubten, daß eine Einmischung in die Politik immer zu einer Befleckung der spirituellen Reinheit führte. Aber allmählich fragte ich mich wie viele andere gemäßigte, weltliche Menschen, ob, wenn es das Schicksal nun so wollte, der Geistliche Chomeini vielleicht nicht die starke, bindende Kraft war, die das Land so notwendig brauchte, um sich nicht nur von den gegenwärtigen Unruhen, sondern auch von der moralischen Verwirrung vieler Jahre zu erholen. Ich redete mir ein, daß das Unvermeidliche gar nicht so schlimm werden würde, wie ich befürchtete.

Karim Sandschabi, Mehdi Basargan und die anderen Führer der Nationalen Front machten ihr Versprechen wahr, jedes ihrer Mitglieder, das mit dem Schah kooperierte, sofort auszuschließen. Am nächsten Abend schon hielt Bachtiar im Rundfunk eine wunderbare, mitreißende Rede. Nur unter der Bedingung, daß der Schah sich von den Staatsgeschäften trennte und sich für einige Zeit aus dem öffentlichen Leben zurückzog, hatte er das Amt des Premierministers übernommen. Bachtiar sagte nichts darüber, wie lange dieser Rückzug dauern oder wo sich der Schah in Zukunft aufhalten sollte. Er habe, so sagte er, Dr. Mossadeq vor dessen Sturz geschworen, weiter für die Einheit und Sicherheit des iranischen Volkes zu kämpfen. Er erinnerte das Land an die Zeit, die er selbst im Gefängnis verbracht hatte, und an die Opfer, die ihm sein jahrzehntelanger Widerstand gegen Korruption, Unterdrückung und die sinnlose, unsolide Wirtschaftspolitik der Regierung eingebracht hatte. Überzeugend plädierte er für die friedliche Zusammenarbeit aller Iraner in dieser schwierigen Übergangszeit. Er versprach allen politischen Häftlingen sofortige Freilassung, des weiteren vollständige Pressefreiheit, die Wahrung der Rechte des einzelnen und der politischen Parteien und die sofortige Auflösung der SAVAK.

Viele von uns weinten, als sie Bachtiars Rede hörten. Darauf hatten wir ein halbes Jahrhundert gewartet. Fünfundzwanzig Jahre lang hatte kein Premierminister mehr solche Worte sprechen können. Endlich konnten wir ein wirklich modernes, wirklich demokratisches Land werden. In unserer Begeisterung spielte es kaum eine Rolle, daß der Schah formal noch gar nicht abgedankt hatte; die Tatsache, daß er versprochen hatte, die Hauptstadt zu verlassen, bedeutete, daß er endlich den Oberbefehl über die Armee niederlegte.

Erst heute begreife ich das, was meine Mutter immer sagte: Das Gemüse, das im *asch*-Topf kocht, weiß nicht, wann es zu kochen anfängt, denn das Gemüse kann sich nicht selbst sehen und weiß deshalb nicht, was mit ihm geschieht. Ich und viele andere Iraner glichen diesem Eintopf, denn wir wußten nicht, daß wir bereits in Ajatollah Chomeinis Kessel schmorten, in den er den Iran mit seinem kleinen Mikrophon verwandelt hatte. Wir sahen nicht über den Topfrand hinaus und wußten nicht, wie spät es war, wußten nicht, daß die Flammen, die er entfacht hatte, bereits im ganzen Land loderten und daß keine Hoffnung mehr auf Rettung bestand.

Bachtiar erteilte Ajatollah Chomeini sofort die Erlaubnis zur Rückkehr in den Iran, aber die Nationale Front wiederholte ihre Forderung nach formaler Abdankung des Schahs. Chomeini rief seine Anhänger zu weiteren Streiks und Protesten auf, denn er hatte gelobt, erst dann zurückzukehren, wenn die Pahlawi-Monarchie endgültig zerstört war. Die Pahlawi-Dynastie sollte im »Mülleimer der Geschichte« enden. Er forderte des weiteren zum Widerstand gegenüber Bachtiar auf, denn dieser wäre nichts weiter als der Diener des Schahs. Gehorsam gegenüber Bachtiar bedeutete dasselbe wie Gehorsam gegenüber dem Meister, und der Meister war der Satan.

Der Schah hielt sich immer noch in seinem Palast auf, wo er von den »Unsterblichen« bewacht wurde. Niemand wußte, was er eigentlich vorhatte. Daß sich sowohl Chomeini als auch die Nationale Front weigerten, Bachtiar zu unterstützen, war tragisch, denn dadurch hatte die neue Regierung so gut wie keine Überlebenschance. Und jedem, der die anhaltenden Demonstrationen sah, war klar, daß Bachtiar ohne Chomeinis Unterstützung zum Scheitern verurteilt war. Tag für Tag gingen Tausende auf die Straße und forderten Bachtiars Rücktritt, die Abdankung des Schahs und die Rückkehr Chomeinis. Ich gab mich immer noch der Illusion hin, daß Chomeini Bachtiars Rechtschaffenheit erkennen, seine Meinung ändern und auch die Nationale Front veranlassen könnte, ihre Position zu revidieren.

In den ersten Januartagen traf der stellvertretende Kommandierende der US-Streitkräfte in Europa, General Robert Huyser, im Iran ein. Sein Besuch galt den Generälen des Schahs, und vermutlich wollte er ihnen nahelegen, den Schah nicht länger zu unterstützen. Nur wenige Tage nach Bachtiars Ernennung waren Präsident Carter und seine europäischen Verbündeten zu einem Gipfeltreffen auf der Insel Guadeloupe zusammengetroffen. Im Verlauf dieses Gipfeltreffens hatte der französische Präsident Giscard d'Estaing den amerikanischen Präsidenten davon überzeugt, daß es nicht mehr im Interesse der Westmächte lag, den Schah noch länger zu unterstützen. Für uns war damit eine Art Naturgesetz außer Kraft gesetzt, denn noch in der Woche zuvor hatte die amerikanische Regierung dem Schah ihre Unterstützung zugesichert gehabt. Nun ließ sie ihn im Stich und schickte Huyser in geheimer Mission in den Iran.

Diese Nachricht stiftete nur noch mehr Verwirrung und

Unruhe. Wen wollte die amerikanische Regierung nun unterstützen? Chomeini? Bachtiar? Oder hatte man Huyser geschickt, damit er einen Militärputsch vorbereitete, durch den dann ein ganz anderer an die Macht kam? Aber wer sollte das sein? Die vierzigtausend Mann starke Kaiserliche Garde hatte geschworen, den Schah mit ihrem Leben zu verteidigen. Wenn es dazu kam, würde das Land in einen Bürgerkrieg gestürzt werden.

Am 30. Dezember wies das amerikanische Außenministerium seine Botschaft endlich an, alle amerikanischen Bürger außer Landes zu bringen. Inzwischen verweigerte jedoch die chomeinifreundliche Flughafenbehörde amerikanischen und israelischen Flugzeugen die Landeerlaubnis. Die im Iran lebenden Amerikaner fürchteten sich plötzlich vor ihren Hausangestellten, ihren Fahrern und ihren iranischen Nachbarn, weil immer mehr Anschläge auf Amerikaner verübt wurden.

Forugh war bereits nach London abgereist, und ich machte mir Sorgen um Jean. Meine Schwägerin hatte nie daran gedacht, den Iran zu verlassen. Sie und Forugh lebten hier seit zwanzig Jahren. Sie war hier zu Hause.

Niemand verließ in diesen Tagen sein Haus oder seine Wohnung ohne guten Grund. Es war bereits zu Plünderungen gekommen, seit die Plünderer wußten, daß niemand sie an ihrem Tun hinderte. Ich selbst fuhr weiterhin jeden Tag in die Schule und aß mit Dadasch, Dschabi und weiteren Familienangehörigen zu Mittag, aber abgesehen von diesen Treffen mit meiner Familie und unseren Rettungseinsätzen in der Stadt, blieb ich in meinem Büro oder in Galandvak.

Am Dienstag, dem 16. Januar, sollte das Parlament der Ernennung Bachtiars zustimmen. Ich hatte mich an diesem Tag mit Dadasch zum Mittagessen in einem Restaurant verabredet, das in einem Hochhaus im Stadtzentrum lag. An diesem Morgen waren die Schüler und ich ausnahmsweise nicht mit Berichten von Kämpfen und Überfällen geweckt worden, und als ich am Mittag durch die Straßen fuhr, war es um mich herum seltsam ruhig. Auch jetzt wurden die Straßen von Panzern und Lastwagen gesäumt, aber die behelmten Soldaten standen einfach nur herum. Erstaunt über diese ungewöhnliche Untätigkeit, fuhr ich nach oben ins Restaurant, wo ich mich zu Dadasch, der mich bereits erwartete, an einen Fenstertisch setzte. Unter uns sahen wir die breite Straße. Während wir aßen, starrte ich immer noch ungläubig hinunter. Nach viermonatigen Demonstrationen, Krawallen und Schießereien war die Stille unheimlich und beängstigend.

Um ein Uhr vernahmen wir plötzlich Rufe, und als wir erneut auf die Straße hinunterblickten, sahen wir junge Soldaten, die auf der Straße tanzten, einander küßten, umarmten, schrien und weinten. In diesem Augenblick bat der Geschäftsführer des Restaurants mit lauter Stimme um die Aufmerksamkeit seiner Gäste. Er hatte das Radio eingeschaltet, um die Entscheidung des Parlaments zu hören. Als er jetzt das Radio lauter drehte, hörten wir eine Stimme sagen, daß der Schah das Land verlassen hatte. Er, die Kaiserin und ein kleines Gefolge waren ungefähr vor einer halben Stunde vom Flughafen aus zu einem unbekannten Ziel gestartet. Im Restaurant wurde es still, denn alle versuchten diese ungeheuerliche Nachricht zu begreifen. Obwohl die »Ruhepause« des Schahs angekündigt gewesen war, konnte niemand glauben, daß er tatsächlich fort war.

Ich sah wieder auf die Straße hinunter. Grinsende Zeitungsverkäufer rannten auf die Soldaten zu und schwenkten Zeitungen mit der riesengroßen Schlagzeile durch die Luft: *»Schah raft!«* »Der Schah ist fort.«

Plötzlich kam eine modisch gekleidete Frau mittleren Alters, die nicht weit von unserem Tisch entfernt saß, auf uns zu. Sie ergriff meine Hand und drückte sie. »Ich gratuliere, Chanom Farman-Farmaian!« rief sie aus. In ihrem Gesicht spiegelte sich echte Begeisterung.

Ungläubig starrte ich sie an. Ich war mir sicher, daß ich diese Frau noch nie gesehen hatte. Dann sah ich zu Dadasch hinüber, der ebenso verblüfft schien wie ich. »Sie gratulieren mir? Warum um alles in der Welt gratulieren Sie mir, Chanom?«

»Aber, Chanom«, antwortete sie lächelnd und mit glänzenden Augen, »jetzt wird alles anders werden. Der Ajatollah kommt zurück! Es wird keine Korruption mehr geben, sondern Mitgefühl und Gerechtigkeit, und die Armen und Hilflosen werden versorgt. Wir werden ein neues Volk werden, eine echte islamische Gesellschaft. Dieser Emam wird zu schätzen wissen, was Sie für das Volk getan haben. Wer hätte noch nicht von Ihnen und Ihrer Schule und Ihrem Kampf für ein besseres Leben dieser Menschen gehört? Jeder hat doch in der Zeitung gelesen, wie die Kaiserin Sie unterstützt hat. Aber jetzt werden Sie noch viel mehr tun können, weil Ajatollah Chomeini Ihnen helfen wird. Sie müssen sehr glücklich sein. Ich gratuliere, Chanom, meinen Glückwunsch!«

Nachdem sie gegangen war, sahen Dadasch und ich einander an und aßen dann schweigend weiter. Ich fühlte mich unbehaglich und unglücklich. Die aufrichtigen, aber gedankenlosen Komplimente dieser Frau wollte ich nicht. Nach allem, was die Kaiserin getan hatte, um meine so bewunderte Arbeit zu unterstützen, hielt es diese Frau nun für normal, mir zum Sturz der Pahlawis zu gratulieren. Befand ich mich wirklich auf der Seite der Sieger? Ich dachte an den Schmerz und das Leid der Kaiserin. Mir war es unangenehm, wenn andere denken konnten, auch ich hätte mich der Windpartei angeschlossen.

Ich wußte, daß Dadasch meine Gefühle bezüglich dieser wohlgemeinten Überschwenglichkeit teilte. Uns stand der Sinn nicht nach Ausgelassenheit, sondern ein Gefühl der Unsicherheit drängte sich uns auf. Wie würde das Land mit diesem folgenschweren Wendepunkt und den Veränderungen, die vor uns lagen, fertig werden? Der Iran war seit dreitausend Jahren eine Monarchie gewesen, und das persische Volk respektierte nur starke Führer. Jahrzehntelang hatten die Armeegeneräle, die Kaiserliche Garde sowie die Befehlshaber der Luftwaffe den Schah als oberste Instanz anerkannt. Er war ihre einzige und absolute Autorität. War es möglich, daß diese verwaisten Generäle ihre Loyalität nun auf ein abstraktes Etwas, das sich Nation nannte, übertrugen und ab jetzt Bachtiar Gehorsam leisteten?

Als wir das Restaurant verließen und auf die Straße hinaustraten, sahen wir nur lachende und strahlende Gesichter.

Die Menschen feierten. Demonstranten, Studenten und bewaffnete Guerillakämpfer, die triumphierend ihre Gewehre schwangen, tanzten auf der aufgerissenen und mit Abfall übersäten Straße. Sie schrien und jubelten mit erhobenen Fäusten, sprangen auf vorbeifahrende Autos auf und stießen Freudenrufe aus. Demonstranten und Passanten schwenkten Plakate mit dem Bild Ajatollah Chomeinis, umarmten einander und fielen auch den lächelnden Soldaten um den Hals, die die Nelken, die ihnen die Menschen zuwarfen, in ihre Gewehrläufe steckten. Dann sah ich einen etwa sechzigjährigen, gutgekleideten Mann aus einem Bürogebäude kommen. Er grinste schadenfroh. In der Hand hielt er ein großes, gerahmtes Farbfoto des Schahs, das besudelt war. Angesichts seiner Kleidung und seiner wohlhabenden äußeren Erscheinung fragte ich mich, was er wohl vor einem Jahr mit dem Bild getan hätte. Menschen wie er glichen Maschdis Wassermelonen. Man konnte vom Äußeren nicht auf das schließen, was in ihren Herzen vorging.

Irgendwann am Nachmittag erfuhr die Bevölkerung, daß der Schah zu einem Besuch in Ägypten eingetroffen war. Auf die Frage, wie lange er vorhatte, im Ausland zu bleiben, hatte der Schah geantwortet, er sei müde und wolle sich ausruhen. Daher könnte er den Zeitpunkt seiner Rückkehr nicht genau benennen. Dadasch, ich und alle anderen Familienmitglieder waren überrascht, enttäuscht und entsetzt darüber, daß der Schah nicht wirklich abdankte, sondern lediglich außer Landes gegangen war, wie er das bereits 1953 getan hatte. Es bekümmerte mich, daß er nicht den Mut besaß, in aller Öffentlichkeit auf die Macht zu verzichten beziehungsweise das Land in einer Art und Weise zu verlassen, die keinen Zweifel daran ließ, daß er nie wieder zurückkommen würde.

Bachtiars Regierung konnte sich nicht einmal einen Monat lang halten. Die Generäle des Schahs, die ihres Oberbefehlshabers beraubt waren, reagierten mit Bestürzung auf die Flucht ihres Anführers.

Bachtiar warnte die Menschen vor einer Machtergreifung

durch die Militärs und versuchte die Ruhe wiederherzustellen, doch bereits drei Tage nach der Ausreise des Schahs marschierte wieder eine Million Menschen auf den Straßen von Teheran und forderte seinen Rücktritt und Chomeinis Rückkehr. Offiziere der Armee verweigerten den Befehl und übernahmen das Kommando über ihre Einheiten selbst. Die Bevölkerung hatte Angst, ihre Häuser zu verlassen. Sowohl in der Stadt wie auch in Galandvak schien alles stillzustehen. Die Dorfbewohner verkrochen sich in ihre Häuser und verließen sie nur dann, wenn das örtliche Komitee zu einer Demonstration auf dem Dorfplatz aufrief.

In Teheran häuften sich die Plünderungsaktionen, und selbst die Menschen auf dem Land blieben nicht mehr verschont. Als den Revolutionären der große Militärstützpunkt Laschkarak in den Bergen in die Hände fiel, führten die halbwüchsigen Söhne der Dorfbewohner, die den Komitees angehörten, eine Truppe an, die die Revolutionäre bei ihrer Plünderung tatkräftig unterstützte. Zwei Tage lang schleppten die glücklichen Dorfbewohner ganze Schubkarrenladungen von Schuhen, Radiogeräten und Waffen ins Dorf.

Ende Januar flog Mehdi Basargan, der Führer der Nationalen Front, erneut nach Paris, um Chomeini zu treffen. Er brachte eine schriftliche Erklärung von Ajatollah Chomeini mit, in der es hieß, daß dieser sich nach seiner Rückkehr in den Iran nach Qom zurückziehen wollte, um dort seine Studien und Lehren fortzusetzen. Mit dieser Aussage machte Chomeini deutlich, daß er sich als Führer und Mittler sah, und nicht als politische Kraft.

Diese Botschaft, die durch den liberalen Basargan übermittelt wurde, der ein frommer und ehrlicher Mann und einer von Mossadeqs treuesten Anhängern war, beruhigte uns sehr. Die Menschen glaubten ihm, denn er hatte jahrelang im Gefängnis gesessen, weil er gegen die Unterdrückung der Verfassung und der Menschenrechte gekämpft hatte. Daß die Botschaft Chomeinis von einem solch hochgeachteten Boten überbracht wurde, gab mir und vielen anderen das Gefühl, daß Chomeini es mit der Wiederherstellung der Verfassung ernst meinte. Bachtiar tat mir leid, aber die Niederlage der gegenwärtigen Regierung war unvermeidlich. Sicherlich wäre das Land unter der Führung eines guten und ehrlichen Mannes wie Mehdi Basargan besser aufgehoben.

Um Recht und Ordnung aufrechtzuerhalten und eine Machtübernahme seitens des Militärs zu verhindern, flehte Bachtiar Chomeini an, noch nicht in den Iran zurückzukehren. Er ordnete die Schließung der Flughäfen an, doch seine Macht reichte nicht mehr aus, um seinen Anordnungen den erforderlichen Nachdruck zu verleihen.

In den letzten Januartagen starben dreißig Menschen, als es während einer Protestaktion gegen die Schließung des Flughafens zu gewalttätigen Unruhen kam. Am 29. Januar verkündete Bachtiar, daß Ajatollah Chomeini nun die Erlaubnis hatte, in den Iran zurückzukehren.

Seit Mossadeq vor fast dreißig Jahren unser Öl verstaatlicht hatte, war das iranische Volk nicht mehr so froh gewesen, so vereint in einem einzigen Gefühl. Die Begeisterung der Menschen kannte keine Grenzen. Plötzlich glaubten alle, ich eingeschlossen, daß wir endlich Frieden haben würden. Wir glaubten ernsthaft, daß wir durch Ajatollah Chomeinis Rückkehr ein besseres Volk werden würden, auch wenn wir keine genauen Vorstellungen davon hatten, wie das geschehen sollte. Die zahlreichen Zeitungen und Zeitschriften, die seit der Wiedereinführung der Pressefreiheit erschienen, veröffentlichten Gedichte, in denen die Rückkehr des Ajatollah Chomeini mit dem Kommen des Messias, des Mahdi, des verborgenen Emam, verglichen wurde. In Zukunft würde niemand mehr Gelder veruntreuen, armen Waisen ihr Essen stehlen oder die Hilflosen vernachlässigen. All das gehörte nun der Vergangenheit an. Auch Neid, Eigennützigkeit, Verrat und Ungehorsamkeit würde es in Zukunft nicht mehr geben. Jeder Mann und jede Frau würden in der Lage sein, ehrenhafte und uneigennützige Ziele zu verwirklichen. Die Ära der Windpartei würde zu Ende sein, und ein neues Zeitalter konnte seinen Anfang nehmen.

Am 1. Februar 1979 landete der Jumbojet der Air France mit Ajatollah Chomeini an Bord auf dem Mehrabad-Flughafen. Obwohl es im Februar in Teheran sehr kalt ist, fand sich mehr als eine Million Menschen ein, um ihn willkommen zu heißen, und noch einmal so viele säumten die Straße, die zu seinen Ehren sogar gewaschen worden war. Zehntausende von Landbewohnern waren von weit her gekommen und hatten im Freien genächtigt, wie Pilger, die gekommen waren, um ihren Meister zu begrüßen.

Ich ging zu einem meiner Nachbarn, um mir Chomeinis Ankunft im Fernsehen anzuschauen. Wegen der Berge war der Empfang allerdings so schlecht, daß wir Ajatollah Chomeini nur als schwarz-grauen, verschwommenen Fleck wahrnehmen konnten. Ich ging deshalb bald wieder nach Hause, denn ich wollte lieber auf die Taten von Ajatollah Chomeini warten. Am nächsten Tag erfuhr ich, daß die Übertragung abgebrochen worden war, weil es jemandem gelungen war, ins Studio einzudringen und die Sendung zu stören.

Nun hatte es den Anschein, als wollte Ajatollah Chomeini doch nicht gleich nach Qom zurückkehren. Nachdem er den Friedhof besucht hatte, um die zu ehren, die um der Revolution willen gestorben waren, bezog er ein provisorisches Hauptquartier in der alten Alavi-Schule im Osten der Stadt. Die Schule lag in der Nähe des Parlamentsgebäudes und des Dschale-Platzes, für die Revolutionäre zwei heilige Orte. Von hier aus wies der Agha seine Anhänger an, die Demonstrationen so lange fortzusetzen, bis Bachtiar zurücktrat. Wenige Tage nach seiner Rückkehr bat er dann Mehdi Basargan, eine provisorische Regierung zu bilden.

Inzwischen war offensichtlich, daß die Anhänger Ajatollah Chomeinis gewonnen hatten. Bachtiars Regierung existierte nur noch auf dem Papier, und nicht nur seine Regierung, sondern der ganze Staatsapparat war zusammengebrochen. Die Ministerien blieben leer, denn viele ehemalige Minister, Beamte und Parlamentsabgeordnete waren geflohen, und andere waren vom Schah während seiner Antikorruptionskampagne im November ins Gefängnis gesteckt worden. Die Beamten streikten ebenso wie alle anderen Arbeitnehmer. Einzelne Stadtteile befanden sich in den Händen der Modschahedin oder radikaler Studentengruppen, der Tude und anderer bewaffneter Organisationen. Um die Versorgung kümmerten sich die Komitees, die ihrerseits wiederum den Mullahs unterstanden. Die Kaiserliche Garde stand zwar immer noch hinter der Regierung, doch unter den führungslosen Generälen brach ein Streit darüber aus, ob sie weiterhin Bachtiar unterstützen oder eine Einigung mit Ajatollah Chomeini suchen sollten. Der Oberbefehlshaber der Luftwaffe hatte bereits die Hubschrauber zur Verfügung gestellt, in denen Ajatollah Chomeini zum Friedhof geflogen worden war. Inzwischen desertierten die Soldaten zu Tausenden.

Immer noch rief Bachtiar die Bevölkerung auf, die Gesetze zu befolgen. Doch als am Abend des 9. Februars die Kaiserliche Garde versuchte, eine Meuterei der Luftwaffenkadetten und Techniker auf dem Stützpunkt in der Nähe des Dschale-Platzes zu verhindern, kamen die bewaffneten Straßenbanden und andere Untergrundorganisationen den Meuterern zu Hilfe. Nach einigen Stunden gab die Kaiserliche Garde zermürbt und demoralisiert auf. Die Meuterer und Revolutionäre verteilten ganze Wagenladungen von Gewehren an die Bewohner und die Studenten der Universität und errichteten Straßenbarrikaden von einem Ende der Stadt bis zum anderen. Dann drangen sie in Gefängnisse ein und leiteten die Angriffe des entfesselten Mobs auf Polizeistationen und Waffenlager. Am Sonntag, dem 11. Februar, hatten nicht nur die Untergrundkämpfer, sondern jeder, der laufen konnte, ein Gewehr oder eine Maschinenpistole in der Hand. Die Unterkünfte der Kaiserlichen Garde und die wichtigsten Armeestützpunkte standen unter Dauerbeschuß. Am Nachmittag erklärten die Generäle des Obersten Militärrates die Neutralität der Armee, und am Abend hörten wir dann, daß die islamischen Revolutionäre die Macht im Land übernommen hatten.

Die Mullahs, die Guerillas, die Studenten, die Demonstranten und die jungen Kuriere hatten gewonnen. Zwei Tage hatten sie gebraucht, um die fünftgrößte Armee der Welt zu besiegen, einen Tag weniger als die Alliierten gebraucht hatten, um die Truppen des Schahs im Jahr 1941 zu überwältigen. Ich war erleichtert, als ich erfuhr, daß der bedauernswerte Bachtiar aus seinem Büro hatte fliehen können; der Nachrichtensprecher versicherte jedoch, daß er nicht ungeschoren davonkommen sollte. Ich betete für seine Freiheit.

Am Montag, dem 12. Februar, ernannte Ajatollah Chomeini Mehdi Basargan zum Premierminister der neuen Regierung. Gleichzeitig forderte er das Volk auf, die Krawalle und Unruhen zu beenden. Ein Moslem müßte Disziplin üben und dürfte das Recht nicht in die eigene Hand nehmen, erklärte er. Es sei an der Zeit, die Plünderungen und das Blutvergießen einzustellen. Er forderte die Gläubigen auf, am Samstag, dem 17. Februar, ihre Arbeit wiederaufzunehmen. An diesem Tag sollten auch alle Banken, Büros und Geschäfte wieder geöffnet werden. Die Schulen und Universitäten sollten ihren Unterricht wiederaufnehmen, und alle Waffen sollten abgegeben werden.

Diese Rede wurde während der darauffolgenden Tage immer wieder übertragen. Ich war erleichtert und schöpfte neue Hoffnung.

Doch in der Woche vor diesem Samstag deutete nichts auf eine Kooperation oder einen neuen Anfang hin. Die Brandstiftungen und Plünderungen gingen weiter. Manche Häuser waren vernagelt, andere abgebrannt. Die aufgebrachten Untergrundkämpfer und die radikalen Studentengruppen, die nun die erbeuteten Armee- und Luftwaffenuniformen und Helme trugen, streiften durch das Stadtzentrum und kämpften gegeneinander um Straßenzüge und Barrikaden. Irgendwann lasen wir in der Zeitung, daß eine dieser Gruppen, niemand wußte welche, die amerikanische Botschaft gestürmt und Geiseln genommen hatte. Daraufhin hatte eine andere Gruppe einen Gegenschlag durchgeführt und die Amerikaner befreit.

Bei einer ihrer Gefangenenbefreiungsaktionen stießen die Revolutionäre auch auf Hoveyda und Nasiri. Nasiri wurde zusammen mit drei anderen Generälen beschuldigt, »der Korruption Vorschub geleistet zu haben« und »gegen Gott gekämpft zu haben«. Man hielt Scheinverhandlungen ab und verurteilte sie zum Tode. Am Freitag, dem 16. Februar, erschienen Bilder von Nasiri im Fernsehen und in allen Zeitungen, Bilder eines Mannes, der gefoltert und gequält worden war. Ich hatte ihn verabscheut, doch diese Grausamkeit widerte mich an. War das Volk nun etwa so grausam wie die SAVAK, indem es Menschen folterte und ohne rechtmäßige Gerichtsverhandlung verurteilte? Ich hoffte, daß Basargan und Ajatollah Chomeini die Ordnung im Land schnell wiederherzustellen vermochten.

Vergeltung und Rache gehörten nun zur Tagesordnung. Einer meiner Nachbarn in Galandvak war von seinem Koch beim Komitee bereits als Bahai angeschwärzt worden, obwohl er Moslem war. Ein anderer berichtete, daß ihn ein ehemaliger Diener, den er vor zehn Jahren wegen eines Diebstahls entlassen hatte, jetzt erpressen würde. Wenn er ihm kein Geld geben würde, wollte der Diener dem Komitee berichten, daß mein Nachbar Wein trank.

Ich mußte an die Heckenschützen denken, die sich Zutritt zu meiner Schule verschafft hatten, um ihre Feinde aufzuspüren. Diese jungen Männer aus den Basaren und den armen Vierteln der Stadt, deren Verwandte von den Truppen des Schahs getötet oder verwundet worden und deren kleine Brüder als Kuriere gestorben waren, hatten eine große Revolution gewonnen. Sie hatten eine Armee und einen Geheimdienst besiegt. Diese Revolution war ihre Befreiung aus einer stumpfsinnigen, schäbigen Existenz, ihre Fahrkarte in ein neues Leben, in dem alles möglich war: Reichtum, Respekt und Rache an denen, die sie unterdrückt und verachtet hatten. Sie hielten sich für Che Guevaras, und sie gewöhnten sich an Sieg, an Macht und an das Gefühl, bedeutende Menschen zu sein. Und sie wollten, daß dieses Gefühl andauerte. Jede einzelne Gruppe redete sich ein, daß nur sie allein gesiegt hätte und daß die Revolution deshalb ihr gehörte, und sonst niemandem.

Dieser Geist der Rache, der grausamen Zerstörung und des Opportunismus, der sich immer mehr breitmachte, erschreckte mich zutiefst. Doch morgen war Samstag, der 17., und hoffentlich kehrte die Normalität wieder ein. Vor uns lag beinahe noch ein ganzes Semester. Ich wünschte mir nichts weiter, als daß die Schule und die Sozialzentren ihre Arbeit schnellstens wiederaufnehmen konnten. Hoffentlich konnten wir uns über Wasser halten, bis die Verhältnisse geklärt waren und wir wußten, wer in der neuen Regierung für uns zuständig war.

Ich fragte mich, wem ich wohl in Zukunft Rechenschaft ablegen müßte. Die Tatsache, daß ich keine Kuratoriumsmitglieder mehr hatte, war beunruhigend; alle Beamten, die dem Kuratorium angehört hatten, waren mit Ausnahme von Hoveyda entweder im Exil oder hielten sich versteckt. In der neuen Regierung kannte ich niemanden. Ich würde noch einmal ganz von vorne anfangen müssen. Aber ich konnte es kaum noch erwarten, wieder an die Arbeit zu gehen, um das, was zerstört worden war, wieder aufzubauen. Ich sehnte mich danach, wieder mit Menschen zusammenzuarbeiten, die an eine Sache glaubten. Ich hoffte nur, daß die Bevölkerung den Worten Ajatollah Chomeinis am Samstag Folge leisten würde.

# 15. Die Windpartei

*Der schwarze Rauch, der vom Dach aufstieg,*
*war unser schwarzer Rauch. Er kam von uns.*
*Die Flammen, die nach links und rechts züngelten,*
*waren unsere Flammen. Sie kamen von uns.*
*Beschuldigt nicht den Fremden*
*und beklagt niemanden außer uns.*
*Denn unser Leid kam von uns.*

Anonymer iranischer Dichter

Am nächsten Morgen war ich so aufgeregt, weil ich zu meiner Arbeit zurückkehren konnte, daß ich schon lange vor Sonnenaufgang erwachte. In der Nacht hatte es kräftig geschneit, und die Apfelbäume und die Hausdächer sahen aus, als wären sie in weiße Watte eingehüllt. Die Hauptstraße war bereits geräumt, was ich als gutes Omen ansah. Während die Sonne aufging, fuhr ich an dem riesigen Armeestützpunkt Laschkarak vorbei, der geplündert worden war. Vor dem Tor standen drei unfreundlich dreinblikkende Revolutionäre in bunt zusammengewürfelter Kleidung und verschiedenfarbigen Helmen. Als sie mich sahen, fuchtelten sie mit ihren Gewehren und Maschinenpistolen in der Luft herum, ballten die Fäuste und riefen feierlich und ernst: *»Allahu akbar!«* Meine Hände schlossen sich fester um das Lenkrad.

Im Dorf Niavaran kam ich an dem Palast vorbei, den die kaiserliche Familie bewohnt hatte. Noch immer stand eine Menschenmenge davor. Nervös trat ich etwas fester aufs Gaspedal. Sobald ich die nördlichen Randbezirke der Stadt erreicht hatte und sah, daß die Menschen am Straßenrand auf Busse warteten oder zur Arbeit gingen, atmete ich auf. Vielleicht würde sich die Lage bis zum Sommer so beruhigen, daß die Frauen und Kinder unserer Familie, die im Ausland waren, zurückkehren konnten. Dann wären wir wieder eine richtige Familie.

Kurz nach sieben Uhr erreichte ich die Schule. Ich parkte

das Auto auf dem Parkplatz auf der Seite des Hauptgebäudes und blickte um mich, sah aber niemanden. Normalerweise fingen Sabi, unser Gärtner und die anderen Dienstboten um sieben mit der Arbeit an, und Sabi ließ es sich eigentlich nie nehmen, mir meine Tasche, Bücher und Kamera abzunehmen und sie in mein Büro zu tragen. Doch der Parkplatz, der Garten und die Gebäude schienen verlassen. Die Stille war unheimlich.

Während ich die Treppe hinaufstieg, kam plötzlich Sabi aus einem Seiteneingang auf mich zugeschossen. Er war leichenblaß. »Guten Morgen, Sabi,« rief ich ihm fröhlich zu. »Ist alles in Ordnung?«

Er trat näher. In seinen Augen standen Angst und Schrekken, und er bewegte seine Lippen kaum, als er flüsterte: »Nein, Chanom. Drinnen sind Schüler mit Gewehren, die Sie umbringen wollen.«

Ich starrte ihn an. Hatte er plötzlich den Verstand verloren? »Aber warum sind denn die Schüler schon da?« fragte ich einfältig. »Der Unterricht beginnt doch erst um zehn.«

»Bitte, Chanom«, flehte er, »Sie dürfen nicht hierbleiben. Die da drin meinen es ernst. Ich will nicht, daß sie sehen, wie ich mit Ihnen spreche.«

Ich zögerte. »Wo sind diese Schüler?«

»Vor der Bibliothek. Sie versperren den Weg zu Ihrem Büro.«

Ich konnte es immer noch nicht glauben. »Sind es wirklich Schüler dieser Schule? Unsere Schüler?«

»Ja, Chanom. Einer davon ist immer im Landrover mitgefahren und hat die weiße Fahne hinausgehalten. Und dann sind da noch drei andere. Sie haben gesagt, daß sie Sie töten wollen.«

Ich blieb stehen, um nachzudenken. Eigentlich konnte ich mir nur vorstellen, daß diese Schüler einen Streich ausgeheckt hatten, den ich aber gar nicht komisch fand. »Bitte, Sabi, hol meine Sachen aus dem Auto. Ich gehe rein und rede mit ihnen.«

Sabi stammelte etwas Unverständliches. Ich stieg die Stufen hinauf bis zur Glastür und betrat den Korridor, der zur

Bibliothek und meinem Büro führte. Da standen sie. Es waren vier junge Burschen in Jacken und Hemden ohne Krawatten. Einer von ihnen, Isadi, war oft mit mir im Einsatz gewesen, der dünne mit dem pockennarbigen Gesicht hieß Aschari, und dann erkannte ich auch Charmandar. Der Name des vierten fiel mir nicht ein. Alle vier waren mit halbautomatischen Maschinengewehren bewaffnet. Zwei oder drei andere Schüler drängten sich hinter ihnen zusammen, sie sahen verängstigt aus. Offenbar gehörten sie nicht zu dieser Gruppe. Ich sah keine anderen Dienstboten außer Sabi und begriff, daß sich wohl alle versteckt hatten. Sabi hatte viel Mut bewiesen, indem er mich gewarnt hatte. Also, dachte ich, wenn diese Burschen glaubten, Sie könnten Chanom einen Schrecken einjagen, dann hatten sie sich getäuscht. Ich würde nicht schreien, nur weil mir jemand ein Gewehr unter die Nase hielt.

Ich ging weiter. Aschari, offenbar der Anführer, trat schnell in die Mitte des Korridors, um mir den Weg zu versperren. Die anderen drei stellten sich hinter ihn. »Was geht hier vor?« fragte ich ruhig.

»Ihretwegen durfte ich letztes Jahr nicht nach Bombay gehen«, sagte der eine, dessen Namen ich nicht wußte, mürrisch. Isadi brachte laut, aber etwas unsicher vor: »Sie haben die Mutter der Kaiserin immer zu unseren Abschlußfeiern eingeladen. Sie sind eine Imperialistin.« Charmandars Klage lautete, daß er im vergangenen Semester das Soziologieexamen nicht bestanden hatte und deshalb den ganzen Sommer lang für die nächste Prüfung hätte büffeln müssen.

»Ajatollah Chomeini sagt, daß jetzt die Unterdrückten ihre Unterdrücker vertreiben«, sagte Aschari. »Sie gehören zu den Unterdrückern. Sie haben im imperialistischen Amerika studiert und sind eine von ihnen. Diese Schule hat für die Imperialisten und die CIA gearbeitet. Wir werden Sie zu Chomeini bringen und ihn bitten, Sie hinzurichten.«

Als ich ihn in meiner Verblüffung nur wortlos anstarrte, legte er die Stirn in Falten. »Wir werden Ajatollah Chomeini bitten, Sie hinzurichten«, wiederholte er. »Er wird Sie töten.«

Plötzlich begriff ich, daß ich sofort etwas unternehmen mußte. Auf der anderen Seite der Bibliothek befand sich der kleine Raum, der uns als Kopier- und Druckraum diente und in dem sich ein Telefon befand. Bevor die Schüler noch wußten, was geschah, war ich bereits an ihnen vorbeigerannt. Ich lief in den kleinen Raum, schlug die Tür zu und verriegelte sie von innen.

Dann wählte ich die Nummer von Ahmad Mossadeq, der ein guter Freund von Premierminister Basargan war. Ich war erleichtert, als ich die Stimme meines Cousins am anderen Ende vernahm.

Nachdem er mir versichert hatte, daß die Schüler mich nicht ohne Haftbefehl verhaften durften, riet er mir, sofort Ajatollah Mahmud Taleqani anzurufen. Taleqani, so erklärte er mir, sei einer von Chomeinis engsten Vertrauten und ein vernünftiger Mann. Er gab mir Taleqanis Büro- und Privatnummer sowie Basargans Büronummer, wo Taleqani seiner Aussage nach ebenfalls oft anzutreffen war.

Ich bedankte mich bei Ahmad und wählte sofort die Büronummer des Ajatollahs. Ein Assistent erklärte mir mit sympathischer Stimme, daß der Ajatollah nicht im Büro sei, versicherte mir jedoch ebenfalls, daß die Schüler mich ohne Haftbefehl nicht verhaften könnten. Haftbefehle würden nur vom Revolutionshauptquartier ausgestellt und waren auch nur für hohe Generäle und ehemalige Beamte sowie für Mitarbeiter der SAVAK und bekannte Polizeispitzel bestimmt. »Lassen Sie sich den Haftbefehl zeigen«, sagte er nachdrücklich. »Wenn sie Sie verhaften wollen, dann müssen sie im Besitz eines solchen Dokuments sein.«

Dankbar legte ich auf und wollte schon nach draußen gehen, als mir einfiel, daß ich Dschabi noch wissen lassen mußte, was geschehen war. Samstags aß ich immer mit ihr zu Mittag. Ich griff wieder zum Hörer, aber die Leitung war tot.

Zornig schlug ich den Hörer auf die Gabel. Was ging hier vor? Ich erinnerte mich dunkel daran, daß der Junge, der über seine nicht zustande gekommene Reise nach Bombay geklagt hatte, dort an einem Kurs des Internationalen Verbandes für geplante Elternschaft hatte teilnehmen wollen;

die IPPF hatte seinen Antrag abgelehnt, weil er kein Englisch sprach. Und Charmandar war wütend auf mich, weil ich ihn auf Wunsch seines Lehrers hatte durchfallen lassen. Offensichtlich hatten sie sich vor lauter Begeisterung den anderen beiden angeschlossen, um sich zu rächen. Aber warum waren nur Aschari und Isadi so versessen darauf, mich zum »Unterdrücker« abzustempeln?

Ich versuchte meine Gefühle beiseite zu lassen und klar zu denken. Diese Schüler waren bestimmt keine religiösen Eiferer oder echte Radikale. Sie waren das Produkt der Jahre des Ölbooms und der anschließenden Enttäuschungen: unreife, verbitterte, unmutige junge Männer, die glaubten, daß die Gesellschaft ihnen nicht das gab, was sie ihnen versprochen hatte. Sie interpretierten die marxistischen Schriften so, daß derjenige, der besaß, was sie haben wollten, es herausgeben mußte. Die Schule war inzwischen so groß und hatte so viele Schüler, daß es kaum zu verhindern gewesen war, nicht auch solche ungeeigneten jungen Männer aufzunehmen. Zwar würde niemand ihre »Anschuldigungen« ernst nehmen, aber sie besaßen Schußwaffen, und es bestand zudem die Möglichkeit, daß sie auf Geheiß eines anderen handelten, der den neuen Machthabern nahestand. Ich kannte jedoch niemanden, der mir hätte sagen können, wer das hätte sein können. Die Verbindungen meiner Familie und die meiner Schule waren mit dem Ende der alten Ordnung abgerissen. Von allen Menschen, die ich kannte, hätte nur Ahmad etwas für mich in Erfahrung bringen können, doch ihn konnte ich nun nicht mehr erreichen. Ich mußte zurückgehen und die Schüler ganz ruhig nach ihrem Haftbefehl fragen. Wenn ich Ungeduld zeigte oder versuchte, mich zu verteidigen, würde ich mich selbst und die anderen draußen nur noch mehr in Gefahr bringen.

Ich schloß die Tür auf und trat hinaus. Sabi war mittlerweile verschwunden. Aschari sah verärgert aus, da mein zeitweiliges Verschwinden die Siegesstimmung getrübt hatte. Als ich ihn fragte, ob sie einen gültigen Haftbefehl besaßen, versuchte ich meine Stimme so ausdruckslos wie nur irgend möglich klingen zu lassen.

»Wir haben einen Haftbefehl«, antwortete Isadi grinsend und tätschelte sein Gewehr. »Das ist unser Haftbefehl.«

Jetzt war ich bestürzt und ratlos. Immer mehr Schüler kamen in die Schule und Lehrer und Praktikabetreuer. Sie lachten und schwatzten beim Betreten des Gebäudes, und schienen ebenso glücklich darüber, daß sie wieder hier sein konnten, wie ich es noch vor kurzem gewesen war. Gott allein wußte, was Aschari und die anderen mit ihren Gewehren anrichten würden. Es war am besten, wenn ich mit ihnen ging und mich später um die Formalitäten kümmerte. Vielleicht würden sie sich allerdings durch die vielen Menschen, die jetzt in der Schule eintrafen, genötigt sehen, ihr rachsüchtiges und gehässiges Vorgehen noch einmal zu überdenken.

Ich sagte: »Nun denn, und was soll jetzt geschehen?« Meine Worte sollten dazu dienen, sie hinzuhalten.

Ein paar Minuten lang standen alle verlegen herum. Immer mehr Schulangehörige kamen jetzt, darunter Männer und Frauen, die seit Jahren, einige von Anfang an, mit mir arbeiteten: Lehrer, Betreuer, Geistliche. Esther sah ich noch nicht, aber Samanis Frau, die im statistischen Bereich arbeitete, betrat eben mit einem Betreuer das Gebäude, der auch schon oft an unseren Freitagswanderungen teilgenommen hatte. Ich wartete darauf, daß jemand die bewaffneten Schüler ansprach und sie fragte, warum sie mich verhaften wollten. Schließlich hatten alle meine Absolventen gelernt, wie man kritische Situationen entschärft und was man sagt, um Menschen zu beruhigen. Mit jedem Augenblick, den Aschari noch länger zögerte, wurde die Chance größer, daß er von seinem Vorhaben abließ.

Aber die Zeit verging, und keiner sagte ein Wort. Ich starrte auf die Gesichter der Menschen, die sich hinter den Rebellen eingefunden hatten. Zunächst war ich erstaunt, dann wurde ich allerdings allmählich unruhig. Ich erwartete nicht, daß jemand die Schüler herausforderte oder gar versuchte, sie zu entwaffnen. Aber mußte man nicht jemanden, der mich einfach töten wollte, wenigstens nach seinem Grund fragen?

In diesem Moment betraten drei weitere mir vertraute

Menschen das Gebäude durch die Vordertür. Ich schaute zu ihnen hinüber. Einer von ihnen unterrichtete Statistik, die beiden anderen leiteten Gemeindesozialzentren. Die beiden Direktoren der Sozialzentren hatten zu meinen ersten Schülern gehört, und ich kannte sie nun seit über zwanzig Jahren als gewissenhafte, fleißige Männer. Sie würden mit Sicherheit wissen, wie man mit Aschari und seiner Gang redete.

Die Schüler hatten das Kommen der drei Männer ebenfalls bemerkt und wurden plötzlich ganz aufgeregt. Sie traten auf sie zu und nahmen sie in ihre Mitte. Dann erklärten sie, daß diese drei für einen Ausbeuter des Volkes arbeiten würden und deshalb das gleiche Schicksal wie ich erleiden müßten. Bestürzt versuchte der Lehrer ihnen begreiflich zu machen, daß er nur hier war, um seinen wöchentlichen Unterricht abzuhalten. Die beiden Direktoren der Sozialzentren richteten ihre Blicke zuerst auf die Gewehre und sahen dann mich an. In ihren Augen sah ich, daß ihnen eine Erkenntnis dämmerte. Mit ängstlichen Blicken wandten sie sich jetzt den Schülern zu, die uns umringten. Einer von ihnen drehte sich mit flehentlicher Geste zu Aschari um, wobei er die Hände gegen die Brust preßte. Er sah mich von der Seite an, und sein Blick sagte deutlicher als alle Worte: »Du glaubst doch nicht, daß ich ein Unterdrücker bin? Ich bin auf eurer Seite.« Der andere Leiter unterstützte die wortlose Geste mit einem eifrigen Nicken. Hinter Aschari standen etwa dreißig Menschen, die die Szene mit ausdruckslosen, schweigenden Gesichtern beobachteten.

Plötzlich drehte sich Aschari mit einer triumphierenden Geste um. »Ich habe wichtige Neuigkeiten!« schrie er. »Die islamischen Revolutionäre haben den Kampf gewonnen. Von jetzt an leiten wir die Schule! Wir bringen die Rektorin und diese Lehrer zu Ajatollah Chomeini, der sie hinrichten wird!«

Einen kurzen Augenblick lang herrschte Stille. Dann rief jemand: *»Allahu akbar!«* Sofort fielen auch andere ein: *»Allahu akbar.«* »Gott ist allmächtig, hurra!«

Ungläubig starrte ich von einem Gesicht zum anderen. Ich kam mir vor wie in einem schlechten Film, der in Zeitlupe ablief, und mir war, als hätte mir jemand ein Messer zwischen die Rippen gestoßen. Doch trotz dieses Schocks empfand ich keinen Schmerz. Ich hätte noch verstehen können, wenn die Umstehenden aus Angst nicht protestierten, aber warum um alles in der Welt jubelten sie? Ich sah Lehrkräfte und Absolventen, die ich vor fünfzehn und zwanzig Jahren unterrichtet hatte. Zwanzig Jahre zogen an meinem geistigen Auge vorbei, zwanzig Jahre harter, nicht enden wollender Arbeit im Interesse unseres Berufes und im Interesse dieser Menschen, für die ich mich verantwortlich fühlte. Wir hatten Brot und Salz miteinander geteilt, und doch war jetzt niemand da, der auch nur ein einziges Wort zu meiner Verteidigung vorbrachte.

Ich richtete meinen Blick wieder auf Aschari, in dessen Augen jetzt blindwütiges Mißtrauen stand. Die Vorstellung, daß eine solche Kreatur die Schule für Sozialarbeit leiten wollte, war so unglaublich, daß mir ganz schlecht wurde. Ohne daß ich versuchte, meine Verachtung zu verbergen, sagte ich: »Also dann, wenn es denn sein soll, dann wollen wir es hinter uns bringen.«

Wir gingen hinaus auf den Parkplatz, wo einer der Landrover wartete. Die Schüler hatten Sarabadi als Fahrer bestimmt. Ihn hatte ich damals eingestellt, weil seine Frau und seine Kinder krank gewesen waren. Inzwischen ging es seiner Familie sehr viel besser, und es tat mir leid, daß die Schüler ausgerechnet ihn ausgesucht hatten.

Die Schüler schoben uns in das große Fahrzeug. Zusammen mit dem Lehrer für Statistik und Charmandar saß ich direkt hinter dem Fahrer, und die beiden Leiter der Sozialzentren saßen hinter uns, zusammen mit dem vierten Schüler, der sein Gewehr auf uns gerichtet hielt. Isadi und Aschari reichten Sarabadi ein großes weißes Taschentuch und kletterten dann auf den Vordersitz. Unsere Fahrt ging nach Süden zur Stadtmitte, vorbei an ausgebrannten Autowracks, Sandsäcken und Zementhaufen.

Sarabadi fuhr langsam und vorsichtig, während Aschari den Arm aus dem Fenster streckte und wichtigtuerisch sein Taschentuch schwenkte. Auf der Kreuzung am Stadtrand standen keine blauuniformierten Verkehrspolizisten mehr, sondern ein paar der stoppelbärtigen jungen Männer in den bunt zusammengewürfelten paramilitärischen Uniformen, die seit der Kapitulation der Armee überall zu sehen waren. Einige von ihnen trugen arabische Kopfbedeckungen. Als wir in ihrer Nähe anhielten, hörte ich, wie sie sich auf arabisch unterhielten. Ich fragte mich, warum Araber den Verkehr in Teheran regelten. Wo war die Verkehrspolizei? An jeder Kreuzung lehnten sich die Schüler aus dem Fenster und riefen triumphierend: »*Allahu akbar!* Wir bringen Verräter zu Ajatollah Chomeini, damit er sie hinrichtet!« Die Männer auf der Straße lächelten nicht, sondern nickten nur und erhoben feierlich die Fäuste.

Als wir die Chiaban-e Schah Resa erreichten, kurbelte plötzlich auch Sarabadi sein Fenster runter. »Hei«, schrie er lachend, »schaut alle her – ich bringe Verräter zu Ajatollah Chomeini! Diese Verräter werden bald hingerichtet!« Die Posten winkten ihn weiter, und immer noch lachend bog Sarabadi jetzt links ab. Ich konnte kaum glauben, was ich da hörte, aber seine Freude klang vollkommen echt. Offenbar war er wirklich froh, daß ich bald sterben würde.

Während wir die Chiaban-e Schah Resa entlangfuhren, hatte ich das Gefühl, in einem Alptraum gefangen zu sein. An den Hauswänden waren die alten weißen Parolen wie »Tod dem Schah« und »Tod den Amerikanern« mit roter Farbe übermalt worden. Ich las »Hier ist ein Märtyrer gestorben«, und darunter auf dem Gehsteig lagen rote Blumen. Die Straßen waren übersät mit allerlei Abfall, darunter auch Karteikarten und Akten, die der Mob aus Ministerien und Polizeistationen entwendet hatte. Offenbar gab es keine Polizei mehr, die Straßenbanden hatten ihren Platz eingenommen. Als ich jedoch zufällig nach oben sah, entdeckte ich an einem Baum etwas, das aussah wie eine blaue Uniformjacke der Polizei. Die Ärmel schienen herausgerissen, und der Rest war mit einer dunklen Kruste bedeckt, die wie getrocknetes Blut aussah. Voller Entsetzen schloß ich die Augen. Wenn es keine Polizei mehr gab, in wessen Gewalt befand sich dann das Land? Mir kam plötzlich in den Sinn, daß die neue Regierung jetzt vielleicht auch normale Menschen verhaften könnte und nicht nur Männer wie Nasiri, Hoveyda und die Generäle des Schahs. Hatte Aschari vielleicht sogar Grund zu glauben, daß Ajatollah Chomeini und seine Männer mit meiner Verhaftung Ernst machen könnten?

Wir bogen rechts ab in Richtung Parlament und Basar und fuhren schließlich vor einer kleinen Polizeistation vor, wo die Schüler uns befahlen, auszusteigen und vor ihnen herzugehen. Aschari und Isadi verschwanden im Innern des Gebäudes. Auch hier sahen wir viele Revolutionäre in bunt zusammengewürfelten Uniformen. Auf allen Gesichtern zeigten sich Eifer, Ernsthaftigkeit, Begeisterung und energische Entschlossenheit. Wenige Minuten später kamen die Schüler wieder heraus und wiesen uns barsch an, in das Gebäude zu gehen.

Voller Angst gehorchten wir. Die Schüler warteten draußen. Innen befanden sich mehrere Polizeibeamte, die alle vorschriftsmäßige Uniformen trugen. Bei diesem Anblick, den ich als erstes Anzeichen von Ordnung und Vernunft an diesem Morgen wertete, hätte ich vor lauter Erleichterung beinahe gejauchzt. In diesem Moment trat der Stationshauptmann aus seinem Büro. Er starrte uns ungläubig an. Was wollten eine ehrbare Frau mit Handtasche und drei Männer mittleren Alters, alle in Anzug und Krawatte, in seiner Polizeistation? Ich schöpfte Hoffnung, denn seinem Gesichtsausdruck nach zu urteilen, war noch niemand hier gewesen, der so aussah wie wir. Offensichtlich hatte Ajatollah Taleqanis Assistent die Wahrheit gesagt, und die neue Regierung verhaftete tatsächlich noch keine Zivilisten. Ich fragte den Hauptmann, warum und wozu wir hier waren, worauf er freundlich antwortete, er wüßte es auch nicht. Dann bot er uns an, Platz zu nehmen und uns auszuruhen. Ich bedankte mich, und wir vier setzten uns auf eine Bank an der Wand. Jetzt sagte der Hauptmann leise etwas zu einem seiner Beamten, worauf dieser den Raum verließ. Wir warteten. Als ich zum vorderen Fenster hinaussah, sah ich, daß die Schüler draußen von mehreren uniformierten Polizisten und zwei Männern in Zivilkleidung befragt wurden.

Nach geraumer Zeit kam der Hauptmann schließlich wieder aus seinem Büro, und ich sah ihn erwartungsvoll an. Sehr höflich richtete er das Wort an mich: »Chanom, ich lasse gerade im Hauptquartier des Ajatollah Chomeini anrufen, um zu erfahren, wohin wir Sie bringen sollen.«

Einen Augenblick lang glaubte ich, den Verstand zu verlieren. Mein Herz begann zu rasen. Bis zu diesem Moment hatte ich nicht wirklich geglaubt, daß irgend jemand in der neuen Regierung ein Interesse an mir haben konnte. Aber warum sonst sollte sich die Polizei an das Hauptquartier Chomeinis wenden? Einer meiner Kollegen fing vor lauter Angst an, furchtbar zu schwitzen.

Angesichts seiner Angst setzte mein Verstand wieder ein. Ich sagte mir, daß die Männer, die man mit mir abgeführt hatte, schließlich Familien hatten. Sie waren einfach zur falschen Zeit am falschen Ort gewesen und konnten nichts dafür. Ich stand auf, ging zum Hauptmann und erklärte ihm, daß die Schüler eigentlich nur mich verhaften wollten. Als Rektorin der Schule für Sozialarbeit würde ich die alleinige Verantwortung für die politische Ausrichtung der Schule tragen. Falls ich oder die Schule irgend etwas falsch gemacht hätten, läge die Schuld allein bei mir. Diese Männer hätten nichts mit meiner Verwaltung zu tun. Ich wäre bereit, Ajatollah Chomeini gegenüberzutreten, aber ich verlangte, daß man meine Kollegen freiließe. Der Hauptmann versprach, die Männer unter der Bedingung freizulassen, daß sie sich schriftlich bereit erklärten, eventuell zurückzukehren. Er müsse entsprechende Schriftstücke jedoch erst vom »Zentralen Komitee« holen lassen.

Wir gingen auf unsere Plätze zurück, und als wir am Fenster vorbeigingen, sah ich, daß Aschari und die drei anderen immer noch draußen standen. Aschari hielt einen rosafarbenen Ordner in der Hand, den ich als einen unserer Schulordner erkannte. Ich fragte mich, wie er hierher gelangt war, denn ich hatte ihn im Auto nicht bemerkt. Fast alle unsere Akten, in denen keine dunklen Geheimnisse schlummerten, wurden unverschlossen aufbewahrt, und der Ordner konnte gar nichts anderes enthalten als völlig harmlose Briefe.

Trotzdem durchfuhr mich ein Schreck, als mir klar wurde, daß der Ordner offensichtlich deshalb heimlich aus meinem Büro entfernt worden war, weil er meine Schuld beweisen sollte.

Nach einem Blick auf seine Uhr, die jetzt zehn Uhr anzeigte, ließ der Hauptmann etwas zu essen für uns bringen. Ich verspürte überhaupt keinen Hunger, obwohl ich nichts als eine Tasse Kaffee im Magen hatte. Meine Kollegen dagegen schlangen das Essen hastig hinunter. Wenige Minuten später erklärte ihnen der Hauptmann, daß die Schriftstücke eingetroffen waren. Ohne mich eines Blickes zu würdigen, eilten die Lehrer zur Unterzeichnung in sein Büro. In der Zwischenzeit suchte ich in meiner Handtasche nach einem Stück Papier, auf dem ich eilig Dschabis Telefonnummer notierte. Als die drei Männer unter Dankesbezeugungen aus dem Büro des Hauptmannes herauskamen, drückte ich einem von ihnen das Papier in die Hand und bat ihn eindringlich, meine Schwester anzurufen und ihr zu sagen, wo ich war. Dann setzte ich mich wieder hin und wartete. Ich wußte immer noch nicht, was eigentlich vor sich ging, und ich hatte Angst. Was hatte die Schule sich bloß zuschulden kommen lassen? Und welchen Vergehens beschuldigte man mich?

Obwohl ich mir alle Mühe gab, klar zu denken, wirbelten meine Gedanken wild durcheinander. Ich hatte immer darauf geachtet, daß die Schule sich politisch neutral verhielt und sich nur dem Dienst an den Armen widmete. Doch seit dem Sturz der Bachtiar-Regierung wurden immer wieder Menschen, die überhaupt nichts verbrochen hatten, auf offener Straße erschossen. Die ganze Stadt schien in der Hand dieser zornigen, bärtigen, jungen bewaffneten Männer zu sein. Als ich wieder zum Fenster hinaussah, waren Aschari und die anderen verschwunden.

Mir schien, als hätte ich schon eine Ewigkeit dort gesessen, da betrat der Hauptmann zusammen mit einem jungen Mann den Raum. Dieser junge Mann trug einen Bart, eine graue Hose, ein schwarzes, bis oben zugeknöpftes Hemd und eine schwarze Lederjacke. In der Hand hielt er den Ordner aus der Schule. Mein Mut schwand. Ich hatte das Gefühl, in einer schrecklichen Maschinerie gefangen zu sein, aus der ich mich nicht mehr befreien konnte. Dann sagte der Hauptmann: »Chanom, ich übergebe Sie diesem Mann hier. Er wird Sie zu Ajatollah Chomeini bringen.«

Draußen wartete ein bewaffneter »Bärtiger« neben einem kleinen, zweitürigen Fiat auf uns. Die beiden Männer schoben mich auf den Rücksitz, setzten sich selbst nach vorne, und wir fuhren los. Etwas unsicher erkundigte ich mich bei dem Fahrer nach unserem Ziel. »Die Teheraner Residenz des Emam«, antwortete er knapp. Sie läge nicht weit vom Basar entfernt, und die Fahrt würde nicht lange dauern.

Wir fuhren in Richtung Süden, bis wir die Altstadt mit ihren engen, gewundenen Straßen und Gassen erreichten. Zahllose dunkel gekleidete, unrasierte Männer, viele Frauen in schwarzen *tschadors* und auch Kinder eilten mit schnellen Schritten in die gleiche Richtung wie wir. Ich begriff, daß sie alle zur Alavi-Schule wollten, wo Ajatollah Chomeini sich aufhielt. Sie schrien laut: *»Allahu akbar, Chomeini rabar!«* Der Fiat mußte fast stehenbleiben, und der Fahrer drückte wütend auf die Hupe. Im Schrittempo fuhren wir jetzt in eine kleine Sackgasse hinein, die kaum breit genug war für das kleine Auto. Am Ende der Gasse ragte die Außenmauer der Alavi-Schule auf, und das große Tor war zu sehen. Doch plötzlich steckten wir endgültig zwischen den unzähligen Pilgern fest, die gekommen waren, um einen Blick auf Ajatollah Chomeini werfen zu können. Fünfzehn Minuten lang saßen wir im Auto und warteten. Eine singende, jubelnde, verzückte Menge strömte an uns vorbei. Einige junge Männer versuchten sich vorzudrängen, um zum Tor zu gelangen oder wenigstens die Mauern des Gebäudes zu berühren, in dem sich Ajatollah Chomeini aufhielt. Das kleine Auto wurde regelrecht hin- und hergeschaukelt. Und der Fahrer drückte in seiner Not so lange auf die Hupe, bis ich glaubte, sie müßte jeden Moment ihren Geist aufgeben.

Irgendwann hielt ich es nicht mehr länger aus. Ich wollte die ganze Sache endlich hinter mich bringen. Höflich schlug ich vor, daß wir versuchen sollten, zu Fuß zum Tor zu gelangen. Ich versprach, keinen Fluchtversuch zu unternehmen.

Nach kurzer Überlegung stimmte der Fahrer zu. Wir stiegen aus und drängten uns an Häuserwänden entlang in Richtung Tor. Meine Handtasche fest an meine Brust pressend, bewegte ich mich zwischen den beiden Männern so gut ich konnte vorwärts. Falls die Menge außer Kontrolle geriet, war es gut möglich, daß ich zu Tode getrampelt würde. Endlich erreichten wir das Tor. Dort sprach der Fahrer mit einem von den ungefähr ein Dutzend Wachposten, die versuchten, die Menge vom Tor fernzuhalten. Der Wachposten öffnete eine kleine, niedere Tür in dem großen Tor und winkte mich schnell hinein, während sich die Menge brüllend auf das Tor zuwälzte. Ich duckte mich, trat ein, und hinter mir schlüpften zwei Wachposten durch die Tür. Einer von ihnen hielt den Ordner in der Hand, den ihm der Fahrer ausgehändigt hatte. Die Tür flog zu, und ich hörte, wie der Schlüssel im Schloß herumgedreht wurde.

Ich blickte mich auf dem Gelände des Revolutionshauptquartiers um. Gute hundert Meter vor uns auf der anderen Seite des Schulsportplatzes sah ich eine lange Mauer, hinter der sich unter dem bleigrauen, winterlichen Himmel das dreistöckige Schulgebäude erhob.

Um zu dieser Mauer zu gelangen, mußten wir den vom Schnee aufgeweichten Sportplatz überqueren. Als wir uns der Mauer näherten, bemerkte ich einen kleinen, älteren Mann, der auf einem niedrigen Hocker saß und uns den Rükken zuwandte. Durch eine offene Holztür im Tor blickte er in den Innenhof. Er trug eine alte gestreifte Wolljacke und hielt sich ein Transistorradio ans Ohr. Einer der Wachposten fuchtelte mit seinem Gewehrlauf vor meinem Gesicht herum, während der andere auf den alten Mann zuging, ihm den Ordner zeigte und erklärte, daß sie mich unbedingt hineinbringen mußten.

Er warf mir einen mißtrauischen Blick zu und stellte sein Radio ab. Er war ein alter Mann mit einer großen Nase und einem ungepflegten Bart. Über einem Auge trug er einen Verband. Offenbar stammte er nicht aus der Stadt, sondern vom Land. Er grunzte, schüttelte den Kopf, erhob sich und erklärte, daß es unmöglich war, eine Frau ins Innere der

Schule zu bringen. Ich mußte hier draußen warten. Dann nahm er den Ordner und verschwand damit im Hof. Nach ungefähr zehn Minuten kam er zurück. Einer der Wachposten sagte etwas zu ihm, was ich nicht verstand, und der alte Mann zuckte mit den Schultern. Er bewegte den Kopf in Richtung Tor, als wollte er sagen: »Laßt sie doch einfach hier stehen. Sie entkommt uns hier nicht.«

Jetzt senkte der zweite Wachposten sein Gewehr mit einer gewissen Unsicherheit, wie mir schien. Dann entfernten sich beide in Richtung eines großen Armeezeltes, das in der Mitte des Spielfeldes stand. Vor dem Zelt waren einige ihrer Kameraden damit beschäftigt, Kisten und Schachteln von einem Wagen abzuladen. Erleichtert lehnte ich mich an die Mauer nahe des Tores und zog meinen leichten Mantel fester um mich.

Ich sah mich um, während ich hoffte, daß bald jemand herauskommen würde, um mit mir zu reden. Es gab keine Möglichkeit, sich hinzusetzen. Ständig gingen Wachposten zwischen der Schule und dem Haupttor hin und her. Plötzlich traten mehrere Wachposten mit einer Gruppe von Besuchern auf uns zu, und ich wich einen Schritt zurück, weil ich das Gefühl hatte, im Weg zu sein. Auch der alte Mann stand hastig auf und machte den Wachposten Platz, die den gleichen entschlossenen Ausdruck im Gesicht hatten wie die Männer in der Polizeistation und auf der Straße. Die Besucher machten einen ernsten und zugleich aufgeregten Eindruck.

Ich sah wieder zu dem alten Mann hinüber, der jetzt das Tor geschlossen und sich mit seinem Radio am Ohr wieder hingesetzt hatte. Keiner schenkte ihm Beachtung, es war, als wäre er Luft. Er war lediglich ein alter Diener, einer der vielen, die ein hochgeachteter Geistlicher in seinen Diensten hielt. Aus seinem winzigen Gerät ertönte eine bekannte Stimme, offenbar vertrieb er sich die Zeit damit, sich die Predigten Ajatollah Chomeinis immer wieder anzuhören. Ich hätte gerne gewußt, wer inzwischen meinen Ordner hatte, aber es hätte keinen Sinn gehabt, den alten Mann zu fragen. Ein Diener wie er konnte gar nichts machen, vermutlich verrichtete er nur die allerniedrigsten Arbeiten im Haushalt von Ajatollah Chomeini.

Trotzdem beruhigte mich sein Anblick, denn er war wie Maschdi und Sabi ein Mann vom Land. Männer wie ihn hatte ich mein ganzes Leben lang gekannt. Inmitten all dieser kalten, bärtigen Gesichter schien so ein einfacher alter Diener beinahe ein Freund zu sein. Ich sehnte mich nach einer menschlichen Stimme, und ihm war es vermutlich furchtbar langweilig. Vielleicht konnte ich ja das eine oder andere Nützliche von ihm erfahren.

Ich machte ein paar Schritte auf das Tor zu. »Salam«, sagte ich mit einer leichten Verbeugung.

Der alte Mann zögerte, dann nickte er verstohlen. »Salam«, murmelte er.

»Sie hören sich Aghas Reden an?« sagte ich.

Wieder nickte er schüchtern, während er seinen Hocker zur Seite stellte. Dann öffnete er beide Flügel des Tores, um mehrere Diener durchzulassen, die riesige Töpfe mit Essen trugen. Als sie an uns vorbeigingen, warf er mir nochmals einen verstohlenen Blick zu.

»Agha, wer waren denn diese Männer?« Ich versuchte meine Stimme ehrerbietig klingen zu lassen.

»Sie warten im Hof auf meinen Meister«, antwortete er stolz. »Es waren schon viele da, und viele warten noch drinnen im Hof.« Dann setzte er sich wieder auf seinen Hocker und schaute in den Hof. »Wer sind Sie?« fragte er plötzlich voller Neugier.

»Ich bin Lehrerin«, antwortete ich bescheiden und höflich. »Ich habe eine Schule. Meine Schüler haben mich verhaftet und hierher gebracht, aber ich weiß nicht warum.«

Zu meinem Erstaunen schlug sich der alte Mann an die Stirn. »Diese aufsässigen jungen Burschen«, rief er kopfschüttelnd. »Schon wieder. Sie haben keinen Respekt mehr! Unser armes Land kann einem leid tun.« Ich wollte gern noch mehr hören, aber wir wurden schon wieder unterbrochen. Diesmal handelte es sich bei den Ankömmlingen um zwei ängstlich wirkende ältere Männer in Mänteln und Hüten, die wie alle anderen Besucher ebenfalls von bewaffneten Wachposten begleitet wurden. Mit einem beklemmenden Gefühl trat ich einen Schritt zurück. Die Wachposten sagten etwas zu dem alten Mann, worauf dieser sie einließ. Er sah ihnen nach. Das, so sagte er jetzt mit großer Mißbilligung, war das, was er gemeint hätte. Diese Männer waren als Imperialisten und Widersacher der Religion denunziert worden. Der Himmel wüßte, wer so etwas täte, vielleicht ein undankbarer Angestellter. Aber um diese Fälle müßte der Agha sich jetzt kümmern, und er hätte alle Hände voll damit zu tun. In seiner Rede hatte er das Volk aufgefordert, mit solchen Bezichtigungen aufzuhören, aber die Menschen hörten nicht auf ihn. Und jetzt hatten diese Unruhestifter auch noch eine Frau angeschleppt! Aber was sollten sie um alles in der Welt mit einer Frau machen?

Zitternd lehnte ich mich an die Mauer. Ausdrücke wie »Imperialist« und »Widersacher der Religion« wurden gebraucht, um Feinde der Revolution anzuklagen. »Widersacher der Religion« nannte man vor allem Menschen wie Nasiri und die Generäle der SAVAK und war für einen Moslem die schlimmste Bezeichnung überhaupt. Die Tatsache, daß ich hier war, zeigte wohl, daß die Revolutionäre die Anklage gegen mich ernst nahmen. Ich mußte nun unter allen Umständen wachsam und ruhig bleiben.

Um mich zu beruhigen, versuchte ich, mich nur auf mich selbst zu konzentrieren und alles um mich herum auszuschalten. Als ich den alten Mann jetzt fragte, ob er Ajatollah Chomeini schon lange diente, mußte ich all meine Kraft zusammennehmen, um ihn meine Angst nicht hören zu lassen. Bei meiner Frage strahlte er übers ganze Gesicht, und voller Stolz erzählte er mir, daß er den Agha seit vielen Jahren als Hausdiener überallhin begleitete. Sein Name sei Hadschi Dulabi aus Qom. Dann pries er seinen Meister und gab mir Beispiele seiner großen Frömmigkeit. Der Agha, erklärte er, wäre ein studierter, gottesfürchtiger Mann, der immer versuchte, den Menschen den rechten Weg zu weisen. Er hätte diesen Tumult bestimmt nicht gewollt; deshalb hätte er auch alle angewiesen, mit den Denunziationen und den Plünderungen aufzuhören und die Arbeit wiederaufzunehmen.

Ich begriff, daß ich mich bei irgend jemandem hier einschmeicheln mußte, und wenn es nur dieser alte Mann war. Es bestand immer die Möglichkeit, daß jemand von drinnen meinen neuen Bekannten über mich ausfragte, und da Hadschi Dulabi anscheinend ein Diener war, dem man vertraute, wollte ich, daß er gut über mich sprach. Ich wollte, daß er bestätigte, daß ich keine Widersacherin der Religion war und auch keine Feindin der Revolution. Als er eine Pause machte, ergriff ich die Gelegenheit, ihn sehr höflich zu fragen, ob er sich an die Unruhen vor vielen Jahren in Qom erinnerte. Damals war der Agha verhaftet worden, weil er gegen den Schah gesprochen hatte.

Er runzelte die Stirn und bejahte dann.

»Ich und meine Schüler, Hadschi«, sagte ich, wobei ich nicht vergaß, ihn mit seinem Titel anzusprechen, »haben dafür gesorgt, daß die Familien der toten und verwundeten Demonstranten für das Unrecht, das ihnen zugefügt worden war, entschädigt wurden.«

Er nickte, ohne wirklich zu verstehen, was ich sagte. Dann meinte er höflich, wir hätten zweifellos fromm und gottesfürchtig gehandelt. Agha hätte immer gesagt, daß Ungehorsam schlecht wäre. Dann fügte er noch hinzu, es wäre furchtbar, daß ich nicht hineingehen und mich wärmen könnte. Aber in der Schule seien viele hundert Männer, Besucher, Gefangene und Männer, die wie ich verhaftet worden waren. Deshalb gäbe es dort keinen Platz, wo ich als Frau hätte allein sein können.

Verzweifelt lehnte ich mich wieder an die Mauer. Mit Ausnahme der Wachposten war dieser alte Mann der einzige Mensch, der diejenigen kannte, die über mein Schicksal entscheiden würden. Doch wenn ich mit ihm sprach, wurde mir die riesige Kluft bewußt, die die moderne Zeit zwischen uns aufgetan hatte. Er konnte das, was ich sagte, gar nicht begreifen. Die Grenzen seiner Welt waren das Teehaus, das Kornfeld und die Dorfmoschee. Hadschi Dulabi aus Qom interessierte sich nicht dafür, ob ich einen Beruf hatte oder ob ich eine »Widersacherin der Religion« war oder nicht. Für ihn war ich einfach eine schwache Frau, eine *safie,* so namenlos, als trüge ich einen *tschador*. Dieser alte persische Bauer sah bloß mein Alter, meine schwarzen Kleider und mein Kopftuch. Er wußte, daß ich keine Prostituierte war, und daher hatte er keine Bedenken, sich mit mir zu unterhalten. In dieser neuen revolutionären Ordnung war ich nur ein Wesen, das man vor der Türe stehen ließ, bis entschieden war, was mit ihm geschehen sollte.

Als hätte der alte Mann meine plötzliche Erschöpfung gespürt, bot er mir großzügig an, mich hinzusetzen und auszuruhen, doch der Gedanke, einem alten Mann seinen Sitzplatz zu rauben, gab mir wieder neue Kraft. Ich dankte ihm und sagte, ich würde mir lieber die Beine etwas vertreten, um mich aufzuwärmen. Er nickte nur und drückte wieder das Radio an sein Ohr. Nun ging ich mit schnellen Schritten hinter ihm auf und ab und versuchte dabei nicht zu stolpern. Als eine weitere Gruppe von Männern zum Tor kam, sagte der alte Mann etwas zu den Wachposten, und als die durch das Tor verschwunden waren, rief er mir zu: »Chanom, die Wachposten sagen, Sie können bis zu diesem Zelt da drüben gehen. Dann wird Ihnen warm.«

Ich war gerührt ob seiner Aufmerksamkeit und dankte ihm herzlich. Dann marschierte ich auf das Zelt zu, wobei ich meine Hände und Arme rieb. Ich stand zwar unter Schock, aber ich mußte irgendwie wachsam bleiben. Welches Vergehen konnte ich, konnte die Schule begangen haben? Einige der Gründe für meine Verhaftung konnte ich aus den Bemerkungen der Schüler in der Schule ableiten. Sie waren offenbar davon überzeugt, daß die Regierung ihnen die Leitung dieser großen, angesehenen Schule übertragen würde, sobald sie mich aus dem Weg geräumt hatten. Der Gedanke war zwar aberwitzig, aber ich wußte, daß diese vier »islamischen Freiheitskämpfer« in einem Schulsystem großgeworden waren, in dem sie nie gelernt hatten, sich von ihrem Verstand statt von ihren Gefühlen leiten zu lassen. Sie wollten ihren Anteil am Kuchen, und weil sie ihn wollten, glaubten sie, daß sie ihn auch verdienten. Ich sollte sterben, weil ich Dinge besaß, die sie haben wollten und um die sie mich beneideten. An die, die meine Verhaftung bejubelt hatten, wollte ich lieber gar nicht denken. Ich durfte nicht zulassen, daß die Erinnerung an sie meine Selbstbeherrschung zunichte machte.

Ich versuchte mir jedes Wort ins Gedächtnis zu rufen, das die Schüler gesagt hatten, um dadurch möglicherweise einen Anhaltspunkt für die Vorwürfe gegen mich beziehungsweise gegen die Schule zu finden. Aber ich fand keinen stichhaltigen Grund. Aschari und Isadi bezichtigten mich ganz offensichtlich der Verbindung zum »Imperialismus« und zur »CIA«. Aber es waren die Schüler gewesen, die gewünscht hatten, daß ich die Mutter der Kaiserin zu unseren Abschlußfeiern einlud. Diese Frau war weder mit dem Schah direkt verwandt, noch war sie jemals der Korruption bezichtigt worden. Außerdem war ich auch nicht die einzige, die in Amerika studiert hatte; inzwischen hatten das Zehntausende von Iranern getan. Wahrscheinlich hatten auch Premierminister Basargan und Ajatollah Chomeini Berater, die im Ausland studiert hatten. Aschari und die anderen hatten ihren Plan wahrscheinlich nicht bis zum Ende durchdacht. Mit Sicherheit würde aufgrund solcher Anschuldigungen niemand einen Haftbefehl ausstellen.

Ich erreichte das Zelt, drehte mich um und ging wieder zu Hadschi Dulabi zurück. Aufgrund seiner einfachen Freundlichkeit fühlte ich mich weniger einsam. Es war jetzt früher Nachmittag, und ich wartete bereits circa eineinhalb Stunden. Es war kalt, die Temperatur lag unter zehn Grad, und in wenigen Stunden würde es noch kälter werden. Ich wagte nicht, einen der unfreundlich dreinblickenden Wachposten, die immer wieder vorbeikamen, zu fragen, wann endlich jemand kommen würde, um mit mir zu sprechen. Ich getraute mich auch nicht, einen der Besucher anzusprechen, denn ich wußte ja nicht, wie jemand, der hierher gekommen war, um Ajatollah Chomeini zu sehen, auf mich reagieren würde. Und ich wollte nicht, daß irgend jemand etwas Schlechtes über mich sagen konnte.

Als ich wieder am Tor ankam, fragte mich der Hadschi, ob ich mir die Zeit etwas vertreiben wollte, indem ich mir Aghas Rede anhörte. Aus Höflichkeit nahm ich das Radio und hielt es mir einige Minuten lang ans Ohr. Als ich es dem alten Mann mit Worten des Dankes zurückgab, bot er mir an, mich im Zelt auszuruhen.

Erfreut antwortete ich, daß ich es mir gerne ansehen wollte. Während ich zum Zelt zurückging, wurde mir plötzlich vor lauter Aufregung und Hunger ganz schwindlig. Ich dachte daran, dem Hadschi Geld zu geben, damit er mir Tee und Brot besorgte, doch dieser einfache alte Mann wußte vermutlich gar nicht, wie man etwas aus der Küche herausschmuggelte, und hätte sich möglicherweise damit nur selbst in Schwierigkeiten gebracht. Ich konnte nur abwarten. Jetzt ging ich etwas schneller. Auf keinen Fall wollte ich meine Selbstbeherrschung verlieren, ganz gleichgültig, wie lange man mich hier festhielt.

Vor dem Zelteingang stand ein schöner Tisch und auf ihm ein paar der Schachteln, die zuvor abgeladen worden waren. Bevor ich das Zelt betrat, blieb ich stehen, um einen Blick in die Schachteln zu werfen. Zu meiner Überraschung enthielten sie nichts als Schreibpapier. Doch dann starrte ich auf den Briefkopf, denn ich erkannte die blaue Krone der Pahlawis. Es handelte sich um das Schreibpapier des Halbbruders des Schahs, Prinz Gholam Resa. Die Schachteln standen offen hier auf dem Tisch im Freien. Offensichtlich hatten die Revolutionäre angenommen, daß die Schachteln wichtige Dokumente enthielten, und als sie gesehen hatten, daß der Inhalt wertlos war, hatten sie sie einfach hier abgestellt. Und was befand sich im Innern des Zeltes? Als ich eintrat, verschlug es mir beinahe den Atem, das ganze Zelt war bis obenhin vollgestopft mit Beutegut. Da lagen wertvolle Teppiche, vergoldete Spiegel, Möbel, Ölgemälde, Bücher, Kleidung und seidene Wandbehänge. Alles war links und rechts zu riesigen Haufen aufgetürmt worden, zwischen denen nur noch ein schmaler Gang nach hinten führte. Der Tisch war draußen geblieben, weil im Zelt kein Platz mehr war.

Ich sah mich um, konnte aber keine Stühle entdecken. Da ich mich nirgendwo hinsetzen konnte, ging ich zurück zu Hadschi Dulabi. »Es ist kein Platz mehr drin. Es ist voll«, erklärte ich ihm.

»Genau das habe ich ja gesagt«, grummelte er. »Jeder plündert!« Agha hätte befohlen, so erklärte er, daß die Polizei und die islamischen Revolutionskämpfer alles hier zusammentragen sollten, was sie bei Plünderern erwischten. »Sehen Sie«, fügte er hinzu, »er läßt die Sachen in ein Zelt bringen, damit sie vor Schnee und Regen sicher sind. Er schützt das Eigentum des Volkes.«

Ich war schockiert und traurig. Jeder Iraner wußte, was mit den Dingen, die das Zelt »beschützte«, höchstwahrscheinlich geschehen würde. Warum schadeten wir uns durch Opportunimus und Rachsucht immer wieder selbst? Das iranische Volk hatte sich einig gezeigt, um sich von einem Diktator zu befreien, und nun zerbrach diese Einigkeit schon wieder. Wann würden wir endlich damit anfangen, das allgemeine Wohl vor unser eigenes zu stellen?

Plötzlich sah ich sie vor mir, die Gesichter im Schulkorridor, so deutlich, als stünden sie direkt vor mir. Was dem Schah widerfahren war, war nun auch mir widerfahren. Als die Menschen in der Schule festgestellt hatten, daß ich gestürzt war, hatte kein einziger seine Stimme zu meiner Verteidigung erhoben.

Als ich zu Hadschi Dulabi zurückkehrte, sah ich, daß sich eine Gruppe von Gefangenen dem Tor näherte. Mit den Händen auf den Schultern der Wachposten, stolperten sie hinter diesen her, denn man hatte ihnen die Augen verbunden. Entmutigt durch diesen Anblick, wartete ich, bis sie durch das Tor verschwunden waren, bevor ich mich bei dem Hadschi nach ihnen erkundigte. Mit zorniger Stimme antwortete er, sie wären Spitzel der SAVAK, die ganze Familien ruiniert und für Amerika, Großbritannien und Israel gearbeitet hätten. Jetzt müßten sie sich verantworten.

Ich wurde immer nervöser. In der Hoffnung, etwas über mein eigenes Schicksal zu erfahren, fragte ich, was man mit ihnen machte. Saßen Richter über sie zu Gericht?

»Nein«, antwortete Hadschi Dulabi mit sichtlicher Befriedigung. »Aghas Berater und Revolutionskämpfer befragen sie. Dann werden sie bei Nacht hingerichtet, dort oben auf dem Dach.«

Meine Knie gaben nach, und um nicht umzufallen, mußte ich mich mit zitternder Hand an der Mauer abstützen. Ich war hier gefangen und hatte niemanden, der sich für mich hätte verwenden können, ich war ein Niemand, anonym und hilflos.

Die Stunden schleppten sich dahin, und es kam immer noch niemand, um mit mir zu sprechen. Ich vertrieb mir die Zeit und lenkte mich ab, indem ich hin- und hermarschierte, mit Dulabi plauderte und die verschiedenen Besucher, Wachposten und Gefangenen beobachtete, die hereinkamen. Der Nachmittag neigte sich bereits dem Abend zu, und die Luft wurde merklich kälter. Wieder und wieder dachte ich über die Ereignisse des vergangenen Vormittags nach. Doch ich dachte auch an meine Jahre an der Schule und daran, daß sich meine Familie sicher Sorgen über mein Verschwinden machte. Ich wußte nicht, ob der Kollege, dem ich in der Polizeistation den Zettel zugesteckt hatte, Dschabi angerufen hatte, und selbst wenn er es getan hatte – in dieser neuen Ordnung war meine Familie völlig machtlos.

Am späten Nachmittag kam eine größere Gruppe von jungen Männern in Zivilkleidung an. Ich beobachtete sie neugierig, als sie durch das Tor in den Hof traten. Sie erinnerten mich an etwas, aber ich kam nicht darauf, was es war. Einige von ihnen trugen zwar die neue Stoppelbarttracht, aber da sie auffallend groß und gut gebaut waren, glichen sie eher Soldaten als Pilgern. Kurz darauf kamen noch mehr solche Männer, die unverkennbar Soldaten waren, denn sie trugen leichte blaue Uniformjacken, von denen die Abzeichen entfernt worden waren. Dulabi schaute ihnen gespannt nach, als sie den Hof betraten. Als ich ihn fragte, wer diese Neuankömmlinge seien, erfuhr ich, daß die Männer in Blau Luftwaffenoffiziere waren. Die großen Männer, die vor ihnen gekommen waren, gehörten zur Kaiserlichen Garde. Es wäre noch keine Woche her, berichtete Hadschi Dulabi stolz, daß eben diese Männer ihre Landsleute getötet hatten, um den Schah zu beschützen. Jetzt hatten sie Agha die Treue geschworen und kamen nun, um ihm ihren großen Respekt zu erweisen.

Der stete Strom der Ankommenden durch das Haupttor verebbte allmählich. Ich schloß daraus, daß irgendein Ereignis bevorstand. Der Hadschi schaute mit wachsender Begeisterung in den Hof, und plötzlich winkte er mich eilig heran. »Kommen Sie«, flüsterte er laut. »Agha kommt auf den Balkon. Kommen Sie.«

Ich eilte zu ihm und konnte zum erstenmal einen Blick in den großen Innenhof werfen. Jetzt sah ich, daß sich dort Hunderte von den Männern, die im Laufe des Tages eingetroffen waren, Schulter an Schulter drängten. Selbst die Steine schienen zu vibrieren unter den Schwingungen ihrer unterdrückten Begeisterung. Jetzt traten zwei Männer auf den Balkon im dritten Stock, der ungefähr dreißig Meter von uns entfernt war. Der eine Mann trug einen schwarzen Umhang und einen Turban, der andere die traditionelle arabische Kopfbedeckung. *»Allahu akbar«,* brüllte die Menge, und ihre Begeisterung wirkte ansteckend.

Ajatollah Chomeini hielt sich hinter dem Mann mit der arabischen Kopfbedeckung, als zögerte er, vorzutreten. Der Araber trat nun grinsend nach vorne und streckte seine Arme in Siegerpose gen Himmel. Ich erkannte ihn sofort, drehte mich zu Dulabi um und fragte ihn, was Jasir Arafat hier machte. Der Hadschi strahlte. Arafats Organisation, die Al Fatah, habe Agha unterstützt, indem sie die islamischen Revolutionskämpfer im Umgang mit Waffen unterwiesen habe. Jetzt war Arafat gekommen, um Agha seinen Respekt zu erweisen und ihm die Hand zu küssen.

Die Nachricht überraschte mich wenig; ich fand es lediglich interessant, daß sich die Gerüchte über die Beteiligung der PLO an unserer Revolution als wahr erwiesen. Im Moment konnte ich mich nur auf Ajatollah Chomeini konzentrieren, denn er war es, der über mein Schicksal entscheiden sollte. Ich wandte meinen Blick nicht vom Balkon ab. Schon nach wenigen Minuten gingen die beiden Männer wieder ins Innere des Gebäudes. Das Brüllen und Tosen der Menge ließ nach und ging wieder in ein lautloses, erwartungsvolles Murmeln über.

Einige Minuten vergingen, bevor Ajatollah Chomeini

dann allein auf den Balkon trat, gefolgt von einem halben Dutzend Geistlichen in schwarzweißen Gewändern. Langsam und zögernd begab er sich in die Mitte des Balkons, wo er nun mit gesenkten Augen unbeweglich und unbewegt im schwachen Winterlicht stand. Selbst aus der Ferne sah er gefährlich aus, doch ich muß zugeben, daß die meisten stirnrunzelnden Mullahs mit ihren weißen Bärten und schwarzen Gewändern bedrohlich wirken. Eigentlich hatte ich einen alten, schwächlichen Asketen erwartet, und nun war ich überrascht, wie stark und gesund Ajatollah Chomeini aussah. Die Menge verharrte regungslos. Nach einem kurzen Augenblick erhob er – ohne die Menge auch nur eines Blickes zu würdigen – seine rechte Hand. Diese Bewegung war so vorsichtig und bedachtsam, daß sich nicht einmal sein Gewand bewegte.

Ein betäubendes Tosen zerriß die Luft, ein Schrei der Huldigung: *»Allahu akbar.«* Ich begriff, daß dieser unbeugsame alte Mann, der den Westen im Namen des Islam herausgefordert und den Schah mit der bloßen Kraft seines Glaubens besiegt hatte, für all diese Männer der wahre Führer war. Seine eiserne Stärke war ihre Säule in einer zusammenbrechenden Welt. Trotzdem mutete es mich als Iranerin seltsam an, daß ein Gelehrter und Geistlicher wie ein Politiker auf einem Balkon die Huldigung der Menge entgegennahm.

Bereits nach wenigen Minuten ging er wieder hinein, langsam und bedächtig, wie er gekommen war. Als ich sah, daß sich die Männer drinnen zum Aufbruch fertigmachten, trat ich schnell vom Tor zurück. Der Anblick Ajatollah Chomeinis hatte mich beruhigt. Natürlich sah er streng aus, aber dieser Mann war kein ignoranter Dorfmullah, sondern ein frommer und gebildeter Mann, der nun das Oberhaupt der Gläubigen war. Es erschien mir schlichtweg unmöglich, daß ein Mensch seines Formates mich für eine »Widersacherin der Religion« halten könnte.

Ich sah, wie unzählige Männer nun durch das Tor kamen und dann über das Feld zum Haupttor gingen. Sie hatten es eilig, denn bei Sonnenuntergang wollten sie zum Gebet zu Hause sein. Draußen war es nun ruhiger geworden, und nur die ganz Eifrigen waren noch auf der Straße. Und noch immer kam niemand, um sich um mich zu kümmern.

Allmählich begriff ich, daß das geschehen war, was ich bereits vermutet und befürchtet hatte: Da ich als Frau nicht in das Gebäude durfte, hatten mich meine Ankläger schlichtweg vergessen.

Kälte und Dunkelheit nahmen nun bedrohlich zu. Ich war furchtbar hungrig und müde und erschöpft von dem stundenlangen Hinundhergehen und Herumstehen. Um sechs Uhr öffnete Dulabi das Tor, um mehrere Männer einzulassen, die ein großes, brüllendes Schaf vor sich hertrieben. Das Schaf, sagte er, sei für die Männer drinnen – für Agha und seine Berater, für die Wachen und die Gefangenen.

Ich war außer mir vor Wut, als ich das hörte. Nun zweifelte ich nicht mehr daran, daß derjenige, der mich hatte befragen sollen, längst zum Abendessen nach Hause gegangen war und daß ich hier draußen bleiben mußte, bis ich entweder verhungert oder erfroren war. Man erlaubte mir nicht, meine Familie zu benachrichtigen, man terrorisierte mich mit der Ungewißheit, und man setzte mich körperlichen Qualen aus, die echter Folter in nichts nachstanden.

Seit einigen Stunden wußte ich, daß ich, obwohl ich am Morgen nur eine Tasse Kaffee zu mir genommen hatte, irgendwann eine Toilette aufsuchen mußte. Es widerstrebte mir, nach dieser zu fragen, aber irgendwann blieb mir nichts anderes übrig. Ich versuchte mir nicht anmerken zu lassen, wie peinlich mir die Frage war, als ich mich bei Hadschi Dulabi nach den Toiletten erkundigte. Er antwortete, ich müßte einen Wachposten bitten, mich in den Hof hineinzulassen, woraufhin ich einen der Wachposten ansprach. Mit unbeteiligter Miene drehte dieser sich um und führte mich in den Hof, wo sich mehrere altmodische Klosetthäuschen befanden, die nichts weiter waren als stinkende Gruben mit Bretterverschlägen. Als ich die Tür geschlossen hatte und nach unten sah, sah ich die Schuhe des Soldaten. Also konnte auch er meine Schuhe sehen und mich hören. Noch nie hatte ich mich so geschämt. Ich war außer mir vor Empörung.

Um sieben Uhr wurde es dunkel, und das Sportfeld wurde

von hohen Scheinwerfern angestrahlt. Hadschi Dulabis Tor wurde außerdem von einer schwachen elektrischen Birne erleuchtet. Ich sah nur noch wenige Wachposten. Gelegentlich kam ein Mullah oder ein Zivilist durch das Haupttor, schritt über das Feld und trat durch das Tor in den Innenhof, aber niemand kam heraus. Ich wußte mir keinen Rat. Es schien zu riskant, einen Fremden zu bitten, eine Nachricht für mich zu übermitteln. Inzwischen war es so bitterkalt, daß ich mich nicht einmal mehr neben den Hadschi stellen und mit ihm plaudern konnte. Wenn ich auch nur ein paar Sekunden stehenblieb, fing ich an zu zittern wie Espenlaub. Unnachgiebig trieb ich mich an und marschierte so schnell ich konnte zwischen Tor und Zelt hin und her. Um acht Uhr war schließlich alles ruhig geworden, und auch das Singen auf den Straßen war gänzlich verstummt. Mich beschlich die Befürchtung, daß ich hier die ganze Nacht verbringen müßte und erfrieren würde. Es war ein Fehler gewesen, nicht schon früher jemanden angesprochen zu haben. In meiner Verzweiflung beschloß ich, den nächsten anzusprechen, der durch das Tor trat.

Ungefähr um neun Uhr sah ich zwei Männer über das Feld kommen. Im weißen Licht der Scheinwerfer erkannte ich, daß der eine ein schwarzes Gewand und einen Turban trug; offenbar handelte es sich um einen Mullah und seinen Diener. Ich eilte zu Dulabi, der sich mit seiner Jacke gegen die Kälte zu schützen versuchte, und erkundigte mich, wer dieser Mann war und ob er vorhätte, hier zu bleiben.

Nachdem er einen Blick auf die beiden Männer geworfen hatte, sagte er: »Ah, das ist Ajatollah Rabani-Schirasi. Ein sehr geachteter Mann.«

Ich fragte ihn, ob ich den Geistlichen bitten könnte, eine Nachricht für mich mit nach drinnen zu nehmen. »Aber ja, Chanom, ja, beeilen Sie sich, bitten Sie ihn, daß er Ihnen hilft. Er ist einer von Aghas wichtigsten Beratern.«

Ich stand ein paar Schritte vom Tor entfernt, und als die beiden auf meiner Höhe waren, trat ich vor. »Agha, salam«, sagte ich mit einer Verbeugung.

Erstaunt darüber, an diesem Ort eine Frau zu sehen, blieb

er abrupt stehen. Um nicht unrein zu werden, senkte er den Kopf und sah auf seine Schuhe. »Salam«, erwiderte er leise. Er war nicht größer als ich, ein kleiner Mann mit bestimmter und energischer Ausstrahlung.

»Agha«, konnte ich nur stotternd hervorbringen, denn meine Lippen zitterten vor Kälte, »ich bitte Sie, eine Nachricht an Ajatollah Chomeini zu überbringen.« Da ich aufgehört hatte zu marschieren, fing ich wieder an zu zittern.

Er fragte nicht nach meinem Namen und schaute auch nicht auf, sondern wollte nur wissen, warum ich hier war. Er war offensichtlich in Eile.

Ich nannte meinen Namen und erklärte, was ich über meine Verhaftung wußte. Er runzelte leicht die Stirn, aber ich konnte seine Gedanken nicht erraten. »Wie lange sind Sie schon hier?«

»Seit heute morgen, Agha. Ich flehe Sie an, Ajatollah Chomeini auszurichten, daß ich hier warte. Wenn man mich einsperren will oder sonst irgend etwas, dann möchte ich, daß es schnell geschieht.«

Ich glaubte Anteilnahme in seinem Gesicht zu erkennen, doch schon im nächsten Augenblick war seine Miene wieder regungslos. Dann wandte er sich zum Gehen. »Ich werde die Nachricht überbringen«, sagte er knapp und war verschwunden, bevor ich ihm danken konnte.

Nun blieb mir nichts anderes übrig, als wieder zwischen dem Zelt und dem Tor hin- und herzugehen. Ich fragte mich, was Ajatollah Rabani-Schirasi wohl von einer Frau hielt, die von ihren eigenen Schülern verhaftet worden war – wahrscheinlich nicht das Beste. Doch er war meine einzige Hoffnung, denn um diese Stunde würde bestimmt niemand mehr kommen.

Eine halbe Stunde später, als ich wieder einmal beim Zelt angelangt war und zum Tor zurückspähte, sah ich zu meiner Bestürzung, daß das Tor geschlossen und Hadschi Dulabi verschwunden war. Eilig lief ich zu der Stelle, wo er gesessen hatte, aber sein Hocker und sein Radio waren ebenfalls verschwunden. Ich lief weiter und hoffte, daß er wieder zurückkehren würde. Aber eine halbe Stunde, eine dreiviertel

Stunde, eine ganze Stunde verging, und Hadschi Dulabi war immer noch nicht zurückgekommen. Er war wohl zu Bett gegangen. Wir hatten uns zwar nicht wirklich angefreundet, aber ohne ihn fühlte ich mich so einsam wie noch nie in meinem Leben. Inzwischen war es mindestens elf Uhr. Selbst die Wachen hatten sich ins Innere des Haupttores oder in das Gebäude zurückgezogen. Seit ich mit Ajatollah Rabani-Schirasi gesprochen hatte, waren zwei Stunden vergangen. Vielleicht hatte er in seiner Eile meine Bitte vergessen? Oder er hatte beschlossen, und das schien mir wahrscheinlicher, Ajatollah Chomeini nicht mit einer Bagatelle zu belästigen.

Die Kälte und die Angst hatten nun völlig von mir Besitz ergriffen. Mir war übel vor lauter Hunger, aber trotzdem hätte ich keinen einzigen Bissen hinuntergebracht. Der aufgeweichte Boden gefror allmählich, und ich mußte doppelt vorsichtig sein, um nicht auszurutschen. Ich schritt an der Mauer entlang, um mich notfalls an den rauhen Steinen festhalten zu können. Obwohl meine Beine schmerzten, zwang ich mich weiterzugehen, wobei ich mir die vielen Wanderungen im Winter in Erinnerung rief, die ich mit leerem Magen gemacht hatte. Erinnerungen an Wanderungen mit Schahsade tauchten vor mir auf, und es war, als hörte ich ihn rufen: »Weiter, weiter, hier wird sich nicht ausgeruht.« Ich war froh, daß er uns Stärke und Ausdauer gelehrt hatte. Inzwischen war ich so zornig, daß der Zorn wie ein Feuer loderte. Diese Flammen konnten mich zwar nicht wärmen, aber sie hielten mich auf den Beinen, bis ich diesen Menschen sagen konnte, was ich von ihrer »islamischen« Revolution hielt, selbst wenn man mich dafür einsperren oder töten sollte.

Die Stunden verstrichen. Gleich blendenden Lichtblitzen tauchten immer wieder die Gesichter im Schulkorridor vor mir auf. Immer wieder hörte ich die Rufe, und ich wußte, daß ich diese Gesichter nie wieder sehen wollte. Man hatte meine Welt aus den Angeln gehoben. Trotzdem konnte ich das seltsame Gefühl nicht loswerden, daß die bloße Tatsache, daß man mich hier festhielt, in gewisser Weise ein Beweis für meine Schuld war. Auch wenn ich es mir nicht erklären konnte, glaubte ich doch, irgendwie verantwortlich zu sein für das, was mir widerfuhr. Ich hatte versucht unser Volk zu erziehen, hatte versucht Vertrauen, Loyalität und persönliche Verantwortlichkeit zu lehren, aber ich hatte versagt. In Gedanken beschwor ich meine Vergangenheit herauf und versuchte, alte Fehler und Irrtümer zu entdecken und eine sinnvolle Erklärung für dieses Geschehen zu finden, als wäre die Schuld ein kostbares Juwel, das ich verlegt hatte. Dann wieder ließ ich die Erinnerungen an meine Mutter, an den Palast und unsere Sommer in Schemiran Revue passieren, die Erinnerungen an Maschdi, mit dem wir verborgene Quellen gesucht hatten, und an Schahsade, der uns Schwimmen beigebracht hatte.

Plötzlich hörte ich von oben Schüsse. Mein Herz wollte fast zerspringen, während ich so schnell ich konnte zurück zum erleuchteten Tor stolperte. Jetzt ertönte eine weitere Salve über mir. Ich drückte mich so nah wie nur irgend möglich an das Tor und wartete ab, ob die Schüsse näher kamen. Dann erinnerte ich mich an die Worte von Hadschi Dulabi, und ich wußte, daß irgendwo über mir Mitarbeiter der SAVAK und Generäle der Armee von einem Exekutionskommando hingerichtet wurden. Ich hörte keine Schreie. Offenbar hatte man die Opfer geknebelt, oder sie waren zu schwach nach dem, was sie vorher durchgemacht hatten.

Voller Angst und Entsetzen drehte ich der Mauer den Rücken zu und stolperte blindlings über den gefrorenen Boden. Jeder neue Schuß ließ mich zusammenfahren. Zuweilen entluden sich die Gewehrschüsse in Salven, die an ein Hagelgewitter erinnerten. Dann wieder hörte ich nur ein einziges Donnern, das wie ein Fluch wirkte und jedes menschliche Entsetzen auslöschte. Mein eigener Tod schien plötzlich Konturen anzunehmen und näher zu rücken, gleich einer Fotografie, die in der Dunkelkammer langsam sichtbar wird. Ich zitterte am ganzen Körper.

Ich war immer der Meinung gewesen, daß der Mensch Gott nur dann um Hilfe anflehen sollte, wenn er selbst alles getan hatte, um sich selbst zu helfen. Jetzt begann ich zu beten. Ich hatte mir so oft gewünscht, Mitra und meine Enkelkinder bei mir zu haben, aber in diesem Augenblick dankte ich Gott dafür, daß sie weit weg lebten. Ich dankte Gott, daß meine Mutter in Frieden ruhte und daß ihr der Schmerz dieser Nacht erspart geblieben war. Auch für Schahsade dankte ich Gott, denn ihm verdankte ich, daß ich immer noch auf den Beinen war, mich stolpernd fortbewegen konnte und noch bei Sinnen war. »Oh, Gott Abdol Hosseins, gib mir einen klaren Kopf und Kraft für das, was mich erwartet, damit ich mir und meiner Familie und Schahsade keine Schande bereite. Wenn sie mich töten, will ich mit Würde sterben.«

Danach verlor ich jedes Gefühl für die Zeit. Ich konnte mich nur noch darauf konzentrieren, mich auf den Beinen zu halten, denn ich wußte, wenn ich mich auf den Boden setzte, würde ich einschlafen und erfrieren. Irgendwann kam mir in den Sinn, daß ich kein Testament gemacht hatte. Aber ich brauchte auch keins, denn nach dem Gesetz war ohnehin Mitra meine Erbin.

Nachdem ich stundenlang auf und ab marschiert war, sah ich, als ich mich dem Tor näherte, drei Männer dort stehen, die auf mich zu warten schienen. Im schwachen Lichtschein konnte ich erkennen, daß sie Hosen und Jacken trugen, keine Umhänge und Turbane. Ihre Gesichter konnte ich nicht sehen. Einer von ihnen, der Größte, stand etwas vor den anderen beiden. Er hielt einen Schreibblock in der Hand, und etwas anderes hatte er unter den Arm geklemmt. Als ich näher herankam, erkannte ich unseren Ordner.

»Guten Abend, Chanom«, sagte der Mann höflich, von dem ich annahm, daß er der Verantwortliche war. »Wie heißen Sie?«

Ich versuchte deutlich zu sprechen, aber meine Zähne klapperten so laut und meine Lippen waren so starr, daß ich meine Worte wiederholen mußte. »Ich heiße Sattareh Farman-Farmaian.«

Er nickte, und ich sah ihm an, daß er über meinen Zustand schockiert war. »Ja, Chanom«, sagte er. »Es tut mir leid, daß wir so spät kommen. Wir kommen im Auftrag von Ajatollah Chomeini und würden gern mit Ihnen sprechen.«

# 16. Der Gläubige

*Zu allen Zeiten ward den Moslems verheißen, daß am Ende der Zeit ein Mann aus der Familie des Propheten erscheinen wird, der den Islam stärken und Gerechtigkeit bringen wird.*

Ibn Chaldun

Ich versuchte das Gesicht des Sprechers zu erkennen. Er war ungefähr fünfundfünfzig Jahre alt, hatte kurzes, graumeliertes Haar und ein faltiges, gebräuntes, unrasiertes Gesicht, das freundlich wirkte. Seine Kleidung, die ich im düsteren Licht für braun hielt, sah etwas altmodisch aus. Immer noch freundlich erkundigte er sich, ob ich schon etwas gegessen hätte; dabei fügte er hinzu, daß es beinahe vier Uhr in der Frühe war. Ich antwortete, daß ich nichts gegessen hätte, seit man mich hierher gebracht hatte. Wiederum schien er bestürzt und wollte wissen, ob ich gern etwas aus Aghas Küche hätte.

Ich schüttelte den Kopf. Inzwischen spürte ich keine Übelkeit mehr, aber mein Magen war so leer, daß ich mich schon beim bloßen Gedanken an eine Schale Reis wieder unwohl fühlte. Außerdem wollte ich unter keinen Umständen auch nur eine kleine Gefälligkeit von diesen Menschen annehmen. Ich war allerdings froh, daß dieser Mann anständig und gewissenhaft schien und offensichtlich um Gerechtigkeit bemüht war.

Nochmals sah ich alle drei genau an. Offenbar waren die beiden, die noch nichts gesagt hatten, seine Assistenten. Sie waren ungefähr Anfang Dreißig, glattrasiert und trugen hellere, weniger altmodische Kleidung als er. Aus dem gebräunten Gesicht des Redners schloß ich, daß er Bauer war, aber ein wohlhabender und gebildeter. Vielleicht war er einer der vielen Basarhändler oder Geschäftsleute gewesen, die sich, weil sie die unter dem Schah üblichen Schiebereien und Bestechungen nicht mehr mitmachen wollten, aufs Land zurückgezogen hatten, wo sie von Landwirtschaft und Obstbau lebten. Seine Augen waren zwar nicht direkt auf mein Gesicht gerichtet, aber er hielt sie auch nicht demonstrativ gesenkt wie Hadschi Dulabi und der Geistliche zuvor. Er war also kein Fanatiker, sondern ein ganz normaler Mann.

Mit müder Stimme erklärte er mir jetzt, daß sie viele Fälle untersuchen und bearbeiten mußten und deshalb nicht früher kommen konnten. Während er sich auf der Suche nach einem Ort, an dem die Befragung durchgeführt werden konnte, umsah, fiel sein Blick auf das Zelt. »Darf ich vorschlagen, daß wir dort hineingehen und uns hinsetzen?«

Ich folgte ihm zu dem Zelt, die beiden jüngeren Männer gingen hinter mir her. Wir traten ins Innere, das, da die Zelttür offenstand, durch die Flutlichter und die Birne, die am Eingang baumelte, gerade genug erhellt wurde. Auf der Suche nach einem Sitzplatz starrte mein Inquisitor auf die Berge von Beutegut, die sich hier auftürmten. Der Anblick schien die beiden jüngeren Männer zu amüsieren. Es war im Zelt kaum wärmer als draußen, und der festgestampfte Boden war naß. Endlich entdeckte er in der Nähe des Eingangs eine Holzkiste, die er mit seinem Taschentuch sorgfältig abstaubte. Dann bat er mich so höflich wie zuvor, doch auf ihr Platz zu nehmen. Obwohl meine Beine starr wie Eisklötze waren und erst nicht nachgeben wollten, gelang es mir irgendwie, mich hinzusetzen. Der Holzkiste gegenüber waren mehrere große Teppiche aufgestapelt, auf die der Inquisitor stieg. Er setzte sich so hin, daß er auf mich hinuntersehen konnte. Seine Knie befanden sich ungefähr auf der Höhe meines Gesichtes. Die beiden Assistenten blieben zu beiden Seiten von uns stehen und hielten die Arme ehrerbietig gekreuzt, um ihre Achtung für den Inquisitor zum Ausdruck zu bringen. Er war zwar kein Mullah, aber offensichtlich ein hochgeachteter Mann.

Zusammengekauert saß ich auf der niedrigen Kiste. Ich fror entsetzlich. Inmitten dieses Beuteguts und angesichts der drei großen Männer, die auf mich schauten, fühlte ich mich erdrückt und eingesperrt. Meine Zähne klapperten zwar jetzt etwas weniger, aber dafür war ich beinahe am Verdursten.

Der Inquisitor seufzte und schlug seinen Schreibblock auf; der Anfang fiel ihm sichtlich schwer. Er sah aus, als hätte er nur wenig Erfahrung in solchen Dingen. Ich hätte gern gewußt, wer er und seine Assistenten waren, aber er machte keine Anstalten, sich vorzustellen.

»Also, Chanom«, sagte er endlich mit betont gebieterischer Stimme, »warum sind Sie hier?«

Mehr als überrascht sah ich auf. Wußte er das denn nicht? Aber ich versuchte mir meine Überraschung und mein Befremden nicht anmerken zu lassen und antwortete vorsichtig, daß ich den Grund nicht kannte. Ich sei Lehrerin und von meinen Schülern verhaftet und hierher gebracht worden.

»Ja«, antwortete er, offenbar erleichtert, weil ich das Gespräch begonnen hatte. »Das hat man mir berichtet. Agha hält diese jungen Burschen für sehr naiv.« Noch bevor ich mich über diese ermutigende Bemerkung freuen konnte, nahm er einen Bleistift aus seiner Tasche, riß ein Blatt Papier von seinem Block ab und reichte mir beides hin. »Schreiben Sie Ihren Namen, den Namen Ihres Vaters und Ihren Beruf auf das Papier.« Als ich begriff, daß er versuchte, sich nicht anmerken zu lassen, wie wenig er über meinen Fall wußte, schrieb ich die gewünschten Angaben auf.

»Und jetzt«, sagte er, als ich fertig war, »schreiben Sie bitte, was Sie über diese Revolution denken.« Ich nahm an, er wußte nicht, wie er fortfahren sollte, und versuchte deshalb Zeit zu gewinnen. Er beugte sich vor und flüsterte einem seiner Assistenten etwas zu. Daraufhin setzten sich die beiden jüngeren Männer neben ihn und sahen ihm über die Schulter, während er den Ordner durchblätterte. Anscheinend hatte er vorher keine Gelegenheit gehabt, die Schriftstücke zu lesen.

Meine Verwirrung und Entrüstung wuchsen. Was sollte ich über ihre Revolution sagen? Daß ich diese ganzen Plünderungen und all das Töten wunderbar fand und daß ich hoffte, daß man mich verschonen würde? Ich nahm den Bleistift und schrieb. Ich schrieb, daß ich zuerst geglaubt hätte, die Revolution fände im Namen der Demokratie und der Gerechtigkeit statt, daß ich jedoch jetzt mit ansehen mußte, wie unschuldige Menschen verhaftet und festgehalten wurden. Das war keine Revolution, wie ich sie mir erhofft hatte, und ich glaubte nicht, daß diese Bewegung überleben würde, wenn Menschen, die ihr ganzes Leben lang dem Land gedient hatten, festgehalten und mißhandelt wurden. Eine solche Revolution könnte ich nicht unterstützen.

Ich gab dem großen Mann das Stück Papier. Das war's also, dachte ich. Er kann's den anderen zeigen, und dann können sie mich aufs Dach hinaufführen und mich erschießen. Aber wenigstens habe ich ihnen gesagt, was ich über sie denke.

Der Inquisitor hielt das Papier in der Hand und las laut vor, was ich geschrieben hatte. Mit jedem Wort sah er bekümmerter aus. Plötzlich atmete er tief: »Aber, Chanom, Sie sehen das ganz falsch. Der Agha will das alles gar nicht. Die Unruhen, von denen Sie sprechen, gehen von Unruhestiftern und vom Pöbel aus. Ajatollah Chomeini ist gegen diese Dinge, er will Demokratie und Gerechtigkeit. Diese Menschen verraten ihre eigene Sache. Unsere Revolution ist gut, gut für das Volk!«

»Aber ich sehe etwas ganz anderes«, sagte ich wütend. Ich versuchte aufzustehen, aber ich hatte nicht die Kraft. Trotzdem schrie ich weiter, ohne auf die Erschöpfung und den Durst zu achten. »Ich sehe, daß geplündert wird, daß Privateigentum konfisziert wird, daß Menschen ohne Gerichtsurteil hingerichtet und unschuldige Bürger verhaftet werden. Und versuchen Sie nicht, mir einzureden, daß das alles nicht wahr ist. Seit einer Woche sind all diese Dinge an der Tagesordnung, und ich habe sie heute mit eigenen Augen gesehen. Erzählen Sie mir nichts über das Volk. Ich habe Sozialzentren gebaut und damit Millionen Menschen aus diesem Volk geholfen. Ich habe dafür gesorgt, daß Hunderttausende von iranischen Kindern gesund sind und eine Schule besuchen können und daß ihre Mütter ein Handwerk erlernen und ärztlich betreut werden. Und Sie wollen mir weismachen, daß Ihre Revolution gut ist, wenn Sie jemanden wie mich einsperren?« Dann sank ich erschöpft zurück.

»Nein, Chanom«, sagte er in aller Ernsthaftigkeit, »Sie befinden sich im Irrtum! Haben Sie nicht gehört, wie Agha im Radio das Volk ermahnt hat, nicht mehr zu plündern und nicht mehr zu denunzieren? Er will das nicht. Die ungebildeten Massen tun das aus eigenem Antrieb. Sie hören nicht auf seine Weisheit.«

Ich war überrascht über seine aufrichtige Besorgnis. Ich hatte jedoch nicht mehr die Kraft, weiter mit ihm zu streiten. Anscheinend gehörte er zu den überzeugten Fürsprechern dieser Revolution.

Ich sah, daß er errötete. Jetzt legte er seinen Block zur Seite, nahm den Ordner in die Hand und entnahm ihm ein paar Schriftstücke. »Hier sehen Sie, Chanom«, sagte er fast flehentlich, »Ajatollah Chomeini hat nicht um Ihre Verhaftung gebeten. Er hat sie nicht angeordnet. Es waren Ihre Schüler, die Sie angeklagt haben.«

Also hatten Aschari und die anderen doch auf eigene Faust gehandelt. Während ich diese Nachricht versuchte zu verdauen, hielt er ein Bündel Papiere aus dem Ordner hoch. »Die Schüler klagen Sie an, elf verschiedene Verbrechen begangen zu haben, und zwar solche, die Sie zum Feind der Revolution machen.«

Ich erstarrte vollständig ob dieser Anschuldigung. Wie hatten die Schüler es fertiggebracht, eine solche Liste von Anschuldigungen zusammenzustellen? Sie hätten diese Liste ganz sicher nicht vorlegen können, wenn sie ihr Vorgehen nicht schon lange geplant hätten. Sie mußten den Ordner schon vor längerer Zeit entwendet und sorgfältig studiert haben. Wie lange hatten sie schon geplant, mich auszuschalten? Einige Tage? Mehrere Wochen?

Der Inquisitor ließ sich jetzt darüber aus, daß ich viele der sogenannten Verbrechen höchstwahrscheinlich als dumm und einfältig bezeichnen würde, da ich ja wußte, wie unreif und unlogisch diese jungen Burschen dachten und handelten. Dann erklärte er, daß Ajatollah Chomeini die Anschuldigungen gelesen hätte. Daraufhin hätte er ihn gebeten, mit mir zu sprechen. Ajatollah Chomeini wollte Gerechtigkeit.

Unter Aufbietung all meiner Kräfte gelang es mir, meine Fassung wiederzuerlangen. Dieser Mann war geschickt worden, um mich zu verhören. Er wollte in Erfahrung bringen, ob ich wirklich eine Feindin der Revolution war und ob man tatsächlich etwas gegen mich in der Hand hatte. »Nun gut«, sagte ich, jetzt etwas ruhiger. »Ich werde mir die Anschuldigungen anhören. Bitte lesen Sie vor.«

»Ich möchte mit den ersten fünf Anschuldigungen beginnen. Die Schüler behaupten, daß Sie für die SAVAK gearbeitet haben. Es liegen fünf Schriftstücke vor, die das beweisen sollen.« Ich hörte gespannt zu, als er jetzt anfing, ein Memo von der SAVAK vorzulesen, mit dem alle Schulen und Universitäten angewiesen worden waren, keine verbotenen Bücher in ihre Bibliotheken aufzunehmen. Als er sah, daß es sich lediglich um einen Formbrief handelte, legte er ihn zur Seite und fing mit dem zweiten an, worin die Schule für Sozialarbeit aufgefordert wurde, zur letzten Geburtstagsparade des Schahs zweihundert Schüler zu entsenden. Auch dieses Schreiben war nur ein Rundschreiben, und mit einer ärgerlichen Geste legte er es auf das erste und las nun das dritte und das vierte vor. Beim dritten Schreiben handelte es sich um einen Brief, in dem alle Erziehungsanstalten über die Absicht einiger Schüler und Studenten informiert wurden, Schulcafeterien zu bestreiken, weil sie tiefgefrorene Gerichte servierten, was gegen das islamische Gesetz verstieß. Im vierten Brief wurden alle höheren Lehranstalten angewiesen, keine Aktivitäten gegen die Regierung zu dulden.

Noch bevor ich darauf antworten konnte, schüttelte er empört den Kopf. »Wie dumm«, rief er seinem Assistenten zur Rechten zu. »Das sind alles nur Formbriefe. Sie sind an viele Schulen gegangen. Damit beweisen die Burschen nur, wie töricht sie sind.« Der angesprochene der jüngeren Männer lächelte seinem Kollegen zustimmend zu. »Chanom, ich bin sicher, Sie sehen, daß diese Beweise absurd sind, denn sie beweisen gar nichts. Das fünfte Schreiben werde ich mir deshalb sparen.«

Immer noch aufgebracht und verstört, senkte ich den Kopf. Der Inquisitor schob die Rundschreiben beiseite und griff nach einem anderen Schriftstück. Er las es durch und sagte dann mit ernster Stimme: »Die Schüler werfen Ihnen auch vor, sich Geld angeeignet zu haben, das der Schule für Sozialarbeit gehörte. Als Beweis dafür führen sie an, daß Sie Geld für Gebäude, die auf dem Grund und Boden der Schule errichtet werden sollten, unterschlagen haben. Außerdem haben Sie, laut Ausführungen der Schüler, mehr als vierzig Gemeindesozialzentren und Familienplanungszentren gebaut, und zwar auf Ihrem eigenen Grund und Boden. Dann haben Sie sich von den Bauherren dieser Projekte bestechen lassen. Die Schüler haben einen Brief beigelegt, der das beweisen soll.«

Unfähig, auch nur ein Wort zu sagen, starrte ich ihn an. Dann bat ich ihn mit zitternder Stimme, mir den Brief vorzulesen, in dem behauptet wurde, ich hätte Geld von meiner eigenen Schule gestohlen.

Er reichte mir ein Schriftstück. Es handelte sich um ein altes Schreiben der Planungsorganisation, in dem die Kosten und der Fortgang der Arbeiten an unserem Auditorium, das 1974 fertiggestellt worden war, aufgeführt wurden. Des weiteren wurde aufgeführt, welche Summen die Planungsorganisation an die Architekten und ausführenden Firmen nach Fertigstellung des zweiten Stocks bezahlt hatte.

Vor lauter Zorn und Demütigung hätte ich am liebsten geweint. Leise, aber bestimmt erklärte ich, daß die Anschuldigungen falsch waren und daß die Schüler, da sie in solchen organisatorischen Dingen unerfahren waren, die Situation völlig mißverstanden hätten. Zwar besäße unsere Schule aufgrund von Spenden viel Grund und Boden, auf dem wir in den vergangenen Jahren zahlreiche Sozialzentren errichtet hatten, aber dieses Land gehörte mir nicht persönlich, und ich hatte keinen Vorteil davon, daß auf diesem Grund und Boden gebaut wurde. Außerdem hätte ich gar keine Möglichkeit gehabt, mich an dem Geld zu bereichern, von dem im Brief der Planungsorganisation die Rede war, da, wie er selbst sehen könnte, alle Zahlungen direkt von dort an die Baufirmen und Architekten gegangen waren.

Dem großen Mann schien es sichtlich peinlich, zugeben zu müssen, daß er keine Zeit gehabt hatte, sich vorher mit den Beweisstücken zu befassen. »Diese Schüler müssen nicht ganz bei Trost sein, wenn sie annehmen, daß sie etwas gegen die Frau in der Hand haben.«

Ich senkte wieder den Kopf, um meinen Schmerz, meine Beschämung und meine Empörung zu verbergen. Die Anschuldigung war ungeheuerlich. Wäre sie nicht so niederträchtig gewesen, hätte ich darüber gelacht.

Ich mußte mich zusammennehmen, um zu verstehen, was der Inquisitor als nächstes sagte. »Chanom, die Dummheit der Menschen, die solch törichte Anschuldigungen gegen Sie vorgebracht haben, beschämt mich. Auch Ajatollah Chomeini ist der Meinung, daß diese Anschuldigungen das Resultat jugendlicher Widerspenstigkeit und Dummheit sind. Erkennen Sie daran nicht, daß die Schüler das Gegenteil dessen tun, was Agha will? Er strebt vor allen Dingen Gerechtigkeit an. Das glauben Sie doch auch, nicht wahr?«

Ich nickte erschöpft.

»Die siebte Anschuldigung, Chanom ...« Er warf mir einen Blick zu, aus dem nichts als Verwirrung sprach. »Die Schüler behaupten, daß Sie für den Tod von fünftausend Kindern verantwortlich sind.«

»Wie kann jemand so etwas behaupten?« rief ich.

Er sah auf das Papier vor sich und sprach weiter. »Die Schüler bezeugen hier, daß sie im Rahmen ihrer Ausbildung Kurse besuchen mußten, in denen gelehrt wurde, wie man verhindert, daß Kinder geboren werden. Sie mußten, so heißt es hier, ein Semester lang in einer Klinik arbeiten, die Sie zu diesem Zweck gegründet haben. In diesen Kliniken haben Ärzte Frauen Arzneien gegeben und damit allein im letzten Jahr die Geburt von fünftausend Kindern verhindert. Sie waren verantwortlich für die Einführung solcher Dinge im Iran. Wenn Sie diese Kliniken nicht gegründet hätten, wären Millionen von Iranern geboren worden, die für Ajatollah Chomeini und die Revolution hätten kämpfen können.« Er zog die Stirn in Falten. »Ich muß Ihnen sagen, Chanom, daß ich von solchen Arzneien gehört habe. Ich habe allerdings noch nie etwas Schlechtes gehört. Wenn es jedoch stimmt, was die Schüler hier vorbringen, dann ist die Anschuldigung sehr ernst.«

»Vielleicht erlauben Sie mir, die Sache klarzustellen. Es stimmt, daß ich dafür verantwortlich bin, daß wir heute im Iran Familienplanung betreiben. Als ich mit meiner Arbeit anfing, sah ich, daß Eltern mehr Kinder hatten, als sie ernähren konnten. Die Mütter waren ausgemergelt und oft krank, weil sie jedes Jahr ein Kind zur Welt brachten.« Ich erklärte weiter, daß durch diese Arznei und andere Methoden der Empfängnisverhütung Frauen in der Lage wären, eine Empfängnis so lange hinauszuzögern, bis ihre Familien sich ein weiteres Kind leisten konnten und sie selbst sich von der Geburt des letzten Kindes erholt hatten. Unsere Bemühungen waren von keinem Geringeren als Ajatollah Schariatmadari unterstützt worden, an dessen Gelehrtheit und Frömmigkeit doch niemand zweifeln könnte. »Ich bin zutiefst betrübt, daß diese Schüler so lange unsere Schule besucht haben, ohne die Zusammenhänge zu begreifen. Ich weiß, daß man ihnen im Unterricht alles genau erklärt hat.«

Der Inquisitor sagte daraufhin nur: »In Ordnung. Ich lese jetzt die nächste Anschuldigung vor.« Er nahm eine kleine Karte aus dem Ordner. Ich war überrascht, als ich meine Mitgliedskarte des Kaiserlichen Sportclubs erkannte, die sich immer in meiner Schreibtischschublade befunden hatte. »Die Schüler beschuldigen Sie, Mitglied dieses Clubs zu sein.«

Ich wußte nicht, was ich darauf antworten sollte. Schließlich sagte ich: »Ja. Ich bin eines der Gründungsmitglieder dieses Clubs. Normalerweise habe ich dort Wanderungen gemacht und Tennis gespielt. Was soll daran schlecht gewesen sein? Welchen Verbrechens klagt man mich hier an?«

»Die Schüler haben darauf hingewiesen, daß es sich dabei um einen kaiserlichen Sportclub handelt«, antwortete er, wobei er seine Worte sorgfältig betonte.

Darum ging es also: Die Schüler schufen »Beweise« dafür, daß ich mit den Imperialisten unter einer Decke steckte. In ihren Augen war ich ohnehin schuldig, denn ich war einer der »Unterdrücker«, ein Mensch, der etwas besaß, was sie haben wollten.

Er wartete auf meine Antwort, und ich konnte nur die

Wahrheit sagen. »Ja, so hieß der Club. Vor Jahren brauchte ich als Ausgleich zu meiner Arbeit einen Ort in der Nähe, wo ich wandern und mich sportlich betätigen konnte. Deswegen habe ich mit einigen Freunden und Bekannten einen Sportclub gegründet. Damit wir Mitglieder bekamen, mußten wir der Monarchie huldigen. Aber der Club war in privater Hand und hatte nicht das geringste mit dem Hof zu tun, dem Schah oder seiner Familie.« Während ich mit dem Ankläger sprach, warf ich ab und zu seinen zwei Assistenten einen flehenden Blick zu, in der Hoffnung, damit ihr Mitgefühl zu wecken. »Diese Schüler wissen natürlich nichts von all dem. Aber jeder kann bestätigen, daß ich Ihnen die Wahrheit gesagt habe.« Die jüngeren Männer lächelten sich wissend zu, als hätte ich eben etwas Lustiges gesagt.

Der Inquisitor schüttelte den Kopf. »Diese jungen Burschen«, murmelte er wieder. »Das beweist noch lange nicht, daß die Frau eine ›Imperialistin‹ ist. Die ganzen Beweise sind reiner Unsinn. Eine Zeitverschwendung!« Mit müder und verärgerter Geste heftete er die Karte wieder in den Ordner. Ich starrte auf den Boden, als er die neunte Anschuldigung leise durchlas.

»Die Schüler behaupten«, sagte er schließlich, »daß Sie an einer Universität in Amerika studiert haben und daß Sie auch jetzt noch Kontakt zu dieser Universität und anderen Universitäten in Amerika und ähnlichen Ländern unterhalten. Die Schüler behaupten, daß Sie Schüler zur Weiterbildung in diese Länder schicken. Außerdem sollen Sie eine imperialistische Sekretärin haben, die für Sie Briefe und Berichte in englischer Sprache schreibt und sie dann an die CIA schickt.« Er senkte das Papier und sah mir direkt in die Augen. »Was haben Sie dazu zu sagen?«

Glücklicherweise war ich durch die vorlaute Rede Ascharis im Schulkorridor auf diesen Vorwurf vorbereitet gewesen. Ich antwortete vorsichtig, es entspreche absolut der Wahrheit, daß ich im Verlauf der letzten zwanzig Jahre in meiner Eigenschaft als Rektorin ungefähr dreihundert Schüler und Lehrkräfte ins Ausland geschickt hatte. Damit sollten sie erstens ihre Ausbildung vervollständigen und zweitens

Kontakt mit anderen Sozialarbeitern in anderen Ländern pflegen.

Kopfschüttelnd fuhr ich fort: »Und die Schüler, die mich angeklagt haben, wissen außerdem sehr wohl, daß meine Sekretärin die Namen, Briefe und Berichte an ausländische Universitäten schickt und nicht an die CIA.« Ich erklärte weiter, daß ich zwar viele Schüler in den Westen geschickt hatte, aber fast ebenso viele in östliche Länder und in Entwicklungsländer wie Indien, Afrika, Pakistan, auf die Philippinen, nach Japan und Sri Lanka sowie in unsere Nachbarländer. Ich beschäftigte eine Sekretärin, die die englische Sprache beherrschte, weil dies für die Erledigung der Korrespondenz notwendig war.

Der Inquisitor starrte mich an, aber nicht ungläubig, sondern voller Erstaunen. »Haben Sie wirklich Schüler nach Indien und auf die Philippinen geschickt, Chanom?« fragte er. »Aber was sollten sie denn dort lernen? Diese Länder sind doch nicht im Westen.«

Wäre die Situation nicht so ernst gewesen, hätte ich laut herausgelacht, denn selbst dieser gläubige Revolutionär schien der Überzeugung zu sein, daß Bildung nur dann gut war, wenn sie aus dem Westen kam! »Nun ja«, antwortete ich höflich, »die Länder im Westen sind nicht die einzigen, von denen wir lernen können. Ich habe meine Schüler überall dorthin geschickt, wo sie über Erziehung, Gesundheit und anderes etwas erfahren konnten, was unserem Volk dient. Und das mußte nicht unbedingt der Westen sein. Es sind auch Menschen aus dem Ausland an unsere Schule für Sozialarbeit gekommen, weil sie wußten, daß sie auch von uns lernen können.«

Einen Moment lang sah er so zufrieden aus, daß ich mich nicht gewundert hätte, wenn er sich zu mir hinuntergebeugt und mir auf die Schulter geklopft hätte. Er wandte sich jedoch wieder dem Ordner zu.

Während er die nächste Anschuldigung durchlas, huschte ein Schatten über sein Gesicht, der jedoch bald in ein zorniges Stirnrunzeln überging. Als er endlich sprach, war sein Ton nicht wiederzuerkennen. »Die zehnte Anschuldigung ist sehr ernst, Chanom. Sie werden beschuldigt, eine Zionistin zu sein.« Seine Stimme klang rauh.

Zum erstenmal jagte er mir echte Angst ein. Aber womit wollte er beweisen, daß ich eine Zionistin war? Als ich ihn ansah, bemerkte ich zu meiner Bestürzung, daß seine Augen funkelten.

»Sie sind auf Anweisung des Schahs nach Israel gefahren«, sagte er anklagend.

Ich wußte nicht, was ich damit anfangen sollte. Er muß mir meine Verwunderung angesehen haben, denn jetzt fuhr er wütend fort: »Ich werde Ihnen einen Brief vorlesen, der das beweist.« Er faltete ein Blatt Papier auseinander. In dem Schreiben, das an mich gerichtet war, wurde ich darüber in Kenntnis gesetzt, daß die Child Welfare Society of Israel mich durch Seine Majestät bat, an einer Konferenz in Tel Aviv teilzunehmen und einen Vortrag über Kinderfürsorge im Iran zu halten. Das Schreiben endete mit den Worten: »Seine Majestät wünscht, daß Sie an dieser Konferenz teilnehmen.«

Mein erster Gedanke war, daß meine Schüler den Brief gefälscht hatten. Ich war zwar zweimal in Israel gewesen, aber das war schon so lange her, daß ich mich nicht mehr erinnern konnte, in welchem Jahr das gewesen war. Zitternd fragte ich, wann dieser sogenannte Brief geschrieben worden war und wer ihn unterschrieben hatte.

Er warf einen Blick auf den Brief. Unterzeichnet war er vom Hofminister Hossein Ala, und zwar im März 1959.

»Das ist zwanzig Jahre her«, rief ich aus. »Stehe ich etwa unter Anklage für etwas, was vor zwanzig Jahren passiert ist?« Ich sah zu den zwei Assistenten hinüber und bemerkte, daß der eine lachte. Der Inquisitor rügte ihn jedoch sofort für diesen Mangel an Ernsthaftigkeit. Als sich der jüngere Mann entschuldigt hatte, drehte der ältere sich wieder zu mir um. Seine ganze Freundlichkeit war verschwunden.

»Wissen Sie, Chanom«, sagte er kalt, »daß Ajatollah Chomeini gesagt hat, daß jeder, der für Israel Partei ergreift, für den Schah ist und damit gegen den Islam und die Revolution? Er ist ein Mann von absoluter Gerechtigkeit, und ihm ist es gleichgültig, wann ein ernstes Vergehen begangen wurde. In seinen Augen kann etwas, das vor zwanzig Jahren geschehen ist, ebenso schwerwiegend sein wie etwas, das gestern geschehen ist.

Die Schüler«, fuhr er fort, »haben Sie angeklagt, für Israel zu sein. Sie sind nur dumme, unerfahrene Kinder, die bessere Beweise hätten beibringen sollen. Aber die Tatsache bleibt, daß Sie nach Israel gefahren sind. Schlimmer noch, Sie sind auf Wunsch des korrupten Schahs gefahren, der nichts weiter war als der Handlanger Israels und der Handlanger der Amerikaner, die uns all die Jahre ausgebeutet haben. Glauben Sie, Chanom, daß diese Ausbeutung und dieser Imperialismus nicht ernst zu nehmen sind, nur weil sie vor zwanzig, dreißig oder fünfzig Jahren existiert haben? Gleichgültig, wie alt die Beweise sind, Sie sind darin verwickelt.«

Trotz meiner wachsenden Angst erwiderte ich, daß weder ich noch meine Schule jemals etwas mit der israelischen Regierung oder ihrer Politik zu tun gehabt hätten. Ebenso wie der Rote Halbmond und das Rote Kreuz beschränkten wir uns darauf, Menschen zu helfen, und in allen Ländern, zu denen wir Kontakt unterhielten, galt unser Interesse ausschließlich der Erziehung und der Sozialfürsorge.

Er antwortete nicht. Ich war entsetzt, denn ich begriff, daß ich mich sowohl in seinen Augen wie in denen Ajatollah Chomeinis durch das bloße Betreten des Landes schuldig gemacht hatte. Im Gegensatz zu den Studenten besaß dieser Mann Prinzipien und Vernunft. Doch in diesem Fall war es zwecklos, an die Vernunft zu appellieren. Am ganzen Leib zitternd, wartete ich darauf, daß er den letzten Anklagepunkt vorlas.

Da er damit scheinbar Schwierigkeiten hatte, wandte er sich den beiden anderen zu. Sie beugten sich über seine Schulter und murmelten vor sich hin, konnten aber anscheinend ebensowenig wie er ausmachen, worin die eigentliche Anklage bestand.

Als die Assistenten schließlich zurücktraten, sagte der Inquisitor: »Chanom, die letzte Anschuldigung lautet, daß Sie den Lebensstandard der Iraner verbessert haben.«

Vollkommen verwirrt starrte ich ihn an.

Unbeirrt fuhr er fort: »Die Schüler erklären, daß Sie seit zwanzig Jahren Iraner an Ihrer Schule ausbilden. Als Folge davon seien viele der Armut entkommen und jetzt in der Lage, ein angenehmes Leben zu führen mit einer gutbezahlten Arbeit, einer Wohnung, einem Auto und so fort. Weil Sie zur Selbstgefälligkeit und Zufriedenheit dieser Iraner beigetragen haben, haben Sie auch dazu beigetragen, den Sturz des Schahs hinauszuzögern, denn Sie haben diese Iraner davon abgehalten, im Namen der islamischen Revolution als Soldaten zu kämpfen. Chanom, vielleicht können Sie uns erklären, was diese jungen törichten Burschen im Sinn haben?«

Sein Gesicht schien sich zu verdunkeln. Ich hatte das Gefühl, mein Kopf müßte vor lauter Schmerz zerspringen, und mir war wieder schwindlig und übel. Meine Angst vor dem Tod wuchs. »Ich kann nur sagen, daß ich die Leiterin einer Schule war und daß es meine Aufgabe war, meine Schüler zu Sozialarbeitern auszubilden. Ich wußte nicht, daß ich etwas Falsches tat.«

Er versuchte gar nicht, seine Verachtung zu verbergen, als er das Papier in den Ordner zurücklegte. »Die Argumente in diesem Punkt sind ebenso unlogisch und töricht wie alle anderen«, sagte er mit einem müden Seufzer. »Agha hat die Anschuldigungen gelesen und erkannt, daß sie lediglich die Unreife und Unverantwortlichkeit der Schüler zum Ausdruck bringen. Doch der Fall ist klar. Ajatollah Chomeini nimmt die Anschuldigungen bezüglich Zionismus und Imperialismus sehr ernst. Trotz der törichten Beweise hatten die Schüler in einem Punkt recht: Es besteht kein Zweifel daran, daß Sie mindestens zwanzig Jahre lang mit dem Schah kooperiert und mit seiner korrupten, imperialistischen Regierung zusammengearbeitet haben, die unser Land an die Amerikaner, Briten und Israelis verkauft hat. Sie waren mit dem Regime und seiner Politik verbunden, mit einer Politik also, die die Revolution aufs schärfste ablehnt. Das ist ein Verbrechen, das eine schwere Strafe verdient. Ajatollah Chomeini ist der Meinung, daß Sie sich dafür verantworten müssen.«

Die Gegenstände um mich herum begannen sich zu drehen, und die Luft schien plötzlich unsäglich kalt. Mein pochender Kopf schien von einem entsetzlichen Lärm erfüllt und um ein Vielfaches größer zu werden. Ich war nun davon überzeugt, daß mein Tod unmittelbar bevorstand, und versuchte vergeblich, mein Zittern zu unterdrücken. Nur ein einziger Gedanke drang durch den Lärm in meinem Kopf: »Ich muß unter allen Umständen versuchen mich zusammenzunehmen, wenn sie mich auf das Dach führen.« Ich wollte mein Leben mit Würde beenden.

Nach einigen Augenblicken begriff ich, daß mein Inquisitor immer noch mit mir redete, und ich zwang mich, ihm zuzuhören. »Wir haben jedoch«, sagte er jetzt, »eine Zeugenaussage eines Mannes hier, der Sie persönlich kennt und der sich in Anwesenheit des Agha sehr wohlwollend über Sie geäußert hat. Er hat auch darum gebeten, daß Agha uns schickt, um Sie zu befragen und die genauen Umstände dieses Falles in Erfahrung zu bringen.« Er ließ sich von einem seiner Assistenten einen Brief geben.

»Dieser Brief«, fuhr er fort, »stammt von Ajatollah Taleqani, der zugegen war, als Ajatollah Rabani-Schirasi dem Agha Ihren Fall vortrug. Ich werde ihn vorlesen.« Es hieß darin, daß Ajatollah Taleqani mit meiner Arbeit vertraut war, daß er bezeugte, daß ich vielen Menschen geholfen hatte, und daß er mich für unschuldig hielt.

Dann faltete er den Brief mit großem Ernst wieder zusammen und legte ihn auf den Teppich neben den Ordner. »Ajatollah Taleqani hat zu Zeiten des Schahs viele Jahre im Gefängnis verbracht, weil er für Gerechtigkeit und Demokratie eingetreten war. Er hat berichtet, daß Sie, als er im Gefängnis von Qasr-e Qajar saß, beobachten konnte, wie Sie mit Ihren Schülern versucht haben, das Los der Insassen zu verbessern. Sie haben ihnen handwerkliche Fertigkeiten beigebracht, Sie haben sich um die Kranken gekümmert und haben den Gefangenen und ihren Familien viel Gutes getan. Ajatollah Taleqani hat uns auch berichtet, daß Sie sich vor kurzem persönlich für die Rettung der Frauen im Qale-Viertel eingesetzt haben, die sonst von dem aufgebrachten Mob verbrannt worden wären.

In Anbetracht all dessen hat Ajatollah Taleqani sich sehr lobend über Sie geäußert und uns – zum Beweis seiner eigenen Dankbarkeit Ihnen gegenüber – diesen Brief übergeben. Ajatollah Taleqani hat erklärt, daß die Revolution scheitern müsse, wenn sie Menschen wie Chanom Farman-Farmaian zerstöre.«

Jetzt war ich restlos verwirrt, denn ich wußte nicht, was ich davon halten sollte. Auf einmal hatte es den Anschein, daß man mich doch nicht nach draußen führen und hinrichten würde. »Aber was wollen Sie dann mit mir machen? Wie wollen Sie mich bestrafen? Muß ich ins Gefängnis?« fragte ich.

Der Inquisitor sah mich erstaunt an. »Aber nein, Sie sind natürlich frei. Ajatollah Taleqani ist ein sehr wichtiger Mann.«

Mir wurde schwarz vor Augen.

Er fuhr fort. »Agha hat mich angewiesen, die Anschuldigungen gegen Sie zu prüfen und Sie, falls sich Ajatollah Taleqanis Fürsprache als berechtigt herausstellen sollte, an Ihre Schule zurückzuschicken, wo Sie Ihr ausgezeichnetes Werk fortsetzen sollen. Er ist erzürnt über diese jungen Schüler, die mit ihrer Naivität und Unwissenheit die wertvolle Zeit der Revolution vergeudet haben. Aber er hegt den Wunsch, daß Sie ihnen als gute Moslemin vergeben und zu Ihrer Arbeit zurückkehren. Er weiß, daß Sie eine Frau sind, die man schätzt, und daß Sie viel für diese Revolution tun können.«

Ich verbeugte mich, während ich immer noch zu begreifen versuchte, daß ich nun doch nicht sterben mußte.

»Haben Sie ein Auto, um nach Hause zu fahren?« fragte er.

Ich schüttelte den Kopf.

»Herr Arrughi«, sagte er mit Blick auf seinen Assistenten, »haben Sie ein Auto, mit dem Sie Chanom nach Hause fahren können?«

Mit einer abwehrenden Geste erwiderte der jüngere Mann: »Es tut mir leid, aber ich habe kein Auto.« Ich war überrascht, ihn auf einmal sprechen zu hören.

»Das macht nichts«, murmelte ich. »Ich nehme ein Taxi.« Ich wollte nichts weiter, als diesen schrecklichen Ort so schnell wie nur irgend möglich verlassen und meine Familie anrufen.

»Es tut mir leid«, sagte er jetzt mit tiefem Bedauern, »daß wir Sie nicht nach Hause bringen können.« Dann wandte er sich an Herrn Arrughi und sagte: »Bitte begleiten Sie Chanom zum Tor und helfen Sie ihr, ein Taxi zu finden.« Herr Arrughi und der andere Assistent beugten sich jetzt besorgt über mich, als ich mich, gestützt auf eine Hand, langsam aufrichtete, während ich mit der anderen Hand meine Handtasche festhielt.

»Chanom«, meinte der Inquisitor nun freundlich, »ich darf Ihnen sagen, daß ich mich persönlich über diesen Ausgang der Dinge sehr freue. Ich verspreche Ihnen, daß Ihre Schüler schon sehr bald erfahren werden, wie zornig Agha ist, weil sie Sie so schlecht behandelt haben.«

Ich schaute ihn an. Ich verspürte keinen Groll, obwohl er den Brief die ganze Zeit über bei sich gehabt hatte. Er hatte nicht mit mir gespielt, sondern war fair und ehrlich gewesen. Immerhin hatte er mir die Möglichkeit gegeben, mich zu rechtfertigen, und ich war ihm und Agha dankbar dafür, daß sie mein Leben verschont hatten. Ich hielt ihn nicht für einen Heuchler, auch wenn das Wohlwollen eines anderen, der wichtiger war als er, schließlich den Ausschlag für meine Freilassung gegeben hatte. Das machte ihn nur menschlich. Wir wußten beide, daß man in unserem Land ein Niemand war und nicht überleben konnte, wenn man nicht entweder selbst stark war oder einen starken Beschützer hatte. Ich hätte gern gewußt, wer dieser freundliche Mann war, aber ich wagte nicht zu fragen. Ich wollte nur schnell fort.

Draußen dämmerte es bereits. Herr Arrughi begleitete mich über das Feld zum Haupttor und sagte etwas zu dem diensttuenden Wachposten, der daraufhin eine kleine Tür nach draußen öffnete. Die Gasse, die am Tag zuvor voller Menschen gewesen war, war jetzt menschenleer. Auf der Hauptstraße sah ich jedoch Leute gehen, als wäre nichts geschehen. Plötzlich erschien mir alles wie ein Traum.

Ich drehte mich zu Herrn Arrughi um. Bevor ich sprechen konnte, mußte ich meine Lippen mit der Zunge anfeuchten.

»Ich danke Ihnen, daß Sie mich begleitet haben. Sie und Ihre Kollegen haben drei Stunden lang stehen müssen, und ich möchte Sie nicht mehr länger aufhalten. Ich glaube, daß ich hier leicht ein Taxi bekomme.«

Er schien erleichtert. »Wie Sie wünschen«, sagte er höflich. »Doch ich möchte Ihnen gerne noch etwas sagen.« Er sprach jetzt leiser. »Auch ich war in dem Raum, als Ajatollah Taleqani Fürsprache für Sie eingelegt hat. Er erklärte Agha, daß er Ihre Schüler für gefährlich hielte und daß Sie nicht überleben würden, wenn Sie in die Schule zurückgingen. Falls Herr Schahhosseini von Ihrer Unschuld überzeugt werden könnte, wäre es das Beste, wenn Sie das Land sofort verlassen würden. Ich bin davon überzeugt, daß er gehofft hat, daß Ihnen seine Worte übermittelt werden. Befolgen Sie seinen Rat, Chanom. Beim nächsten Mal wird es vielleicht keinen Ajatollah Taleqani geben, der Sie beschützt.«

Dann drehte er sich um und ging über das Sportfeld zurück. Ich trat durch die Tür und schleppte mich langsam die Gasse entlang bis zur Straße. Ich war froh, daß ich den Namen des aufrichtigen und unbestechlichen Mannes erfahren hatte, der so sehr an das Gute und den Nutzen dieser Revolution glaubte.

Inzwischen war es fast hell. Ungefähr vierzig Meter weiter sah ich eine Telefonzelle, aber die Erschöpfung zwang mich fast zu Boden, und ich befürchtete, es nicht bis dorthin zu schaffen.

Unter Aufbietung meiner allerletzten Kräfte stolperte ich zur Telefonzelle, sank in ihr auf dem Sitz zusammen und zog die Tür zu. In meiner Handtasche fand ich ein paar Münzen. Ich beschloß, Chorschid und ihren Mann Kayvan anzurufen, die neben Dadasch wohnten. Sie waren um diese Zeit schon auf, denn Kayvan würde bald ins Büro gehen.

Ich wählte die Nummer. Schon bei dem ersten Klingelzeichen vernahm ich die Stimme meiner Schwester, die einen kurzen Schrei ausstieß, als sie mich hörte. Die ganze Familie war die ganze Nacht lang wach gewesen. Ich sagte ihr, wo ich mich befand, und sie versprach mir, daß sie und Kayvan in weniger als einer Stunde bei mir sein würden. Ich legte auf.

Da ich mich auf der Straße nirgends hinsetzen konnte, ließ ich mich wieder auf dem Sitz in der Telefonzelle nieder.

In meinem Kopf jedoch rasten die Gedanken, als säße ich immer noch auf der Holzkiste. Meine Freilassung war so plötzlich und unvorbereitet erfolgt, daß ich noch nicht wirklich begriffen hatte, daß ich nicht mehr in dem Zelt war. Ich konnte gar nicht aufhören, nach besseren Antworten zu suchen, um die Anschuldigungen zu widerlegen. Immer und immer wieder rief ich mir Schahhosseinis Fragen ins Gedächtnis zurück, als könnte ich damit den Verrat derer, die mich um mein Lebenswerk gebracht hatten, ungeschehen machen.

Die Schrecken des Tages und der Nacht hatten mich erschüttert, aber sie hatten mir zugleich die Augen geöffnet für die vernichtende Wahrheit. Ich war erstaunt, wie deutlich auf einmal alles war. Wie lange hatte ich mich Illusionen hingegeben! Mein Verstand hatte mittlerweile begriffen, doch mein Herz weigerte sich noch zu akzeptieren, daß alles, was ich aufgebaut hatte, in weniger als vierundzwanzig Stunden zerstört worden war. Der Sturz des Schahs hatte die wahren Gesichter der Menschen zum Vorschein gebracht.

Was waren wir Iraner doch für erbärmliche, undankbare Kreaturen, und wie töricht war ich gewesen. All die Jahre hatte ich geglaubt, den Charakter unseres Volkes verändern zu können, dieses Volk Loyalität und Verantwortlichkeit lehren zu können. In Wahrheit hatte ich nur meine Zeit verschwendet. Mein Fehler war gewesen, daß ich unserer alten persischen Weisheit nicht vertraut hatte: Traue niemandem außer deiner eigenen Familie. Ich hatte bewußt nie jemandem mißtraut, solange ich keinen Grund dazu hatte. Immer hatte ich mich geweigert, die einfachste, beständigste Wahrheit anzuerkennen: Wir Iraner haben uns im Verlauf unserer Geschichte stets dem Stärkeren unterworfen, uns immer das genommen, was sich uns gerade dargeboten hat, sind immer demjenigen gefolgt, der uns am meisten versprochen hat. War noch irgendein anderes Volk so wie wir, so gewissenlos, verschwörerisch und hinterhältig?

Doch selbst jetzt, in dieser qualvollen Stunde, fragte ich

mich, ob wir in unserer Unbeständigkeit einzigartig oder einfach nur menschlich waren. Möglicherweise konnte niemand auf der Welt an etwas anderes als ans Überleben denken, wenn er vom Schicksal dazu gezwungen wurde. Mit anderen Völkern war das Schicksal behutsamer umgegangen als mit uns. Konnte ich tatsächlich all dem, was ich aufgebaut hatte, den Rücken kehren? Wenn ich es tat, würden in Zukunft meine Schüler die Schule leiten. Wie aber konnte ich zulassen, daß unwissende, gewissenlose Lümmel wie Aschari die Zukunft der Sozialarbeit im Iran ruinierten? Wenn es der Wunsch Ajatollah Chomeinis war, daß ich zurückkehrte, dann würde er doch gewiß auch für meine Sicherheit sorgen?

Aber ich habe noch nie jemanden, der mich nicht haben wollte, gebeten, mich aufzunehmen. Ich wußte, daß ich auch dann nicht zurückkehren würde, wenn Gott persönlich mich darum bat. Ich hatte eine lange, lange Schlacht verloren, auch wenn ich mir nie eingestanden hatte, daß ich sie geschlagen hatte. Auch wenn Schahhosseini das nicht begriff, ich wußte, daß unsere persische Geschichte mich besiegt hatte.

# 17. Hardsch-o-mardsch

*Meine Seele ist des Pharaos und seiner Tyrannei überdrüssig, und ich sehne mich nach dem Antlitz von Moses, Sohn des Emran. Es heißt: »Wir finden ihn nicht, wir suchen ihn schon lange.« Nach dem, was wir nicht finden, steht mir der Sinn.*

Rumi

Auf dem Weg nach Hause erfuhr ich von Chorschid, daß sich alle in der Familie große Sorgen gemacht hatten. Sie hatten sich sofort mit unserem Familienanwalt in Verbindung gesetzt, der, als er telefonisch nichts in Erfahrung bringen konnte, zur Schule fuhr und dort darauf bestand, zu erfahren, wohin man mich gebracht hatte. Mein Aufenthaltsort war jedoch das einzige, was er herausgefunden hatte. Meine Verhaftung war leider auch nicht die einzige Schreckensbotschaft dieser Tage: Einer unserer Halbbrüder, der für die Regierung gearbeitet hatte, war ebenfalls verhaftet worden, und niemand wußte, wo er war.

Ich wollte gern bei Dschabi anhalten, damit meine Schwester mich umarmen und mit eigenen Augen sehen konnte, daß es mir gutging. Dann fuhren wir nach Resvanie, wo Chorschid mir schon ein Zimmer gerichtet hatte. Ich rief sofort Mitra an, denn ich wollte ihre Stimme hören und sie wissen lassen, daß ich in Sicherheit war. Dann aß ich die heiße Suppe, die Chorschid mir hingestellt hatte, und nahm anschließend ein Bad. Nun kam Dadasch und mit ihm Tanten, Kusinen, Nichten und Neffen, die mich alle sehen und mir nahe sein wollten. Ich versuchte etwas zu schlafen, doch ich war zu nervös und zu erschöpft, um einschlafen zu können.

Die ganze Familie befand sich in einer Art Alarmzustand. Keiner von uns hatte ein Verbrechen begangen, doch wenn man mich verhaften konnte, wer war dann noch sicher? Wir kamen überein, daß ich nicht nach Galandvak zurückkehren durfte, wo außer meinem Gärtner niemand war. Ich sollte bei Chorschid bleiben. Wir wußten alle, daß ich auf keinen Fall in mein eigenes Haus in Tadschrisch zurückkehren konnte, das sich in der gleichen Straße befand. Mein Gärtner, dessen Sohn einem örtlichen Komitee angehörte, hatte sich, nachdem er von meiner Verhaftung erfahren hatte, nicht nur mein Haus, sondern auch meine Besitztümer angeeignet.

Ich stand immer noch unter Schock. Das Gefühl, daß ich immer noch in einem Alptraum gefangen war, ließ mich tagelang nicht los. Ahmad und Gholam riefen mehrmals an, um zu hören, wie es mir ging, und Verwandte und Freunde schauten des öfteren auf einen Sprung herein. Aber nirgends fühlte ich mich wirklich sicher. Der Schlag, den man mir versetzt hatte, hatte mich völlig unvorbereitet getroffen und mich betäubt zurückgelassen. Ich hatte das Gefühl, daß meine Menschenkenntnis mich furchtbar im Stich gelassen und sich als vollkommen unzulänglich erwiesen hatte. Mein ganzes Weltbild war über Nacht zerstört worden, mein Universum stand auf dem Kopf. Ich hatte Angst. Die Rachsucht und die Anschuldigungen der Schüler weckten das entsetzliche Gefühl in mir, irgend jemand von der Schule, die man von Tadschrisch aus in zehn Minuten mit dem Auto erreichen konnte, könnte mich beobachten, mir auflauern und mich zum Hauptquartier Ajatollah Chomeinis zurückbringen.

Es war mir nicht möglich, auch nur einem Menschen zu vertrauen, der mit der Schule verbunden gewesen war, nicht einmal Esther. Ich machte mir ständig Vorwürfe, weil ich die besten Jahre meines Lebens dafür eingesetzt hatte, Menschen zu helfen, denen ich letztendlich vollkommen gleichgültig war. Die Opfer, die ich im Laufe der Jahre für die Schule und die Sozialarbeit gebracht hatte, schienen jetzt Torheiten, für die ich nur meine eigene Dummheit und Blindheit verantwortlich machen konnte. Meine besten Jahre hatte ich für wertlose Menschen hingegeben, hatte auf einen Mann verzichtet, auf ein echtes Familienleben und auf unbeschwerte Stunden mit den Menschen, die mir zugetan waren. Was war ich doch für eine Närrin gewesen!

Manchmal befiel mich ein seltsames und gleichzeitig starkes Schuldgefühl. Ich erforschte meine Seele und fragte mich immer wieder, wo ich Fehler gemacht hatte. Was mich am meisten quälte, war die Frage, ob in der absurden Anschuldigung der Schüler, ich hätte versäumt, Revolutionäre auszubilden, nicht auch ein Körnchen Wahrheit steckte. Ich fragte mich oft, ob ich tatsächlich schuldig war, weil ich mit dem Regime des Schahs zusammengearbeitet hatte. In der Absicht, unserem Volk bessere medizinische Versorgung, Arbeit, sauberes Wasser und Empfängnisverhütung zu bieten, hatte ich in einer Diktatur gearbeitet. Damit die Schule vertrauenswürdig und unabhängig blieb, hatte ich darauf geachtet, daß niemand Kritik an der Regierung übte. Menschen wie ich hatten niemandem Schaden zugefügt und sich immer darum bemüht, Gutes zu tun. Aber ich konnte nicht leugnen, daß ich ebenso wie zahlreiche andere gebildete, privilegierte Perser dem Schah freie Hand gelassen hatte. Ich war zutiefst verwirrt und fragte mich, ob ich die Unterdrückung unterstützt hatte, indem ich mich nicht offen gegen sie ausgesprochen hatte. Immer wenn ich darüber nachdachte, kam ich zu der Überzeugung, daß ich alles falsch gemacht hatte.

Natürlich hatte ich angenommen, daß man mich wegen meiner Verhaftung von nun an meiden würde. Doch es dauerte nicht lange, bis einige alte Bekannte mit mir Kontakt aufnahmen. Wenige Tage nach meiner Rückkehr rief Sami an. Ich wußte, daß es für ihn, seit er für ein Ministerium arbeitete, gefährlich war, mich anzurufen oder mich gar zu besuchen. Einen Moment lang war ich zutiefst gerührt von der Anteilnahme meines ehrlichen alten Freundes; wie hätte ich Sami auch mißtrauen können. Doch dann kam mir der Gedanke, daß ihn jemand überredet haben konnte, mit mir Kontakt aufzunehmen und mich zu verleiten, irgend etwas zu sagen, wofür man mich wieder verhaften konnte. Mit aller Vorsicht dankte ich ihm und versicherte, daß es mir gutging, ließ ihn aber auch wissen, daß ich es für zu gefährlich hielt, wenn er mich wieder anrief. Als ich den Hörer auflegte, fragte ich mich, ob er und seine Frau, die ja Zeugin meiner Verhaftung gewesen waren, über seinen Anruf gesprochen hatten. Ihr Gesicht im Korridor war eines der wenigen, an die ich mich erinnerte. Die anderen wurden immer undeutlicher, so als versuchte mein Gedächtnis, sie auszuradieren.

Auch Esther rief an. Sie bestand trotz meiner Proteste darauf, mich zusammen mit Minu und ungefähr fünf anderen Absolventen der Schule bei Chorschid zu besuchen. Während ihres Besuches erzählte sie mir, daß viele Dozenten an der Universität am gleichen Tag verhaftet worden waren wie ich. Aschari und die anderen, so erzählte man sich, waren schon seit längerem Mitglieder in verschiedenen linken Gruppen und hätten auf Anweisung eines Mannes gehandelt, der unsere Schule besucht hatte und jetzt als Studienberater an der Universität arbeitete. Er war das Verbindungsglied zwischen Revolutionären und unserer Schule. Aschari und seine Helfer hatten inzwischen alles an sich gerissen, obwohl die Schüler einen meiner Vertreter zum geschäftsführenden Rektor bestimmt hatten.

Esther, die Lehrerschaft und die Dienstboten lebten alle in Angst und Schrecken vor den Schülern, die auch meine ganze persönliche Habe konfisziert hatten; darunter nicht nur mein Auto und die Möbel in meinem Büro, sondern sogar meine Bücher und die Bilder an der Wand. Sie erzählte auch, daß zwei Tage nach meiner Verhaftung ein Mann namens Schahhosseini in der Schule erschienen war. Er hatte alle Anwesenden im Auditorium zusammenkommen lassen, sich als Abgesandter Ajatollah Chomeinis vorgestellt und erklärt, daß Agha sehr verärgert wäre und meine Wiedereinsetzung angeordnet hätte. Aschari und seine Bande hätten sich nicht getraut, Schahhosseini zu widersprechen. Nun flehten mich Esther, Minu und die anderen an, zurückzukommen; ihrer Meinung nach hatte unser Berufsstand ohne mich nicht die geringste Chance.

Schweigend hörte ich ihnen zu. Es spielte jetzt keine Rolle mehr, wer mich verraten hatte, nun ging es nur noch darum, zu überleben. Woher sollte ich wissen, daß mir diese alten Freunde und Kollegen nicht eine Falle stellten? Vorsichtig antwortete ich, daß ich mich über ihren Besuch freute und ihnen für ihre Treue dankte. Aber da ich nicht glaubte, daß die Schüler und die anderen Kollegen mich freiwillig wieder aufnehmen würden, wollte ich mich ihnen auf keinen Fall mit der Hilfe von Ajatollah Chomeini aufdrängen.

Am nächsten Tag klingelte es wieder an der Tür, und als ich öffnete, stand Sabi vor mir. Mit Tränen in den Augen reichte er mir meine Kamera, meine Aktentasche und die anderen Dinge, die er am Samstag aus meinem Auto geholt hatte. Sein Anblick rührte mich zu Tränen. Ich wußte sehr wohl, daß niemand auf die Idee kommen würde, unseren einfachen Hausmeister anzustiften, mir eine Falle zu stellen; er setzte seine Arbeitsstelle aufs Spiel, um mir meine Sachen zu bringen. Bald danach kamen auch Hossein und unser Koch. Die Ärmsten an der Schule, unsere Dienstboten, die am meisten zu verlieren hatten, setzten dieses Wenige aufs Spiel, um mich zu sehen. Hossein berichtete, daß die revolutionären Schüler von allen gefürchtet und gehaßt wurden. Nur der mürrische alte Gärtner fürchtete sich nicht vor ihnen: Er hatte Aschari und die anderen tief gedemütigt, als er erklärte, daß sie sich von meinem Schneid noch ein gutes Stück abschneiden könnten und daß es wirklich bedauerlich wäre, mit wem man es jetzt zu tun hätte. Hosseins Worte entlockten mir zum erstenmal seit meiner Verhaftung ein Lächeln.

Schließlich begriff ich, daß ich mir über meine unmittelbare Zukunft Gedanken machen mußte. Ich rief mir noch einmal in Erinnerung, was Taleqani mir hatte ausrichten lassen. Aber ich wollte nicht einmal über die Möglichkeit nachdenken, mein Land zu verlassen. Ich besaß immer noch die Wohnung, die ich für Mitra gekauft hatte, und mit meiner Pension und meinen Ersparnissen würde es mir möglich sein, ein sorgenfreies Leben zu führen. Die Regierung würde das Chaos früher oder später unter Kontrolle bringen, und dann konnte ich entweder wieder unterrichten oder mich im Kreis meiner Familie zur Ruhe setzen. Ich mußte hierbleiben, zumal einer unserer Brüder immer noch in Haft war und die Ungewißheit, was mit ihm geschehen würde, wie ein Damoklesschwert über der ganzen Familie hing.

Um nicht in Depressionen zu verfallen, las ich sehr viel. Da ich wußte, wie sehr mein Schicksal und das Schicksal unserer ganzen Familie von den Ereignissen im Land abhing, studierte ich jede Zeitung, die mir in die Hände kam. Zuweilen besuchte ich auch Verwandte, aber nur im Schutz der Nacht.

Gelegentlich wagte ich mich auf den Basar von Tadschrisch und ein- oder zweimal sogar nach Teheran, weil ich Geschäfte auf meiner Bank zu erledigen hatte. Das einzige, was meine Betäubung, meinen Schmerz und meine Angst ein wenig linderte, waren Wanderungen in den Bergen, wohin mich gelegentlich ein Freund oder Verwandter fuhr. Dort, wo ich meine Kindheit verbracht hatte, wo ich jeden Stein, jedes Bächlein und jedes Dorf kannte, fühlte ich mich geborgen. Ich brauchte die frische Luft und die Zeit, um nachzudenken und um mir über alles klarzuwerden. Ich befürchtete, daß die Pfade, die ich in Zukunft zu gehen hatte, verschlungen und steinig sein würden.

## II.

Ungefähr drei Wochen nach meiner Verhaftung und dem Verschwinden unseres Halbbruders verhaftete man auch Raschid. Jetzt saß ich zu Hause und wartete zusammen mit dem Rest der Familie auf ein Lebenszeichen von ihm. Wir konnten nichts Genaues in Erfahrung bringen; wir nahmen jedoch an, daß sowohl er als auch unser anderer Bruder im Qasr-e Qajar Gefängnis festgehalten wurden. Kurz darauf wurde ein Sohn unseres ältesten Bruders, des Generals, verhaftet. Nun befürchteten wir das Schlimmste.

Innerhalb weniger Wochen war aus der Uneinigkeit, der Rachsucht und dem Blutvergießen ein entsetzlicher Alptraum geworden. Ajatollah Chomeinis Rückkehr hatte die Wut und den Groll der Pahlawi-Jahre nicht ausgemerzt, sondern erst recht entfesselt. Die Menschen wurden wie von einer Seuche erfaßt: Sie hielten es für ihre »geheiligte Pflicht«, für einen »heiligen Akt«, andere der Zusammenarbeit mit dem alten Regime zu beschuldigen.

Meine Nachbarin aus Galandvak suchte mich auf, um mir zu sagen, daß ich nicht ins Dorf zurückkehren konnte: Mein Gärtner bewohnte jetzt mein Haus. Der Verlust meines geliebten Refugiums und meines Obstgartens ließ mich fast verzweifeln, doch ich wußte, daß dieses Unglück im Vergleich zu dem anderer von geringer Bedeutung war. Auch der

Mann dieser Nachbarin war verhaftet worden, und sie befürchtete das Schlimmste.

Die Zeitungen waren voll von Berichten über Ärzte und Ingenieure, die im Ausland studiert hatten und jetzt von ihren Dienstboten denunziert wurden. Sie sprachen von Soldaten, die ihre Offiziere, und von Dorfbewohnern, die ihre Grundbesitzer ermordet hatten. Der Klerus erklärte, weltliche Ausbildung verstieße gegen den Islam, und er ersetzte demzufolge fast den gesamten Lehrkörper der Teheraner Universität und anderer höherer Lehranstalten, mit Ausnahme den der medizinischen Fakultät, durch Mullahs und überzeugte Revolutionäre. Nicht nur die Schule für Sozialarbeit, sondern auch die Universität wurde von nun an von Schülern und Studenten geleitet, die ihre ehemaligen Lehrer und Professoren als SAVAK-Spitzel und amerikanische Agenten denunziert hatten.

Mit jedem Tag schien das Land tiefer und tiefer im Chaos, in Gesetzlosigkeit und *hardsch-o-mardsch* zu versinken. Der riesige Organismus, der sich zusammengeschlossen hatte, um den Schah zu stürzen, war in unzählige kleine Zellen zerfallen. Tausende von Komitees waren in der Stadt und auf dem Land aus dem Boden geschossen; diese selbsternannten »Hüter des Volkes und der Moral« zogen nun durch die Straßen und verhafteten oder töteten jeden, der sich der »Unterstützung westlicher Sitten«, der »Arbeit für die CIA«, »der Zusammenarbeit mit Fremden und Imperialisten« oder der »moralischen Unreinheit« verdächtig gemacht hatte.

Es fanden immer neue Massenhinrichtungen statt. Bereits einen Monat nach meiner Verhaftung wurden jeden Tag Dutzende von Zivilisten verhaftet, eingesperrt und getötet. Der menschenfreundliche und religiöse Premierminister Basargan protestierte gegen die immer häufiger werdenden Todesurteile der religiösen Tribunale, aber der neugegründete radikale Revolutionsrat, der aus Geistlichen bestand, ließ die Radikalen gewähren. Basargan war machtlos. Wieder war das Chaos über das Land hereingebrochen, so wie damals zur Jugendzeit meiner Mutter. Nun verstand ich, warum sie den gottlosen und brutalen Resa Pahlawi gehaßt und gleichzeitig respektiert hatte: Er hatte *hardsch-o-mardsch* ein Ende bereitet.

Am 1. März kehrte Ajatollah Chomeini wie versprochen nach Qom zurück. Damals glaubten wir, er wollte sich ganz aus der Politik zurückziehen, und hofften, daß nun endlich das Kabinett anstelle des Revolutionsrates regieren würde. Aber Ajatollah Chomeini war noch immer der Held der Massen und die einzige starke Persönlichkeit im Land. Nur mit seiner Unterstützung würde Basargan in der Lage sein, die politische Situation zu entschärfen und die Ausschreitungen der Radikalen einzudämmen. Ich hoffte, daß Ajatollah Chomeini angesichts der Vergeltungswelle, die das ganze Land erfaßt hatte, mit gutem Beispiel vorangehen und sich in der islamischen Tugend der Vergebung üben würde. Nourus stand vor der Tür, und damit die Gelegenheit, zu heilen und zu verzeihen. Vielleicht würde er die Feiertage zum Anlaß nehmen, eine Amnestie zu erlassen für alle, die für die gestürzte Regierung gearbeitet hatten. Doch Nourus verging ohne Amnestie.

Wenn Ajatollah Chomeini an den Islam glaubte, an eine Religion, die Mitgefühl und Gerechtigkeit lehrt, warum zeigte er dann keine Gnade, fragte ich mich voller Bitterkeit. Inzwischen wußte ich, wieviel Glück ich gehabt hatte. Ich war zu einem so frühen Zeitpunkt verhaftet worden, daß die Revolutionäre nicht gewußt hatten, wie sie mit ihrem ersten weiblichen Gefangenen umgehen sollten. Jetzt hatten sich die Geistlichen schon daran gewöhnt, Frauen zu verurteilen und hinzurichten, in der Regel aufgrund eines moralischen Vergehens, ebenso wie sie sich an die alten Männer und Kinder, die die Komitees vor die Tribunale zerrten, gewöhnt hatten. Hätten mich meine Schüler nur wenige Tage später verhaftet, wäre mein Richter höchstwahrscheinlich nicht der ehrliche Schahhosseini gewesen, sondern irgendein religiöses Tribunal, das kurzen Prozeß mit mir gemacht hätte. Es war die Ironie des Schicksals, daß ich noch am Leben war, weil die Verschwörer zu früh gehandelt hatten.

Esther und Minu hatten mich noch ein- oder zweimal besucht und mir Neuigkeiten aus der Schule berichtet. Auseinandersetzungen und Streitigkeiten waren jetzt an der Tagesordnung. Der Mann, den die Schüler zu meinem Nachfolger bestimmt hatten, war schüchtern und unentschlossen, und die Arbeit blieb liegen. Sobald klar war, daß ich nicht zurückkommen würde, hatten die Schüler verkündet, daß die »Verräter« im Lehrkörper, einschließlich der ehemaligen Rektorin natürlich, keine Pension erhalten würden. Trotz der Uneinigkeit untereinander, hatten sie die Bankkonten durchforstet, um herauszufinden, wieviel ich »gestohlen und unterschlagen« hätte. Voller Verachtung berichtete mir Esther, daß die Meute erstaunt festgestellt hatte, daß die Spenden in Millionenhöhe und das Land, das wir erhalten hatten, nicht angerührt worden waren.

All das bereitete mir furchtbare Qual und Pein. Ich war sicher, daß die Mullahs in ihrer Verachtung jeder weltlichen Ausbildung die Schule bald schließen würden. Sozialarbeit würde es in Zukunft im Iran nicht mehr geben. Basargan und seine Minister waren auch weiterhin uneins mit dem Revolutionsrat und unfähig, ohne die Zustimmung der Radikalen zu handeln. Es war offensichtlich, daß die Gemäßigten die Unterstützung des starken und charismatischen Chomeini brauchten.

In den letzten Märztagen sprach sich die Bevölkerung in einer Volksabstimmung mit überwältigender Mehrheit gegen die konstitutionelle Monarchie und für eine islamische Republik aus. Ajatollah Chomeini rief nun »die Regierung Gottes« aus.

Voller Bestürzung fragte ich mich, was in den Herzen der Menschen eigentlich vor sich ging. Glaubten denn all diese Iraner, angefangen bei der Frau, die mir damals gratuliert hatte, als der Schah das Land verlassen hatte, über die Polizisten, die tatenlos zugesehen hatten, wie das Qale abbrannte, bis hin zu meinen Kollegen, die meine Verhaftung bejubelt hatten, tatsächlich, daß es ausreichte, sich »Islamische Republik« zu nennen, um ein neues Volk zu werden?

Aber so wie Maschdi nicht ins Innere der Wassermelone sehen konnte, konnte ich nicht in die Herzen der Menschen sehen. Ich weiß bis heute nicht, was in ihnen vor sich ging. Ich weiß nur, daß die Menschen es immer mit dem Stärksten halten. Ich sage einfach nur, wie es war.

## III.

Allmählich drängte sich mir das Gefühl auf, daß ich meine Mitmenschen doch nicht vollkommen falsch eingeschätzt hatte. Der Mut und die Treue Esthers, Minus und unserer Dienstboten hatten mich tief berührt. Trotzdem bat ich sie schließlich, nicht mehr anzurufen, denn ich befürchtete, daß unsere Telefone abgehört wurden. Nach einigem Zögern stimmten meine Freunde zu.

Wenige Tage vor der Volksabstimmung ging ich am frühen Abend zum Markt von Tadschrisch, um für meine Schwester Obst einzukaufen. Ich wußte, daß ich damit ein Risiko einging, denn ab und zu nahmen auch Leute von der Schule die zehnminütige Fahrt in Kauf, um auf dem Markt Obst und Gemüse zu kaufen. Als ich auf dem Rückweg die Straßenkreuzung überqueren wollte, wo wie immer Mitglieder verschiedener politischer Organisationen Verkehrsanweisungen gaben und dabei ein heilloses Durcheinander veranstalteten, hörte ich zu meinem Entsetzen, wie jemand hinter mir herrannte und rief: »Chanom«. Ich drehte mich um und sah Hossein. Als er mich eingeholt hatte, erzählte er mir, daß er auf dem Weg zum Haus meiner Schwester gewesen war, um mich zu besuchen.

»Das ist aber unvorsichtig«, sagte ich vorwurfsvoll. »Hättest du nicht telefonieren können?«

»Nein, Chanom, ich hatte Angst. Ich bin gekommen, um Ihnen zu sagen, daß ich gehört habe, wie die Schüler davon gesprochen haben, Sie zu töten, weil der Emam es nicht getan hat.«

Am ganzen Leib zitternd, dankte ich ihm für die Warnung und sagte, daß er nicht mehr kommen durfte. Daß es den Schülern damit Ernst war, bezweifelte ich nicht eine Sekunde. Mitglieder der Komitees und der Revolutionsgarden bildeten eine neue, harte, inoffizielle Revolutionsmiliz zum Schutz der Mitglieder des Revolutionsrates; sie konnten jeden ungestraft töten, und niemand wagte zu protestieren. Niemand würde nun die Schüler daran hindern, mich zu töten. Sie wußten, daß ich in Tadschrisch lebte, und wenn sie beschlossen, mich zu holen, konnte ich nichts tun, um sie aufzuhalten.

Jetzt wußte ich, daß ich den Iran verlassen mußte, wenigstens für ein paar Jahre. Wie viele andere auch, war ich hier meines Lebens nicht mehr sicher. Männer, die als Wachmänner für die Regierung gearbeitet hatten, wurden getötet. Andere wurden auf der Straße als Verräter der Revolution verhaftet, nur weil sie keine Bärte oder Krawatten trugen. Die Verfolgung von religiösen Minderheiten, die ersten Opfer waren die Bahais, wurde ausgeweitet und erstreckte sich auf Juden, Christen, Parsen und andere, die Jahrhunderte im Iran toleriert worden waren. Je länger ich wartete, desto wahrscheinlicher wurde es, daß ich, selbst wenn die Schüler ihre Drohung nicht wahr machten, zumindest wieder verhaftet werden würde. Ich konnte nur noch versteckt leben, ich konnte nicht arbeiten, ich hatte kein Zuhause, keine Pension und keinen Besitz mehr, außer dem wenigen, was Sabi aus dem Auto gerettet hatte. Wenn ich blieb, brachte ich damit nur Chorschid und andere Verwandte und Freunde in Gefahr. Ich beschloß, daß ich mich mit dem einst Undenkbaren vertraut machen mußte: Ich mußte ins Exil gehen.

Um ein Ausreisevisum zu bekommen, benötigte man die Zustimmung des Revolutionsrates, dessen Mitglieder geheimgehalten wurden. Ich nahm an, daß Ajatollah Taleqani dazugehörte, und beschloß, ihm zu schreiben und ihn um Hilfe zu bitten. Er war meine einzige Hoffnung. Ich schrieb einen Brief, in dem ich erklärte, daß ich, da es mir nicht möglich war, im Iran zu arbeiten, gerne im Ausland tätig werden wollte. Dann bat ich ihn um Hilfe bei der Beschaffung eines Ausreisevisums.

Ich schickte den Brief ab, wartete ein paar Tage und rief dann die Telefonnummer an, die Ahmad mir gegeben hatte, als ich verhaftet worden war. Ich war erleichtert, als der gleiche Assistent von damals mir höflich erklärte, daß mein Brief eingetroffen war und daß Ajatollah Taleqani dafür sorgen würde, daß ich einen Paß und ein Ausreisevisum erhielt, nachdem es mir anscheinend unmöglich war, im Iran meinen Lebensunterhalt zu verdienen. Der Assistent wußte jedoch nicht, wieviel Zeit dafür vonnöten war. Ich dankte ihm, gab ihm Chorschids Nummer und bat ihn, mich dort zu benachrichtigen. Dann bat ich Chorschid, jedem, der anrief, auszurichten, daß ich Verwandte in Isfahan besuchte.

Die nächsten sechs oder sieben Wochen brachte ich in banger Erwartung einer Nachricht von Taleqanis Assistenten bei verschiedenen Verwandten zu. Jetzt konnte ich, ebenso wie damals, als ich nach Amerika wollte, an nichts anderes denken als an meine Abreise. Die Zukunft meiner Familie bereitete mir große Sorgen. Da Dadasch und Abbas bereits im Ruhestand waren, würde man sie vielleicht in Ruhe lassen. Ghafar und alle meine Halbbrüder waren nach Raschids Verhaftung immer vorsichtiger geworden und verließen ihre Häuser so gut wie gar nicht mehr. Forugh hatte aus den USA angerufen und zusammen mit Jean, die sich vergeblich um ein Ausreisevisum bemühte, beschlossen, vorerst nicht zurückzukehren. Chorschid sah keinen Grund, warum auch sie das Land verlassen sollte, doch ich befürchtete, daß man schon bald Kayvan holen würde, ebenso wie jeden anderen, der Farman-Farmaian hieß.

Ich beschloß, zunächst zu Dschahan nach London zu gehen, wo ich hoffte, in der Zentrale des Internationalen Verbandes für geplante Elternschaft Arbeit zu finden. Dann würde ich genügend Geld verdienen, um meinen Lebensunterhalt bestreiten zu können. Ich tröstete mich mit dem Gedanken, daß ich auf diesem Wege Gelegenheit hatte, Dschahan, Forugh, meine Schwestern und die anderen wiederzusehen, die den Iran bereits verlassen hatten. Außerdem war England nur wenige Flugstunden von der Heimat entfernt; von dort aus konnte ich, sobald sich die Lage normalisiert hatte, jederzeit zurückkehren.

In regelmäßigen Abständen rief ich Taleqanis Assistenten an, doch er hatte keine Neuigkeiten für mich, und ich wurde immer nervöser. Ich blieb nie lange an einem Ort, und wenn ich nach draußen ging, dann nur, um ein neues Versteck aufzusuchen oder um mich hinauf in die Berge zu wagen. Selbst das war ein Risiko, aber jedes Mal konnte das letzte Mal sein, an dem ich meine geliebten Berge sah. Nach und nach suchte ich die alten Mitglieder unserer Familie auf, um sie ein letztes Mal zu sehen. Ich erwähnte jedoch nichts von meiner geplanten Ausreise, weil ich nicht wollte, daß die Dienstboten uns hörten. Viele der Diener hatten Söhne, die sich einem Komitee oder einer der radikalen Organisationen angeschlossen hatten, denn das war der Schlüssel, der in der neuen Ordnung die Türen öffnete.

Ich hatte natürlich Angst, nach Galandvak zurückzukehren. Doch irgendwann im Mai fiel mir ein, daß ich mir vor lauter Arbeit nie Zeit genommen hatte, Bilder von meinem Haus und meinem Obstgarten zu machen. Ich nahm meine Kamera, zog meine Wanderschuhe an und ließ mich in die Berge oberhalb des breiten Tals fahren, in dem Galandvak lag.

Dann stieg ich auf die Anhöhe oberhalb des Dammes, von wo aus ich auf den Stausee und das Tal hinuntersehen konnte. Der Stausee war noch zu Zeiten des Schahs gebaut worden, um Südteheran und die Dörfer südlich der Hauptstadt mit mehr Wasser zu versorgen. Ich konnte das Haus und meinen Obstgarten erkennen und sah die flachen Blechdächer des Dorfes, das Haus des Bauern, von dem ich meine Milch gekauft hatte, das Haus des Schmieds, das neben dem meinem lag, die Häuser meiner anderen Nachbarn, das Teehaus und die Moschee. Ich machte vier, fünf Aufnahmen und blieb dann noch Stunden dort sitzen und dachte nach und betrachtete die Berge.

Ich hatte das Gefühl, auf mein ganzes bisheriges Leben zu schauen, das jetzt wie ein Haufen Scherben vor mir lag. Seit meiner Verhaftung war nicht eine Stunde vergangen, in der sich mein Geist nicht an den Scherben geschnitten und geblutet hätte. Doch aus diesen Trümmern mußte ich mir nun ein neues Leben aufbauen.

Ich hatte Glück, daß ich noch am Leben war, und ich war entschlossen, das Beste aus den mir verbleibenden Jahren zu machen. Aber alles in mir wehrte sich dennoch. Warum mußte ich mein Land verlassen? Womit hatte ich es verdient, daß ich meiner Heimat und meiner Familie den Rücken kehren mußte?

Die Getreidefelder unter mir waren grün, die Äpfel- und Pflaumenbäume standen in voller Blüte und schienen wie von weißen und rosafarbenen Wolken eingehüllt. Der Stausee funkelte in der warmen Sonne unter einem strahlenden Himmel.

Während all der Wanderungen, die ich in den letzten Monaten gemacht hatte, hatte ich ausführlich und eingehend über unsere Gesellschaft nachgedacht und zu ergründen versucht, ob und wie ich zu ihrem Scheitern beigetragen hatte. In all den Jahren, die ich hier verbracht hatte, hatte der Stausee für mich stets das verkörpert, was an der Herrschaft des Schahs gut war. Er hatte noch mehr für das Land getan: Er hatte Schulen gebaut, das Los der Frauen und der Minderheiten verbessert, und selbst der Sozialarbeit hatte er eine Chance gegeben. Aus all diesen Gründen und trotz seiner Fehler hatte ich keine Freude darüber verspürt, daß man ihn gestürzt hatte. Ich hatte auch nicht gewollt, daß alles, was er geschaffen hatte, nun ebenfalls vernichtet wurde. Doch letztendlich hatten ihm Schnellstraßen und Elektrizitätswerke mehr bedeutet als die Erziehung der Ascharis und Isadis, die die Schulen besuchten, die er baute.

Jetzt begriff ich, wie ich zu diesem großen Scheitern beigetragen hatte. In dem Glauben, daß immer noch Zeit war, hatte ich Dinge hinausgezögert. Ich hatte mir eingeredet, daß ich unserem Volk später noch beibringen konnte, wie wichtig Demokratie ist, wie wichtig ein echter politischer Entscheidungsprozeß ist, wie wichtig es ist, daß unsere Regierung auf uns hört. Das alles wollte ich später tun, nachdem ich den Lebensstandard angehoben hatte. Mit diesem Ziel vor Augen, das ich für das vordringlichere gehalten hatte, war ich bereit gewesen, so lange zu schweigen, bis es zu spät war. Ebenso wie die vielen anderen, die wußten, was in unserem Land vor sich ging, und die um die Wichtigkeit von politischer Verantwortung und Redefreiheit wußten, hatte ich Angst gehabt, Angst vor Gefängnis, Folter und Exil, Angst, meine Ziele und Träume opfern zu müssen. Ich und andere Iraner hatten unsere Chance verpaßt, wir hatten uns neutralisiert, indem wir nicht widersprochen hatten, wir hatten uns vom politischen Geschehen zurückgezogen und den Schah nach eigenem Gutdünken schalten und walten lassen.

Das Ergebnis war ein *hardsch-o-mardsch.* Es hatte deshalb soweit kommen können, weil wir, die wir Lehrer der Unwissenden hätten sein sollen, nicht vorgelebt hatten, was Führung heißt, weil wir nicht uns selbst, unsere Karrieren, unsere behüteten Träume geopfert hatten, um die Unterdrückung zu bekämpfen. Wir hatten unsere Stimmen nicht erhoben gegen die Ungerechtigkeit und den Mangel an Respekt vor dem Willen des Volkes. So wie der Schah uns unterdrückt hatte, so hatten wir ihn gewähren lassen. Hätten wir, die vielen gemäßigten, gebildeten, vernünftigen Menschen, uns zusammengetan, hätten wir unsere Meinung geäußert, hätten wir unsere Stellen gekündigt, wären ins Gefängnis gegangen, wie es ganz wenige getan hatten, dann hätten wir jetzt vielleicht den Führer gehabt, den wir brauchten.

Nur die Mullahs hatten Mut gezeigt. Sie hatten Gefängnis und Exil auf sich genommen, hatten sich foltern und töten lassen, um den Schah zu stürzen. Sie hatten weder einen Plan noch ein Programm besessen, aber ein festes Ziel: »Der Schah muß gehen!« Während wir abwarteten, in welche Richtung uns der Wind blies, waren sie auf der Welle der Entrüstung des Volkes geritten. Sie hatten die Macht nicht übernommen, weil sie es geplant hätten oder weil es vom Schicksal so »bestimmt« war, sondern deshalb, weil Leute wie ich keine Alternative zu bieten hatten. Es hatte keine Mossadeqs mehr gegeben. Wieder einmal war der lange Kampf um die Freiheit gescheitert. Doch diesmal konnten wir nicht die Ausländer dafür verantwortlich machen. Diesmal hatten wir, die privilegierten und gebildeten Iraner selbst, ihn scheitern lassen.

In der folgenden Woche rief Taleqanis Assistent an. Er ließ mir ausrichten, daß mein Paß bereitlag und daß ich mich unverzüglich zu einem bestimmten Ort zu begeben hätte, wo ich weitere Instruktionen erhalten sollte. In überstürzter

Hast setzte ich ein schwarzes Kopftuch auf – die Revolutionäre nahmen zu diesem Zeitpunkt Frauen noch nicht fest, wenn sie keinen *tschador* trugen – und ließ mich in die Stadt fahren. Die Adresse, die Chorschid notiert hatte, stellte sich als unscheinbares ehemaliges Regierungsgebäude in einer Nebenstraße der Chiaban-e Kach heraus. Dort teilte mir einer der Angestellten, der Taleqanis Assistenten ganz im neuen Stil der Revolutionäre als »Bruder« bezeichnete, mit, daß ich meinen Paß im Büro des Ajatollah Taleqani auf dem Flughafen in Empfang zu nehmen hätte. In diesem Büro, das sich im zweiten Stock des Flughafengebäudes befand, sollte ich nach »Bruder M.« fragen. Während ich voll Nervosität versuchte, mir all die Instruktionen und den Namen einzuprägen, gab er mir einen verschlossenen Umschlag und fügte streng hinzu, daß ich das Land innerhalb von vierundzwanzig Stunden zu verlassen hätte. Länger würde Ajatollah Taleqanis Büro nicht für meine Sicherheit bürgen können.

Ich wurde blaß. Wir hatten bereits Mittwoch, und in der Nacht durften keine Flugzeuge starten. Ich mußte also noch vor dem Morgen ein Flugticket besorgen, um sicherzugehen, daß ich innerhalb von vierundzwanzig Stunden im Flugzeug saß. Sollte mir das nicht gelingen, würde ich wegen des Feiertags am Freitag bis zum Samstag festsitzen. Zitternd wies ich darauf hin, daß mir praktisch keine Zeit blieb, ein Flugticket zu besorgen und meine Abreise vorzubereiten. »Also gut«, sagte er, »unser Schutz gilt bis Samstag. Aber das ist der absolut letzte Termin. Wenn Sie bis dahin nicht ausgereist sind, wird Ihr Ausreisevisum für ungültig erklärt, und Ihr Name kommt auf die Liste der Kollaborateure, denen es untersagt ist, das Land zu verlassen. Denken Sie daran: Nach dem Samstag können wir nichts mehr für Sie tun.«

Es war bereits später Nachmittag. Ich hatte schreckliche Angst, doch ich hatte keine andere Wahl, und da man mit dem Auto mindestens eine Stunde bis zum Mehrabad-Flughafen brauchte, mußte ich mich beeilen. Ich rannte zurück zum Auto und bat den Verwandten, der mich fuhr, zurück nach Hause zu fahren, damit ich einen *tschador* holen konnte. Als ich den *tschador* angelegt hatte, fuhren wir so schnell wir konnten nach Mehrabad, immer in der Angst, von einer Straßensperre oder einer revolutionären Bande angehalten zu werden.

Inzwischen war es nach sieben Uhr, und es wurde bereits dunkel. Schon vom Flughafenparkplatz aus sah ich, daß das Gebäude von Panzerfahrzeugen umgeben war. Bärtige, behelmte junge Männer in verschiedenen Uniformen, die ich nicht einordnen konnte, kontrollierten mit ihren Jeeps die Zufahrtsstraßen und patrouillierten vor dem Gebäude auf und ab. Ich zitterte angesichts der Möglichkeit, daß man mich erkennen könnte. Allein in den letzten Jahren hatte ich viele Menschen unterrichtet und vor unzähligen Menschen gesprochen, und zwar nicht nur in der Schule, sondern auch an der Teheraner Universität sowie an anderen Hochschulen in der Stadt und auch in der Polizeiakademie. Viele Menschen kannten mich, und es war daher keineswegs unmöglich, daß mich unter den Hunderten von Revolutionswächtern jemand erkannte. Ich war wie gelähmt vor Angst.

Unzählige Reisende und deren Angehörige strebten auf das Flughafengebäude zu. Ich zog das schwarze Kopftuch, das ich immer noch unter dem *tschador* trug, bis über die Augenbrauen herunter und bedeckte dann mit dem Schleier fast mein ganzes Gesicht, so daß nur noch ein Auge frei blieb. In meiner Angst wäre ich am liebsten an den Jeeps und den Patrouillen vorbeigerannt, doch mein Verstand sagte mir, daß jemand, der rannte, sehr viel eher Aufmerksamkeit auf sich lenkte als jemand, der in normaler Geschwindigkeit ging. Bei jedem Schritt, der mich der wogenden Menschenmenge näher brachte, hatte ich das Gefühl, dem Tod ins Auge zu blicken. Plötzlich ließ mich der Gedanke daran, daß meine Schüler immer über das ungewöhnlich rasche Tempo, das ich beim Wandern vorgegeben hatte, gefrotzelt hatten, langsamer gehen. Ich zwang mich, den schlurfenden Schritt einer alten Frau zu imitieren.

Alle Welt schien sich durch diese Eingangstüren zu zwängen, und in der großen Schalterhalle herrschte ein furchtbares Gedränge. Wachen, die mit Gewehren bewaffnet waren, Taxifahrer, Eltern und Kinder, Brüder und Schwestern,

Ehefrauen und Ehemänner, die im Kreis ihrer Verwandten Abschied nahmen, füllten den Raum. Viele Menschen weinten, schluchzten und schlugen sich wie bei einer Trauerfeier auf Stirn und Brust, denn sie wußten, daß sie ihren Lieben vielleicht zum letzten Mal Lebewohl sagten. Trotz des Lärms hörte ich, wie die Flüge aufgerufen wurden: Paris, London, Wien, Zürich. Mein Herz raste, als ich wie in Trance und wegen meines *tschadors* fast blind auf die langen Korridore zusteuerte, die zu den Verwaltungsbüros im zweiten Stock führten. Die einst blitzblanke Abflughalle war jetzt übersät mit Papier und anderen Abfällen. Die Bilder und Büsten des Schahs hatte man durch Bilder von Ajatollah Chomeini ersetzt. Die Säulen waren mit Graffitti verschmiert und mit Zetteln beklebt: »Es lebe die Revolution«, »Der Verräter ist weg«, »Vereinigt euch mit den Modschahedin«.

Schließlich fand ich die Treppe, die in den zweiten Stock hinaufführte. Ich erschrak bei dem Gedanken, daß man es sich inzwischen vielleicht anders überlegt hatte und daß ich, wenn ich nach »Bruder M.« fragte, verhaftet werden würde. Dann fand ich das richtige Büro, in dem zwei Revolutionäre an einem Tisch saßen, der voller Papiere, Aktenordner und Teetassen war. Ich fragte nach »Bruder M.« und zeigte ihnen den Umschlag, auf dem sein Name stand.

»Bruder M.? Er sitzt dort drin.« Einer der Männer deutete auf eine verschlossene Tür. Als er sah, daß ich zögerte, stand er auf, öffnete sie und sagte: »Bruder M., hier ist eine Frau mit einem Brief für dich.« Von drinnen ertönte eine Stimme, die mich aufforderte, einzutreten. Hinter einem großen metallenen, mit Papieren beladenen Schreibtisch saß ein bärtiger, rundlicher, schmuddeliger Mann um die Dreißig.

»Salam«, sagte ich. »Salam«, murmelte er mit gesenktem Blick. Da er es offenbar nicht für angebracht hielt, mir den Stuhl vor seinem Schreibtisch anzubieten, reichte ich ihm einfach den Umschlag über den Schreibtisch. Er öffnete ihn, las das Schreiben, ohne eine Miene zu verziehen, und zog dann die Schreibtischschublade auf, in der sich ein ganzer Haufen dicker, weißer Kuverts befand. Nach einigem Suchen zog er eins heraus und streckte es mir hin, ohne mich dabei anzusehen. Mit fast unbeweglichen Lippen sagte er: »Man hat Ihnen gesagt, daß Sie morgen abreisen müssen?«

»Ja«, antwortete ich. Ich hatte Angst, zuviel zu sagen.

»Daran sollten Sie sich halten. Andernfalls können Sie vielleicht gar nicht mehr ausreisen.« Er wandte sich wieder seiner Lektüre zu. Die Angst, etwas Falsches zu sagen, machte mich vollkommen unfähig, mich zu bewegen. Ich wartete. Endlich flüsterte ich: »Agha, soll ich jetzt gehen?« Er nickte.

Ich wagte nicht, den Umschlag zu öffnen und hineinzuschauen. Jetzt wollte ich nur noch fort, bevor er es sich anders überlegte. Vergessen war mein Vorsatz, langsam zu gehen. Fluchtartig verließ ich das Büro, stürzte die Treppen hinunter und rannte durch den Haupteingang, vorbei an den Revolutionswächtern, den Jeeps und Panzerwagen. Inzwischen war es draußen dunkel, doch ich fand unser Auto, stieg ein und bat meinen Verwandten, noch einen Moment zu warten. Dann kurbelte ich alle Fenster hoch und öffnete das Kuvert. Es enthielt meinen mir vertrauten braunen Paß, und als ich ihn mit zitternden Händen aufschlug, sah ich im Lichtschein der Straßenlaterne den Ausreisestempel.

Am nächsten Morgen rief ich jede Fluggesellschaft an, die Flüge nach Europa anbot, doch alle, angefangen von der Air France bis zur SWISSAIR, waren für die nächsten Monate vollkommen ausgebucht. Schließlich rief ich Pakistan International Airlines an und erfuhr, daß es am Samstag keinen Flug nach London aber einen von London über Teheran nach Karatschi gab. Ich begab mich sogleich zu deren Büro am Ferdousi-Platz und buchte einen Flug. Als ich, während der Angestellte das Flugticket ausstellte, am Schalter wartete, mußte ich daran denken, daß ich schon einmal ostwärts gehen mußte, um in den Westen zu gelangen.

Den nächsten Tag verbrachte ich bei Dadasch, und in seinem wunderschönen Rosengarten verabschiedete ich mich von meinen Lieben. Aus Angst, daß ein Dienstbote ein Gespräch belauschen und mich an jemanden verraten könnte, der meine Abreise vereiteln konnte, vertraute ich niemandem, nicht einmal Dadasch und meinen anderen Brüdern und Schwestern, den genauen Zeitpunkt meines Abfluges an. Ich sagte ihnen einfach, daß ich einen Paß hatte und bald reisen mußte. Wir verstanden einander. Trotz unseres Schmerzes waren alle glücklich darüber, daß ich das Land verlassen konnte. Auch die anderen wollten nun versuchen, ein Ausreisevisum zu bekommen. Die Revolution zerriß die Fäden, die Schahsade mit so viel Liebe gesponnen hatte, und zerstreute uns gleich Fetzen in einem großen Sturm. Wir wußten, daß keiner von uns je wieder ganz sein würde.

In den frühen Morgenstunden des Samstags ließ ich mich im Auto eines Verwandten, dessen Fahrer wir beide vertrauten, zum Flughafen bringen. Dieser treue Diener begleitete mich zum Abflugbereich, wo er so lange wartete, bis er sicher sein konnte, daß meiner Reise nichts mehr im Wege stand. Bevor ich den Abflugbereich betreten konnte, wurde mein Koffer nach Gold, Geld und Schmuck durchsucht. Ich hatte nicht mehr als die erlaubten fünfhundert Dollar bei mir und nur einfache Kleidung, um keine Fragen zu provozieren. Mein Mund war trocken, und mein Herz schlug so laut, daß ich glaubte, der Mann, der mein Gepäck durchwühlte, müßte es hören.

Obwohl es noch früh am Morgen war und viel zu früh für die Maschine nach Karatschi, war der Abflugbereich bereits überfüllt. Selbst hier in der Menschenmenge und unter meinem Kopftuch fühlte ich mich unsicher und hatte Angst, noch in letzter Minute verhaftet zu werden. Die nächsten beiden Stunden kamen mir vor wie eine Ewigkeit. Um mich zu beruhigen, trank ich eine Tasse Tee, stöberte dann ziellos durch den Duty Free Shop und blätterte in den herumliegenden Zeitungen.

Endlich wurde mein Flug aufgerufen. Weil ich glaubte, jetzt so gut wie außer Gefahr zu sein, lief ich zum Telefon, um Dschabi, Dadasch und Chorschid anzurufen und ihnen ein letztes Mal Lebewohl zu sagen. Dann rief ich Esther an und sagte ihr, daß ich das Land verließ; ich wußte, daß sie niemandem, nicht einmal Minu, davon erzählen würde, bis ich sicher außer Landes war.

Ich ging zum Ausgang. Voller Bestürzung sah ich, daß ich die einzige war, die das Flugzeug bestieg: War mir etwa jemand gefolgt, um mich zu verhaften? Als ich der Stewardeß meine Bordkarte zeigte, schaute ich mich voller Angst um. Doch niemand war mir gefolgt. Ich war lediglich der einzige Fluggast, der an diesem Tag von Teheran nach Karatschi flog.

Hunderte von Menschen versuchten vergeblich, nach Paris, Wien und Zürich zu kommen. Für diese Menschen war anscheinend die Befreiung nur in einer Richtung möglich. Selbst jetzt fiel ihnen nicht ein, daß sie ihr Ziel auch über einen Umweg erreichen konnten.

Als ich mich setzte, stand ich immer noch unter höchster Anspannung. Erst nachdem wir den persischen Luftraum verlassen hatten, war es mir möglich, aufzuatmen und mich zu entspannen. Als ich sicher war, daß keine Gefahr mehr drohte, nahm ich mein schwarzes Kopftuch ab. Mir war, als setzte ich einen schweren eisernen Helm ab.

Erschöpft sank ich auf meinen Sitz zurück. Es schien mir, als hätten mich die Sorgen der letzten Jahre auch meiner letzten emotionalen Reserven beraubt. Ich fragte mich, wie ich es trotz allem geschafft hatte, nicht den Verstand zu verlieren. Ich hatte das Gefühl, daß nichts mich heilen konnte, daß nichts das langsame Bluten stillen konnte, das schon vor langer Zeit begonnen hatte. Außer Mitra war mir nichts geblieben, was mich hätte stützen und mir hätte Kraft geben können. Mein Land wollte mich nicht mehr. Meine Familie war im Gefängnis, mußte sich verstecken oder befand sich im Ausland. Galandvak, Resvanie, die Schule, meine Arbeit, meine Freunde waren aus meinem Leben verschwunden so wie einst der Palast und die Welt meiner Kindheit. Nun hatte ich keine Heimat mehr, sondern nur noch eine ungewisse, einsame Zukunft im Exil.

Ich dachte an das Gedicht von Sadi, das mich getröstet hatte, als ich vor vielen Jahren nach Amerika aufgebrochen war: »Obwohl der Prophet die Liebe zur Heimat gebietet, soll ein Mensch nicht Not und Trübsal leiden, nur weil er in einem bestimmten Land geboren wurde.« Es war mir noch so deutlich im Gedächtnis wie damals, als Schahsade uns kleine Silbermünzen geschenkt hatte, wenn wir beim Aufsagen keine Fehler machten. In jenen Tagen wollte ich den *andarun* verlassen, um ein interessantes Leben zu führen, und auf wundersame Weise schien Sadi schon vor sechshundert Jahren gesagt zu haben, daß ich frei war, dorthin zu gehen, wohin ich gehen wollte.

Erst jetzt, Jahrzehnte später, besaß ich genügend Erfahrung, um zu begreifen, was ihn zu diesen Worten bewegt hatte und was er uns damit sagen wollte. Auch Sadi hatte das *hardsch-o-mardsch* gekannt, ebenso wie Hafes, Ferdousi, Rumi und die anderen großen persischen Dichter; ob sie nun vor sechshundert Jahren, vor tausend Jahren oder gestern gelebt hatten, spielte keine Rolle. Das *hardsch-o-mardsch* steckt uns im Blut, es ist in unsere persischen Seelen eingebrannt.

Als hätte ich gebetet und als wären meine Gebete erhört worden, verschwand auf einmal die Bitterkeit. An ihre Stelle trat, wenn auch zögerlich, ein Annehmen der Realität, das aus der Notwendigkeit erwächst. Ich wußte, daß ich jetzt das Selbstvertrauen, das ich andere gelehrt hatte, brauchen würde, um mir selbst zu helfen. Sadi hatte gesagt, daß ich mich nicht an ein Stück Erde binden durfte, daß ich mich durchsetzen und mein Schicksal selbst bestimmen konnte. Mein Vater, dessen Karriere zerstört und dessen Eigentum konfisziert worden war, hatte für unsere Bildung gesorgt und uns zu anständigen, gesunden Menschen erzogen, zu Menschen, die nach vorne schauen. Meine Mutter, die das *hardsch-o-mardsch* miterlebt hatte, hatte gelernt, mit der Not zu leben, und sie hatte ihren Frieden mit der Veränderung gemacht. Ich wußte, ich würde überleben, weil ich die Tochter dieser beiden war und weil ich Iranerin war.

Ich mußte das Unvermeidliche annehmen und versuchen, nicht darüber zu klagen, weil ich die Revolution nicht hatte kommen sehen. Ich mußte Sadis Rat befolgen, in ein anderes Land gehen und dort einen Platz für mich finden.

# Epilog

Ich verbrachte die Nacht in Karatschi und flog am nächsten Tag nach London, wo ich zunächst zu Dschahan zog, die zusammen mit ihren drei Kindern, Chorschids beiden Töchtern und meiner Schwester Sori in einer Dreizimmerwohnung lebte. Die Gesellschaft meiner Familienangehörigen war die Arznei, die ich brauchte, damit meine Wunden anfangen konnten zu heilen. Ich schrieb an Esther, um sie wissen zu lassen, daß ich in Sicherheit war, und um ihr mitzuteilen, wo sie und meine anderen Freunde mich erreichen konnten.

Beim Internationalen Verband für geplante Elternschaft war keine Vollzeitstelle frei, doch ich konnte wenigstens ab und zu als Beraterin für den Verband arbeiten. Ich sehnte mich danach, mir eine ganz normale, sichere Existenz in London aufzubauen, dort, wo ich in der Nähe meiner Familie war. Bald jedoch mußte ich feststellen, daß es für eine verbannte iranische Sozialarbeiterin im vorgerückten Alter in London sehr schwierig war, ihren Lebensunterhalt zu verdienen. Im Juli mußte ich dann auch meine Hoffnungen begraben, schon in wenigen Jahren in den Iran zurückkehren zu können, denn die iranische Presse berichtete, daß das Eigentum und Vermögen zahlreicher Familien, darunter auch das der unseren, konfisziert worden waren. Jetzt blieb mir nur noch Amerika, wo ich die meisten beruflichen Verbindungen hatte. Dort durfte ich hoffen, eine Anstellung zu finden. Ich mußte an meine vielen Besuche in Amerika im Laufe der letzten zweieinhalb Jahrzehnte denken. Trotz allem, was geschehen war, hatte ich die frische Luft Amerikas immer gern geatmet, doch ich hätte es niemals für möglich gehalten, daß ich eines Tages nicht als freier und unabhängiger Mensch, sondern wie Millionen vor mir als Flüchtling einreisen würde.

In New York erfuhr ich, daß der Etat der UN keine Neueinstellungen zuließ und daß auch an den Universitäten keine Lehrkräfte gebraucht wurden. Nach einigen Versuchen gab ich die Arbeitssuche zunächst auf und erfüllte mir meinen eigentlichen Wunsch. Ich flog zu Mitra, Mike und meinen Enkelkindern.

Inzwischen hatten Basargan und die Liberalen die Kontrolle im Land vollkommen verloren. Nur noch Ajatollah Chomeini besaß die Unterstützung der Armee. Der radikale Flügel des Revolutionsrates entledigte sich inzwischen auch der ehemaligen Bundesgenossen wie der linken Modschahedin und der Nationalen Front. Ajatollah Chomeini sprach sich für eine neue Verfassung aus, die vorsah, daß ein Führungsgremium, bestehend aus Geistlichen, die oberste Regierungsgewalt im Lande übernehmen sollte. Nun verlor Basargan die Unterstützung des Volkes und wurde von den Radikalen als »Verräter« bezeichnet, weil er sich weigerte, alle Brücken zur Vergangenheit und zum Westen abzubrechen.

Ende Oktober sorgten die Amerikaner unabsichtlich für eine Stärkung der Radikalen, als Präsident Carter seinem alten Bündnispartner, dem Schah und seiner Familie, die Einreise in die Vereinigten Staaten gestattete. Der krebskranke Schah, so hieß es, wollte sich in New York in ärztliche Behandlung begeben. Die Nachricht löste eine Welle des Protests im Iran aus, denn ein Großteil der Bevölkerung war davon überzeugt, daß die Amerikaner dem Schah, wie schon einmal im Jahr 1953, helfen wollten, wieder an die Macht zu kommen. Ajatollah Chomeini bezeichnete die Einreisebewilligung für den Schah als Komplott und forderte die Auslieferung des früheren Herrschers.

Am Morgen des 4. Novembers, dem fünfzehnten Jahrestag der Ausweisung Chomeinis aus dem Iran, fand sich vor der amerikanischen Botschaft eine riesige Menschenmenge ein, die für Ajatollah Chomeini demonstrierte. Hunderte von militanten Studenten drangen in das Botschaftsgebäude ein und nahmen mehr als fünfzig Amerikaner als Geiseln.

Die Masse des Volkes stand hinter den Studenten. Die einfachen Menschen sahen im Handeln der Studenten keinen gesetzlosen terroristischen Akt, sondern die Verteidigung der Würde und Unabhängigkeit des Iran. Nach all den Jahren brachte endlich jemand ihre Wut zum Ausdruck: Wut und Zorn eines Volkes, dem die Großmächte dieser Welt niemals die Möglichkeit gegeben hatten, sein Schicksal selbst zu bestimmen. Auf welche Weise der Zorn sich zeigte, war den meisten gleichgültig. Wichtig war nur, daß die Studenten einen großen Sieg über die Übeltäter dieser Welt errungen hatten: die Amerikaner, die Briten und den Schah. Jetzt sollten alle die Wut eines kleinen, schwachen Landes zu spüren bekommen.

Am darauffolgenden Tag wurde die Besetzung der Botschaft von Ajatollah Chomeini offiziell gutgeheißen, und er schimpfte die Botschaft ein »Spionagenest«. Vierundzwanzig Stunden später trat Mehdi Basargan zurück. Die lange, qualvolle Geiselaffäre, die länger als vierhundert Tage dauern sollte, hatte ihren Anfang genommen. Die schrecklichen Bilder, die ich jeden Abend im Fernsehen sah, erfüllten mein Herz mit Mitleid für die unschuldigen Geiseln und ihre Familien und mit Entsetzen über die Skrupellosigkeit der Radikalen in der iranischen Regierung.

Selbst jetzt und mit all dem Wissen, das mir zur Verfügung stand, fragte ich mich immer und immer wieder, wie die Beziehungen zwischen unseren beiden Ländern, die Anfang des Jahrhunderts mit so viel Wärme und gutem Willen begonnen hatten, so tragisch enden konnten. Das einzige, was unsere Studenten von Amerika wußten, war, daß Amerika den Schah sechsundzwanzig Jahre lang gestützt hatte. Und die Amerikaner sahen auf ihren Bildschirmen ein Land, das vor kurzem noch ihr Verbündeter war und nun offenbar ausschließlich von schwarzgekleideten, schreienden Menschen bewohnt wurde, die davon besessen waren, unschuldige Amerikaner zu demütigen.

Es schien eine Ironie des Schicksals, daß zur gleichen Zeit ein Buch des ehemaligen CIA-Mitarbeiters Kermit Roosevelt erschien, das das bestätigte, was man im Iran schon seit einem Vierteljahrhundert wußte. Roosevelt beschrieb in seinem Buch voller Stolz, wie seine Organisation durch Unterstützung der Briten und General Sahedis zum Sturz Dr. Mossadeqs beigetragen hatte. Er brüstete sich mit den Worten des Schahs: »Ich verdanke meinen Thron Gott, meinem Volk, meiner Armee und Ihnen.«

Ich fragte mich, ob die Leser dieses Buches verstanden, daß diese lang zurückliegende Einmischung, die die meisten Amerikaner nicht sonderlich interessierte, mitverantwortlich war für die Geschehnisse, über die sie sich allabendlich beim Fernsehen entrüsteten. Begriffen sie, wenn sie einem Mr. Roosevelt zuhörten, warum die Menschen kleiner, schwacher Länder wie des unseren oftmals glaubten, sich beim Rest der Welt nur durch Zwang und Gewalt Gehör verschaffen zu können?

Ich war erleichtert, daß unsere amerikanischen Familienmitglieder in Sicherheit waren (Jean hatte bald nach mir ein Ausreisevisum erhalten), aber das Geiseldrama ließ mich schon bald für mich und die anderen Iraner in den Vereinigten Staaten fürchten. Für die Amerikaner waren alle Iraner schreiende, fanatische Terroristen. Als sich das Drama immer länger hinzog, entlud sich der wachsende Zorn der Amerikaner in der Boykottierung und Verwüstung iranischer Geschäfte. Jedesmal, wenn ich im Supermarkt an der Kasse anstand und aufgrund meines Akzentes gefragt wurde, woher ich käme, hatte ich Angst, die Wahrheit zu sagen. Ich hatte Angst, daß ich nie eine Stelle finden könnte, und lange Zeit glaubte ich sogar, daß man mich und die anderen Iraner internieren würde, so wie die Japaner interniert worden waren, mit denen ich als Sozialarbeiterin nach dem Krieg in Los Angeles gearbeitet hatte. Meine schlimmste Befürchtung war jedoch, daß man mich in den Iran zurückschicken könnte.

Irgendwann fand ich schließlich mit Hilfe amerikanischer Freunde Arbeit, und zwar gar nicht weit entfernt von dem Ort, wo meine Tochter und ihre Familie lebten. Ich habe Sadis Rat befolgt und mir ein neues Leben aufgebaut. Nach wie vor bin ich als Sozialarbeiterin tätig, und da ich mit Familien und Kindern arbeite, habe ich das Gefühl, daß ich dem Wohlergehen der Menschen diene. Amerika hat viele Probleme, und es tut mir weh, wenn ich sehe, daß auch hier immer mehr Menschen Not leiden. Manchmal glaube ich, daß Amerikas Regierende jegliches Mitgefühl für die Menschen in ihrem Land verloren haben. Trotzdem vergesse ich nicht, was es bedeutet, in einem Land zu leben, in dem jeder sagen kann, was er will, lesen kann, was ihm beliebt, gegen Ungerechtigkeit protestieren darf und vor allem versuchen kann, die vorhandenen Probleme zu lösen.

Jeder weiß, daß die Jahre nach der Revolution großes Leid über mein Volk gebracht haben: Machtkämpfe und Hinrichtungen haben die internationale Opposition gegen den Klerus vernichtet; der achtjährige Krieg zwischen dem Iran und dem Irak hat eine Million junger Männer das Leben gekostet; die iranische Regierung hat sich vom Rest der Welt isoliert, indem sie zu Geiselnahmen und Terrorismus Zuflucht nahm. Für Inflation, Arbeitslosigkeit und gescheiterte Wirtschaftsprogramme machte man wieder die alten Sündenböcke verantwortlich. Man beschuldigte das Ausland und erfand Verschwörungen, statt die Schuld im Fanatismus, in Korruption, Inkompetenz und Verfolgung unschuldiger Menschen und wehrloser Minderheiten zu suchen.

Schulen und andere Bildungsstätten fielen dieser Ignoranz als erste zum Opfer, und auch die Schule für Sozialarbeit stellte schon bald den Schulbetrieb ein. Von denen, die mir regelmäßig schrieben, erfuhr ich, daß Aschari und die anderen des Mannes, den sie zu meinem Nachfolger gemacht hatten, schon bald überdrüssig geworden waren und ihn durch einen Mann ersetzt hatten, den ich persönlich für denjenigen halte, der meinen Sturz in die Wege geleitet hat. Kurz nachdem er 1981 bei einem Bombenattentat umgekommen war, wurde die Schule geschlossen. Jahrelang schien es, als gäbe es im Iran keine Sozialarbeit mehr.

Doch vor kurzem erhielt ich einen Brief von einer Absolventin der Schule, der mich wieder Hoffnung schöpfen ließ. Meine ehemalige Schülerin schrieb, daß mein Weggang ein großes Loch hinterlassen hätte, daß jedoch viele der Frauen und Männer, die ich ausgebildet hatte, weiter an der Sozialarbeit und unseren hohen Maßstäben festhielten. Abschließend versicherte sie mir, ohne konkrete Einzelheiten zu nennen, daß es immer noch Sozialarbeit im Iran gäbe und daß sie und andere alles tun wollten, um ihren Fortbestand zu sichern.

Ich freue mich, daß es mir trotz allem gelungen ist, Menschen auszubilden, die an eine Sache glauben. So sind die zweiundzwanzig Jahre an der Teheraner Schule für Sozialarbeit nicht ganz umsonst gewesen. Ich bereue nichts im Leben, denn ich habe viele interessante Dinge gesehen und getan und viele bemerkenswerte und beeindruckende Menschen kennengelernt. Vor vielen Jahren bin ich der Welt mit offenen Armen gegenübergetreten, und ich bin sicher, daß ich es jetzt noch einmal ganz genauso tun würde. Ich hätte niemals zu Hause im *andarun* bleiben können – auch nicht für fünf Diamantringe.

# Nachwort

Sieben Jahre nach der Ankunft von Sattareh Farman-Farmaian in den Vereinigten Staaten hat mich eine gemeinsame Freundin auf ihre kurzen, faszinierenden Aufzeichnungen aufmerksam gemacht. Darin beschrieb sie ihre Kindheit und Ausbildung, ihre jahrelange Arbeit zum Wohle der Armen, ihre Verhaftung und ihr knappes Entkommen. Trotz ihrer Bescheidenheit wußte ich sofort, daß ich die Aufzeichnungen einer außergewöhnlichen Frau gelesen hatte.

In derselben Woche berichtete die Presse zum erstenmal über die Iranaffäre, und wieder wurden die Iraner in den amerikanischen Medien als die Bösewichter dargestellt: diesmal nicht als Geiselnehmer und Terroristen, sondern als skrupellose Intriganten und Geldwäscher. Obwohl ich nicht viel über den Iran wußte, nahm ich an, daß die Informationen keineswegs ein vollständiges Bild ergaben. Ich kannte die Eigenart meiner Landsleute, sich in unglückselige Situationen zu begeben, und sicherlich hatte das iranische Volk seine eigenen Ansichten über die Vorfälle in seinem Land. Ich kam zu der Ansicht, daß ich und alle Amerikaner sehr viel lernen konnten, wenn wir den Iran aus der Sicht einer Sattareh Farman-Farmaian betrachteten, einer Iranerin. Ich glaubte, daß ihre Geschichte dazu beitragen konnte, das Bild, das westliche Journalisten und Sachverständige vom Iran gemalt hatten, zu ergänzen. So fragte ich Frau Farman-Farmaian, ob sie mir gestatten würde, ihr bei der Aufzeichnung ihrer Memoiren zu helfen, und sie stimmte zu. Das war der Beginn unserer vierjährigen gemeinsamen Arbeit.

Ich hoffe, daß die Geschichte von Sattareh Farman-Farmaian, die zugleich die Geschichte ihres Landes ist, Amerika und alle anderen westlichen Länder daran erinnert, wie wichtig es ist, daß wir die Welt auch aus einem fremden Blickwinkel betrachten. Sie soll auch an unsere unsinnigen Taten erinnern, die – um es mit den Worten des amerikanischen Historikers Arthur Schlesinger jr. auszudrücken – ihre Ursache darin haben, daß wir nicht wissen, wie wenig wir wissen.

*Dona Munker, New York, Januar 1992*